D1751958

DENKMALPFLEGE DER MODERNE

Wüstenrot Stiftung (Hrsg.)

DENKMALPFLEGE DER MODERNE

Konzepte für ein junges Architekturerbe

Monika Markgraf
Simone Oelker
Andreas Schwarting

und Norbert Huse

kraemerverlag

Lektorat und Gestaltung:
Arne Barth
Karl Krämer Verlag Stuttgart + Zürich

Übersetzung (S. 292–297):
Jörn Frenzel, Berlin

Druck:
Offizin Scheufele, Stuttgart

© Wüstenrot Stiftung, Ludwigsburg, und
Karl Krämer Verlag Stuttgart + Zürich, 2011
Alle Rechte vorbehalten. All rights reserved.
Printed in Germany

ISBN 978-3-7828-1534-5

INHALT

	6	Vorwort
	8	Zum Geleit
	10	Grußwort
	12	Annäherung und Instandsetzung – Vom denkmalpflegerischen Umgang mit Bauten der Moderne
	26	Gepflegte Moderne

Beiträge

	30	Material und Konstruktion
	36	Farbe und Oberfläche
	42	Raum und Form
	48	Architektur und Landschaft
	54	Normen und Standards
	60	Nutzungskontinuität und Wandel
	66	Altersspuren und Zeitschichten
	72	Erhaltung und Pflege

Bauten

Alfeld	78	Fagus-Werk
Berlin	90	Kongresshalle
	102	Siedlung Schillerpark
	112	Staatsratsgebäude
	124	Studentendorf Schlachtensee
Bernau	136	Bundesschule des ADGB
Bonn	148	Kanzlerbungalow
Caputh	160	Einsteinhaus
Dessau	172	Arbeitsamt
	184	Bauhausgebäude
	196	Meisterhaus Muche/Schlemmer
	208	Siedlung Dessau-Törten, Haus Kleinring 42
Hamburg	220	Villa Reemtsma
Kassel	232	Fatimakirche
Krefeld	244	Häuser Lange und Esters
Löbau	256	Haus Schminke
Potsdam	268	Einsteinturm
Stuttgart	280	Doppelhaus in der Weißenhofsiedlung

	292	Internationaler Ausblick von Docomomo International
	298	Literatur
	300	Bildnachweis
	304	Autoren

VORWORT

Philip Kurz
Wüstenrot Stiftung

Dieses Buch ist keine simple Anleitung für die Kunst der Denkmalpflege der Moderne. Es soll auch keine neue Theorie befeuern oder die traditionellen Prinzipien der Denkmalpflege in Abrede stellen. Ganz im Gegenteil.

Die Wüstenrot Stiftung will zeigen, dass gegenüber den komplexen und besonderen Herausforderungen beim Umgang mit Denkmalen der Moderne eine klare Haltung notwendig ist – und dass es dabei um nichts weniger geht als die Bewahrung von gefährdetem kulturellem Erbe unserer jüngsten Vergangenheit. Um ein Architekturerbe, dessen Werte, besonders wenn es um zeitlich nahe Bauwerke geht – heute sind es bereits auch die der 1960er- und 1970er-Jahre – noch nicht ausreichend erkannt und geschätzt werden; weder in der Gesellschaft noch in Teilen der Fachwelt. Das Buch soll die Sinne derjenigen anregen und schärfen, die mit Denkmalen der Moderne zu tun haben – also Eigentümer, Nutzer, Architekten, Fachplaner, Denkmalpfleger und interessierte Laien. Es soll im besten Fall auch Menschen sensibilisieren, die diesen Denkmalen kritisch gegenüberstehen oder denen der Schutz der sichtbaren Hülle genügt. Es soll nachdenklich machen, wenn statt einer differenzierten und eigenständigen Herangehensweise nur imitiert oder reproduziert wird.

Denkmale der Moderne altern oft anders als wir es wünschen oder erwarten. Oft anders, als es der öffentlichen Meinung gefällt. Sie verlieren an Jugend und Schönheit, an Ausstrahlung und Erkennbarkeit der Idee ihres Verfassers. Manchmal wird empfunden, sie seien niemals schön gewesen und ihr Verlust biete Chancen auf Verbesserung der gebauten Umwelt. Nicht selten nimmt die Zeit Denkmalen ihre sinnvolle Nutzung. Neue Anforderungen an ihre Funktionalität und ihre energetischen oder sicherheitstechnischen Eigenschaften legen ihnen oft unerträgliche Lasten auf. Und zu allem Übel können in der Nutzungsgeschichte neue Qualitäten entstehen, die wiederum eigenen Wert haben, den es zu bewahren gilt.

Die Wüstenrot Stiftung kümmert sich auch deshalb seit fast 15 Jahren mit Ausdauer und Leidenschaft um diese Denkmale. Unter anderem, indem sie die verantwortliche Bauherrschaft übernimmt, wenn es um deren Transformation in unsere Gegenwart und Zukunft geht. Aus den vielfältigen Erfahrungen, die dabei gemacht wurden, entstand die Idee, auch andere Praxisbeispiele und deren Konzepte zu beschreiben, zu analysieren und zu bewerten, die Prozesse und das Ergebnis der Bemühungen um diese Denkmale zu erfassen, zusammenzutragen und öffentlich zugänglich zu machen. Nach umfassender Recherche von Unterlagen und Orten sowie zahlreichen Gesprächen wurden achtzehn Praxisbeispiele gefunden und acht Themenpaare ausgewählt, die in einzelnen Beiträgen gesondert beleuchtet werden: Material und Konstruktion, Farbe und Oberfläche, Raum und Form, Architektur und Landschaft, Normen und Standards, Nutzungskontinuität und Wandel, Altersspuren und Zeitgeschichte sowie Erhaltung und Pflege.

Alle Projekte zeigen den außerordentlichen Einsatz der privaten, öffentlichen oder auch kirchlichen Eigentümer und die beeindruckende Umsetzungskompetenz der Beteiligten. Fünf der achtzehn Praxisbeispiele sind aus dem Denkmalprogramm der Wüstenrot Stiftung: Erich Mendelsohns Einsteinturm in Potsdam, Sep Rufs Kanzlerbungalow in Bonn, Hans Scharouns Landhaus Schminke in Löbau, Le Corbusiers Doppelhaus in der Weißenhofsiedlung in Stuttgart und Walter Gropius' Meisterhaus Muche/Schlemmer in Dessau.

Grundlage aller Maßnahmen und Eingriffe bildet die Bauforschung, um das Bauwerk kennen und verstehen zu lernen; zudem brauchen wir denkmalpflegerische, wirtschaftliche, technische, nutzungsbezogene und gestalterische Ziele in unterschiedlicher Art und Gewichtung. Am Ende stehen Pflegepläne, die die Nachhaltigkeit jeder Maßnahme sicherstellen. Es wird deutlich, dass eine schöpferische Annäherung, ein selbstbewusster Dialog mit dem Vorgefundenen, Respekt vor den Spuren der Nutzungsgeschichte und die Erhaltung der Befragbarkeit des Denkmals für spätere Zeiten und neue Fragestellungen das Wesen eines Denkmals trotz aller Verluste am ehesten erlebbar machen.

Es hat sich als glücklich erwiesen, dass Docomomo Deutschland, die Stiftung Bauhaus Dessau und ein kompetentes und professionelles Autorenteam für eine Zusammenarbeit in diesem anspruchsvollen Projekt gewonnen werden konnten. Die Wüstenrot Stiftung ist allen Beteiligten zu großem Dank verpflichtet: allen voran Georg Adlbert, der als langjähriger Stiftungsgeschäftsführer Idee, Initiative und Konzept dieses Projekts entwickelt und es aktiv begleitet hat; Monika Markgraf, Simone Oelker und Alexander Dill, an dessen Stelle später Andreas Schwarting trat, für Durchführung und Autorenschaft; Norbert Huse, wissenschaftlicher Stiftungsbeirat, für seinen Beitrag der intellektuellen Auseinandersetzung mit Theorie und Praxis der Denkmalpflege der Moderne und für seine prägende Haltung beim Denkmalprogramm der Wüstenrot Stiftung; Gudrun Krämer und Arne Barth vom kraemerverlag für Gestaltung, Redaktion und vielfältige Unterstützung bei der Herausgabe des Buchs; nicht zuletzt Inge Nestoridis, Martina Stickel und Irma Schmidt, ohne die kein Projekt der Wüstenrot Stiftung möglich wäre. Alle Genannten eint Engagement und Expertise auf ihrem jeweiligen Feld, die Liebe zu Denkmalen der Moderne und die Leidenschaft, pflegend mit ihnen umzugehen.

Die Wüstenrot Stiftung wird ihre Arbeit für Denkmale der Moderne auch in Zukunft fortsetzen und wünscht diesem Buch viele interessierte Leser.

ZUM GELEIT

Anke Zalivako
Docomomo Deutschland

Bereits Titel und Untertitel der Publikation senden positive Zeichen in Zeiten, in denen der Geist der Rekonstruktion mit einer ganzen Anzahl von konkreten Projekten auf dem Vormarsch zu sein scheint und damit die traditionelle Denkmalpflege mehr und mehr unter Legitimationsdruck setzt. Das 1950 gesprengte Berliner Stadtschloss soll bald als „Humboldtforum" in neuem Glanz erstrahlen, und mit der Diskussion um die Rekonstruktion des ehemaligen Wohnhauses von Walter Gropius in Dessau betrifft dieses Thema auch die Architektur der Moderne. Seitdem sich die Totalrekonstruktion mehr und mehr zu legitimieren scheint, ist es für die Verfechter einer behutsamen Denkmalpflege, vollzogen an authentischen, historisch überlieferten Zeitzeugen, eine wahre Freude und auch ein Hoffnungsschimmer, dass mit Willen und Fantasie alternative Wege zu Abriss und Rekonstruktion möglich sind.

Docomomo (Documentation and Conservation of Buildings, Sites and Neighborhoods of the Modern Movement) wurde als eine internationale Vereinigung, die sich mit der Dokumentation und der Erhaltung von Bauten und Siedlungen der Moderne befasst, 1986 in den Niederlanden an der TU Eindhoven gegründet, weil mehr und mehr Gebäude der frühen Moderne von der Landkarte verschwanden und man es wichtig fand, den Bestand zunächst zumindest zu dokumentieren, besser noch, sich für den Erhalt einzusetzen. Der Zusammenschluss von Gleichgesinnten, die sich für den Umgang mit Bauten der Moderne engagieren, ist inzwischen mit Sektionen in über 45 Ländern zu einem internationalen Netzwerk für einen Informationsaustausch und -transfer herangewachsen. Auch Docomomo Deutschland engagiert sich durch die Mitarbeit an einem internationalen Register, durch alljährlich von der TU Karlsruhe (seit Oktober 2009 KIT – Karlsruher Institut für Technologie) ausgerichtete Konferenzen zum Umgang mit der Moderne in verschiedenen Ländern und mit Aktivitäten zu einzelnen Bauten für diese Architektur.

Erfreulicherweise ist es nicht bei theoretischen Diskussionen geblieben. Viele Mitglieder, insbesondere aus der Gründungsgeneration von Docomomo Deutschland, haben sich über

ZUM GELEIT

Jahrzehnte hinweg in realen Sanierungsprojekten, die nun teilweise Gegenstand der vorliegenden Publikation sind, für die Erhaltung dieser damals bahnbrechenden und historisch für die Entstehung unserer heutigen Bautechnik so wichtigen Architektur des frühen 20. Jahrhunderts engagiert und setzen ihre Tätigkeit fort. Man darf sogar wagen zu behaupten, dass manche Sanierung, wie beispielsweise die des Bauhausgebäudes in Dessau und der ehemaligen Bundesschule des ADGB in Bernau, im internationalen Kontext neue Maßstäbe gesetzt haben.

Aus der Perspektive von Docomomo erscheint es nun einerseits umso wichtiger, diese positiven Beispiele international publik zu machen. Andererseits ist es ebenso wichtig, das erzielte Ergebnis auch auf lange Zeit für die Nachwelt zu sichern. Aus unserer Sicht kann eine Nachhaltigkeit von Sanierungen realistisch nur mit abgestimmten Managementplänen zur Pflege und der behutsamen Erhaltung der mittlerweile historischen Bausubstanz erreicht werden. Mittlerweile ist man sich einig, dass Investitionen alleine, ohne eine Ausarbeitung und Festlegung der „Nachbehandlung" der sanierten Gebäude in Pflegeinstruktionen, nicht ausreichend sind, um eine nachhaltige Sicherung der schützenswerten Bausubstanz für nachfolgende Generationen zu erreichen. Die Finanzierung von Managementplänen sollte deshalb zukünftig ein unabtrennbarer Teil von geplanten Erhaltungsmaßnahmen werden. Nur dann kann es gelingen, weitere Vertreter einer „gepflegten Moderne" des 20. Jahrhunderts als Kandidaten für eine Eintragung in die Welterbeliste der UNESCO zu identifizieren.

Die nun vorliegende Publikation ist ein wichtiger Beitrag zur Erreichung des erstgenannten Ziels. Für die Herausgabe sei insbesondere der Wüstenrot Stiftung und allen an der Entstehung des Buchs Beteiligten im Namen von Docomomo herzlich gedankt; aber auch allen anderen, die sich – an welcher Stelle auch immer – für die Erhaltung und Dokumentation des Erbes der Moderne einsetzen, gilt unser besonderer Dank.

GRUSSWORT

Philipp Oswalt
Stiftung Bauhaus Dessau

Die Moderne ist mit den Bauhausbauten in Dessau in besonderer Weise präsent. Dessau hat sich im 20. Jahrhundert infolge von Zerstörung, gesellschaftlicher Entwicklung nach „der Wende" und dem Zusammenbruch der Industrie ständig gewandelt. Nicht nur das Bauhausgebäude, sondern viele Bauhausbauten wurden in den vergangenen Jahren sorgfältig denkmalgerecht saniert und der Öffentlichkeit zugänglich gemacht. Zudem gibt es auch bedeutende Bauten des Erfinders Hugo Junkers und der moderaten Moderne bis hin zur Gegenwart, die leider zum Teil noch nicht die Pflege erfahren haben, die ihnen gebührt.

Die Bauhausbauten in Dessau sind Beispiele dafür, dass die Wertschätzung dieser Architektur keinesfalls immer selbstverständlich war: Bereits unmittelbar nach Schließung des Bauhauses 1932 wurde dessen Architektur nicht nur diffamiert, sondern durch Vernachlässigung und Umbauten bis zur Entstellung verändert.

Während inzwischen das Erbe der Klassischen Moderne große Wertschätzung erfährt, sind die Bauten der Nachkriegsmoderne bislang meist verpönt und auch ihre hochwertigsten Bauwerke nur zu oft von Entstellung und Abriss bedroht. Zwar konnten Bürgerproteste beispielsweise den bereits geplanten Abriss der Beethovenhalle in Bonn (Siegfried Wolske, 1959) und des Schauspielhauses in Köln (Wilhelm Riphahn, 1962) verhindern, aber bedeutende Zeugnisse dieser Zeit wie das „Ahornblatt" in Berlin (Ulrich Müther, 1970) sind verloren oder akut bedroht wie der Landtag in Hannover (Dieter Oesterlen, 1962). Erst langsam entwickelt sich auch in der breiten Öffentlichkeit ein Verständnis für die besonderen Qualitäten dieser modernen Architektur, die nicht nur ein lebendiges Zeugnis der damaligen Zeit geben kann, sondern auch in ihrer architektonischen Qualität den Bauten der 1920er-Jahre nicht nachsteht.

Die Motive für die Bedrohung dieses Erbes sind vielfältig: Sie reichen von schlichten finanziellen Gründen, der immobilienwirtschaftlichen Verwertung, über die mangelnde Kenntnis des kulturellen Werts bis hin zu ideologischen Aspekten, der gewollten Zerstörung von Symbolen einer vergangenen Epoche. Hiervon sind bis heute selbst Bauten der heroischen 1920er-Jahre nicht verschont.

Der sorgfältige Umgang mit den Bauten der Moderne, wie ihn der vorliegende Band dokumentiert, ist auch in anderen Ländern nicht immer selbstverständlich. Ein Beispiel ist der fortschreitende Verfall von Bauten der Avantgarde in Russland, wie das Haus Narkomfin in Moskau (Moisei Ginzburg und Ignaty Milinis, 1928–1932) oder der geplante Abriss der Wohnanlage Robin Hood Gardens in London (Alison und Peter Smithson, 1972) dokumentieren.

Die Stiftung Bauhaus Dessau ist Nutzer von mehreren Bauhausbauten. Auch aufgrund dieser eigenen Erfahrung sind wir mit den komplexen Fragen der Erhaltung des Erbes der Moderne täglich konfrontiert: Inwieweit wollen wir den Urspungszustand und damit die künstlerische Intention des Entwurfs wieder erfahrbar machen? Inwieweit sind Überformungen zu erhalten, weil sie uns etwas über die Geschichte der Bauten, ihrer Nutzung und Rezeption erzählen? Und inwieweit können und wollen wir die Bauten neuen Anforderungen der Nutzung anpassen und damit auch eine neue Schicht in die Geschichte und das Angesicht der Häuser einschreiben? Bei diesen Fragen geht es selten um richtig oder falsch, sondern um Wertungen und Geschichtsvorstellungen, um Haltungen zu Fragen der Vermittlung, der Rezeption und der Nutzung. Es sind konzeptuelle und gestalterische Aufgaben, die uns auch in Zukunft immer wieder aufs Neue beschäftigen werden.

Diese Publikation stellt Antworten von besonderer Qualität vor und dokumentiert den hohen Standard bei der Pflege und Erhaltung von herausragenden Bauten der Moderne in Deutschland. Da die Stiftung Bauhaus Dessau seit ihrer Gründung im Jahr 1994 an der Erforschung dieser Architektur arbeitet, sich mit der Problematik ihrer Erhaltung auseinandersetzt und eine wichtige Aufgabe in der Vermittlung dieser Inhalte sieht, haben wir außerordentlich gern an diesem wichtigen, von der Wüstenrot Stiftung initiierten Projekt als Partner mitgewirkt.

ANNÄHERUNG UND INSTANDSETZUNG
Vom denkmalpflegerischen Umgang mit Bauten der Moderne

Norbert Huse

In Erinnerung an August Gebeßler

Als die in diesem Buch vorgestellten Bauten entstanden, wäre niemand auf die Idee gekommen, dass sie einmal zum Thema denkmalpflegerischen Bemühens werden könnten. Zu sehr lösten sie sich von allen Traditionen, zu sehr waren sie Avantgarde. Inzwischen aber ist diese Avantgarde selbst historisch geworden und moderne Architektur in ihrem Sinne nicht mehr unbedingt identisch mit zeitgenössischer. Dass die Avantgarde von einst ihren Stachel verloren hat, hängt auch mit ihrem physischen Zustand zusammen. Die Bauten sind, oft nach jahrzehntelanger Vernachlässigung, ins Rentenalter gekommen, und das sieht man ihnen an. Ihre Erhaltung zu fordern, ist seit einiger Zeit nicht mehr nur ein Anliegen völliger Außenseiter, stößt aber immer noch auf heftige Widerstände. Nun ist eigentlich klar, dass Denkmalpflege sich zwar mit Gegenständen aus vergangener Zeit beschäftigt, sie dies aber nicht um der Vergangenheit, sondern um der Gegenwart und der Zukunft willen tut. In den Augen vieler aber ist sie stehen geblieben bei dem, was Friedrich Nietzsche als das antiquarische Verhalten gegenüber der Geschichte beschrieb: „Diese gehört […] dem Bewahrenden und Verehrenden, dem der mit Treue und Liebe dorthin blickt, woher er kommt […], durch diese Pietät trägt er gleichsam den Dank für sein Dasein ab […]. Das Kleine, das Beschränkte, das Morsche und Veraltete erhält seine eigene Würde und Unantastbarkeit dadurch, dass die bewahrende und verehrende Seele des antiquarischen Menschen in diese Dinge übersiedelt und sich darin ein heimisches Nest bereitet."[1]

Aber nun Denkmalpflege der Moderne? Vielen erscheint das wie Feuer und Wasser, ein Widerspruch in sich selbst, von welcher Seite auch betrachtet. So, als hätte die Moderne keine Geschichte. Bis zu der Schlussfolgerung, die in den letzten hundert Jahren zumindest im Grundsatz gefestigten Kriterien sachgerechter Denkmalpflege seien auf diesen Teil des baulichen Erbes nicht anwendbar, ist es dann nicht mehr weit. Da es den Jungbrunnen auch hier nicht gibt und die Moderne Altern angeblich nicht verträgt, bleiben als Optionen nur der Abriss oder die Rekonstruktion des „Originals", des Zustandes wie am ersten Tag. Die institutionelle Denkmalpflege blieb vielleicht auch deshalb lange Zeit reserviert. Man habe Wichtigeres zu tun, und um nennenswerte Baukunst handele es sich ohnehin nicht: „Wissen Sie, wir haben Hunderte von Schlössern, da können wir uns um dergleichen nicht auch noch kümmern", meinte ein sächsischer Würdenträger, als die Instandsetzung des Hauses Schminke in Löbau zur Diskussion stand. Noch wirkt, den Verantwortlichen zum Teil vielleicht nicht bewusst, eine Prioritätensetzung nach, die die altehrwürdigen Hierarchien des „großen Inventars" zum Maßstab nimmt, nicht die Hilfsbedürftigkeit der Baudenkmale. Da kommen dann die Schlösser und die Stadtkirchen immer noch lange vor den oft in viel höherem Maße gefährdeten einfachen Bauten in Stadt und Land, und die Bauten der Moderne müssen sich, wenn sie überhaupt dürfen, ganz hinten anstellen. Insofern sind die in diesem Buch gezeigten Projekte rühmliche Ausnahmen, und bei nicht wenigen von ihnen ist die Instandsetzung nicht staatlicher Initiative zu verdanken, sondern zivilgesellschaftlichem Engagement.

Die praktischen Schwierigkeiten, so hieß es oft ergänzend von offizieller Seite, seien unverhältnismäßig groß, der Aufwand deshalb nicht vertretbar. Da die Denkmalpflege diesen Teil ihrer Schutzbefohlenen lange vernachlässigt hat, verfügt sie tatsächlich nur über wenig gesichertes Wissen. Vielleicht weiß man aber auch nur deshalb so wenig, weil man im Grunde nicht viel wissen wollte? Die häufig beschworene „schlechte Reparaturfähigkeit aufgrund der oft wenig beständigen Baumaterialien, ihrer Konstruktion und Verarbeitung"[2]

ANNÄHERUNG UND INSTANDSETZUNG

ANNÄHERUNG UND INSTANDSETZUNG

ist kein Freibrief, wird hier doch als unveränderliche Eigenschaft der Objekte behauptet, was nicht zuletzt das Resultat unzureichender Bemühung ist. Eher müßig, ein Scheinproblem, ist deshalb die Frage, „ob für die Architektur der Moderne – strahlend neu und schön und ohne Alterungsspuren – eine abweichende Denkmaltheorie zu entwickeln sei, Konzepte mit dem Ziel der Erhaltung einer immerwährenden Jugendlichkeit".[3] Hier wird ein Sonderstatus behauptet, der der Moderne nicht zukommt. Tempel und Kathedralen waren in ihrer Jugend nicht weniger strahlend neu und schön als das Bauhausgebäude und der Einsteinturm, Brunelleschi oder Borromini sicherlich nicht weniger stolz auf ihre Innovationen als Ludwig Mies van der Rohe oder Erich Mendelsohn.

Man könnte die oft naiv, gelegentlich aber auch mit erheblichem dialektischen Aufwand geführte Debatte ignorieren, bewirkten nicht auch unsinnige Theoriespiele in der Praxis erhebliche Flurschäden. Zum Beispiel dann, wenn aus dem angeblichen Spezifikum der Moderne, der Unfähigkeit zu altern, gefolgert wird, diese verlange „immerwährende Erneuerung, den Austausch des Originals, den Ersatz gealterter Materialien" oder – kein geringer Gedankensprung – „die Wiederauferstehung, wenn das Bauwerk die Zeiten nicht überlebt hat."[4] In Wirklichkeit aber „spricht nichts dagegen, Denkmäler der Moderne wie Denkmäler aller anderen Perioden unserer Geschichte zu erforschen, zu schützen und zu pflegen, die Alterungsprozesse zu kontrollieren, zu steuern und zu verlangsamen, Schäden zu reparieren, wenn notwendig angemessene neue Nutzungen zu finden und dafür gegebenenfalls Veränderungen an den Denkmälern vorzunehmen. Wie bei älteren Denkmälern ist es auch bei denen der Moderne unvermeidlich, dass manche ‚Patienten' wegen einer zu schwachen Konstitution von Geburt an oder, weit häufiger, wegen mangelnder rechtzeitiger Vorsorge nur noch eine geringe Lebenserwartung haben. Wesentlich größer ist allerdings die Gefährdung für Bauten der Moderne dadurch, dass sie aus der Sicht heutiger Normen und Nutzungsansprüche Schwächen und Mängel haben. Auch darin unterscheiden sie sich nicht von Denkmälern früherer Epochen."[5]

Um die Grundsatzdebatte ist es ruhiger geworden, zu zahlreich sind die empirischen Beweise, dass Denkmalpflege der Moderne möglich ist, nicht nur in Deutschland, sondern auch in der Schweiz, in Frankreich oder in den Niederlanden. Nicht das Ob steht jetzt infrage, sondern das Wie. Dies gilt freilich nur für die Architektur der Klassischen Moderne, die in Deutschland weitgehend identisch ist mit der des Neuen Bauens. Für die deutsche Nachkriegsmoderne im Osten wie im Westen ist dergleichen bislang meist nur eine Hoffnung.

Viele keinesfalls identische Begriffe umschwirren die Aktivitäten. Von Revitalisierung ist die Rede, von Rekonstruieren, aber auch von Restaurieren, von Renovierung und Ersatz; von Pflege und Unterhalt hört man weniger. Oft als babylonische Sprachverwirrung beklagt, spiegelt dieses Phänomen doch nur die objektive Situation, denn nicht nur die Bauten und ihre Schäden sind höchst verschieden, verschieden sind ebenfalls die verordneten Therapien, wobei die Divergenzen bereits bei den nach Umfang und Tiefe höchst unterschiedlichen Anamnesen beginnen. Ganz ohne Zweifel ist in diesem Bezirk der Denkmalwelt jeder Patient ein anderer, aber auch hier verlangt Flexibilität im Einzelfall besondere Festigkeit und Sicherheit im Grundsätzlichen. Davon sind wir allerdings noch weit entfernt, obwohl doch auch für die Moderne das Einmaleins der Denkmalpflege gelten sollte: dass nämlich Denkmalwerte unabdingbar an originale Substanz am originalen Ort und an die Spuren der realen Geschichte gebunden sind; dass es beim Denkmalschutz nicht um Gestaltung geht, sondern um Geschichte; dass man sich diese Geschichte nicht aussuchen kann; dass die Denkmale uns Heutigen nicht zur beliebigen Verfügung stehen, und dass der Umgang mit ihnen deshalb nur ein treuhänderischer sein darf.

II

Nachhaltig pflegen und schützen kann man nur, was man kennt, und zwar gut kennt. In den letzten Jahren hat sich das Instrumentarium, das der Denkmalpflege für ihre Untersuchungen zur Verfügung steht, geradezu dramatisch verfeinert und erweitert. Allein die naturwissenschaftlich gestützten Analysen der Restauratoren, unabdingbar und seit Langem bewährt, haben auch für die Moderne einen ungeahnten Zuwachs an Erkenntnismöglichkeiten gebracht. Aus den Möglichkeiten erwachsen aber auch Verpflichtungen, und diese können so groß und belastend werden, dass gerade jüngere Denkmalpfleger angesichts der tatsächlich beängstigenden Arbeitsüberlastung der Ämter neuerdings fordern, man möge doch auf den Ballast der „Verwissenschaftlichung" verzichten, der letzten Endes bei der konservatorischen Entscheidung nicht helfe. Ohne externen Sachverstand ist heute jedoch keine komplexe denkmalpflegerische Aufgabe mehr sachgerecht zu lösen. Allerdings müssen die Ergebnisse der Spezialistenarbeit nicht nur archiviert, sondern auch kritisch durchdacht und im Blick auf die konkrete Baustelle gewichtet werden. Man mag den Zuwachs an wirklichem oder möglichem Wissen, das heute zur Verfügung steht, beklagen und sich in einfachere Zeiten zurückträumen, in denen der Konservator aus seiner Kenntnis und Erfahrung – als guter Hausarzt gewissermaßen – schon wusste, was für seine Schutzbefohlenen gut war, aber das wäre eine folgenschwere Flucht.

Ein wichtiger und unersetzlicher Verbündeter ist der Denkmalpflege während der letzten Jahrzehnte in der historischen Bauforschung erwachsen. Primärer Gegenstand der Untersuchungen sind die historischen Konstruktionen, unter denen nicht nur das nackte Tragwerk zu verstehen ist, „sondern die Gesamtheit der baulichen Teile und ihr Zusammenwirken vom Fundament bis zur Dachdeckung. Mit den Konstruktionen und ihren Werkstoffen werden die räumlichen Strukturen, die Baukörper und die städtebaulichen Strukturen geschaffen. Architekturgliederungen wie Rahmungen, Pilaster, Gesimse und so weiter, die als Feinformen die Wirkung des Bauwerks mitbestimmen, können ebenso als Konstruktionsteile betrachtet werden wie Stukkaturen und Putzschichten. Die Konstruktionen sind also auch Trägermaterial der künstlerischen oder formalen Aussage eines Bauwerks. Die aus Werkstoffen gearbeiteten Konstruktionen haben nicht nur ihre jeweils spezifischen statischen und bauphysikalischen Eigenschaften, die für sich gesehen historisch interessant sind, sie beeinflussen durch ihre jeweils spezifischen Material- und Verwendbarkeitseigenschaften ganz erheblich auch das formale Ergebnis einer Architektur."[6]

Für das Gefüge und für das Innenleben der Baudenkmale tun sich damit völlig neue Dimensionen auf. Denkmalwerte und Erhaltungsbegründungen, aber auch Erhaltungsnotwendigkeiten und Erhaltungsmöglichkeiten werden erkennbar, die man noch vor einer Generation nicht einmal hätte vermuten können. Und zwar nicht nur im Allgemeinen, sondern auch im Besonderen, denn die „Persönlichkeit" jedes einzelnen Baudenkmals mit seiner individuellen Geschichte zeigt sich nun in einer vorher nie gekannten Prägnanz.

Im Idealfall arbeiten Restaurator und Bauforscher Hand in Hand. Und im Idealfall ist ihre Arbeit mit dem Beginn der denkmalpflegerischen Maßnahme keineswegs beendet. Im Gegenteil. Wenn das Denkmal Glück hat, sind fachliche Untersuchung und konservatorische Entscheidungsfindung Teile eines einzigen Prozesses, in dem die einzelnen Schritte sich nicht verselbstständigen und gegeneinander abschotten. Die Untersuchungen dienen der Vorbereitung von Maßnahmen, aber sie begleiten sie auch, sodass sie auf neu auftauchende Fragen reagieren und sich selbst korrigieren können – so wie sie ihrerseits nicht nur neue Antworten liefern, sondern neue Fragen stellen. Das Corpus Delicti, das Denkmal, verändert sich in diesem Prozess nicht nur in seiner Physis. Neue Schichten und Dimensionen werden erkennbar, und auch innerhalb des meist komplexen Gefüges von Bedeutungen und Wertigkeiten können sich die Gewichte verschieben.

Nicht selten, wenn auch meist nur hinter vorgehaltener Hand, kann man hören, dies alles seien doch Glasperlenspiele, wissenschaftliches Sich-Wichtigtun, Geldschneiderei gar, die personellen und finanziellen Ressourcen dafür würden anderswo dringend gebraucht. Außerdem seien die Bauten der Moderne doch in der Regel hervorragend dokumentiert – „ach, wüssten wir doch über Palladios Villen auch nur halb so viel wie über die von Le Corbusier!" –, man brauche doch eigentlich nur seine archivalischen Hausaufgaben zu machen.

III

Eine spezifische Chance, aber zugleich ein spezifisches Problem bei der pflegenden Instandsetzung von Bauten der Moderne sind die zeitgenössischen Bildquellen, die oft in erheblichem Umfang erschlossen werden können. Die Verführung ist groß, sie umstandslos als objektive Information über den Urzustand, das „Original", zu verstehen. Strenge Quellenkritik kann da nur stören, mehr noch die lästigen Untersuchungen am Bau selbst mit ihren oft irritierenden Ergebnissen. Wenn zum Beispiel die Ausführungspläne auf dem Tisch liegen, vergisst man schnell, dass zwischen dem, was dem Bauamt vorgelegt wird, und dem, was auf der Baustelle geschieht, damals wie heute oft erhebliche Unterschiede bestehen, die für die Erkundung von Schadensursachen besonders aufschlussreich sein können. Was wirklich auf der Baustelle geschah, ist aber in der Regel weder für die Entstehung noch für die spätere Schadens- und Reparaturgeschichte des Bauwerks hinreichend belegt, sondern muss in einem oft mühsamen Prozess der Annäherung am Objekt selbst ermittelt werden. Hinzu kommt, dass es zwar Architekten gibt, die erst einreichen, wenn jedes Detail unverrückbar feststeht, aber dass es auch den Baukünstler gibt, der sich, wie Erich Mendelsohn, für die Niederungen der Ausführung wenig interessierte, oder den, der sich, wie Hans Scharoun, seine Entscheidungen möglichst lange offenhielt, um im Idealfall selbst noch auf den Rohbau reagieren zu können. Schließlich findet man sogar Situationen wie die in Stuttgart[7]: Wie allen Architekten am Weißenhof standen auch Le Corbusier mit seinem Partner Pierre Jeanneret gerade einmal siebeneinhalb Monate für Entwurf, Ausführungsplanung, Genehmigungsverfahren, Bau und Einrichtung zur Verfügung. Er selbst kam 1926 nach Stuttgart, um den Bauplatz in Augenschein zu nehmen, 1927 aber kam er erst nach Ende der Ausstellung, die Baustelle hat er nie gesehen. Sein Architekt vor Ort war der junge Alfred Roth, damals gerade ein Jahr diplomiert, auch als Dichter und Maler engagiert, aber ohne jede Erfahrung als bauender Architekt. Roth hatte viel Spielraum, und zugleich viele Sorgen. Etwa bei der Farbgebung, die per Post festgelegt wurde, und auch das nicht ganz genau. In der Schlussfassung ist das Haus deshalb im Detail in beträchtlichem Maße ebenso ein Werk des jungen Schweizers.

Ein besonderes Problem entsteht durch die zeitgenössischen Fotos. Die 1920er-Jahre waren eine Glanzzeit der Architekturfotografie, und nicht wenige Architekten haben das Fotografieren ihrer Werke zielstrebig gesteuert, wenn nicht gar selbst in die Hand genommen. Besonders die prominenten Bauten sind im kollektiven Bewusstsein weniger in ihrer realen Erscheinung gegenwärtig als in ihrer fotografischen. Zumindest unbewusst möchte man am Ende einer Instandsetzung diese ideale, so viel schönere Erscheinung zurückhaben. In der fotografierten Architektur der 1920er-Jahre entstand eine zweite Architektur, die der realen nahesteht, aber nicht mit ihr identisch ist. Jeder Versuch, die alten Fotos nachzufotografieren, zeigt die Differenz. Manchmal sind nicht einmal mehr die alten Standpunkte verfügbar. Selbst die Architektur des Bauhauses im geografisch nicht eben zentral gelegenen Dessau hat vor allem durch Fotos gewirkt. Das kanonische Bild der Ecke des Werkstattgebäudes von Lucia Moholy hat vor Ort schon viele Nach-Fotografen zur Verzweiflung gebracht und nicht wenigen Bauhauspilgern tiefe Enttäuschung bereitet, weil sich das in Dessau Gebaute doch um einiges weniger brillant präsentiert als das von den Fotos Suggerierte. Kein Zweifel selbstverständlich, dass die Fotos, mit Detektivaugen durchmustert, eine Schatzkammer von Informationen öffnen, als Pflegeanleitung für eine Instandsetzung aber sind sie weder geeignet noch gedacht. Geradezu gefährlich werden sie, wenn sie das Verständnis des Bauwerks präjudizieren und die Aufmerksamkeit zu sehr auf die Sonnenseite des Gebäudes lenken, obwohl doch ein integrales Pflegekonzept auch den weniger ansehnlichen oder gar unsichtbaren Teilen des Denkmals ungeteilte Aufmerksamkeit widmen sollte.

IV

Die Architektur des Neuen Bauens war eine „arme". Auf die Schmuckformen, die die Geschichte bereithielt, hat sie bewusst verzichtet, und auch die Ornamentik des Jugendstils war schnell abgestreift. Vielen Zeitgenossen galt sie deshalb als nackt, und in ihren Selbstdarstellungen wird gerne der Eindruck erweckt, man habe sich ganz dem Funktionalismus verschrieben, Architektur als Kunst sei eine Sache der Vergangenheit. Dabei war das Neue Bauen keineswegs schmucklos; zum Beispiel nicht in den verputzten Oberflächen und in ihrer intensiven Farbigkeit. Die viel beschworene „weiße Moderne" ist eine Erfindung der Postmoderne, die sich damit einen bequemen Gegner zaubert, aber sie ist auch das Ergebnis eines Bauunterhalts, in dem die gebaute Architektur immer mehr der fotografierten angeglichen wurde, und das war nun einmal im Wesentlichen eine Architektur in Schwarz-Weiß. Im Deutschland des „Dritten Reichs" und der Nachkriegszeit gelang es, den Bauten mit der Farbigkeit einen wesentlichen Teil ihrer Identität zu nehmen. Nach wenigen Jahrzehnten war selbst in Bruno Tauts „Tuschkastensiedlung" in Berlin-Falkenberg oder in seiner „Papageiensiedlung" in Berlin-Zehlendorf der Alltag grauen Rauputzes eingekehrt. Die Farbabbildungen aus den 1920er-Jahren, die es in den zeitgenössischen Publikationen durchaus gegeben hat, wurden ignoriert.

Der neue Putz hat nicht nur die Oberflächen verdorben, sondern auch die Bauten im Ganzen um einen Großteil ihrer Wirkung und damit die Siedler um einen wesentlichen Teil der architektonischen Qualität ihrer Umwelt betrogen. Er hat die membranhaft zarten und spannungsreichen Oberflächen unter sich begraben und Details wie Dachüberstände, Regenrinnen oder Putzkanten mit ihrer Prägnanz auch der Fähigkeit beraubt, die großen Blocks zu gliedern und zu ordnen. Da die Architektur der Siedlungen mit einem Minimum an Formen auskommen musste, sind die Folgen gravierend. Jetzt, von ihren Krusten befreit, reagieren die rekonstruierten Oberflächen der instand gesetzten Blöcke erneut auf die Zwischenstufen und Veränderungen des Lichts im Laufe des Tages und der Jahreszeiten. Auch das Wechselspiel mit der Vegetation wird wieder aufgenommen, insbesondere in Zehlendorf, wo Taut seine bewusst kunstfarbenen Blocks so in den vorhandenen Baumbestand hineinkomponiert hat, dass sowohl die Eigenart der Architektur wie auch der spröde Reiz der Berliner Landschaft zu ihrem Recht kommen. Bei den Berliner Großsiedlungen[8] wurden Konzepte für viele Quadratkilometer Putz gesucht. Die Aktivitäten der Denkmalpflege sollten Verfahren entwickeln, die dem laufenden Bauunterhalt als Muster dienen könnten, der zusätzlich davon profitieren würde, dass sich die Rückkehr zum alten Putz nicht nur ästhetisch, sondern auch bauklimatisch als Fortschritt erwies. Hier konvergieren das Interesse und die Pflicht der Denkmalpflege, für die Erhaltung hochbedeutender Baudenkmale zu

ANNÄHERUNG UND INSTANDSETZUNG

sorgen, mit dem Interesse und der Pflicht der Wohnungsbaugesellschaften, ihren Mietern ein Maximum an architektonischer Lebensqualität zu bieten.

Ganz anders die Situation beim Potsdamer Einsteinturm[9], wo die Sorge einem Bau galt, der ein absolutes Unikat darstellt. Sein Zustand war desolat, eine Abtragung des Putzes hätte weitreichende und schwer kalkulierbare Folgen für das gesamte Materialgefüge gehabt. Die Oberfläche wurde Quadratzentimeter für Quadratzentimeter auf Hohlstellen abgeklopft. Der schier endlosen Diskussionen und Mutmaßungen überdrüssig, entschied man sich nach langem Hin und Her für die Flucht nach vorn. Eine aufwendige Kartierung des Archipels aus altem Putz, Hohlstellen und den Spuren verfehlter Reparaturen, zu dem die Oberfläche des Einsteinturms geworden war, ließ schließlich die Hoffnung keimen, dass genügend feste Stellen vorhanden waren, um die notwendigen Reparaturen an ihnen auszurichten und den Turm zumindest für einige Jahrzehnte zu sichern. In der Schlussredaktion wurde das dabei entstandene Patchwork zwar nicht zelebriert – denn nicht die Schäden machen den Kern des Denkmalwerts aus –, aber doch für jeden Aufmerksamen lesbar und somit als Teil des Denkmals bewusst gehalten.

Mit wiederum anderen Problemen konfrontiert der Putz beim Haus Schminke[10] im sächsischen Löbau. Nach Abschluss der Instandsetzung sieht man dort einen Bau der Moderne, aber einen mit Geschichte, kein Modell 1:1 dessen, was sich der Architekt Hans Scharoun und seine Bauherren, Charlotte und Fritz Schminke, vor 80 Jahren einmal vorgenommen hatten. Die ursprüngliche denkmalpflegerische Zielstellung der Stadt Löbau und des sächsischen Landesamts war eindeutig: Wiederherstellung des „Originalzustands". Schon die unter Scharouns Leitung entstandenen Schwarz-Weiß-Fotos mussten dazu verführen, das inzwischen grau gewordene Haus wieder zum Strahlen zu bringen. Schriftliche Belege versprachen zuverlässige Auskunft, eine Dissertation über die Entstehung des Hauses bot, so schien es, ein sicheres Fundament. Wie beim Einsteinturm blieben die Untersuchungen nach Klärung der Grundlagen ein wesentlicher Teil des Arbeitsprozesses, denn auch in Löbau tauchten immer wieder Probleme und Situationen auf, die nicht nur neue Antworten verlangten, sondern auch neue Fragen aufwarfen. Je genauer man den Bau kennenlernte, desto größer wurde die Bewunderung für das unangestrengte Zusammenspiel von Formen, Technik und Funktionen, das Scharoun mit so leichter Hand ins Werk gesetzt hatte. Und je besser das Vorhandene gefiel, desto schmerzlicher wurde der Gedanke an das Verlorene und desto stärker der Wunsch nach Wiederherstellung, ja Rekonstruktion.

Am schwierigsten waren die Entscheidungen beim Putz. Oberfläche, Körnigkeit und Farbe der Wände waren auch in Löbau für die Architektur von konstitutiver Bedeutung. Nach sorgfältiger Analyse zeigte sich, dass genügend bauzeitlicher Putz erhalten war. Man konnte also reparieren und musste nicht vollständig erneuern, dem denkmalpflegerischen Postulat des geringstmöglichen Eingriffs konnte Genüge geschehen. Nur: Der Löbauer Putz war über die Jahre grau und stumpf geworden. Mit mehreren Verfahren wurde experimentiert. Sie erbrachten unterschiedliche Grade von Aufhellung, der ursprüngliche Glanz aber blieb verloren. Was also tun? Den vorhandenen Putz abschlagen und einen neuen aufbringen, der dem Haus sein Weiß und damit eines seiner wichtigsten Wirkungsmittel zurückgegeben hätte? Was war wichtiger, Ästhetik oder Geschichte, der „Geist" des Hauses oder seine real existierende Physis? Als die Entscheidung für Reparatur gefallen war, hörten die Diskussionen keineswegs auf. Nur ging es jetzt nicht mehr um Entweder-Oder, sondern um Mehr oder Weniger. Akzentuieren oder Verschleiern? Verbergen oder lesbar halten? Aber für wen? Für den Fachmann? Oder für die Löbauer? Durfte die Schadens- und Reparaturgeschichte zur wichtigsten Botschaft werden? Und außerdem: Würde die reflektierte Bewahrung der Altersspuren auch das Publikum überzeugen können?

V

Entscheidungen wie die in Löbau sind nicht zuletzt auch ein Versuch, dem in Deutschland zurzeit grassierenden Rekonstruktionsfieber Paroli zu bieten. Nicht nur für das große Publikum ist Denkmalpflege heute weitgehend identisch mit dem Weg zurück, zum „Wie am ersten Tag", zum „Erstrahlen in altem Glanze". Die Gegner gelten als „Substanzfetischisten" und „Ruinenromantiker". Auch bei der Arbeit mit Baudenkmalen der Moderne fällt es oft schwer, sich mit der Erkenntnis abzufinden, „dass es streng genommen kein Original gibt, dass dieser Begriff eine Fiktion ist, weil er die Geschichtlichkeit, der jedes Kunstwerk zwangsläufig unterworfen ist, ausklammert"[11]. Viele sind noch immer einem spirituellen Kunstbegriff verpflichtet, dem die notwendigerweise unvollkommene materiale Gestalt, gemessen an der „Idee" des Werks, im Extremfall als verzichtbar gelten muss. Das Bild löst sich von der Substanz, es wird dadurch verfügbar, verliert buchstäblich den Boden unter den Füßen und kann sich deshalb auch anderswo materialisieren. Die materielle Existenz wird marginal, denn die Idee, der Geist, ist – scheinbar – beweglicher als der gealterte Leib. Ein solcher Denkmalbegriff und die Rekonstruktionen stehen in einem „ursächlichen Wirkungszusammenhang. Die daraus erwachsende Belastung […] für die Denkmalpflege ist eine zweifache: einmal die Verwechslung und Vermischung von Denkmal und Neuschöpfung, zum anderen – und diese Perspektiven sind noch viel gefährlicher und gravierender – die Rückprojektion unhistorischer Originalvorstellungen, für die nicht der vielschichtige historische Befund, sondern die vordergründige Attraktivität der Rekonstruktion maßgebend ist, auf das historische Denkmal. Dieses wird nun mit verfälscht durch das Bild der Rekonstruktion, die zwangsläufig als das bessere, attraktivere Original erscheint, weil sie mit der Geschichte wunsch- und auftragsgemäß umgehen kann"[12]. – Geschichte à la carte? Fraglich ist nur, was schädlicher ist: die Translozierung, die am neuen Ort keinen Hehl daraus macht, dass sie etwas Neues ist, oder die Rekonstruktion in situ, die so tut, als wäre sie nur eine Reparatur.

Bei einer internen Diskussion um das Doppelhaus in Stuttgart von Le Corbusier schlugen die Wellen hoch. Zu entscheiden war zwischen einer Rückkehr zu dem brillanten Erscheinungsbild von 1927 oder der Auseinandersetzung mit der Knechtsgestalt, in der der Bau sich vor der Instandsetzung präsentierte. Ein von außen zu Hilfe gerufener Sachverständiger, zu Recht von höchstem internationalem Renommee, gab sich kategorisch: „Sie müssen dem Haus wieder Aura geben!", was für ihn Wiederherstellung des Originals hieß, nicht nur eine Annäherung, die sich der Differenzen und Verluste bewusst bleibt und diese auch gegenwärtig hält. Ein solcher Weg schien ihm angesichts des architekturgeschichtlichen Rangs von Le Corbusiers Architektur Ausdruck unverantwortlicher Zögerlichkeit zu sein. Ein Kollege sprach von Charisma, das dem Bau verliehen werden müsse. Aber kann man Charisma dekretieren? Und kann man Aura herstellen? Der Verlust der Aura ist das zentrale Thema von Walter Benjamins fundamentalem Aufsatz über das „Kunstwerk im Zeitalter seiner technischen Reproduzierbarkeit". Und da steht unter anderem zu lesen, das Kunstwerk sei in der Gegenwart vor allem in seiner Echtheit bedroht: „Die Echtheit einer Sache ist der Inbegriff alles vom Ursprung her an ihr Tradierbaren, von ihrer materiellen Dauer bis zu ihrer geschichtlichen Zeugenschaft. Da die letztere auf der ersteren fundiert, so gerät in der Reproduktion auch die letztere, die geschichtliche Zeugenschaft der Sache, ins Wanken."[13]

VI

Instandsetzungen sind fast immer auch Entdeckungsreisen. Die Architektur des Neuen Bauens, leichtfüßig, optimistisch, farbenfroh und technikfreudig, ist besonders im Technischen ein schwieriges Feld. Überall wurde experimentiert, mit Funktionen und Formen, aber auch mit Materialien und Verfahren, die manchmal nicht einmal mehr dem Namen nach bekannt und oft schon lange vom Markt verschwunden sind. Viele Bauten der Avantgarde wollten mit Materialien und Konstruktionen prunken, über deren tatsächliche Lebensdauer und Reparaturfähigkeit niemand Zuverlässiges wusste. An die Stelle der Erfahrung trat die Hoffnung, nicht das Altbewährte war das Leitbild, sondern das noch nie Versuchte. Nicht selten waren die Experimente kurzlebig, und so gut wie nie wurden sie angemessen dokumentiert. Dass solches Bauen besonders schadensanfällig war, muss niemanden überraschen. Marktschreierische Fotos von Bauschäden beim Neuen Bauen waren deshalb schon in den 1920er-Jahren eines der Lieblingsthemen der konservativen Architekturpublizistik. Häufig wurde eine Technik eingesetzt, die noch lange nicht praxisreif war. Die ästhetisch faszinierende Glaswand von Gropius' Fagus-Werk ließ die Angestellten im Winter frieren und im Sommer vergeblich Kühlung suchen. Nicht alle Architekten waren so selbstherrlich wie Le Corbusier, der die Klagen der Bauherren seiner Villa in Poissy („Es regnet in die Halle, es regnet auf die Rampe, und die Mauer der Garage ist vollkommen feucht. Es regnet außerdem in mein Badezimmer, das bei jedem Schauer überschwemmt ist."[14]) souverän ignorierte. Erich Mendelsohn, auch er ein Künstlerarchitekt par excellence, hat sich beim Einsteinturm um Bautechnik und Realisierung so gut wie gar nicht gekümmert. Sein programmatischer Betonbau musste zu großen Teilen in Backstein errichtet werden – sicherlich ein Teil des Denkmalcharakters, aber auch ein zu bewahrender? Fachleute meinten, man müsse diesen „gebauten Bauschaden" am besten abreißen und mithilfe modernster Erkenntnisse neu aufbauen. Nur: Wo wäre da das Denkmal geblieben?

Gerade riskante Technik kann zum Kernbereich des Denkmalcharakters gehören und damit des Schutzes und der Pflege bedürftig werden. Da aber allzu oft nur das als Denkmal betrachtet wird, was über der Erde zu sehen ist, sind die Erfahrungen gering und die Verluste groß. Dass die Bauten der 1920er-Jahre den in den heutigen Normen petrifizierten Erwartungen und Ansprüchen nicht genügen können, liegt auf der Hand. Meist wird nach Feststellung dieser Binsenweisheit jegliches weitere Nachdenken eingestellt, obwohl doch auch die Normen von heute keine Naturgesetze sind und morgen die überholten Normen von gestern sein werden. Denkmalpflege aber ist ein langfristig angelegtes Unternehmen, dessen Schutzbefohlene auch heute geltende Normen überleben sollten. Dazu muss schon in der Diskussion mit den derzeit Verantwortlichen, ob Brandschutz oder Bauaufsicht, eine differenzierte Argumentation aufgebaut werden, die ohne eine gründliche Kenntnis auch der Schadens- und Reparaturgeschichte nicht auskommt. Immer wieder wird man dabei auf Situationen stoßen, in denen – wie oft in der Denkmalpflege – nicht Böswillige Schaden angerichtet haben, sondern Wohlmeinende, die das Richtige wollten, um dann doch mit Eifer und Konsequenz das Falsche zu tun. Das wird man aller Wahrscheinlichkeit nach ebenso von manchen der heutigen Aktivitäten einmal sagen müssen. Aber dann sollte die detaillierte Dokumentation der Überlegungen und Entscheidungen helfen, zumindest die bekannten Fehler nicht zu wiederholen. Nicht zuletzt im Blick auf künftige Reparaturen sind deshalb bereits bei der Untersuchung Umsicht und Selbstkritik gefordert, denn gelegentlich bedarf es eines dritten und vierten Hinsehens, um zu erkennen, dass zum Beispiel eine historische Haustechnik zwar anders ist als eine heutige, aber deswegen nicht unbedingt schlechter.

Die systematische Erfassung und Auswertung des Bestehenden bleibt ein dringendes Desiderat. Wer hätte schon gedacht, dass sich ausgerechnet im Haus eines Künstlerarchitekten wie Scharoun ein ausgefeiltes Konzept für Heizung und Lüftung finden würde, das nach dem Urteil des heutigen Fachingenieurs „eine bauklimatische Glanzleistung mit überzeugender technischer Umsetzung darstellt, die ihrer Zeit weit voraus war und auch heute noch von ihrer ganzheitlichen Konzeption her voll bestehen kann". Ein Detail muss genügen: „Für die Fensteröffnungsmöglichkeiten wurden teilweise bemerkenswerte technische Lösungen entwickelt und realisiert, die nicht nur das Fensteröffnen schlechthin, sondern ein sehr differenziertes spaltweises Öffnen ermöglichen. Dazu gehören auch speziell geschaffene mechanische Vorrichtungen, die das zum Lüften notwendige Öffnen und Schließen der Fenster bequem ermöglichen, aber manuell nicht direkt erreichbar sind. Derartige Öffnungsmöglichkeiten finden sich bei den derzeit gebräuchlichen Fensterkonstruktionen nicht einmal ansatzweise. Und manchmal verfügen auch heutige Architekten nicht mehr über das ausreichende Gespür für eine notwendige und sinnvolle Fensteröffnung."[15] Solche Einsichten haben Konsequenzen, denn: „Die bauphysikalische Untersuchung von Einzelproblemen (zum Beispiel nach DIN 4108 Mindestwärmeschutz; Energieeinsparverordnung) kann nicht einmal vom Ansatz her die geistige Grundlage für den Umgang mit einem historischen Gebäude sein. Ebenso wenig wie es allgemeingültige Vorzugs- oder Universallösungen für historische Gebäude geben kann."[16]

Die Anlage in Löbau konnte durch vergleichsweise geringen Aufwand wieder ertüchtigt werden. Voraussetzung für das Funktionieren ist aber, wie bereits vor 80 Jahren, die aktive Mitarbeit der Hausbewohner, für die deshalb nicht nur ein langfristiger Pflegeplan, sondern auch eine „Gebrauchsanweisung" für den alltäglichen Umgang mit dem Haus erarbeitet wurde. Nur wenn die künftigen Nutzer, wie einst Charlotte Schminke, die vielfältigen, von der Haustechnik zur Verfügung gestellten Möglichkeiten auch nutzen und den Hauptfeind des Hauses, die Nässe, in Schach halten, kann die denkmalpflegerische Großaktion langfristig durch einen nachhaltigen Bauunterhalt ersetzt werden. Erst wenn Denkmalpflege durch Denkmalpflege überflüssig würde, wäre die Instandsetzung gänzlich gelungen. Wache Sinne, Aufmerksamkeit für das Leben des Hauses und wenige Handgriffe genügen.

An falscher und unsachgemäßer Nutzung freilich wird selbst das sorgfältigste Pflegekonzept zuschanden. Grundsätzlich gilt auch für die Moderne: „Da die Erhaltung von Denkmälern in der Regel nur dann gewährleistet ist, wenn sie sinnvoll genutzt werden, sind Veränderungen an ihnen immer wieder notwendig. Wer die Geschichtlichkeit als entscheidende Qualität der Denkmäler betrachtet, muss Veränderungen für neue Nutzungen oder für neue Anforderungen seit Langem bestehender Nutzungen dann begrüßen, wenn das Nutzungskonzept angemessen, das heißt auf den Bestand des jeweiligen Denkmals abgestimmt ist. Eine wesentliche Voraussetzung für denkmalverträgliche Lösungen ist deshalb zunächst die Einsicht, dass nicht das Denkmal als variable Größe anzusehen ist, die starren Nutzungsvorgaben anzugleichen ist, sondern dass die Nutzung als variable Größe auf das vorgegebene Denkmal abgestimmt werden muss. Aus der exakten Kenntnis des Bestandes und aus der darauf aufbauenden Bedeutungsanalyse lässt sich in der Regel zwischen unverzichtbaren und weniger empfindlichen Teilen eines Denkmals unterscheiden. Auf dieser Grundlage können üblicherweise Erhaltungs- und Nutzungsinteressen, die oft zunächst gegensätzlich erscheinen mögen, miteinander vereinbart werden. Neben methodischer Sorgfalt ist dafür vom Architekten ein großes Maß an planerischem Einfallsreichtum gefragt."[17]

Dazu kann im Extremfall sogar gehören, Denkmale und Denkmalbereiche auch einmal als „Fremdkörper" zu akzeptieren, als etwas, das anders ist als die Gegenwart, und gerade

ANNÄHERUNG UND INSTANDSETZUNG

dieser Differenz wegen für Gegenwart und Zukunft von Bedeutung sein kann. Nichts ist schlimmer für die Glaubwürdigkeit (und damit, auf Dauer, auch den Erfolg) der Denkmalpflege, als sich widerstandslos die tagtäglichen Forderungen zueigen zu machen, selbst dann für jedes Denkmal eine Nutzung zu präsentieren, und zwar auf der Stelle, wenn klar ist, dass diese Nutzung zwar möglicherweise das Gebäude erhält, die Werte an ihm, die es zum Denkmal machen, aber zerstört. Es wäre ernsthaft und ohne Vorurteil zu untersuchen, ob man nicht viel öfter auf Zeit spielen und auch einmal präventiv schützen müsste, damit vielleicht morgen oder übermorgen eine Lösung gefunden werden kann, zumal heute schon vieles in Kauf genommen, ja gesucht wird, das man vor 20 Jahren gar nicht erst anzubieten gewagt hätte. Außerdem ist nicht völlig auszuschließen, dass spätere Generationen Kosten und Gewinn schärfer kalkulieren und dabei nicht mehr nur im Blick auf das einzelne Gebäude rechnen, sondern im Blick auf die Denkmalwelt im Ganzen, in Analogie also zur Volkswirtschaftslehre, nicht nur in den Kategorien der Betriebswirtschaftslehre. Vorwürfe an die Väter, sie hätten zu wenig abgerissen, sind in der Geschichte der Denkmalpflege bisher noch nicht bekannt geworden, umgekehrte Vorwürfe aber sind Legion. Im Übrigen gilt auch bei Baudenkmalen der Moderne, wenn es nicht gerade um Anlagen wie die Großsiedlungen geht (bei denen Lösungen schnell und für Hunderte von Mietern gefunden werden müssen), dass das einzelne Denkmal ja nicht den Menschen an sich oder den Menschen der Normenausschüsse als Nutzer braucht, sondern nur wenige real existierende Einzelmenschen.

VII

Viel ist in den letzten Jahrzehnten geleistet worden. Nur am Rande sei erwähnt, dass die zu den Instandsetzungen gehörenden Untersuchungen vielfach wissenschaftliche Pionierarbeit geleistet haben. Zumindest die Form – wohl aber auch die Technikgeschichte des Neuen Bauen – muss in vielen Bereichen neu geschrieben werden, was dann wegen der Wechselbezüge zwischen Historiografie und Baugeschehen wieder auf den denkmalpflegerischen Umgang mit den Bauwerken zurückwirken könnte. Denkmalpflege wie Geschichtsschreibung haben von der Frühzeit der Postmoderne profitiert, die in ihrem Sturmlauf gegen eine orthodox und müde gewordene Moderne auch den Kanon von deren Referenzbauten und -architekten infrage stellte, in dem selbst ein Erich Mendelsohn, ein Hans Scharoun oder ein Richard Neutra keinen Platz gefunden hatten. Für das heutige Bauen erweist sich die Architektur der Klassischen Moderne nach den Instandsetzungen und den durch diese freigesetzten Qualitäten nicht mehr nur als Vorstufe, sondern auch als Herausforderung. Das Umfeld des Neuen Bauens, das sich als sehr viel reicher, widersprüchlicher und bedeutungsträchtiger erweist als früher angenommen wurde, beginnt sich zu verändern. Sein Gegenüber ist nicht mehr die Architektur des Historismus, die ihm vorausging, sondern die der Alltagsmoderne, die ihm folgte, und schließlich auch die der Postmoderne. Nachdem die ideologischen Kämpfe um das Neue Bauen Geschichte sind, lösen sich die alten Frontstellungen auf, die Individualität der einzelnen Bauten schiebt sich in den Vordergrund. Diese können so nicht nur Erinnerungen wecken, sondern auch produktive Unruhe stiften. Die Bedingungs- und Wirkungszusammenhänge der Entstehungszeit mit ihrem Aufbruchspathos, ihren Hoffnungen und ihren Visionen können Instandsetzungen freilich nicht zurückholen. Zu sehr hat sich die Bedeutung der Bezugsfelder geändert. Rationalisierung und Großtechnik etwa haben im allgemeinen Bewusstsein ihre Unschuld verloren, aber auch die Gegenbilder des Neuen Bauens, die Stadt des 19. Jahrhunderts etwa, erscheinen heute in anderem Licht.

Sehr viel schlechter als um die Hinterlassenschaften der 1920er-Jahre steht es um die der 1950er- bis 1980er-Jahre. Dass Bauten wie das Münchner Versorgungsamt der Brüder Hans und Wassili Luckhardt, das „Ahornblatt" von Ulrich Müther in Berlin oder eine Berliner Kirche von Rudolf Schwarz abgerissen werden konnten, oder das Münchner Olympiastadion nur durch ein Bürgerbegehren vor einem entstellenden Umbau durch Günter Behnisch bewahrt werden konnte, ist ein Menetekel. Die Gefahren sind auch heute noch die, die Max Dvorák, einer der Gründungsväter der modernen Denkmalpflege, bereits 1918 in seinem Katechismus der Denkmalpflege an den Pranger gestellt hat: „Sie beruhen: 1. auf Unwissenheit und Indolenz, 2. auf Habsucht und Betrug, 3. auf missverstandenen Fortschrittsideen und Forderungen der Gegenwart, 4. auf unangebrachter Verschönerungs- und Neuerungssucht, künstlerischer Unbildung oder Verbildung."[18]

Noch fehlt es weithin an Kenntnis und Einsicht. Abriss wie Erhaltung aber beginnen in den Köpfen, und das verlangt dringend eine ungleich intensivere Erfassung des Bestands, ist doch für die Praxis, ausnahmsweise einmal mittel- und langfristig gerechnet, weniges so folgenreich wie das Erfassen von Denkmalen – oder dessen Unterlassung, denn selbst die gutwilligste Gesellschaft könnte nur das als Denkmal schützen, was sie vorher als solches zu erkennen gelernt hat. Deswegen gilt auch für die Moderne, „dass Denkmalerhaltung nicht im letzten Gefecht, wenn der Bagger, oder noch schlimmer, die Million schon rollt, zu gewinnen ist, sondern in der ersten Schlacht, der Denkmalerfassung als Denkmalvermittlung, gewonnen werden muss. Im letzten Gefecht steht der Denkmalpfleger notwendig gegen seinen Auftraggeber, die Gesellschaft – eine paradoxe Situation. In der ersten Schlacht mag er mit der Gesellschaft gegen den Feind beider […] stehen, im Kampf gegen den alles verschlingenden Chronos…".[19]

Der Schwierigkeiten, die dem entgegenstehen, sind viele. Eine besteht sicherlich darin, dass der zeitliche Abstand zu den Schutz- und Pflegeobjekten dramatisch geschrumpft ist. Nachdem die Moderne zum Teil historisch geworden, zum Teil aber auch bis heute virulent ist, hat es die Gegenwart denkmalpflegerisch nicht nur mit weit zurückliegenden Vergangenheiten zu tun, sondern zum Teil auch mit sich selbst – denkmalpflegerisch eine völlig neue Situation. Für die heute in der Denkmalpflege Handelnden bedeutet dies, dass sie über Objekte entscheiden, deren Entstehung sie noch selbst bewusst erlebt hatten. Nicht wenige von ihnen haben ihre berufliche Sozialisation im Umfeld des Denkmalschutzjahres 1975 erfahren, dessen sensationeller Erfolg oft gar nicht so sehr einer tieferen Einsicht in den Wert des Vergangenen entsprang als der Ablehnung der gesellschaftlichen Prozesse, die sich in Architektur und Städtebau der damaligen Gegenwart manifestierten. Denkmalpflege war in diesem Zusammenhang Teil einer Protestbewegung mit klaren Fronten, die es heute so nicht mehr gibt. Und nun soll man womöglich sogar als Denkmal schützen und pflegen, was einst als Inbegriff dessen galt, was man durch Denkmalpflege hatte verhindern wollen. Den Denkmalwert eines Hauses von Gropius, Mies van der Rohe oder Le Corbusier werden heute nur noch Verbohrte bestreiten. Aber was ist mit den Bauten der 1950er-Jahre, der 1960er-, der 1970er-, der 1980er-Jahre?[20]

So gut wie gar nicht ist bisher denkmalpflegerisch damit Ernst gemacht worden, dass zum Erbe der Moderne nicht nur Einzelbauten gehören, sondern auch Stadträume und Industrielandschaften, und zwar im Osten wie im Westen, in Hannover wie in Dresden, im Ruhrgebiet wie in der Lausitz. Als ob dort, wo keine Häuser stehen, einfach nichts oder nur Bauerwartungsland wäre. Noch ist es nicht viel länger als zehn Jahre her, dass die „Nachverdichtung" des Hansaviertels auf die Agenda gesetzt wurde, um ihm endlich eine Urbanität à la mode zu verpassen. Das Herz des westlichen Berlin, der Breitscheidplatz, also das Gebiet zwischen Bahnhof Zoo, Gedächtniskirche und dem Café Kranzler, war als Ensemble eine höchst charakteristische Konfiguration, und in seiner Balance von Architektur und

Freiraum ein Denkmal städtebaulicher Moderne von hohem Rang. Nach den Abrissen und Zubauten der letzten Jahre ist daraus eine beliebig wirkende Ansammlung mehr oder weniger gelungener Einzelbauten geworden. Dem Gegenstück im Osten, dem Alexanderplatz, ergeht es kaum besser, und in Dresden ist durch den teilweisen Rückbau der Prager Straße ein bedeutendes Stadtdenkmal aufs Schwerste beschädigt worden.

VIII

Vielleicht können bei der Bewältigung der großen, vor uns liegenden Aufgaben, auch für die Architektur des späteren 20. Jahrhunderts, Erfahrungen hilfreich sein, die an Bauten der Klassischen Moderne wie dem Einsteinturm gesammelt werden konnten, bei dem erst allmählich klar wurde, was es bedeutet, wenn die Instandsetzung sich nicht mehr stillschweigend als isolierte und abschließende Maßnahme begreift, sondern konzeptionell wie praktisch als Teil der früheren wie der kommenden Geschichte des Turms versteht. Und klar wurde auch, welch komplexes Gefüge – teilweise auch Gemenge – oft in sich heterogener Elemente und Faktoren den Denkmalwert des Einsteinturms ausmacht. Die Entscheidung, nicht den Trugbildern früherer Zustände nachzujagen, sondern die ganze Geschichte des Turms, einschließlich der Veränderungen und Verluste, zum Thema der Instandsetzung zu machen, verlangte von allen verantwortlich Beteiligten Toleranz gegenüber dem Vorgefundenen, Fantasie, gute Nerven und langfristiges Denken. Es war nicht immer einfach, die Schadhaftigkeit und Anfälligkeit des Turms als Teil seines Denkmalcharakters anzuerkennen und daraus nicht nur deklaratorische, sondern auch praktische Konsequenzen zu ziehen. Die Maßnahmen der letzten Jahre haben den Einsteinturm nicht unverändert gelassen. Auch sie haben, im Interesse einer nachhaltigen Reparatur, Eingriffe zur Folge gehabt, die zum Teil nicht reversibel sind, aber notwendig schienen, um eklatante Schadensquellen zu beseitigen. Strahlen wie am ersten Tag wird der Einsteinturm nie mehr, auch seine Modernität ist nicht zu konservieren. Es ist die einer vergangenen Zeit, die selbst die perfekteste Rekonstruktion schon deshalb nicht zurückgewinnen könnte, weil das geschichtliche Umfeld heute ein anderes ist als zu Beginn der 1920er-Jahre und schon in wenigen Jahrzehnten wieder ein anderes sein wird. Dass es den Einsteinturm dann überhaupt noch gibt – weiter gealtert, aber sehr viel langsamer als bisher, weiter pflegebedürftig, aber in sehr viel höherem Maße therapiefähig als bisher –, das war ein wesentliches Ziel der jetzt vollendeten Instandsetzung.[21]

Die in diesen Beitrag eingegangenen Überlegungen haben viel mit der Arbeit in dem wissenschaftlichen Denkmalbeirat (Berthold Burkhardt, August Gebeßler †, Norbert Huse) zu tun, der die Wüstenrot Stiftung in komplexen Fragen bei der Durchführung ihrer Denkmalprojekte fachlich unterstützt. Bei der Formulierung der Leitbegriffe „Annäherung und Instandsetzung", die die Haltung des Beirats zu umschreiben versuchen, hat August Gebeßler eine zentrale Rolle gespielt. Ihm verdanken wir viel.

[1] Friedrich Nietzsche: Vom Nutzen und Nachteil der Historie für das Leben, in: Friedrich Nietzsche: Werke in drei Bänden, Band 1, Darmstadt 1966, S. 225 f.
[2] Michael Petzet, Hartwig Schmidt: Vorwort, in: Michael Petzet, Hartwig Schmidt (Hg.): Konservierung der Moderne? Über den Umgang mit Zeugnissen der Architekturgeschichte des 20. Jahrhunderts, München 1998, S. 5
[3] Ebenda
[4] Ebenda
[5] Eberhard Grunsky: Ist die Moderne konservierbar?, in: Petzet, Schmidt (wie Anmerkung 2), S. 35
[6] Gert Mader, in: Michael Petzet, Gert Mader: Praktische Denkmalpflege, Stuttgart, München, Köln 1993, S. 130
[7] Zu Stuttgart vergleiche Georg Adlbert (Hg.): Le Corbusier, Pierre Jeanneret. Doppelwohnhaus in der Weißenhofsiedlung Stuttgart. Die Geschichte einer Instandsetzung, Stuttgart, Zürich 2006
[8] Vergleiche Norbert Huse (Hg.): Siedlungen der zwanziger Jahre – heute. Vier Berliner Großsiedlungen, Berlin 1984
[9] Vergleiche Norbert Huse (Hg.): Mendelsohn. Der Einsteinturm. Die Geschichte einer Instandsetzung, Stuttgart 2000. Dort insbesondere die Aufsätze von David Hoolly, Gert Mader: Putzkartierungen, S. 115 ff., und von Helge Pitz: Die Instandsetzung – Bericht aus einer modernen Bauhütte, S. 141 ff.
[10] Vergleiche Berthold Burkhardt, Wüstenrot Stiftung (Hg.): Scharoun. Haus Schminke. Die Geschichte einer Instandsetzung, Stuttgart 2002
[11] Ernst Bacher: Original und Rekonstruktion, in: Georg Mörsch, Richard Strobel (Hg.): Das Denkmal als Plage und Frage. Festgabe für August Gebeßler, München 1989, S. 3
[12] Ebenda, S. 5
[13] Walter Benjamin: Das Kunstwerk im Zeitalter seiner technischen Reproduzierbarkeit, in: Walter Benjamin: Illuminationen. Ausgewählte Schriften, Frankfurt am Main 1961, S. 152 f.
[14] Timothy Benton: Le Corbusiers Pariser Villen aus den Jahren 1920 bis 1930, Stuttgart 1984, S. 203
[15] Klaus Graupner, Falk Lobers: Bauklimatische Aspekte, Heizungs- und Lüftungskonzept, in: Burkhardt (wie Anmerkung 10), S. 122
[16] Ebenda, S. 135
[17] Grunsky (wie Anmerkung 5), S. 37
[18] Max Dvorák: Katechismus der Denkmalpflege (Wien 1918), zitiert nach: Norbert Huse (Hg.): Denkmalpflege. Deutsche Texte aus drei Jahrhunderten, München 1984, S. 177
[19] Tilmann Breuer: Erfassen und Dokumentieren. Wissenschaftliche Methoden zur wertenden Darstellung geschichtlicher Überlieferung, in: Erfassen und Dokumentieren im Denkmalschutzes, Schriftenreihe des Deutschen Nationalkomitees für Denkmalschutz, Band 16, Bonn 1982, S. 15
[20] Vergleiche Adrian von Buttler, Christoph Heuter (Hg.): Denkmal! Moderne Architektur der 60er Jahre. Wiederentdeckung einer Epoche, Berlin 2006
[21] Huse (wie Anmerkung 9), S. 27. Diese Passage wurde in enger Abstimmung mit August Gebeßler geschrieben.

GEPFLEGTE MODERNE

Monika Markgraf
Simone Oelker
Andreas Schwarting

Rationalisierte Fertigungsprozesse, standardisiertes Planen sowie die Verwendung industriell gefertigter Bauteile: Die Architektur der Moderne scheint ihrem Wesen nach gegenüber Baudenkmälern älterer Epochen grundsätzliche Unterschiede aufzuweisen, legt sie doch die Möglichkeit zur technischen Reproduzierbarkeit und Vervielfältigung von Gebäuden nahe. Doch ergibt sich aus dem immer wieder behaupteten historischen Bruch zwischen der vorindustriellen und der modernen Architektur auch eine grundlegend andere denkmalpflegerische Herangehensweise? Oder gehört dieser Bruch nicht vielmehr zum Selbstbild der Moderne, die damit ihre Eigenart nicht nur konstruktiv und formal, sondern auch historisch legitimieren wollte? Es gilt also, die konstruktiven, künstlerischen und historischen Besonderheiten der modernen Architektur zu untersuchen, um daraus die Grundsätze für einen angemessenen Umgang – für eine Pflege der Moderne – zu entwickeln.

Insbesondere durch die Aufnahme von Bauten der Moderne in die Liste des UNESCO-Welterbes ist deren Bedeutung zunehmend in das Bewusstsein der Öffentlichkeit gerückt. Jede Unterschutzstellung reagiert aber auch auf eine drohende Gefährdung, sei es durch entstellende bauliche Veränderungen, durch Anpassung an heutige Nutzungsstandards oder gar durch Abriss. Allzu oft werden wichtige Zeugnisse der baulichen Moderne als selbstverständlicher – und damit disponibler – Bestandteil unseres heutigen Alltags wahrgenommen und weniger als historische oder künstlerische Dokumente. Auf der anderen Seite zeigen immer mehr Beispiele, wie die ursprünglichen Qualitäten dieser Bauten behutsam freigelegt werden und mit Sensibilität an heutige Anforderungen angepasst werden können, sofern Rücksicht auf ihre Besonderheiten genommen wird. Voraussetzung für eine gelungene Sanierung ist die genaue Kenntnis der Bauten, eine sorgfältige Detailplanung und die sensible Realisierung der Baumaßnahmen.

Was sind jedoch die Besonderheiten von Bauten der Moderne? Dieser Frage wird in den folgenden ersten vier Beiträgen nachgegangen. Dabei steht zunächst das historische Gebäude mit seinen Eigenarten im Zentrum des Interesses: seine Konstruktion und Materialität, seine Farbigkeit und die spezifischen Oberflächenqualitäten, das dem Entwurf zugrundeliegende Raum- und Formverständnis sowie die Beziehung der Architektur zum Freiraum. Eine zweite Gruppe von Beiträgen skizziert Veränderungsprozesse und ihre baulichen Folgen: So führt die Anpassung an die sich rasch ändernden Normen und Baustandards selbst bei einer Kontinuität der Nutzung zu Eingriffen in die Gebäudesubstanz. Alterungsprozesse und Nutzungswandel hinterlassen ebenfalls Spuren am Gebäude. Sowohl die historischen Besonderheiten als auch die daraus folgenden Prozesse der Alterung und des Gebrauchs bedingen spezifische Anforderungen an die Pflege und den Erhalt, die im abschließenden Beitrag angesprochen werden. Alle acht in den Beiträgen behandelten Themen stellen bei der Sanierung spezielle Herausforderungen dar.

Die Verwendung experimenteller Baustoffe und Technologien führte zuweilen zu bautechnischen und bauphysikalischen Schäden und Mängeln. Gleichzeitig kommt jedoch diesen Materialien und Konstruktionen als elementaren, oftmals nicht zu ersetzenden Bestandteilen des Denkmals besondere Bedeutung zu. Die kleinteilige Reparatur der Stahlkonstruktion am ehemaligen Arbeitsamt in Dessau von Walter Gropius oder die Instandhaltung der Holzkonstruktion am Einsteinhaus in Caputh von Konrad Wachsmann zeigen, wie mit gut durchdachten, zurückhaltenden Maßnahmen Material und Konstruktion der

Bauten erhalten werden. Daneben bestimmen auch die Farben und Oberflächen in entscheidender Weise die Atmosphäre und Wirkung der Architektur. Insbesondere bei den Bauten der Klassischen Moderne mit ihrer reduzierten Gestaltung, dem Spiel mit Licht und Schatten, den glatten und rauen Oberflächen können bereits durch kleine Eingriffe empfindliche Störungen hervorgerufen werden. Die detaillierte Erforschung der ursprünglichen Gestaltung ist deshalb eine grundlegende Voraussetzung für die angemessene Sanierung dieser Bauten. Die Entdeckung der differenzierten Farbigkeit und Oberflächengestaltung am Bauhausgebäude in Dessau dokumentiert dies ebenso beispielhaft wie die Sanierung der eindrucksvollen Oberflächen aus Sichtbeton an der Fatimakirche in Kassel.

Den Protagonisten der modernen Architektur ging es um die Entwicklung eines grundsätzlich neuen Ansatzes im Umgang mit Raum und Form, der äußere Gestalt, Funktionalität und Konstruktion als eine Einheit begreift. Trotz der Ablehnung eines neuen „Stils" weisen diese Bauten eine eigenständige Formensprache auf, die durch flache Dächer, offene Räume, Schmucklosigkeit und äußerst knapp bemessene Details entscheidend die Wirkung der Architektur bestimmt. Die Sanierung von Bauten der Moderne erfordert deshalb besondere Sensibilität. Das kann durch die zurückhaltende Einfügung von neuen Elementen wie beim Haus Kleinring 42 in der Siedlung Dessau-Törten geschehen oder durch formal gelungene Kontraste, wie sie die Kongresshalle in Berlin nach der Sanierung aufweist. Das veränderte Verständnis vom Raum führte darüber hinaus zu Konsequenzen in der Beziehung zwischen Architektur und Landschaft. Die Architektur der Moderne verwebt mit Ein- und Ausblicken, Transparenz und Reflexion von großen Glasflächen ganz bewusst Außen- und Innenräume. Diese Verbindung erfolgt in jeweils unterschiedlicher Weise als Durchdringung oder Kontrast, ist aber stets Bestandteil der Gesamtkonzeption. Gelungene Sanierungsbeispiele der letzten Jahre zeigen, wie wichtig die Forschung zu Freiraumkonzepten der Moderne und die Untersuchung der Freiflächen von modernen Gebäuden sind. Als Beispiele werden die Gärten der Häuser Lange und Esters in Krefeld vorgestellt, bei denen die fließenden Übergänge von Haus und Garten wieder erkennbar wurden, sowie das städtebauliche Konzept des Berliner Studentendorfs Schlachtensee mit seiner Einbettung der Bauten in eine parkähnliche Landschaft.

Angesichts der relativ langen Nutzungsdauer von Bauten der Moderne stellen sich zunehmend Fragen nach der Bedeutung von Kontinuität und Wandel in funktionaler, konstruktiver und technischer Hinsicht. Die Bauten der Moderne entsprechen den Normen und Standards, die zur Zeit ihrer Errichtung galten, und sie dokumentieren die historische Entwicklung von Standardisierung und Rationalisierung. Heutige Ansprüche und Komfortbedürfnisse stellen angesichts der großen Glasflächen, fließenden Räume und empfindlichen Oberflächen häufig eine große Herausforderung dar. Am Beispiel des Hauses Schminke in Löbau wird deutlich, wie gut mitunter die ursprüngliche Konzeption, wenn sie denn entdeckt und untersucht wird, aktuelle Bedürfnisse erfüllen kann. Die Bundesschule des ADGB in Bernau zeigt darüber hinaus, wie das behutsame und schrittweise Vorgehen bei der Sanierung zu einfachen und angemessenen Lösungen führt. Der oftmals geforderte Erhalt der ursprünglichen Nutzung kann jedoch bei Bauten der Moderne leicht zu Problemen führen, sind sie doch häufig sehr präzise auf bestimmte räumliche Anforderungen und technische Gegebenheiten hin geplant worden: Nutzungskontinuität und Wandel sind keine Wertkategorien. Einerseits ist die Nutzung eines Gebäudes in der Regel für dessen Erhaltung

GEPFLEGTE MODERNE

notwendig, andererseits können gerade deren Anforderungen zur Zerstörung der Denkmaleigenschaften führen. Das Fagus-Werk in Alfeld ist ein Beispiel, wie die Wertschätzung des Gebäudes zu Lösungen führt, die die Kontinuität der Nutzung seit 90 Jahren ermöglichen. Das Staatsratsgebäude in Berlin zeigt demgegenüber einen radikalen Nutzungswandel, der auf der Grundlage einer klaren Festlegung von denkmalpflegerischen Bereichen zur Erhaltung der herausragenden Eigenschaften des Gebäudes führt. Im Umgang mit der Architektur der Moderne werden zunehmend nicht nur die Entwurfsidee und die Materialität, sondern auch die Geschichte des Bauwerks als selbstverständliche und unverzichtbare Bestandteile des Denkmals berücksichtigt, wie es für ältere Bauten längst Konsens ist. Nicht zuletzt in Folge wachsender Verluste an materieller Substanz und zweifelhafter Interpretationen der Baudenkmäler wurde ihrer Bedeutung als geschichtliche Zeugnisse mehr Aufmerksamkeit geschenkt. Mit dem Meisterhaus Muche/Schlemmer in Dessau, dem Doppelhaus in der Weißenhofsiedlung in Stuttgart und der Villa Reemtsma in Hamburg werden Bauten vorgestellt, die sowohl Altersspuren und Zeitschichten aufweisen als auch die künstlerische Aussage des Gebäudes erkennen lassen. Am Kanzlerbungalow in Bonn wird darüber hinaus deutlich, dass sich in den baulichen Veränderungen wichtige zeitgeschichtliche und politische Ereignisse materialisieren, die in ein Sanierungs- und Präsentationskonzept zu integrieren sind. Nach Abschluss der Sanierungsarbeiten ist insbesondere für die Bauten der Moderne mit ihren sensiblen und gleichzeitig stark beanspruchten Oberflächen die kontinuierliche fachgerechte Erhaltung und Pflege nötig. Nur so können die langfristige Erhaltung der Bausubstanz, die bei der Sanierung erreichte Qualität der Bearbeitung sowie die Einsparung von aufwendigen Reparaturen und Erneuerungen gesichert werden. Für den Einsteinturm in Potsdam beispielsweise wurde ein umfassendes Pflegewerk erarbeitet. Die Siedlung Schillerpark in Berlin dokumentiert das Wechselspiel zwischen einer starken Identifikation der Bewohner mit ihren Bauten und verträglichen, kleinteiligen Pflege- und Instandhaltungsmaßnahmen.

Am Beispiel von 18 ausgewählten Bauten werden die genannten Probleme und deren gelungene Lösungen durch die konkrete, anschauliche Darstellung nachvollziehbar. Jedes dieser Projekte zeichnet sich durch umfassende und auf der Basis von Gutachten und Recherchen sorgfältig vorbereitete Sanierungsmaßnahmen aus. Insbesondere aber vertieft jedes Gebäude eines der acht Beitragsthemen und dessen beispielhafte Umsetzung in der Sanierungspraxis. Die prominenten Bauten zeigen die Vielfalt der denkmalpflegerischen Fragestellungen unter Berücksichtigung regionaler Unterschiede und verschiedener Gebäudetypen auf. Das zeitliche Spektrum reicht dabei von 1911 bis in die 1960er-Jahre und dokumentiert auf diese Weise auch die wachsende Bedeutung der Nachkriegsmoderne in der denkmalpflegerischen Praxis. Die ungleichmäßige Verteilung in topografischer Hinsicht reflektiert den Umstand, dass es im 20. Jahrhundert Zentren des Neuen Bauens wie beispielsweise Berlin oder Dessau gegeben hat, in denen sich ebenso hochrangige Objekte wie gelungene Sanierungsbeispiele moderner Architektur finden. Auch in gebäudetypologischer Hinsicht konnten nicht alle relevanten Arbeitsfelder moderner Architekten gleichermaßen gewürdigt werden, da beispielsweise für einen Villenbau leichter ein denkmalgerechtes Nutzungs- und Sanierungskonzept entwickelt werden kann als für Bauten der Industrie und des Verkehrs. Hier führt nicht nur der wesentlich stärkere Nutzungsdruck und die daraus folgenden technischen Modernisierungen zu umfassenden baulichen Veränderungen, sondern ebenso der Umstand, dass sie oftmals in ihrer Bedeutung als Kulturdenkmal weniger akzeptiert sind. Die Auswahl der Bauten zeigt dennoch ein breites Spektrum individueller Lösungsansätze, die aus ihren historischen, konstruktiven und ästhetischen Besonderheiten sowie den heutigen Ansprüchen entwickelt sind. Die durchgeführten Sanierungsmaßnahmen werden in Hinblick auf typische Fragestellungen diskutiert und können so für zukünftige Planungen als beispielhaft gelten.

Für den Erhalt dieser Bauten ist nicht nur das genaue Verständnis ihrer besonderen Eigenschaften relevant. Die kontinuierliche Pflege als substanzschonendes Erhaltungskonzept gründet sich insbesondere auf die Wertschätzung, die den baulichen Zeugnissen der Moderne entgegengebracht wird.

MATERIAL UND KONSTRUKTION

Nicht etwa ein bestehendes Gebäude, sondern ein Wettbewerbsentwurf – das Berliner Hochhaus am Bahnhof Friedrichstraße von Ludwig Mies van der Rohe – wurde 1996 für den Tagungsbericht „Konservierung der Moderne" des Deutschen Nationalkomitees der ICOMOS als Titelbild ausgewählt.[1] Obwohl sich die Tagung eingehend mit Fragen des Umgangs mit dem baulichen Erbe des 20. Jahrhunderts auseinandersetzte, steht die suggestive Grafik dieser unausgeführten, ja zur damaligen Zeit noch unausführbaren Architekturvision eines vollkommen transparenten gläsernen Hochhauses für einen Blick auf die Moderne, wie er bis in die jüngste Zeit charakteristisch war: Das neue Verständnis von Raum, Form und Funktion in der Moderne prägte die Rezeption der Architektur sehr viel stärker als deren spezifische Materialität.

Die Wechselbeziehung zwischen Konstruktion, Material und Form ist seit dem 19. Jahrhundert ein zentrales Thema in der Architektur. Sowohl die Herleitung der Architektur aus Funktion und Material, wie sie Gottfried Semper 1860 beschreibt[2], als auch die 1914 von Otto Wagner dargestellte Entwicklung, dass „jede Bauform […] aus der Konstruktion entstanden und sukzessive zur Kunstform geworden"[3] sei, blieben bis heute als „Materialgerechtigkeit" und „konstruktive Ehrlichkeit" bestimmende Forderungen an die Architektur.[4] Erst in jüngster Zeit setzte ein Bewusstsein für die Besonderheiten in Bezug auf Materialien und Oberflächen moderner Architektur ein. Dabei sind die zahlreichen Sanierungsmaßnahmen an Bauten der Moderne nicht nur Ausdruck dieses veränderten Blicks, sondern haben ihrerseits wesentlich zu den nun vorliegenden Erkenntnissen zum Zusammenhang von Materialität und Konstruktion beigetragen. Ging es bislang, wie etwa bei der ersten großen Wiederherstellungsmaßnahme am Bauhausgebäude in Dessau 1976 oder der Sanierung der Weißenhofsiedlung in Stuttgart 1981 – 1988 zuallererst um die Wiederherstellung des äußeren und inneren „Erscheinungsbildes"[5], wurden bei der jüngst fertiggestellten Generalsanierung des Bauhausgebäudes aufwendige materialtechnologische Untersuchungen zur Farbigkeit, Oberflächenbehandlung und Materialität durchgeführt und ein Bauforschungsarchiv mit Materialproben, Bauteilen und schriftlichen Unterlagen zur Konstruktion und Materialität von Bauten der Moderne eingerichtet.[6] Der überraschende Befund an den Dessauer Bauhausbauten, der sich auch andernorts nachweisen lässt, ist die große Bedeutung traditioneller handwerklicher Bauverfahren. Das Interesse der modernen Architekten für neue Materialien und innovative Bearbeitungstechniken beinhaltete also keineswegs die Absage an überkommene Bautraditionen: Der Einsatz bewährter Materialien wie Ziegel, Terrazzo, Steinholzestriche, Kalkputze und Kalkanstriche spielte auch in der Architektur des Neuen Bauens eine wichtige Rolle.[7]

Entstofflichung der Ästhetik

Dennoch sind es in allererster Linie neue Materialien und Konstruktionen, die die Wahrnehmungspraxis der modernen Architektur bis heute prägen. Besondere Bedeutung kommt hierbei der Auflösung der massiven Wand und der Verwendung großer Glasflächen zu, wurde Glas doch als geeignet angesehen, ein neues Raumgefühl baulich zu ermöglichen und gestalterisch zum Ausdruck zu bringen. Die entgrenzende Wirkung des Glases wird – gleichsam als metaphysische Überwindung des Stofflichen – zur Chiffre einer völlig

Heft 24 des Deutschen Nationalkomitees der ICOMOS mit dem Wettbewerbsentwurf für das Berliner Hochhaus am Bahnhof Friedrichstraße von Ludwig Mies van der Rohe 1921 (1996)

neuen Raumwahrnehmung: „Es ist da und es ist nicht da. Es ist die große geheimnisvolle Membrane, zart und stark zugleich. Es schließt und öffnet nicht nur in einer, sondern in vielen Richtungen."[8] Diese „Entstofflichung der Ästhetik"[9] einer zumeist in aufwendigen Fotografien medial vermittelten Architektur ist sicherlich ein zentraler Grund für die erst spät einsetzende Beschäftigung mit der Materialität der Architektur, scheint deren Wesen doch zunächst im Immateriellen zu liegen. Die Verwendung bestimmter Materialien und Konstruktionen als Bedeutungsträger – sei es die demonstrative Modernität des flachen Dachs oder die Auflösung der massiven Gebäudeecken in einer transparenten Stahl-Glas-Konstruktion – ist jedoch nur ein Aspekt im Umgang mit den neuen Möglichkeiten des Bauens. Die Architekten hatten sich darüber hinaus mit einem immer unüberschaubarer werdenden Markt an innovativen, industriell gefertigten Baumaterialien und Produkten auseinanderzusetzen, der den raschen Fortschritt der Bauindustrie widerspiegelte und der Notwendigkeit kostengünstigen Bauens Rechnung trug.

Vom konstruktiven Experiment zur industriellen Vielfalt

Um Kosteneinsparung ging es bei den sogenannten Ersatzbauweisen, die unmittelbar nach dem Ersten Weltkrieg die energieintensive Herstellung von Ziegeln ersetzen sollten und zu ebenso zahlreichen wie letztlich erfolglosen neuartigen Lehm-, Holz- und Betonkonstruktionen geführt haben.[10] Eine echte Modernisierung fand erst in den 1920er-Jahren durch die Entwicklung neuer Materialien und Bausysteme sowie eine umfassende Rationalisierung des gesamten Baubetriebs statt. So wurden die Eigenschaften des Betons durch neue Zuschlagstoffe verändert und die auf der Baustelle angemischten Putzmörtel zunehmend

Oben: Durchsichtigkeit und Reflexion an der Verglasung des Haupttreppenhauses des Bauhausgebäudes in Dessau 2009 (Walter Gropius 1926)

Links: Im Bauforschungsarchiv der Stiftung Bauhaus Dessau werden Materialproben und Bauteile von Bauhausbauten und anderen Bauten der Moderne gesammelt (2010)

MATERIAL UND KONSTRUKTION

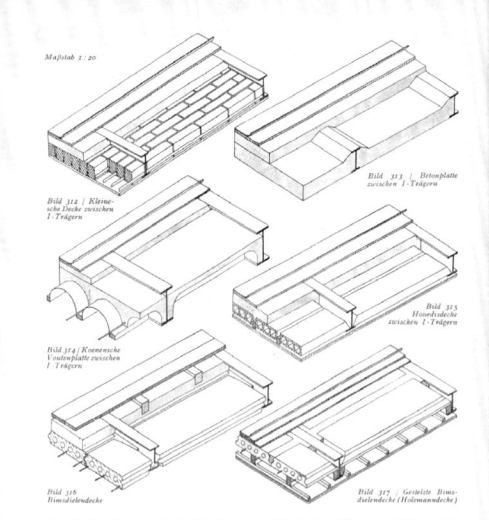

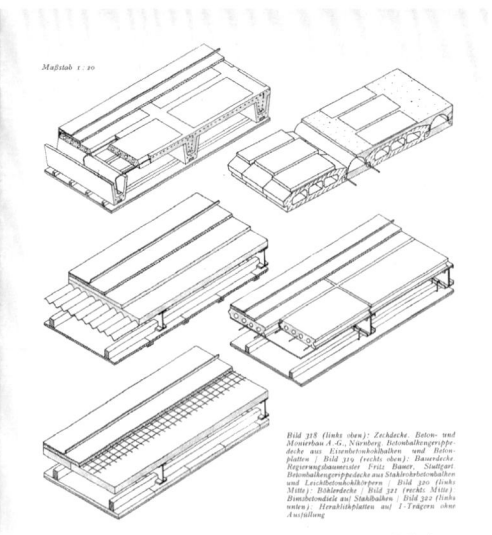

Oben: Vergleich unterschiedlicher Deckensysteme, in: Eduard Jobst Siedler: Lehre vom Neuen Bauen, Berlin 1932, S. 150–151

Unten: Großblockbauweise System Stadtrat Ernst May, Montage von Einfamilienreihenhäusern Typ VI in der Siedlung Frankfurt-Praunheim (Ernst May 1926–1929)

durch industriell hergestellte Fertigputze (zum Beispiel „Terranova") ersetzt. Die Analyse der Funktionen einzelner Bauteile wie etwa Wetterschutz, Isolierung gegen Kälte oder Schall sowie Schutz vor Feuer und mechanischer Beanspruchung führten zu mehrschaligen Wand-, Decken- und Dachkonstruktionen, deren Bestandteile auf die jeweilige Funktion hin optimiert wurden. So standen für den Wetterschutz mit Asbestzementplatten („Eternit"), keramischen oder Natursteinplatten, Holzwerkstoffen („Panzerholz") oder Verblechungen zahlreiche Möglichkeiten der Wandbekleidung zur Verfügung. Fenstersysteme aus Stahlprofilen mit differenzierten Öffnungsmechanismen, eine Vielzahl unterschiedlicher Glassorten von lichtlenkenden Luxfer-Glasprismen über Draht- und Überfanggläser bis hin zum aufwendig geschliffenen Spiegelglas leiteten Tageslicht ins Innere. Die gestiegenen Komfortansprüche, der Wunsch nach geringeren Bauteilabmessungen und die zunehmende Bedeutung der Energiekosten führten zur Entwicklung unterschiedlicher Dämmstoffe aus Holz („Heraklith", „Tekton"), Pflanzenfasern („Celotex", „Solomit"), Torf („Torf-Isotherm") oder auch Kork („Korkolit", „Novoid") und Filz („Weco"), die als Matten oder Bauplatten fertig auf die Baustelle geliefert werden konnten. Im Innenbereich wurden Wände mit neuen Holzwerkstoffen („Xylotekt") oder Tapeten („Salubra", „Linkrusta") verkleidet, Bodenbeläge aus Nitrocellulose und Hanffaser („Triolin"), imprägnierter Wollfilz („Stragula") oder Hartgummi („Migua") stellten eine Alternative zu herkömmlichen Naturstein-, Steinholz-, Linoleum- oder Parkettfußböden dar.

Parallel zum raschen Fortschritt auf dem Gebiet der Baumaterialien und Produkte entwickelten sich in den 1920er- und 1930er-Jahren Konstruktionssysteme, die neben der Verbilligung des Bauens zumeist auf eine industrielle Vorfertigung modularer Elemente zielten. Neben Beton- und Stahlbausystemen, mit denen beispielsweise in der Frankfurter Hausbaufabrik, bei den Junkers-Werken oder in der Siedlung Dessau-Törten experimentiert wurde, kam auch dem Holz als kostengünstigem und leicht zu bearbeitendem Baustoff große Bedeutung zu.[11] Die Firma Christoph & Unmack in Niesky mit ihren vorgefertigten Typenhäusern und Bauplattensystemen („Lignatplatten"), aber auch die Siedlungshäuser in Dresden-Hellerau in den 1920er-Jahren oder die Kochenhofsiedlung in Stuttgart 1927–1933 stehen beispielhaft für technisch ausgereifte und wirtschaftlich erfolgreiche Projekte.[12]

1929 erschien erstmals nach US-amerikanischem Vorbild der „Bauwelt-Katalog", der als „Handbuch des gesamten Baubedarfs" in leicht benutzbarer Form alle Bauprodukte für Architekten und Bauunternehmer in Form einer gebundenen Prospektsammlung erschloss. Beteiligt an der Entstehung des Katalogs, der nach Angaben der Redaktion in erster Linie reine Information ohne Werturteile, also „Tabellen statt Anpreisungen"[13], beinhalten sollte, war die 1927 gegründete Reichsforschungsgesellschaft für Wirtschaftlichkeit im Bau- und Wohnungswesen (RFG). Diese aus dem Reichstypenausschuss hervorgegangene Organisation mit ihrer komplexen Struktur der Zusammenarbeit von Ingenieuren, Industriellen und Architekten strebte eine Verbilligung des Bauens auf wissenschaftlichem Wege an. Sie bekam zu diesem Zweck vom Arbeitsministerium eine Summe von zehn Millionen Reichsmark zur Durchführung von umfangreichen Bauversuchen zur Verfügung gestellt. Gerade diese von der RFG geförderten Experimentalbauten weisen zahlreiche bautechnologische Schwachpunkte auf, die bereits früh zum Gegenstand baulicher Reparaturen wurden.

Direkt nach den Zerstörungen des Zweiten Weltkriegs entstanden zahlreiche sparsame und provisorische Konstruktionen, wie etwa die vielerorts in Deutschland entstandenen Notkirchen aus einfachen Holzbindern von Otto Bartning. In der Nachkriegsarchitektur spielten aus dem Trümmerschutt geborgene Materialien eine große Rolle. So ergänzte Hans Döllgast beim Wiederaufbau der Alten Pinakothek in München die zerstörten Fassadenteile in einer vereinfachten Gliederung aus Trümmerziegeln, die die Wunde des Kriegs auch nach der Wiederherstellung des Gebäudes symbolisch verdeutlichen sollten. Doch nur vereinzelt

Prismenscheibe der Deutschen Luxfer-Prismen-Gesellschaft Berlin aus der Siedlung Dessau-Törten (Walter Gropius 1926–28)

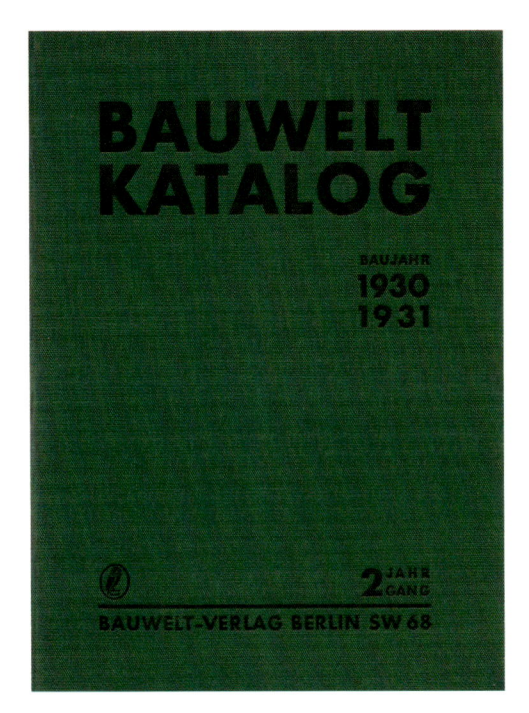

MATERIAL UND KONSTRUKTION

entstanden neue Konstruktionsweisen, wie etwa beim Weiterbau der Dammerstocksiedlung in Karlsruhe, wo 1949 von Willi van den Kerkhoff ein neues Bausystem mit geschosshohen Tafeln aus Zement und Holzspänen entwickelt wurde.[14] Während grundsätzlich bis in die 1960er-Jahre viele aus der Zwischenkriegszeit bekannte Bauweisen auch bei einer veränderten Formensprache tradiert wurden, gewannen zunehmend neue Werkstoffe in der Architektur an Bedeutung. Insbesondere Kunststoffe veränderten Konstruktion und Erscheinungsbild der Architektur ab den späten 1950er-Jahren, sei es zunächst in untergeordneter Bedeutung an Handläufen und Möbeloberflächen, später auch bei Wand- und Deckensystemen und sogar bei kompletten Gebäuden.[15]

Das Material im konstruktiven Gefüge

Bei der Sanierungsplanung gilt es zunächst abzuklären, ob Bauschäden auf die ursprüngliche Konstruktion zurückzuführen sind oder ob sie infolge nachträglicher Eingriffe in das Baugefüge, aufgrund falscher Pflege oder schlicht durch Vernachlässigung entstanden. Zu bedenken ist darüber hinaus, dass viele der ursprünglich industriell gefertigten Produkte – seien es Türbeschläge, Installationsdetails, Dämmstoffe oder Fenstersysteme – nicht mehr in der ursprünglichen Form hergestellt werden und damit wertvolle Dokumente historischer Konstruktionsweisen darstellen. Oftmals entsprechen sie nicht mehr den heutigen technischen, konstruktiven oder bauphysikalischen Anforderungen. Die nicht mehr erhaltungsfähigen oder bereits verlorenen Bauteile müssen daher entweder aufwendig in Handarbeit oder in Kleinserien nachgefertigt oder aber durch aktuelle, möglichst ähnliche Produkte ersetzt werden. Der Ersatz eines ursprünglich kostengünstigen industriellen Massenprodukts durch ein handwerklich gefertigtes Einzelstück verändert aber nicht nur die architektonische Aussage eines Gebäudes, er kann auch zu konstruktiven oder bauklimatischen Problemen führen, wenn das neue Bauteil nicht die gleichen Materialeigenschaften aufweist.[16] Manche in bester Absicht vorgenommene bauliche Maßnahme führt zu problematischen Folgen, wenn etwa durch den Einbau gut isolierender Fenster die Luftfeuchtigkeit nicht mehr auf den Glasflächen kondensiert, sondern an den nun möglicherweise kälteren Oberflächen der Umfassungswände. Da sich jeder Eingriff in das Gebäude auf die gesamte Gebäudestruktur auswirkt, kann es durchaus sinnvoll sein, konstruktive Probleme des Gebäudes in Kauf zu nehmen, um unkalkulierbare Folgen abzuwenden. So geschah die Instandsetzung der Putzoberflächen am Einsteinturm in Potsdam im Bewusstsein, dass an bestimmten, wohlbekannten Stellen nach einiger Zeit erneut Risse zu erwarten sind. Deren Kontrolle und Pflege erschien jedoch in Hinblick auf die Substanz des Denkmals angemessener als der Komplettaustausch der Putzoberflächen oder der Einsatz neuer Materialien, die ihrerseits ein Risiko im Zusammenwirken mit dem bauzeitlichen Gefüge dargestellt hätten.[17]

Ein genaues Verständnis des historischen Gebäudes mit seinen konstruktiven und materialtechnologischen Eigenarten wird in vielen Fällen zu einem behutsamen und zurückhaltenden Umgang mit der bauzeitlichen Substanz führen. So entschied man sich bei der Sanierung des Dessauer Arbeitsamtes von Walter Gropius nach eingehenden Voruntersuchungen dafür, die tragende Stahlkonstruktion nur punktuell freizulegen und in situ zu entrosten, da bei einem vollständigen Ersatz weite Teile des Klinkermauerwerks an der Fassade hätten ausgetauscht werden müssen.[18] Architektonische Ideen und Konzepte – auch und gerade das Streben nach Immaterialität in der Moderne – sind immer gebunden an technische und konstruktive Möglichkeiten des Materials. Insofern kommt dem Erhalt und der Pflege der baulichen Substanz als Informations- und Ausdrucksträger höchste Bedeutung zu. AS

Bauwelt-Katalog. Handbuch des gesamten Baubedarfs, 2. Jahrgang 1930/31, Einband

Unten: Bauzeitliches Heizkörperventil aus der Siedlung Dessau-Törten (Walter Gropius 1926–1928)

[1] ICOMOS, Nationalkomitee der Bundesrepublik Deutschland (Hg.): Konservierung der Moderne? Über den Umgang mit Zeugnissen der Architekturgeschichte des 20. Jahrhunderts, ICOMOS-Hefte des Deutschen Nationalkomitees, Band XXIV, München 1996

[2] Gottfried Semper: Der Stil in den technischen und tektonischen Künsten, Band 1: Die textile Kunst, Frankfurt am Main 1860

[3] Otto Wagner: Die Baukunst unserer Zeit, Wien 1914

[4] Zum Begriff der „konstruktiven Ehrlichkeit" siehe Dietmar Grötzebach: Der Wandel der Kriterien bei der Wertung des Zusammenhanges von Konstruktion und Form in den letzten 100 Jahren, Berlin 1965

[5] Am Bauhausgebäude wurde 1976 die ursprünglich stählerne Vorhangfassade des Werkstättentrakts als schwarz eloxierte Aluminiumkonstruktion rekonstruiert und der Bau mit einem Zementputz und einem Anstrich mit Latexfarbe versehen, während die Wandoberflächen 1926 entgegen der Aussage von Gropius, es handele sich um „zementputz mit keimscher mineralfarbe" (Walter Gropius: bauhausbauten dessau, Fulda 1930, S. 15) durch einem Kalkputz mit Kalkanstrich geschützt waren.

[6] Monika Markgraf, Andreas Schwarting: Bauforschungsarchiv Stiftung Bauhaus Dessau (Erstauflage: Dessau 2002), Dessau 2008

[7] Siehe dazu Thomas Danzl: Farbe und Form. Die materialtechnischen Grundlagen der Architekturfarbigkeit an den Bauhausbauten in Dessau und ihre Folgen für die restauratorische Praxis, in: Denkmalpflege in Sachsen-Anhalt 9, 2001, Heft 1/2, S. 7–19

[8] Arthur Korn (Hg.): Glas im Bau und als Gebrauchsgegenstand, Berlin 1929, S. 5–6

[9] Gernot Böhme: Der Glanz des Materials, in: Atmosphäre, Frankfurt am Main 1995, S. 63 10 Adolf Scheidt: Ersatzbauweisen, Druckschriften des Reichs- und Preußischen Staatskommissars für das Wohnungswesen, Band 2, Berlin 1919

[11] Siehe dazu Kurt Junghanns: Das Haus für alle. Zur Geschichte der Vorfertigung in Deutschland, Berlin 1994

[12] Ein prominentes Beispiel für die Häuser der Firma Christoph & Unmack ist das Sommerhaus von Albert Einstein in Caputh von dem Architekten Konrad Wachsmann (s. S. 166 ff.) . Dieses Haus wurde denkmalgerecht saniert und ist öffentlich zugänglich.

[13] o. A.: Vorwort, in: Bauwelt-Verlag (Hg.): Bauwelt-Katalog. Handbuch des gesamten Baubedarfs, 1. Jahrgang, Berlin 1929, Seite 4A

[14] Zur sogenannten KER-Tafelbauweise siehe Andreas Schwarting: Karlsruhe und der Dammerstock. Architektonische Wechselwirkungen, in: Badisches Landesmuseum (Hg.): Neues Bauen der 20er Jahre. Gropius, Haesler, Schwitters und die Dammerstock-Siedlung in Karlsruhe, Karlsruhe 1997, S. 68–90

[15] Siehe dazu Matthias Ludwig: Mobile Architektur. Geschichte und Entwicklung transportabler und modularer Bauten, Stuttgart 1998, S. 117–134

[16] Aus diesem Grund wurden für die Sanierung des Meisterhauses Muche/Schlemmer in Dessau für die abgängigen „Jurkoplatten" aus Schlackenbeton neue Steine aus Tuff eingesetzt, die sehr ähnliche bauphysikalische Eigenschaften aufweisen. Vergleiche August Gebeßler (Hg.): Gropius. Meisterhaus Muche-Schlemmer. Die Geschichte einer Instandsetzung, Stuttgart 2003, S. 138 f.

[17] Norbert Huse (Hg.): Mendelsohn. Der Einsteinturm. Die Geschichte einer Instandsetzung, Stuttgart 2000

[18] Berthold Burkhardt: Sanierung Arbeitsamt Dessau, in: Stiftung Bauhaus Dessau (Hg.): Umgang mit Bauten der Klassischen Moderne, Dessau 1999, S. 36

FARBE UND OBERFLÄCHE

Oberflächen bestimmen wesentlich die Wirkung der Architektur. Theo van Doesburg, der niederländische Maler und Architekt, drückte den Zusammenhang treffend aus: „Letzten Endes ist doch nur die Oberfläche für die Architektur entscheidend, der Mensch lebt nicht in der Konstruktion, sondern in der Atmosphäre, welche durch die Oberflächen hervorgerufen wird!"[1]

Die Architektur der Moderne wird oft mit schlichten weißen Wänden assoziiert, obwohl die Gestaltung der Oberfläche und die Verwendung von Farbe insbesondere für diese Bauten eine große Bedeutung haben. Durch den Verzicht auf Schmuckelemente und die Reduzierung der Formen bestimmen Farbe und Oberflächen, die Verwendung der Materialien sowie das bewusste Spiel mit Licht und Schatten entscheidend die Wirkung der Architektur, die bereits durch kleine Eingriffe empfindlich gestört werden kann. Der Begriff „Architekturoberfläche" macht deutlich, dass es nicht nur um Farbtöne, sondern auch um das Material und seine Beschaffenheit geht. In Anlehnung an László Moholy-Nagy, der als Meister am Bauhaus wichtige Impulse für die Entwicklung von Malerei, Typografie und Fotografie gab, bezeichnet „Struktur" den inneren Aufbau des Materials, „Textur" die organisch entstandene und „Faktur" die durch äußeren Einfluss entstandene Oberfläche wie Werkspuren oder Verwitterung.[2] Die Oberfläche kann durch eine farbige Fassung – „Farbenfarbe" – oder durch Materialfarbigkeit – „Materialfarbe" – gestaltet sein.[3] Farbenfarbe wird als Schmuck, für den Schutz der Konstruktion oder zur Gliederung der Architektur auf eine Fläche aufgebracht. Materialfarbe bezeichnet die eigene Farbigkeit von materialsichtigen Flächen wie Sichtbeton oder Ziegelmauerwerk, Metall oder Glasflächen.

Entdeckung der Farbe

Zu Beginn des 20. Jahrhunderts wurde eine intensive Debatte um Farbe und Architektur geführt. Aus dem ästhetischen Ideal einer vornehmen Architektur in gedeckten, häufig grauen Farbtönen entwickelte sich mit der Zunahme des qualitativ schlechten Massenwohnungsbaus die triste graue Stadt. Der Dreck aus den Fabrikschloten führte zur Verschmutzung der rasant wachsenden Städte und technologische Unzulänglichkeiten der damals rasch verwitternden Farbmaterialien trugen zu diesem Bild bei. In der Folge setzte sich eine Reihe von Architekten des Neuen Bauens mit Farbe in der Architektur auseinander, wie beispiel-

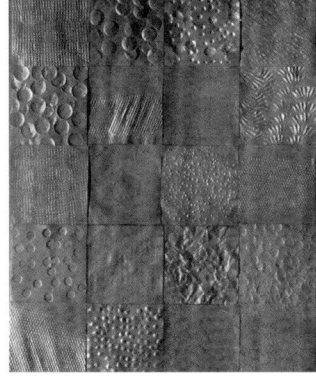

Beschreibung der Oberfläche mit den Begriffen „Struktur" für den inneren Aufbau des Materials, „Textur" für die organisch entstandene und „Faktur" für die durch äußeren Einfluss (Werkspuren oder Verwitterung) entstandene Oberfläche

FARBE UND OBERFLÄCHE

DIE BAUWELT
Zeitschrift für das gesamte Bauwesen
Bautennachweis, Verdingungs- und Versteigerungsanzeiger

Bezugspreis: vierteljährlich Mark 4,— Hauptvertrieb: Berlin SW 68, Kochstr. 22–26	**18. September 1919** Erscheint jeden Donnerstag	Anzeigen: 30 Pf. die 5gespalt. Millimeterhöhe. Umschlagseiten nach Sondertarif.
10. Jahrgang	Manuskriptsendungen an die Schriftleitung der „Bauwelt", Berlin SW 68, Kochstraße 22–26 Drahtmeldung: „Ullsteinhaus-Bauwelt, Berlin" — Fernspr.: Amt Moritzpl. 11800 bis 11850	**Heft 38**

Inhalt: Aufruf zum farbigen Bauen / Beobachtungen über Farbenwirkung aus meiner Praxis / Neue Aufgaben im Bauwesen / Kleinsiedlungen der Stadt Breslau, illustr. / Wirtschaftliches / Grundstücks- und Hypothekenmarkt / Baustoffmarkt / Arbeitsmarkt / Verbände und Vereine / Persönliches / Dienstanweisungen für Arbeiterkontrolleure auf Bauten / Auskunftei / Wer liefert / Geschäftliche Mitteilungen / Handelsregister.
Inhalt des Bauweltregisters: Bautennachweis / Versteigerungsanzeiger.

Aufruf zum farbigen Bauen!

Die vergangenen Jahrzehnte haben durch ihre rein technische und wissenschaftliche Betonung die optische Sinnenfreude getötet. Grau in graue Steinkästen traten an die Stelle farbiger und bemalter Häuser. Die durch Jahrhunderte gepflegte Tradition der Farbe versank in dem Begriff einer „Vornehmheit", der aber nichts anderes ist, als Mattheit und Unfähigkeit, das neben der Form wesentlichste Kunstmittel im Bauen, nämlich die Farbe, anzuwenden. Das Publikum hat heute Angst vor dem farbigen Haus und vergißt, daß die Zeit nicht so lange her ist, in der die Architekten keine schmutzigen Häuser bauen durften und in der man kein Haus verschmutzen ließ. Wir Unterzeichneten bekennen uns zur farbigen Architektur. Wir wollen keine freudlosen Häuser mehr bauen und erbaut sehen und wollen durch dieses geschlossene Bekenntnis dem Bauherren, dem Siedler wieder Mut zur Farbenfreude am Aeußeren und Inneren des Hauses geben, damit er uns in unserm Wollen unterstützt. Farbe ist nicht teuer, wie Dekoration mit Gesimsen und Plastiken, aber Farbe ist Lebensfreude und, weil sie mit geringen Mitteln zu geben ist, deshalb müssen wir gerade in der Zeit der heutigen Not bei allen Bauten, die nun einmal aufgeführt werden müssen, auf sie dringen, bei jedem einfachsten Siedlerhaus, beim Barackendorf im Wiederaufbaugebiet usw. Wir verwerfen den Verzicht auf die Farbe ganz und gar, wo ein Haus in der Natur steht. Nicht allein die grüne Sommerlandschaft, sondern gerade die Schneelandschaft des Winters verlangt dringend nach der Farbe. An Stelle des schmutziggrauen Hauses im Freien trete endlich wieder das blaue, rote, gelbe, grüne, schwarze, weiße Haus in ungebrochener, leuchtender Tönung. Natürlich ist die fortgesetzte Pflege der Farbe mit Neuanstrich und Ausbesserung die notwendige Folge, wie es noch heute in Holland und vielen anderen Gegenden Tradition ist und einmal überall war.

H. Zehder.

Bisherige Unterschriften:

Architekten: Bruno Ahrends, Berlin. W. C. Behrendt, Herausgeber der „Volkswohnung", Berlin. Peter Behrens, Berlin. Elkart, Stadtbaurat in Spandau. August Endell, Direktor der Kunstakademie in Breslau. Paul Gösch, Schwetz. Jakobus Göttel, Köln/Rh. Walter Gropius, Direktor des staatlichen Bauhauses Weimar. Erwin Gutkind, Referent im Reichsarbeitsministerium, Berlin. John Martens, Ortelsburg. Paul Mebes, Berlin. Bruno Möhring, Berlin. Bruno Paul, Direktor der Kunstgewerbeschule Berlin. Friedrich Paulsen, Schriftleiter der „Bauwelt", Berlin. Hans Poelzig, Stadtbaurat in Dresden. Scharoun, Insterburg. Paul Schmitthenner, Stuttgart. Fritz Schumacher, Baudirektor in Hamburg. Heinrich Strammer, Berlin. Bruno Taut, Berlin. Max Taut, Berlin. Martin Wagner, Stadtbaurat, Berlin-Schöneberg. Hugo Zehder, Herausgeber von „1919, Neue Blätter für Kunst und Dichtung", Dresden. Paul Zucker, Charlottenburg.
Ausschuß für Kunst, Volksbildung und Wissenschaften, Oberbürgermeister Rosenkrantz, Insterburg. Dr. Adolf Behne, Charlottenburg. Bernhard Kampffmeyer, Vorsitzender der deutschen Gartenstadt-Gesellschaft, Berg.-Gladbach. Dr. Hans Kampffmeyer, Landeswohnungsinspektor, Karlsruhe/B. Prof. Dr. Hermann Mehner, Physikochemiker, Berlin. Dr. Karl Ernst Osthaus, Hagen/Westf. Adolf Otto, Generalsekretär der deutschen Gartenstadt-Gesellschaft, Grünau-Berlin. Prof. Dr. Strzygowski, Universität in Wien. Erich Worbs, Chemiker, Berlin.

Der „Aufruf zum farbigen Bauen!" erschien am 18. September 1919 in der Zeitschrift „Bauwelt"

FARBE UND OBERFLÄCHE

Oben: Farbe in der Gartenstadt Falkenberg in Berlin, auch „Tuschkastensiedlung" genannt, 2007 (Bruno Taut 1911)

Mitte: „Farbklaviatur" für die Auswahl von passenden Farbtönen der Salubra-Tapeten (Le Corbusier 1931)

Unten: Wirkung von verschiedenen Oberflächen (rau und glatt, grob und fein, matt und glänzend) im Bauhausgebäude in Dessau 2004 (Walter Gropius 1926)

weise der „Aufruf zum farbigen Bauen!" dokumentiert. „An Stelle des schmutzig-grauen Hauses trete endlich wieder das blaue, rote, gelbe, grüne, schwarze, weiße Haus in ungebrochener leuchtender Tönung."[4] Die Akteure waren Persönlichkeiten wie Walter Gropius, Bruno Taut, Adolf Behne oder Karl Ernst Osthaus. Aus der Fülle der Positionen zum farbigen Bauen werden im Folgenden einige Aspekte vorgestellt.

Bruno Taut, der „Meister des farbigen Bauens", schuf mit seinen Siedlungen Beispiele für den konsequenten, flächigen Einsatz von Farbe im Wohnungsbau. Durch die Weiterentwicklung der Farbentechnologie war es inzwischen auch möglich, großflächige und haltbare Anstriche anzufertigen oder den Putz durchzufärben. Die Entwicklung der Keimschen Mineralfarben spielte dabei eine wichtige Rolle. Angesichts der wirtschaftlichen Not war Farbe für Taut ein kostengünstiges Mittel, Individualität und Identifikation für die Bewohner der großen Siedlungen zu ermöglichen. Er war überzeugt, dass Farbe subjektiv wahrgenommen wird und erwartete deshalb nicht, dass eine bestimmte Farbigkeit bei allen Menschen auf Zustimmung treffen würde. Le Corbusier setzte für die Gestaltung der Innenräume Tapeten ein, die er „Ölfarbenanstrich in Rollen" nannte, da bei der Herstellung Ölfarbe auf festes Papier gepresst wurde. Als Vorteile nannte er die Möglichkeit der exakten Herstellung der Farben, die unter Baustellenbedingungen kaum möglich ist. Farbe, die den Raum modifiziert und interpretiert, verstand Le Corbusier als elementaren Bestandteil der architektonischen Konzeption. Er ging davon aus, dass Farben bestimmte Eigenschaften haben, mit denen sie auf den Menschen wirken und den Raum verändern. Die 1931 von der Basler Firma Salubra hergestellte Tapetenkollektion wurde nicht in einem herkömmlichen Musterbuch präsentiert, sondern in Form sogenannter „Farbklaviaturen"[5], die aus zwölf Farbkarten bestanden und passende Kombinationen von Farbtönen aufzeigten. Am Bauhaus unter Gropius wurde demgegenüber keine festgelegte Farbpalette verwendet, sondern die Farben wurden experimentell auf der Baustelle angemischt. Die farbige Gestaltung ist integrierter Bestandteil der Architektur und unterstreicht deren konstruktive Gliederung. Darüber hinaus kann sie der Orientierung im Gebäude dienen.

FARBE UND OBERFLÄCHE

Wirkung der sichtbaren Konstruktion aus Beton in der ehemaligen Bundesschule des ADBG in Bernau 2007 (Hannes Meyer und Hans Wittwer 1930)

Materialität der Oberfläche

Auch der materielle Charakter der Farbe selbst, die Eigenschaften des Untergrundes, auf den sie aufgetragen wird, die Technik, mit der das Auftragen der Farbe erfolgt und die abschließende Bearbeitung der Oberfläche waren wichtige Mittel, um den Raum zu gestalten, da so der architektonische Ausdruck einzelner Teile beeinflusst werden konnte.[6] Die Architektur-oberfläche ist so ein eigenständiger Beitrag zu der Gestaltung des Gebäudes: „Die Farbe als Material begriffen, wird durch die unterschiedliche Kombination und Konzentration ihrer Bestandteile – Pigmente, Bindemittel und Zuschlagstoffe – mit der ihr eigenen Struktur zu einem eigenständigen Bildmedium. Durch die Oberflächenbeschaffenheit oder Textur der Untergründe, durch die Deckkraft und den Glanzgrad der Farbe sowie nicht zuletzt durch die Art des Farbauftrages beziehungsweise der Faktur entstehen zahllose Gestaltungsvarianten."[7]

Die tragende Struktur aus Beton wird an vielen Bauten der Moderne, beispielsweise auch am Bauhausgebäude in Dessau, unter einer Putzschicht verdeckt. Der zweite Bauhausdirektor Hannes Meyer vertrat jedoch eine andere Haltung. Seine Bauten präsentieren den Beton der tragenden Konstruktion mit handwerklich bearbeiteten Oberflächen. Für Meyer stand die rationale Analyse der inneren und äußeren Bedingungen für den Entwurf im Mittelpunkt, aus der sich auch die Gestaltung der Oberflächen wie selbstverständlich entwickeln sollte. „die farbe ist uns nur mittel der bewussten seelischen einwirkung und ein orientierungsmittel. die farbe ist niemals mimikry für allerlei baustoffe. buntheit ist uns ein greuel. anstrich ist uns ein schutzmittel. wo uns farbe psychisch unentbehrlich erscheint, mitberechnen wir deren lichtreflexionswert. wir vermeiden reinweißen hausanstrich: der hauskörper ist uns ein akkumulator der sonnenwärme."[8] So arbeitete Meyer häufig mit Material, das keine Beschichtung erhielt, wie Ziegelmauerwerk und Sichtbeton. Die Bundesschule des ADGB in Bernau ist ein überzeugendes Beispiel für diese Haltung, die in der modernen Architektur nach 1945 unter dem Stichwort „materialgerecht" zunehmende Bedeutung erhielt.

DENKMALPFLEGE DER MODERNE

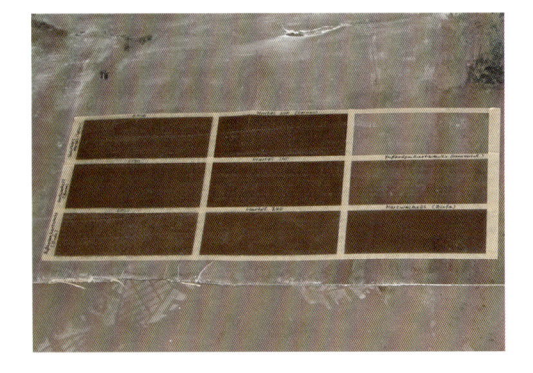

FARBE UND OBERFLÄCHE

Die neue Materialästhetik der Betonoberflächen setzte sich nach dem Zweiten Weltkrieg durch. Mit den „Unités d'habitation" in Marseille und Berlin verhalf Le Corbusier dem „beton brut", Beton mit schalungsrauer Oberfläche, zum Durchbruch. Anlässlich der Eröffnung des Gebäudes in Marseille sagte er: „Der Bau der Unité von Marseille hat der neuen Architektur die Gewissheit gebracht, dass armierter Beton, als Rohmaterial verwendet, ebensoviel Schönheit besitzt wie Stein, Holz oder Backstein. Diese Erfahrung ist äußerst wichtig. Es scheint nunmehr möglich, den Beton wie Stein in seinem Rohzustand zu zeigen […]. Auf dem rohen Beton sieht man die kleinsten Zufälligkeiten der Schalung: die Fugen der Bretter, die Holzfibern, die Astansätze und so weiter. Nun gut, diese Dinge sind herrlich anzusehen. Sie sind interessant zu beobachten und bereichern die, die ein wenig Phantasie haben."[9] Sichtbeton wurde mit unterschiedlich gestalteten Oberflächen (beispielsweise schalungsrau, geglättet, geschliffen, gefärbt oder als Waschbeton) ein bestimmendes Merkmal für die moderne Architektur. Der Wiederaufbau des im Krieg zerstörten Hansaviertels in Berlin im Rahmen der Interbau 1957 zeigt diese Vielfalt. Beton wurde aufgrund seiner konstruktiven Eigenschaften auch häufig für den Kirchenbau eingesetzt. Die von Gottfried Böhm geplante Fatimakirche in Kassel (1959) ist ein eindrucksvolles Beispiel für die Verwendung von massivem Sichtbeton, der konstruktiv eine große Halle ermöglicht und gleichzeitig eine starke ästhetische Wirkung entfaltet, die durch die Verwendung von Trümmerschutt im Beton einen besonderen Ausdruck erhält.

Im Unterschied zu den Oberflächen, die erkennbar durch ihre Materialität bestimmt sind, übten in den 1920er-Jahren auch spiegelnde und homogene Oberflächen wie vernickeltes Metall oder Linoleum eine starke Faszination aus. Sie weisen keine handwerklichen Spuren auf und geben keinen Hinweis auf ihren industriellen Herstellungsprozess. Den monochromen Oberflächen ist das Material, aus dem sie entstanden sind, nicht anzusehen. Sie wirken immateriell und entsprachen damit den ästhetischen Vorstellungen vieler Architekten der Moderne. Auch der Entwicklung von immer preiswerter herstellbaren Kunststoffen, deren Oberflächen nicht mehr durch das Material, sondern durch die bewusste Gestaltung bestimmt werden, prägte die Architektur zunehmend.

Als Beispiel für eine aus den Funktionen entwickelte Architektur, die in den 1950er-Jahren ganz neue Ideen entwickelte, kann das „Organische Bauen" von Hans Scharoun gelten. Für ihn waren Raumform, Lichtführung, Ausstattung und Farbgebung untrennbare Bestandteile der Raumgestaltung, die im Rahmen eines Gesamtkonzepts gezielt für die Schaffung einer Atmosphäre oder die Förderung eines pädagogischen Konzepts eingesetzt wurden.[10]

Erhaltung der Oberflächen

Bei der Architektur der Moderne wurden Farbanstriche und Oberflächen wie Putze oder Fußbodenbeläge oft nicht als schützens- und erhaltenswerte Bestandteile der Architektur betrachtet, sondern als Verschleißschichten. Bei frühen Sanierungen von Bauten der Moderne[11] wurden diese Oberflächen großflächig entfernt, was zu hohen Verlusten an bauzeitlicher Denkmalsubstanz und deren charakteristischen Oberflächenwirkung führte. Damit sind in historischer, technologischer und ästhetischer Hinsicht wichtige Bestandteile des schützenswerten Denkmals unwiederbringlich verloren, wie Helmut F. Reichwald am Beispiel der Sanierung des Doppelhaus in der Stuttgarter Weißenhofsiedlung von Le Corbusier und Pierre Jeanneret deutlich macht: „Bei allem Bemühen, die Oberflächen und Farbfassungen möglichst nahe an den bauzeitlichen Bestand heranzuführen, können die Ergebnisse immer nur ‚originalähnlich' sein. Verloren gegangene Materialsubstanz lässt sich durch

Bodenbelag aus Triolin: Dokumentation der Befunde, historische Bauforschung, Materialproben für die Pflege, Raumwirkung der Oberfläche

nichts, auch nicht durch eine Rekonstruktion ersetzen."[12] Erst die Sicherung des historischen Bestandes ermöglicht die erneute „Befragbarkeit" des Denkmals zu einem späteren Zeitpunkt und unter veränderten Fragestellungen.

Materialsichtige Fassaden, beispielsweise aus Sichtbeton, leben von den Spuren der Herstellung und des Alterungsprozesses. Sanierung und Konservierung müssen sich deshalb um Materialerhalt durch Verlangsamung des zerstörenden Alterungsprozesses und Ertüchtigung des bauzeitlichen Materials bemühen. Für den in großem Umfang erst seit den 1950er-Jahren angewendeten Sichtbeton fehlen Sanierungserfahrungen über einen längeren Zeitraum, da diese Bauten erst seit vergleichsweise kurzer Zeit als schützens- und erhaltenswerte Denkmäler anerkannt werden. In den letzten Jahren wurde begonnen, neue Methoden der Erhaltung und Pflege nach dem Prinzip Reparatur zu entwickeln.[13] Die interdisziplinäre und prozessorientierte Zusammenarbeit von Fachleuten wie Restauratoren, Bauforschern, Architekten und Denkmalpflegern bildet dabei eine Grundlage für den Erfolg umfassender wissenschaftlicher Arbeiten. Auf die wichtige Funktion von Oberflächen als Vermittler zwischen Architektur und Betrachter hat Ivo Hammer immer wieder hingewiesen: „Materie ohne Oberfläche gibt es nicht. Die Oberfläche ist die ästhetische und materielle Vermittlungsebene zwischen der Architektur und der Umwelt, also den Betrachtern, den Rezipienten. In Anlehnung an kybernetische Vorstellungen könnte man sagen: Surface is Interface." *MM*

---

[1] Theo van Doesburg: Farben in Raum und Zeit, in: Hagen Bächler, Herbert Letsch: De Stijl. Schriften und Manifeste, Leipzig, Weimar 1984, S. 221

[2] László Moholy-Nagy: von material zu architektur, Bauhausbücher 14, Passau 1929 (Nachdruck: Mainz 1968)

[3] Vergleiche Arthur Rüegg: Siedlung Pilotengasse, Zürich 1993

[4] Aufruf zum Farbigen Bauen!, in: Bauwelt 10, 1919, Heft 38, S. 1

[5] Arthur Rüegg (Hg.): Polychromie architectural. Le Corbusiers Farbenklaviaturen von 1931 und 1959, Basel, Boston, Berlin 1997

[6] Die Vermittlung der entsprechenden handwerklichen Fähigkeiten in der Ausbildung beschreibt Hans Fischli: „Auf dem Musterpapier, auf dem Holzblatt der Tür, auf der verputzten Mauer entstanden, weil die Unterlage verschieden war, aus demselben Topf drei verschiedene Töne. Die Sprache des Anstreichers ist reich an Wortbildern: Gebrannte Erde, Siena, Englisch Rot, Krapplack, Signalrot, Bleiweiß, Kremser und Zinkweiß, Rebschwarz, Ultramarin, grüne Erde holen Vergleiche herbei und die Flächen können mit Seiden- oder Eierschalenglanz, mit Lacken aller Art noch mehr zum Leuchten gebracht oder stumpf, matt gestoßen werden. [...] Man wurde zum Feinriecher; man roch diesen Lack, diese Säure und jenes Öl und alle die Bindemittel; die Nase wird fein wie ein Gaumen des Chefs in der Hotelküche." Zitiert nach Hajo Düchting: Farbe am Bauhaus, Berlin 1996, S. 124

[7] Thomas Danzl: Die Spur der Farben, in: Monika Markgraf (Hg.): Archäologie der Moderne, Berlin 2006, Seite 238

[8] Hannes Meyer: bauen (1928), in: Ulrich Conrads (Hg.): Programme und Manifeste zur Architektur des 20. Jahrhunderts, Braunschweig 1975, S. 110

[9] Willy Boesinger (Hg.): Le Corbusier, Œuvre complete, Band 5, Zürich 1953, S. 192. Zitiert nach Hartwig Schmidt: Architekturoberflächen der Moderne, in: Bayrisches Landesamt für Denkmalpflege, ICOMOS (Hg.): Historische Architekturoberflächen, Arbeitshefte des Bayrischen Landesamtes für Denkmalpflege, Band 117, München 2003, S. 164

[10] Vergleiche Peter Pfankuch: Hans Scharoun. Bauten Entwürfe Texte, Schriftenreihe der Akademie der Künste, Berlin 1993

[11] Dieses Vorgehen etwa bei der Sanierung des Bauhausgebäudes 1976 oder der Weißenhofsiedlung zu Beginn der 1980er-Jahre veranlasste Hartwig Schmidt zu der Feststellung: „Wenn wir bei Bauten der Moderne nicht bereit sind, gealterte Oberflächen, Veränderungen und einen geringeren Gebrauchswert zu akzeptieren, haben wir bald keine Baudenkmäler mehr, keine authentischen Sachzeugen, sondern nur noch originalähnliche Rekonstruktionen wie die Bauten der Stuttgarter Weißenhofsiedlung." Hartwig Schmidt: Der Umgang mit den Bauten der Moderne in Deutschland, in: Konservierung der Moderne? Tagung des deutschen Nationalkomitees von ICOMOS in Zusammenarbeit mit der denkmal '96, ICOMOS-Hefte des Deutschen Nationalkomitees XXIV, München 1998, Seite 43

[12] Helmut F. Reichwald: Oberflächen und Farbfassungen, in: Georg Adlbert (Hg.): Le Corbusier/Pierre Jeanneret. Doppelhaus in der Weißenhofsiedlung Stuttgart. Die Geschichte einer Instandsetzung, Stuttgart 2006, Seite 151

[13] Zum Beispiel Rudolf Pörtner: Instandsetzung der Betonfassaden des Beethoven Saales der Liederhalle in Stuttgart, Jahrbuch 1994 des SFB 315, Berlin 1996, S. 221–236; Bettina Lietz, Monika Markgraf: Architekturoberflächen, Berlin 2004; Landesdenkmalamt Berlin (Hg.): Das Hansaviertel in Berlin, Beiträge zur Denkmalpflege in Berlin, Band 26, Petersberg 2007; Vereinigung der Landesdenkmalpfleger in der Bundesrepublik Deutschland (Hg.): Denk-mal an Beton!, Berichte zu Forschung und Praxis der Denkmalpflege in Deutschland, Band 16, Petersberg 2008

[14] Ivo Hammer: Bedeutung historischer Fassadenputze und denkmalpflegerische Konsequenzen, in: Bayrisches Landesamt für Denkmalpflege, ICOMOS (Hg.): Historische Architekturoberflächen, Arbeitshefte des Bayrischen Landesamtes für Denkmalpflege, Band 117, München 2003, S. 183

RAUM UND FORM

„Heute weiß jeder Bescheid. Wohnungen mit viel Glas und Metallglanz: Bauhausstil. Desgleichen mit Wohnhygiene ohne Wohnstimmung: Bauhausstil. Stahlrohrsesselgerippe: Bauhausstil. Lampe mit vernickeltem Gestell und Mattglasplatte als Schirm: Bauhausstil. Gewürfelte Tapeten: Bauhausstil. Kein Bild an der Wand: Bauhausstil. Bild an der Wand, aber was soll es bedeuten: Bauhausstil."[1]

„Edgar, wie kommt die Vase in unser Milieu?" (Karl Arnold)

Es ist nicht nur bissiger Spott, sondern auch eine Spur Enttäuschung, die in dem 1930 in der „Weltbühne" veröffentlichten Resümee des ersten Bauhausjahrzehnts von Ernst Kállai steckt. Längst war der Begriff „Bauhausstil" zum allgegenwärtigen Schlagwort für die Beschreibung neuer ästhetischer Phänomene geworden. Darüber hinaus hatten sich formale Konventionen der modernen Architektur wie das flache Dach und die weiß verputzten, asymmetrisch gegliederten Baukörper mit Fensterbändern bereits in den 1920er-Jahren zu ästhetischen Chiffren verselbstständigt, die als Ausweis von Modernität von den einen euphorisch begrüßt und von den anderen ebenso heftig kritisiert wurden. Prominente Vertreter des Neuen Bauens in den 1920er-Jahren hatten sich daher schon früh gegen die Charakterisierung der modernen Architektur als „Stil" gewandt. Sie verstanden „Stil" als eine rein formale Ordnungskonvention der architektonischen Hülle, austauschbar und ohne Bezug zur inneren Struktur eines Gebäudes. Die Stilvielfalt des späten 19. Jahrhunderts erschien selbst den um Objektivität bemühten Historiografen in der Rückschau als „Maskenball der Baukunst"[2], in dessen „Karnevalsfratzen der Großstadtarchitektur" gleichermaßen „rücksichtloser Erwerbssinn" wie „lügenhafte, protzige Gesinnung" zum Ausdruck komme.[3] Die Architekten der Moderne wollten gegen dieses „Formenchaos"[4] nicht einen neuen Stil im Sinne einer vorübergehenden Mode etablieren, vielmehr ging es ihnen um einen grundlegend neuen Gestaltungsansatz, der Konstruktion, Funktion und Erscheinungsbild eines Gebäudes als untrennbare Einheit begreift. So äußerte Hugo Häring in „Wasmuths Lexikon der Baukunst", die neue Baukunst gehe „nicht von einer Form aus, sondern auf eine Form zu".[5] Das Erscheinungsbild eines modernen Gebäudes sei als Ergebnis eines komplexen Entwurfsprozesses zu verstehen, nicht etwa als dessen Ziel. „Form als Ziel ist Formalismus; und den lehnen wir ab", bemerkt Ludwig Mies van der Rohe 1927 dazu knapp in der Zeitschrift „G".[6]

Raum, Zeit, Stil?

Die Architektur des frühen 20. Jahrhunderts stand in einer engen Wechselbeziehung mit den tief greifenden Veränderungen in der Bautechnologie (neue Baustoffe und Konstruktionen) und Bauorganisation (Rationalisierung der Baustelle), aber auch mit gesellschaftlichen Entwicklungen wie dem Entstehen der industriellen Massengesellschaft und den daraus folgenden neuen Bautypen wie Großsiedlungen, Verwaltungs- und Verkehrsbauten. Die Ästhetik der modernen Architektur entwickelte sich dabei nicht isoliert von anderen künstlerischen Bewegungen. Bereits der Kubismus verstand sich als Versuch, in der simultanen Darstellung unterschiedlicher Blickwinkel auf ein und dasselbe Objekt Aspekte der Zeitlichkeit zu veranschaulichen. Im italienischen Futurismus wurde die Herrschaft von Technik und Geschwindigkeit zelebriert und in der sowjetischen Avantgarde die Überwindung der Naturgesetze durch den Menschen künstlerisch thematisiert. Die niederländische

Künstlervereinigung De Stijl strebte in der abstrakten geometrischen Reduktion der Ausdrucksformen eine neue universale Kunst an, während das „Neue Sehen" in der Fotografie und im Film der 1920er-Jahre Veränderungen der menschlichen Wahrnehmung angesichts der Erfahrung einer zunehmenden Beschleunigung des Alltags reflektierte. Neu an diesen künstlerischen Entwicklungen ist nicht allein der formale Ausdruck, sondern auch die Auseinandersetzung mit einem neuen Verständnis von Raum und Zeit. Die Entdeckung der Zeit als vierter Dimension des Raums durch den Mathematiker Hermann Minkowski sowie die Relativitätstheorie Albert Einsteins fanden auch in künstlerischen Kreisen breite Beachtung und wurden in Hinblick auf deren Auswirkungen auf die künstlerische und architektonische Praxis lebhaft diskutiert.[7] So beabsichtigte Theo van Doesburg, durch die „Raumzeitmalerei" den Menschen „statt vor – in die Malerei zu stellen".[8] Eines der historiografischen Standardwerke der Moderne, das 1941 erschienene „Space, Time and Architecture" von Sigfried Giedion führt diese Thematik gar im Titel.[9]

Seinen baulichen Niederschlag fand dieser Diskurs nicht nur in einer neuen Fassadenästhetik der Großstadtarchitektur, die beispielsweise bei den Projekten von Erich Mendelsohn oder der Brüder Hans und Wassili Luckhardt und Alfons Anker mit ihrer klaren Linienführung horizontaler Fensterbänder und Wandflächen auf die Wahrnehmbarkeit aus dem rasch vorbeieilenden Automobil heraus zielte.[10] Auch in den neuartigen Raumkonzepten wie der „promenade architecturale" von Le Corbusier oder dem „fließenden Raum" von Ludwig Mies van der Rohe ist es die Bewegung des Menschen im Raum, die ein vollständiges Erfassen der Architektur erst ermöglicht. Wilhelm Lotz beschreibt 1927 diese neue Raumerfahrung: „Anstelle der Mauer und des Mauerausschnitts lernen wir in den Werten denken, die uns heute positiver sind als die materielle Form: der Weg der Luft und des Lichts, der Zusammenklang von Raum und Außenwelt und das Raumerlebnis beim Durch-

Links: Sigfried Giedion: Space, Time and Architecture, Cambridge/Massachusetts 1941, Einband

Mitte: Siegfried Ebeling: Der Raum als Membran, Leipzig 1926, Einband

Rechts: Walter Curt Behrendt: Der Sieg des neuen Baustils, Stuttgart 1927, Einband

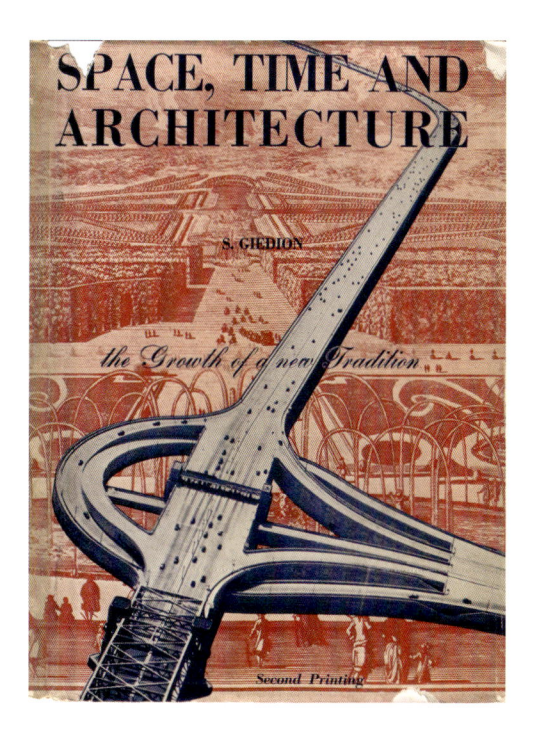

RAUM UND FORM

Oben: Licht und Schattenprojektion als Gestaltungselement. Dessau, Bauhausgebäude 1926 (2010)

Unten: Immaterialität, Reflexion und fließender Raum. Barcelona, rekonstruierter Pavillon des Deutschen Reiches auf der Weltausstellung 1929 (2000)

schreiten."[11] Auch Walter Benjamin charakterisiert die neue Architektur 1929 als „Durchgangsraum aller erdenklichen Kräfte und Wellen von Licht und Luft".[12] „Der Raum als Membran"[13], der die starren Grenzen zwischen außen und innen zugunsten einer osmotischen Durchlässigkeit auflöst, steht für diese neue Beziehung des Menschen zu seiner Umwelt.

Trotz aller Vorbehalte der Protagonisten gegen einen „Stil" führte die Architekturentwicklung der 1920er- und 1930er-Jahre zu einer modernen Formensprache, die 1927 mit der Eröffnung der Stuttgarter Weißenhofsiedlung als „Sieg des neuen Baustils" gefeiert wurde und mit der 1932 erschienenen Publikation „The International Style" ein bis heute wirksames Etikett verliehen bekam.[14] Die Autoren Henry-Russell Hitchcock und Philip Johnson führen die Architektur der Moderne auf drei wesentlichen Merkmale zurück: das Verständnis der Architektur als Raum und nicht als Masse, das Aufgeben der Symmetrie zugunsten einer modularen Regelmäßigkeit sowie den Verzicht auf das Ornament. Die ungeteilten Wand- und Fensterflächen, aber auch die zuweilen kaum bepflanzten Freiflächen entspringen dabei einem präzisen Entwurfsgedanken: „die aktivierung der negativa (der rest-, zwischen- und minus-werte) ist vielleicht das einzige ganz neue, vielleicht das wichtigste moment der heutigen formabsichten", bemerkt Josef Albers dazu 1928 in der Zeitschrift „bauhaus".[15] Die „Leere" ist also keineswegs die Abwesenheit von Gestaltung, sondern vielmehr elementarer Bestandteil derselben. Angesichts dieser Reduktion formaler Mittel kommt nicht nur den Proportionsverhältnissen, sondern insbesondere auch den architektonischen Details, wie etwa den konstruktiven Ausbildungen von Fenstern, Türen, Dachanschlüssen oder Gebäudefugen, umso mehr Bedeutung zu. Darüber hinaus sind es aber auch Elemente der technischen Gebäudeausstattung, also Heizkörper, Leuchten, Schalter und Beschläge, die als wesentliche Elemente der modernen Ästhetik im Erscheinungsbild der Architektur eine große Rolle spielen. Hier kommt das Streben nach einer neuen Einheit von Kunst und Technik, wie sie Gropius 1923 als Leitgedanken des Bauhauses formuliert hatte, besonders deutlich zum Ausdruck.

Bauliche Substanz als Träger der ästhetischen Konzeption

In Hinblick auf den Umgang mit Bauten der Moderne wird gerade dabei eine besondere Problematik deutlich: Insbesondere die konstruktiven Details und Elemente der technischen Gebäudeausstattung sind als Träger der bauzeitlichen Ästhetik in hohem Maße gefährdet. In vielen Fällen muss die bauzeitliche Haustechnik mit ihren Bedienungselementen, Leuchten und Schaltern, Lüftungsblechen und Heizkörpern ausgetauscht oder ergänzt werden. Das Anbringen einer Wärmedämmung verändert die ursprünglichen Proportionen der Fassade, und heutige Fensterprofile weisen weder die funktionelle Vielfalt noch das filigrane Erscheinungsbild der Entstehungszeit moderner Gebäude auf. Nutzungswandel, aber auch die Anpassung an heutige Bauvorschriften bedingen darüber hinaus häufig Veränderungen des räumlichen Gefüges, die sich nachteilig auf die Wahrnehmung der ursprünglichen Architekturqualitäten auswirken. Dabei geht es um so bedeutsame Eigenschaften für das Raumverständnis wie Wegekonzepte, Bewegungsabläufe, Blickbeziehungen oder das Verhältnis von offenen und geschlossenen Raumbereichen.

Jeder bauliche Eingriff, unabhängig von seiner technischen Notwendigkeit und denkmalpflegerischen Angemessenheit, wird einen eigenen ästhetischen Ausdruck im Spannungsfeld zwischen Kontrast beziehungsweise Annäherung zum Bestand finden. Dieser formale Ausdruck ist jedoch nicht identisch mit der Entwurfshaltung einer Sanierungsplanung, die entweder auf die Weiterführung des ursprünglichen Entwurfskonzepts zielt oder aber den historischen Abstand zum Gebäude verdeutlichen will. Aus beiden Haltungen

RAUM UND FORM

Oben: Neue Bauteile (Elektroinstallation, Fliesenspiegel, Küchen-möbel) harmonieren mit der historischen Bausubstanz im Haus Kleinring 42 der Siedlung Dessau-Törten (Walter Gropius 1926–28), Sanierung Johannes Bausch 2003

Unten: Neue Trennwände in Stahl-Glas-Konstruktion und aus Holz nehmen gestalterische Elemente der bauzeitlichen Architektur auf. Hamburg, Villa Reemtsma (Martin Elsaesser 1932), Sanierung Helmut Riemann Architekten 2008

heraus lassen sich jeweils ästhetische Entscheidungen begründen, die das Erscheinungsbild eines Gebäudes verändern. Bauliches Handeln „im Sinne des Architekten" kann dabei nur eine mehr oder weniger zutreffende Interpretation des ursprünglichen Entwurfs darstellen und bleibt daher zwangsläufig spekulativ. Diese Interpretation wird umso hypothetischer sein, je mehr sie sich auf Äußerungen der beteiligten Architekten oder auf vermeintliche Gestaltungsprinzipien wie Rationalität, Funktionalität oder industrielle Produktion stützt. So wurde bei der Wiederherstellung der gläsernen Vorhangfassade des Bauhausgebäudes in Dessau 1976 der Einbau einer doppelten Wärmeschutzverglasung statt der ursprünglichen Einfachverglasung erwogen, da Gropius sich womöglich ebenfalls dieser Technik bedient hätte, wenn sie denn in den 1920er-Jahren bereits zur Verfügung gestanden hätte. Der Modernität des ursprünglichen Gebäudes entspräche die Ausführung der Sanierung mit den jeweils modernsten bautechnischen Möglichkeiten. Es gilt aber zu bedenken, dass die vielschichtigen historischen Planungs- und Entscheidungsprozesse sowie die öffentlich geführten Diskussionen im Zuge der Entstehung von modernen Gebäuden nicht selten von Argumentationsmustern geprägt waren, die vorgeblich rationelle und funktionale Aspekte thematisierten, letztlich aber einer innovativen Ästhetik zum Durchbruch verhelfen sollten. So bemerkte Gropius 1964 in der Rückschau resigniert, dass „die Öffentlichkeit moderne Architektur nur dann akzeptierte, wenn sie versprach, billiger zu sein; ihre ästhetischen Möglichkeiten wurden beim Publikum nicht einmal vermutet".[16] Jede Interpretation, auch und gerade wenn sie sich auf historische Diskurse wie die Kostenfrage oder die Funktionalität des flachen Dachs stützt, bedeutet aus diesem Grunde eine Reduktion dieser Vielschichtigkeit und kann als Grundlage für bauliche Entscheidungen fragwürdige Folgen haben. So konnten beispielsweise ab 1980 nach einem jahrelangen Rechtsstreit Rollläden in die Häuser der 1928/29 errichteten Dammerstocksiedlung in Karlsruhe eingebaut werden. Der Hinweis, im Sinne der damaligen Bauausstellung „Die Gebrauchswohnung" die zeitgemäße Nutzbarkeit der Bauten erhalten zu können, wog schwerer als die durch die Rollladenkästen entstellten Fassadenproportionen.[17] In Celle wurde in den Diskussionen zum Umgang mit der 1931 fertiggestellten Siedlung Blumläger Feld von Otto Haesler gar eine historische Äußerung des Architekten, dass „die Liebe zur alten Kunst […] niemals größer sein [darf] als die zum Neuen" zur Rechtfertigung des Teilabrisses und einer partiellen Neubebauung der Siedlung.[18]

Selbstbewusste Sensibilität

Die Bedeutung von Baudenkmälern umfasst neben dem künstlerischen Entwurf auch ihre Eigenschaft als historisches Dokument, welches Auskunft über die Bautechnik und Bauweise, aber auch über die Nutzung, Wertschätzung und Veränderungsgeschichte des Gebäudes zu geben vermag. Gegenstand und Ziel allen baulichen Handelns sollte daher stets die erhaltene bauliche Substanz und nicht die vermeintliche Intention der Erbauer sein. Doch auch im Bewusstsein der eigenen Geschichtlichkeit stellt sich die Frage nach der formalen Gestaltung neuer Hinzufügungen – gleichwohl, ob es sich dabei nur um kleinere Bauteile wie Sanitärobjekte, Installationsdetails oder Beschläge handelt oder aber um größere Veränderungen im räumlichen Gefüge sowie neue Fenster- oder Türöffnungen. Gerade die zurückhaltende Ästhetik und Detailausbildung der Architektur der Moderne erfordert eine besondere Sensibilität bei allen Instandsetzungs- und Sanierungsmaßnahmen. Sowohl die Orientierung am Bestand als auch die deutliche Kontrastierung lassen sich dabei je nach bau-licher Situation begründen. So ist der neue Buchladen in der Berliner Kongresshalle in seiner selbstbewussten zeitgenössischen Formensprache der starken Großform des Gebäudes durchaus angemessen, während die behutsame formale Anpassung der hinzugefügten Bauteile bei der Sanierung des Hauses Kleinring 42 in der Siedlung Dessau-Törten Rücksicht auf die subtile Ästhetik des relativ kleinen Siedlungshauses nimmt. Bei der Sanierung des Staatsratsgebäudes in Berlin wurden neue Ergänzungen je nach ihrer Lage im baulichen Kontext zurückhaltend wie im Foyer, aber auch deutlich kontrastierend wie im Festsaal gestaltet.

Künstlerisch hochwertige, eigenständige und zeitgenössische Lösungen im Umgang mit Denkmälern der Moderne zeichnen sich keineswegs durch größtmöglichen formalen Kontrast zum Bestehenden aus. Sie entstehen insbesondere im behutsamen wie selbstbewusstem Dialog mit dem Bestand, der die materielle und formale Authentizität der historischen Architektur respektiert und erlebbar macht. AS

Studentendorf Schlachtensee in Berlin, „Rathaus", Foyer (Hermann Fehling, Daniel Gogel, Peter Pfankuch 1957–1959), Sanierung Autzen & Reimers Architekten 2008

---

[1] Ernst Kállai: Zehn Jahre Bauhaus, in: Die Weltbühne, Nr. 21, Januar 1930, S. 135–139
[2] Nikolaus Pevsner: Europäische Architektur, München 1989, S. 421 (englische Erstausgabe 1943)
[3] Gustav Adolf Platz: Die Baukunst der neuesten Zeit, Berlin 2000, S. 13 (Erstausgabe 1930)
[4] Ebenda
[5] Hugo Häring: Neue Baukunst, in: Wasmuths Lexikon der Baukunst, Band 3, Berlin 1931, S. 675–676
[6] Zitiert nach Franz Schulze: Mies van der Rohe. Leben und Werk, Berlin 1986, S. 111
[7] Siehe dazu Ulrich Müller: Raum, Bewegung und Zeit im Werk von Walter Gropius und Ludwig Mies van der Rohe, Berlin 2004
[8] Zitiert nach Norbert Michels (Hg.): Architektur und Kunst. Das Meisterhaus Kandinsky/Klee in Dessau, Leipzig 2000, S. 41 f.
[9] Sigfried Giedion: Space, Time and Architecture. The Growth of a New Tradition, Cambridge/Massachusetts 1941
[10] So etwa beim Kaufhaus Schocken in Chemnitz (Erich Mendelsohn 1927–1930) oder beim viel beachteten Wettbewerbsentwurf der Brüder Hans und Wassili Luckhardt mit Alfons Anker für die Umgestaltung des Alexanderplatzes in Berlin 1929.
[11] Wilhelm Lotz: Wohnen und Wohnung, in: Die Form 2, 1927, S. 297, zitiert nach Karl-Heinz Hüter: Architektursprache. Semiotik des Neuen Bauens, in: form + zweck 13, 1981, Nr. 3, S. 21–32
[12] Walter Benjamin: Die Wiederkehr des Flaneurs. Rezension von Franz Hessel. Spazieren in Berlin, Leipzig und Wien 1929, in: Walter Benjamin: Gesammelte Schriften, Band 3, Frankfurt am Main 1991, S. 196–197
[13] Siegfried Ebeling: Der Raum als Membran, Leipzig 1926
[14] Walter Curt Behrendt: Der Sieg des neuen Baustils, Stuttgart 1927, sowie Henry Russell-Hitchcock, Philip Johnson: The International Style. Architecture since 1922, New York 1932
[15] Josef Albers: Werklicher Formunterricht, in: bauhaus 2, 1928, Nr. 2/3, S. 4
[16] Walter Gropius: Tradition und Kontinuität in der Architektur. Vortrag 1964 im Boston Architectural Center, zitiert nach Hartmut Probst, Christian Schädlich (Hg.): Walter Gropius, Band 3: Ausgewählte Schriften, Berlin (Ost) 1988, S. 203–204
[17] Josef Werner: Bauen und Wohnen. 75 Jahre Hardtwaldsiedlung Karlsruhe, Karlsruhe 1994, S. 101
[18] Vergleiche Gunther Jehle: „Davon hätte Otto Haesler geträumt", in: Celler Zeitung, 24.10.2003

ARCHITEKTUR UND LANDSCHAFT

Die räumlichen Konzepte der modernen Architektur streben nach Öffnung der Bauten zum Außenraum und suchen mit ihrer Durchlässigkeit die fließende Verbindung von innen und außen. Die großen Glasflächen schaffen Ein- und Ausblicke, und durch Transparenz und Reflexion wird nicht nur das Gebäude Teil der Umgebung, sondern auch die Umgebung Teil des Gebäudes. Die Gestaltung der Wohnbauten greift zudem mit Vorbauten, Balkonen, Terrassen und Treppen in den Garten hinaus und gleichzeitig wirkt der Garten mit Wintergärten, Balkonbepflanzung und durch große Fenster in das Haus hinein. Architektur und Landschaft können auf vielfältige Art und Weise bewusst miteinander verwoben werden, sei es durch die Art der Gestaltung von Haus und Garten, durch die Betrachtung der umgebenden Landschaft als Garten oder durch die Einrichtung von Dachgärten.

Oben: Gegenseitige Durchdringung von Haus und Garten: Villa Tugendhat in Brünn 2000 (Ludwig Mies van der Rohe 1928–1930)

Unten: Funktionale Gliederung: Entwurf für den privaten Garten „Frühauf" in Wien, Hauptperspektive (Albert Esch und Hermann John Hagemann 1931)

Funktionalisierung des Freiraums

Als Wegbereiter der modernen Gestaltung von Hausgärten knüpfte um die Jahrhundertwende der Architekt Hermann Muthesius an die Verbindung des englischen Landhauses mit dem Garten an. Nach seinen Vorstellungen setzten sich die Räume des Hauses in den Garten hinein fort und bildeten Außenräume, denen spezielle Funktionen zugeordnet waren. Die Benutzbarkeit des Gartens und die Möglichkeit zu sportlicher Betätigung rückten in den Vordergrund gegenüber der rein repräsentativen Gestaltung. Der neue Garten als Erweiterung des Wohnraums wurde mit architektonischen Formen wie Blumenbeet, Laube und Pergola gestaltet. Moderne Materialien wie Beton für Stützmauern oder quadratische Platten für die Wege unterstrichen die sachliche Gestaltung.

Im Städtebau des frühen 20. Jahrhunderts entstand die Idee der Gartenstadt[1] als Alternative zum Leben in den wachsenden Großstädten mit ihren großen sozialen und hygienischen Problemen. Mit einem Park als grüner Mitte einer überschaubaren Siedlungseinheit von circa 32 000 Bewohnern und mit Grünzügen, die die Funktionen wie Produktion, Ver-

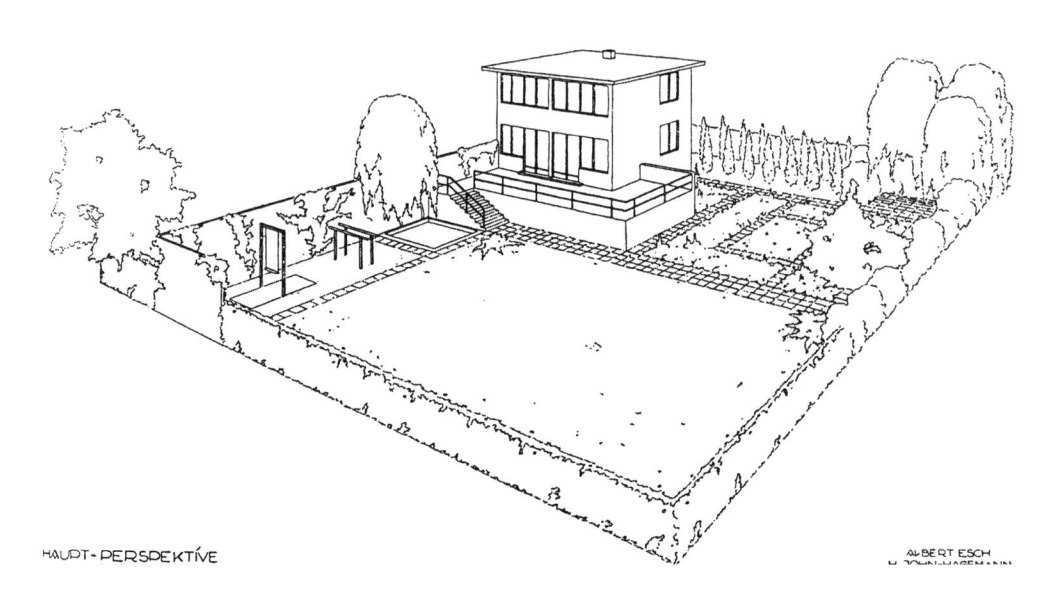

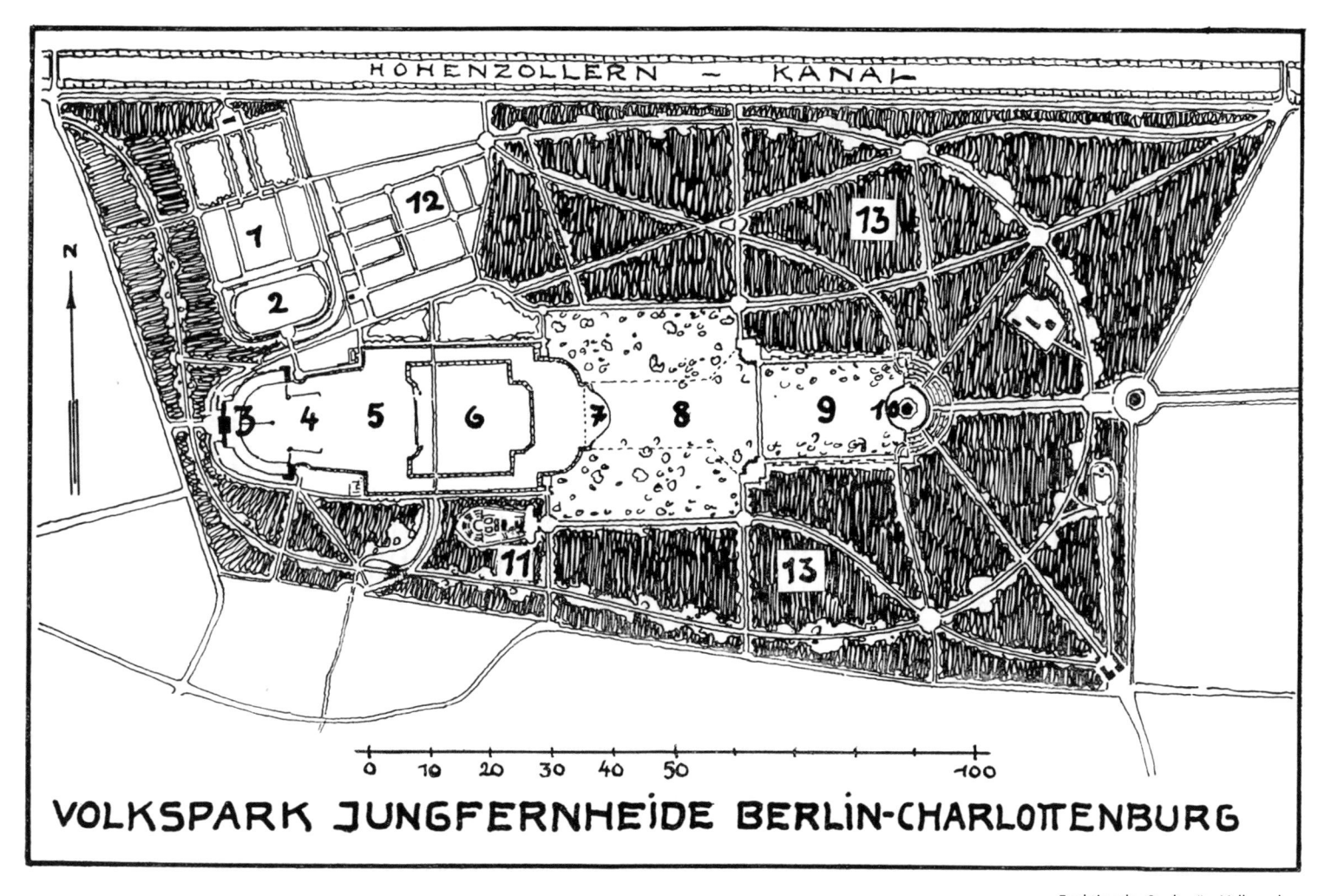

ARCHITEKTUR UND LANDSCHAFT

Funktionales Stadtgrün: Volkspark Jungfernheide in Berlin-Charlottenburg (Erwin Barth 1920–1924)
1 Sportplätze, 2 Kampfplatz, 3 Restaurant, 4 Badeanstalt, 5 Ruderteich/Eisbahn, 6 Hauptrestaurant, 7 Planschwiese, 8 Kindererholungsstätte, 9 Spielwiese, 10 Wasserturm, 11 Gartentheater, 12 Baumschule, 13 Wald

waltung und Wohnen voneinander trennten, wurden Architektur und Landschaft bewusst miteinander verknüpft. Der systematische Massenwohnungsbau der 1920er-Jahre führte zu Stadterweiterungen, in denen die Wohnungen optimal mit Licht, Luft und Sonne versorgt wurden. Wegweisend war beispielsweise die konsequente Zeilenbauweise der Siedlung Georgsgarten in Celle (Otto Haesler, 1926) oder der Siedlung Dammerstock in Karlsruhe (künstlerische Oberleitung: Walter Gropius, 1928/29). Als städtische Freiflächen entstanden neben Volksparks und Stadtplätzen, Friedhöfen und Kleingärten auch Sportplätze und Freibäder. Den nicht so sehr auf Repräsentation, sondern auf Gebrauch angelegten Grünflächen wurden Funktionen wie die Verbesserung der Luft in den Städten oder Gesundheitsförderung durch Sport zugewiesen. So wie die Gestaltung der Architektur – sei es die große Siedlung oder das repräsentative Einzelhaus –, die entsprechend ihren Funktionen zweckmäßig und schön sein sollte, sollten Gärten und Parks durch klare räumliche Gliederung und sachliche Detaillierung überzeugend angelegt werden. Die Verbesserung der Lebensbedingungen in den Städten wurde nicht nur durch die Öffnung der Wohnungen angestrebt, sondern auch durch die Planung von Grünanlagen mit der Möglichkeit zu Selbstversorgung, Spiel und Sport an frischer Luft.

ARCHITEKTUR UND LANDSCHAFT

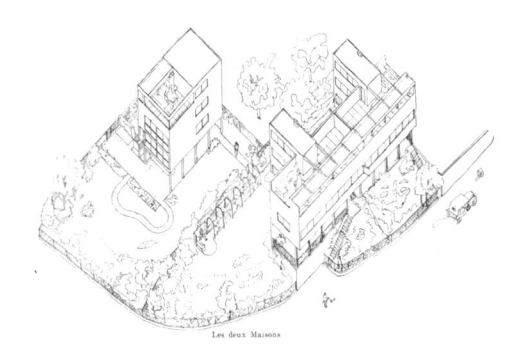

Gärten und Dachgärten der Häuser in der Stuttgarter Weißenhofsiedlung (Le Corbusier und Pierre Jeanneret 1927)

Die Bemühungen um Rationalisierung und Industrialisierung im Wohnungsbau fanden ihre Entsprechung in der Gartenplanung. Der Gartenarchitekt und Lebensreformer Leberecht Migge[2] entwickelte den Garten aus der Forderung nach Brauchbarkeit, Einfachheit sowie Wirtschaftlichkeit und setzte sich für das Recht eines jeden Menschen auf einen Garten ein. Ganz im Sinne des Funktionalismus entwickelte er den Gartenplan aus den inneren Abläufen heraus.[3] Migge strebte nach Optimierung der Grundrisse entsprechend den Funktionen sowie Standardisierung und Vorfertigung der Bauelemente wie beispielsweise Sonnenfangwände, Spaliere, Platten und Einfassungen.

Die Gärten der Avantgarde setzten sich auf unterschiedliche Art mit der Beziehung zwischen Architektur und Landschaft auseinander. Le Corbusier verband Haus und Garten, indem er das Doppelhaus in der Weißenhofsiedlung als geschlossen Kubus auf Stelzen stellte und unter dem Haus einen Freiraum schuf. Darüber hinaus nutzte er das flache Dach als Dachgarten, der als erweiterter Wohnraum diente. Den das Haus umgebenden Garten verstand er als Natur, aus der die Architektur emporsteigt. Der Dachgarten dagegen wurde wie die Räume im Haus nach Funktionen gegliedert und mit Möbeln und Pflanzen ausgestattet. Flugdach und Stützen rahmen als Panoramafenster den Blick in die Landschaft, die als Bild Teil des Dachgartens wurde. Einen anderen Ansatz verfolgte Walter Gropius bei der formal zurückhaltenden Gestaltung des Außenraums um die Dessauer Meisterhäuser. Die natürliche Umgebung, ein lichtes Kiefernwäldchen, bildet den Garten, mit dem sich die stark gegliederten Kuben verbinden.[4] Mit Terrassen, Balkonen und begehbaren Dächern greift das Gebäude in den Außenraum. Jeder Raum hat zudem einen Zugang nach draußen. Die großen Fenster ermöglichen Blickverbindungen und tragen durch Reflexion des Gartens in den großen Glasflächen zur gegenseitigen Durchdringung von Architektur und Landschaft bei. So öffnet sich die Architektur und setzt im formalen Kontrast Bauten und Natur in eine enge Beziehung zu einander. Ludwig Mies van der Rohe dagegen schafft bei den Häusern Esters und Lange die Verknüpfung von Haus und Garten nicht nur durch die Gestaltung des Gebäudes mit großen Fenstern, Balkonen und Terrassen, sondern auch durch die Gestaltung des Gartens. Dieser ist in den hausnahen Bereichen mit architektonischen Elementen gefasst. Hier ist die Gliederung und Materialwahl auf die Architektur bezogen und schafft eine Abstufung zu den vom Haus entfernten Bereichen des Gartens, die sich mit Rasenflächen und natürlichen Pflanzungen in die Landschaft öffnen. Zudem verbindet sich der Garten durch Balkonbepflanzung und Rankgewächse mit dem Haus.

Stadtlandschaft und Wohnlandschaft

In den 1950er-Jahren entstand die Idee des Zusammenwirkens von Architektur und Landschaft in einer harmonischen Stadtlandschaft und so entwickelte sich das Leitbild der gegliederten, aufgelockerten Stadt als bewusste Verbindung von Stadt- und Grünräumen.[5] Nicht dem einzelnen Garten, sondern der Landschaft und der ganzen Stadt galt zunehmend das Interesse der Gartenplaner.[6] Die Idee beschreibt Hans Bernhard Reichow in seinem 1948 erschienen Buch „Organische Stadtbaukunst": „Denn die Stadtlandschaft nimmt ja die Landschaft als gleichwertiges Gestaltungselement in sich auf, richtet sich allenthalben sinnfällig auf sie aus, fängt ihre Schönheiten in Straßen- und Platzräume, ja, in die Innenräume der Wohnhäuser ein, gestattet allenthalben eine neue Harmonie mit ihr, entwickelt sich nicht, wie noch mittelalterliche bewusste Stadtgründungen neben ihr, sondern ist allenthalben organisch mit ihr verwachsen, schwingt und klingt mit ihr."[7]

Die Grünplanung der Internationalen Bauausstellung 1957 in Berlin (Interbau) oder die Außenanlage der ebenfalls in diesem Rahmen errichteten Kongresshalle zeigen beispiel-

ARCHITEKTUR UND LANDSCHAFT

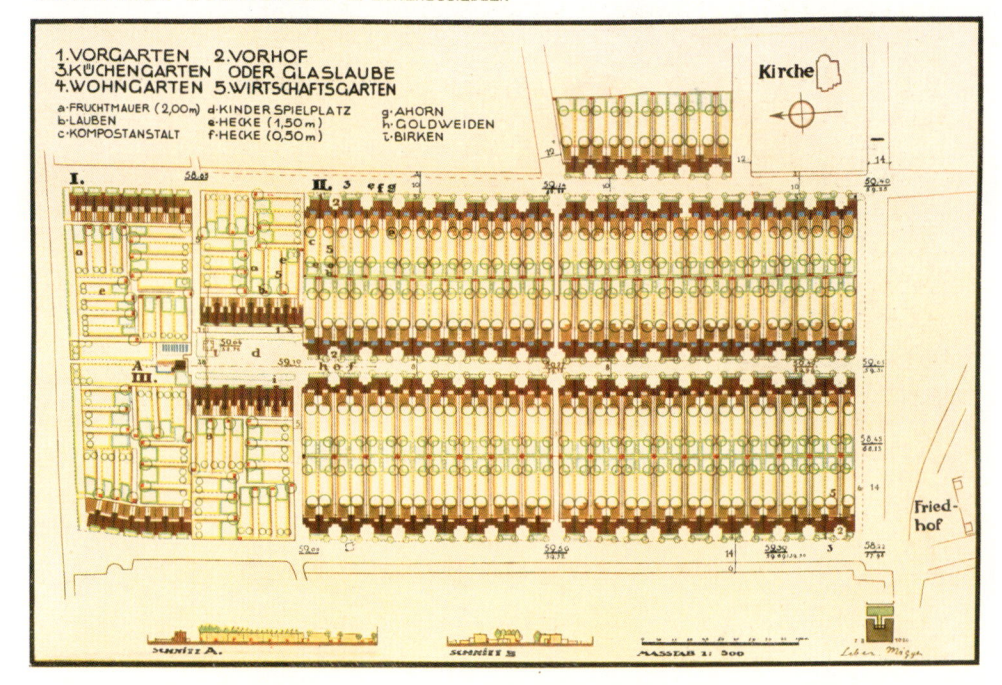

Oben: Plan für Normengärten in Dessau-Ziebigk mit Fruchtmauer, Lauben und Kompostanstalt (Leberecht Migge 1928)

Mitte: Perspektivische Zeichnung für die Siedlung der Dessauer Meisterhäuser im Kiefernwäldchen (Carl Fieger 1925)

Unten: Übergänge von Haus und Garten am Haus Esters in Krefeld (Ludwig Mies van der Rohe 1927–1930)

DENKMALPFLEGE DER MODERNE | 51

ARCHITEKTUR UND LANDSCHAFT

Oben: Die Stadt von morgen. Ausschnitt aus einer Broschüre zur Information von Nichtfachleuten anlässlich der Internationalen Bauausstellung 1957 in Berlin (Interbau)

Unten: Themen der Gartengestaltung (Zeichnungen von Reinhold Lingner 1949, 1961, 1965)

haft das Streben nach natürlicher Gestaltung von Freiräumen. Es wurden nicht nur einzelne Gärten oder Grünanlagen geplant, sondern die Verbindung von Stadt und Landschaft. Der Gartenarchitekt Walter Rossow, der die Grünplanung für die Interbau 1957 leitete, propagierte die offene Bebauung mit Durchdringung von Hochbauten und Grünanlagen mit der Forderung: „Die Landschaft muss das Gesetz werden!"[8] Die mit wenigen Elementen gestalteten Grünflächen zwischen den Häusern sind also keineswegs als „Abstandsgrün" zu vernachlässigen, sondern als Eingliederung der Gebäude in eine parkartige Landschaft mit häufig hochwertiger Gestaltung zu erkennen. Gartenarchitekten wie Hermann Mattern oder Reinhold Lingener stehen für die Entwicklung der Gartenkunst in Deutschland. Mit der Gestaltung von Gartenschauen und öffentlichen Räumen gestalten sie sie offene, natürliche Gartenräume als Landschaft und als integrierte Bestandteile der Stadt. Für den Hausgarten prägte Mattern den Begriff der „Wohnlandschaft". Diese diente jetzt weniger der Selbstversorgung oder dem Sport als Freizeitgestaltung, sondern bot Gelegenheit für Spiel und Erholung. Gestalterische Elemente waren nun nutzbare Rasenflächen, lockere Baumgruppen und Blumenbeete.

Der Garten als Denkmal

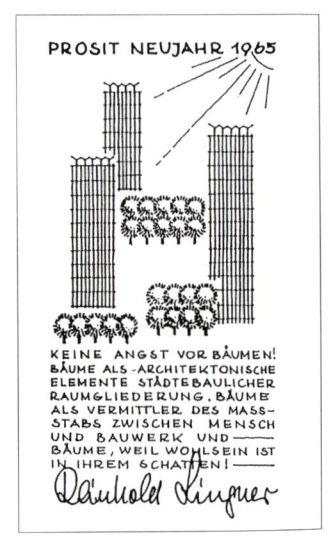

Der Garten als „Ort des Wandels"[9] stellt besondere Herausforderungen an die denkmalpflegerische Erhaltung. Durch das natürliche Werden und Vergehen der Pflanzen sind Veränderungen stärker spürbar als bei der Architektur, obwohl die künstlerische Gestaltung auf einen festgelegten Zustand zielt. „Wir sind nämlich nicht imstande in der landschaftlichen Gartenkunst ein bleibendes, fest abgeschlossenes Werk zu liefern wie der Maler, Bildhauer und Architekt, weil es nicht ein totes, sondern ein lebendes ist, und gleich den Bildern der Natur auch die unsrigen […] nie stillstehen, nie ganz fixiert und sich selbst überlassen werden können."[10] Die Charta von Florenz definiert deshalb in Artikel 11 als zentrale Maßnahme für die Erhaltung der historischen Gärten die Instandhaltung: „Die Instandhaltung historischer Gärten ist eine vorrangige und notwendigerweise fortwährende Maßnahme. Weil pflanzliches Material überwiegt, ist eine Gartenschöpfung durch rechtzeitige Ersatzpflanzungen und auf lange Sicht durch zyklische Erneuerung […] instand zu halten."[11] Aber auch die Rekonstruktion kann eine angemessene Maßnahme sein, denn: „Die Authentizität eines historischen Gartens beruht sowohl auf dem Plan und auf der räumlichen Konzeption seiner verschiedenen Partien als auch auf der schmückenden Ausstattung, der Pflanzenauswahl und den Baumaterialien."[12] Unterbleibt die kontinuierliche Pflege, verändert sich die ursprüngliche Anlage rasch bis zur Unkenntlichkeit. Aber auch pflegende Eingriffe und das natürliches Wachstum hinterlassen Spuren im Garten, die durch Schichtungen komplexe Dokumente der Gartengeschichte bilden. Eine Rekonstruktion, die die Zerstörung dieser unersetzlichen Zeugnisse der historischen Gärten mit sich bringt, wird deshalb kritisch diskutiert.

Bis heute werden Garten- und Freianlagen sowohl bei der Erforschung als auch bei der Pflege häufig vernachlässigt, da insbesondere Gärten der Moderne mit ihren teilweise ungewohnten Eigenschaften wie Funktionalität, Einfachheit oder Leere oft nicht als kulturhistorische Dokumente erkannt werden. Die Bewirtschaftung der Freiflächen als Nutzflächen trifft ebenso auf Unverständnis wie die schlichte Gestaltung mit Rasenflächen und gilt als „Defizit an gartengestalterischer Qualität"[13]. Die geringe Wertschätzung führt oft dazu, dass Verlust oder Störung des Gartens hingenommen werden, um das Bauwerk zu erhalten. So ist es nicht ungewöhnlich, dass mit dem Verkauf von Teilen des Gartens oder mit der Anlage von Parkplätzen in den Freiflächen die sorgfältige Restaurierung und neue Nutzung der Bauten erst möglich wird.[14] Voraussetzung für die denkmalgerechte Behandlung der Freiflächen ist deshalb wie bei der Architektur die Entdeckung ihrer besonderen Qualitäten, die im Kontext gesellschaftlicher Veränderungen entstanden und sich durch innovative räumliche, funktionale und ästhetische Ideen auszeichnen. Gärten der Moderne sind integrierte, grundlegende Bestandteile der Architektur – wenn man nicht ganz so weit gehen will wie Adolf Rading, der die Verbindung von der anderen Seite aus betrachtete und das Haus als Teil des Gartens interpretierte.[15] *MM*

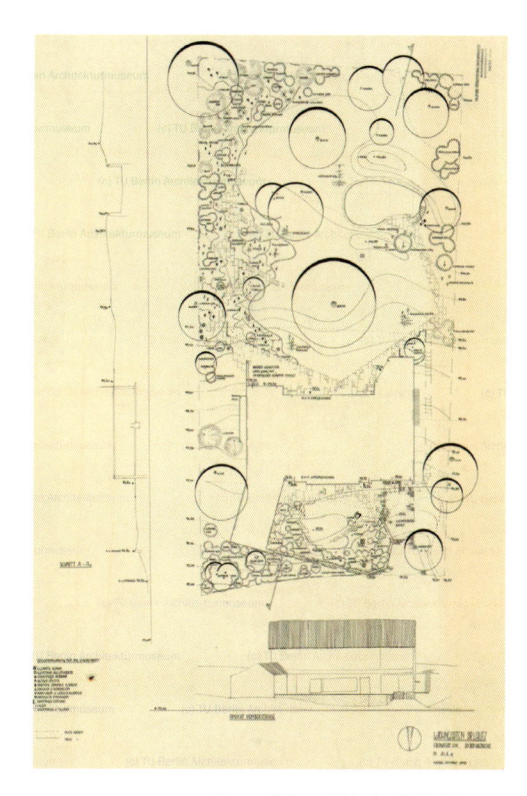

Entwurf einer „Wohnlandschaft": Garten für Dr. Lantz in Frankfurt am Main (Hermann Mattern 1955)

---

[1] Vergleiche Julius Posener: Ebenezer Howard, Gartenstädte von Morgen, Bauwelt Fundamente 21, Frankfurt am Main 1968
[2] Vergleiche Fachbereich Stadt- und Landschaftsplanung der Gesamthochschule Kassel (Hg.): Leberecht Migge 1881–1935. Gartenkultur des 20. Jahrhunderts, Ausstellungskatalog, Lilienthal 1981
[3] „Nicht wissenschaftliche Überlegungen und ästhetisierende Empfindungen sind geeignet, unsern eigenen Garten heranzubilden, so sehr sie mittelbar dazu beitragen möchten, sondern der Arbeits-Rhythmus, der aus einer vielfachen dauernden Anwendung all der kleinen geistigen Züge und tatsächlichen Handlungen, die insgesamt ein reges Gartenleben ausmachen, entsteht." Leberecht Migge: Die Gartenkultur des 20. Jahrhunderts, Jena 1913, S. 150
[4] Auf diesen Zusammenhang weist auch Joachim W. Jacobs hin: „Sowohl Mies als auch Gropius und Meyer versuchen denn auch deshalb ihren Bauten immer möglichst unberührte, natürliche Außenräume zuzuordnen." Joachim W. Jacobs: Bauhaus und Außenraumplanung, in: Gartenkunst 6, 1994, Heft 1, S. 158
[5] Die bewusste Gestaltung der Landschaft fand in den 1930er- und 1940er-Jahren eine neue Dimension, wie beispielsweise die subtile Einbettung der neuen Autobahnen in die Landschaft belegt. Durch den Entstehungskontext in der Zeit des Nationalsozialismus galt diese Idee der Landschaftsplanung nach dem Krieg zu recht als ideologisch belastet. Mit Aspekten wie der funktionalen Gliederung, der Neuordnung des Verkehrs oder der Durchgrünung der Städte knüpfte die Idee der Stadtlandschaft jedoch auch an Ideen der Gartenstadt und der Moderne in den 1920er-Jahren an.
[6] Der Bearbeitung der neuen Aufgabenfelder entspricht die Wandlung der Berufsbezeichnung vom Gartenkünstler des 19. Jahrhunderts zum Landschaftsplaner. Vergleiche auch Clemens Alexander Wimmer: Geschichte der Gartentheorie, Stuttgart 1987
[7] Hans Bernhard Reichow: Organische Stadtbaukunst, Braunschweig 1948, S. 94
[8] Monika Daldrop-Weidmann (Hg.): Walter Rossow. Die Landschaft muß das Gesetz werden, Stuttgart 1991
[9] Erik de Jong, Erika Schmidt, Brigitt Sigel (Hg.): Der Garten – ein Ort des Wandels, Perspektiven für die Denkmalpflege, Veröffentlichungen des Instituts für Denkmalpflege an der ETH Zürich, Band 26, Zürich 2006
[10] Hermann Fürst von Pückler-Muskau: Andeutungen über Landschaftsgärtnerei (Erstauflage: Stuttgart 1834, Neuausgabe des Werks von 1933), Stuttgart 1977, S. 70
[11] ICOMOS-IFLA: Charta von Florenz, Charta der historischen Gärten, 1981, Artikel 11
[12] Ebenda, Artikel 9
[13] Günter Mader: Gartenkunst des 20. Jahrhunderts, Stuttgart 1999, S. 92
[14] Beispielsweise sind im großzügigen, zunächst von Leberecht Migge und später von Heinrich Wiepking-Jürgensmann geplanten Park der Villa Reemtsma (Martin Elsaesser 1932) in Hamburg Neubauten mit Nebenanlagen entstanden. Der Verkauf eines Grundstücksteils im Studentendorf Schlachtensee in Berlin soll sogar die Erhaltung der Bauten ermöglichen.
[15] Adolf Rading (1931): „Je mehr die Wirtschaft ihren Sinn verliert, dem menschlichen Willen sich entzieht und entfesselt gegen ihre Schöpfer sich wendet, desto stärker und bestimmender wird das Bewusstsein der Naturverbundenheit sich entwickeln und damit der Garten und das Haus als Bestandteil des Gartens Zuflucht und Lebensmittelpunkt werden." Zitiert nach Gerd de Bruyn: Alle Menschen werden Gärtner. Deutschlandfunk, Essay und Diskurs: Die idyllische Stadt, Teil 3, gesendet am 13.04.2009, im Internet unter http://www.dradio.de/dlf/sendungen/essayunddiskurs/948543/ (aufgerufen am 24.06.2009)

NORMEN UND STANDARDS

„heute wirkt noch vieles als luxus, was übermorgen zur norm wird", bemerkte Walter Gropius zur Ausstattung der von ihm 1926 errichteten Direktorenvilla des Bauhauses.[1] Und in der Tat erschien beispielsweise ein Ventilator, der im Winter angewärmte Frischluft in den Wohnraum blasen konnte, in den 1920er-Jahren noch ausgesprochen ungewöhnlich. Auch andere technische Details des Hauses waren ihrer Zeit weit voraus, wie etwa der begehbare Kleiderschrank mit automatischer Beleuchtung, die „Warmwasser-Soda-Geschirrdusche" oder die elektrische Waschmaschine. In der Äußerung von Gropius steckt aber nicht nur das prophetische Versprechen eines luxuriösen Wohnstandards für alle. Die Äußerung thematisiert ungewollt auch einen für den Umgang mit Bauten der Moderne bedeutsamen Aspekt: Gerade der rasche technische Fortschritt wird für die Erhaltung der Bauten zum Problem, denn die ehemals zukunftsweisende Ausstattung genügte in den meisten Fällen bereits nach kurzer Zeit weder den inzwischen gewandelten Nutzungsstandards noch den jeweils aktuellen Normen und Bauvorschriften und führte in den letzten Jahrzehnten zu einem umfassenden, für die materielle Unversehrtheit der Bauten bedrohlichen Modernisierungsbedarf.

Normierung, Standardisierung und Rationalisierung, aber auch eine zunehmend komplexer werdende Baugesetzgebung spielen für die Architektur des 20. Jahrhunderts eine prägende Rolle. Innerhalb weniger Jahrzehnte wurden die wenigen baupolizeilichen Brandschutzvorschriften und Baufluchtenpläne, die im 19. Jahrhunderts zur Regulierung der Bautätigkeit noch ausgereicht hatten, zu einem umfassenden Regelwerk mit verbindlichen Baugesetzen und Bauvorschriften verdichtet, welches bis heute kontinuierlich differenziert und weiterentwickelt wird. Darüber hinaus reflektiert der Prozess der Normierung und Standardisierung den umfassenden technologischen Wandel im Bauwesen im 19. und 20. Jahrhundert. Die industrielle Standardisierung erlebte ihren größten Entwicklungsschub während des Ersten Weltkriegs, als die Notwendigkeit deutlich wurde, militärisches Gerät schnell und effizient herstellen und reparieren zu können. Die Vielzahl unterschiedlicher Produkte für ein- und denselben Zweck wurde reduziert, um die Versorgung mit einer überschaubaren Zahl von passenden Ersatzteilen sicherstellen zu können.[2] Die einfache Austauschbarkeit von Einzelteilen und die Möglichkeit, Teile in Zeiten schwacher Auftragslage auf Vorrat produzieren zu können, waren auch in der Architektur die Hauptmotivation für die Normung zahlreicher Bauelemente.[3] So wurde als Folge der Kriegswirtschaft 1917 der Normenausschuss der deutschen Industrie gegründet, der die Deutsche Industrienorm (DIN) etablierte und im Bereich des Bauens zahlreiche Normenblätter für Fenster, Türen, Treppen, Bauholz, Baubeschläge und Installationen entwickelte. Die dramatische Situation der Bauwirtschaft nach dem Ersten Weltkrieg angesichts des massiven Zuzugs in die Großstädte und Millionen fehlender Wohnungen ließ die Notwendigkeit einer effektiven Rationalisierung des Bauens deutlich werden. 1925 nahm der Reichsausschuss für Lieferbedingungen (RAL) beim Reichskuratorium für Wirtschaftlichkeit seine Arbeit auf.[4] Da die Normenblätter und RAL-Bestimmungen als „anerkannte Regeln der Technik" lediglich isolierte Bauteile oder Leistungen betrafen, wurde ab 1926 mit dem Reichstypenausschuss und der daraus hervorgehenden Reichsforschungsgesellschaft für Wirtschaftlichkeit im Bau- und Wohnungswesen der Versuch unternommen, die unterschiedlichen Normierungsbestrebungen als Voraussetzung für eine umfassende Rationalisierung des Wohnungsbaus zusammenzuführen.[5] Eine Schlüsselrolle in der weiteren Durchsetzung der Normierung

Luxuriöser Wohnstandard: Der Ventilator in der Direktorenvilla des Dessauer Bauhauses führte im Winter dem Wohnzimmer angewärmte Frischluft zu (1926)

des Bauens nahm der Architekt Ernst Neufert ein, der als ehemaliger Mitarbeiter von Gropius den Anspruch wissenschaftlicher Systematik in der 1936 von ihm publizierten „Bauentwurfslehre" konsequent umsetzte.[6] Als umfassendes Kompendium aller maßlichen Grundlagen, Normen und Standards für den Entwurf von Hochbauten wurde das Buch zu einem überragenden Erfolg und stellte seinerseits rasch einen bis heute verbindlichen und in vielen Neuauflagen kontinuierlich aktualisierten Standard für das Entwerfen dar.[7]

Normierung zwischen Bautechnik und Baukultur

Auch wenn die Architektur der Moderne heute zumeist eng mit der Normierung und Standardisierung verknüpft wird, waren die Standardisierungsprozesse beim Bauen von der stilistischen Entwicklung der Architektur zunächst völlig unabhängig. Die Arbeit der zahlreichen Ausschüsse und Kommissionen lief darauf hinaus, bestehende konstruktive und bautechnische Standards zu erfassen, zu definieren und dadurch festzuschreiben. Dies hatte auch ästhetische Folgen. So heißt es bezeichnenderweise im „Handwörterbuch des Wohnungswesens" von 1930 zum Reichsnormenfenster, dass die vielfältigen Gestaltungsvariationen, die sich daraus ergeben, „die Möglichkeit bieten, *selbst bei Wohnungsbauten modernster Richtung* die Reichsnormenfenster zu verwenden".[8] Die Normung wurde hier also nicht als Motor der Modernisierung angesehen, sondern vielmehr als deren potenzielles Hemmnis! Daneben ist es wenig verwunderlich, dass viele innovative Konstruktionssysteme im Bestreben nach verkaufsfördernder Konsensfähigkeit häufig im Gewand traditioneller Formen erschienen, seien es die englischen Weir-Stahlhäuser in Form kleiner Cottages sowie ihre deutschen Nachbauten[9] oder die in der „Occident-Bauweise" aus geschosshohen Betongroßplatten errichteten Wohnblöcke mit Satteldach und Sprossenfenstern der Reichsbundsiedlung Berlin-Friedrichsfelde.[10]

Erst allmählich entdeckte die architektonische Avantgarde das Thema der Standardisierung für sich. Zum einen betrifft dies die Auseinandersetzung mit der Industrie, wie sie im 1907 gegründeten Deutschen Werkbund gefordert wurde. Zum anderen ist es auch der soziale Anspruch des Neuen Bauens, der von der Wirtschaftlichkeit neuer Produktionsprozesse profitieren wollte. Die 1923 in Deutschland erschienene Autobiografie von Henry Ford wurde in der wirtschaftlich prekären Lage der Hochinflation fast wie eine Heilslehre begeistert aufgenommen. Sein Versprechen, durch die Verbilligung der Produktion bei gleichzeitiger Erhöhung der Löhne eine Steigerung des Wohlstandes herbeiführen zu können, ließ insbesondere in Gewerkschaftskreisen das „System Ford" als eine Versöhnung des kapitalistischen und sozialistischen Wirtschaftsmodells erscheinen.[11] Der Architekt und spätere Berliner Stadtbaurat Martin Wagner konnte daher 1925 auf Kosten der deutschen Gewerkschaften in die USA reisen, um die tayloristischen Produktionsmethoden beim Bauen zu studieren und deren Übertragbarkeit auf deutsche Verhältnisse zu überprüfen.[12] Zur rein wirtschaftlichen Notwendigkeit für die Rationalisierung traten damit neue Begründungsstrategien. So verwies Gropius 1930 auf die kulturelle Überlegenheit des Typus, der „das elementare, überindividuelle vom subjektiven" abscheide.[13] Mit dem Hinweis auf die Schönheit alter Stadtbilder, die sich aus der Wiederholung gleicher Haustypen ergebe, konstruiert er durch die Gleichsetzung von (moderner) industrieller Normierung und (histo-

Ernst Neufert: Bauentwurfslehre, Einband der 16. Auflage

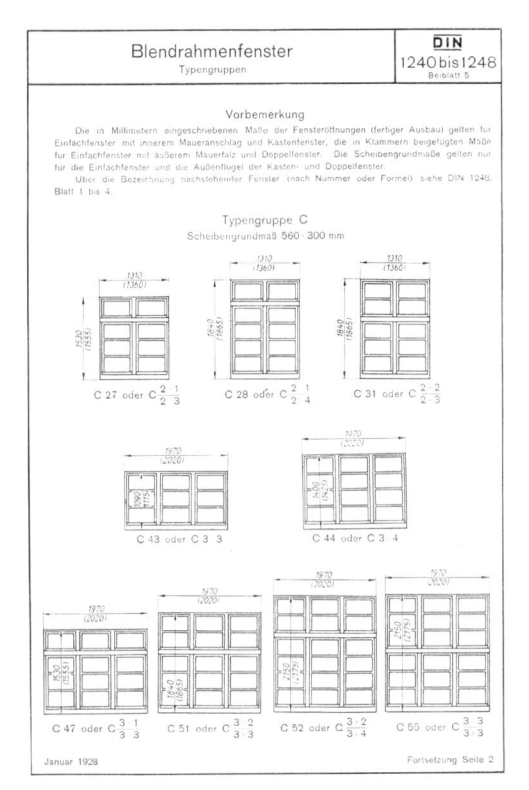

DIN-Normblatt 1240-48, Beiblatt 5,
Berlin 1928

rischer) Entwicklung von Gebäudetypen eine Legitimation des industriellen Typenbaus: „der typus ist nicht erst eine erfindung der heutigen zeit, er war von jeher zeichen kulturellen wohlstandes."[14]

Normierung und Standardisierung wurden also nicht nur als Werkzeuge zur Rationalisierung und Verbilligung eingesetzt, sondern erfuhren in den überhöhenden Begründungsstrategien eine besondere Relevanz für die Architektur der Moderne. Damit wurde das Rationalisierungsstreben auch zum ästhetischen Faktor und die Suche nach einer angemessenen Form für ein weitgehend standardisiertes und industrielles Bauen wurde ebenso wichtig wie die Standardisierung selbst.[15] Das industrielle und standardisierte Bauen blieb vor dem Zweiten Weltkrieg weitgehend auf wenige Experimente wie die von der Reichsforschungsgesellschaft geförderten Versuchssiedlungen beschränkt, während der überwiegende Teil der modernen Gebäude zwar in neuen Formen, letztlich aber in traditioneller Bautechnik errichtet wurde. Erst ab den 1960er-Jahren wurde die massenhafte Verwendung normierter, industriell gefertigter Bauelemente oder ganzer Bausysteme zur allgegenwärtigen Realität. Während in Westdeutschland parallel zahlreiche Konzepte zum modularen Bauen entstanden – als eines der bekanntesten wäre hier das Marburger System für die Erweiterungsbauten der Philipps-Universität Marburg zu nennen – dominierten in Ostdeutschland zunehmend die einheitlichen Plattenbauserien P2 und später WBS 70 (Wohnungsbauserie 1970) das Weichbild der Städte.[16]

Zeitlos modern?

Sowohl die Dynamik des bautechnologischen Fortschritts als auch der Prozess der Normierung werfen heute für den Umgang mit Baudenkmälern der Moderne spezifische Fragen auf. Industriell gefertigte Bauteile können nach dem Ende ihrer Lebensdauer in aller Regel schon deshalb nicht einfach ausgetauscht werden, weil sie in der ursprünglichen Form nicht mehr produziert werden. Heutige Produkte der Elektro-, Heizungs- und Sanitärinstallation entsprechen weder den bauzeitlichen Technologien noch den damals üblichen Anschlussstandards und ziehen daher zumeist den Austausch großer Bereiche der zuweilen noch funktionsfähigen Haustechnik nach sich. Die buchstabengetreue Anwendung gültiger Normen und Bauvorschriften, seien es Brandschutzvorschriften, Arbeitsstättenrichtlinien, Normen zur Barrierefreiheit oder die Energieeinsparverordnung, kann zu massiven Eingriffen in die Substanz historischer Gebäude führen.

So verschwinden wegen des Feuerschutzes großzügige Raumfolgen und offene Treppenanlagen hinter – wenn auch gläsernen – Brandschutzwänden und feuergefährliche Materialien wie hölzerne Trennwände, Türen oder Fußbodenbeläge werden ausgetauscht. Filigrane, horizontal gegliederte Geländer müssen heutigen Brüstungshöhen angepasst werden. Und auch wenn für denkmalgeschützte Bauten die strenge Energieeinsparverordnung nicht zwangsläufig zur Anwendung kommt, haben die Nutzer dennoch ein nachvollziehbares Interesse an einem sparsamen Energieverbrauch. Ganz gleich, ob eine zusätzliche Wärmedämmung eingebaut wird oder der vorgefundene Zustand erhalten bleibt – in jedem Falle führen heutige Komfortansprüche und Nutzungsgewohnheiten zu veränderten bauphysikalischen Verhältnissen im Gebäude. Die durchschnittlichen Raumtemperaturen und die Luftfeuchtigkeit sind heute wesentlich höher als zur Bauzeit, sodass ehemals funktionierende Systeme leicht aus dem Gleichgewicht geraten und Probleme mit Feuchtigkeit und Schimmel mit sich bringen können. Eine zusätzliche Wärmedämmung führt aber auch unter ästhetischen Gesichtspunkten häufig zu problematischen Folgen, werden doch bei einer außen aufgebrachten Dämmschicht die Proportionen und die Lage der Fenster zur

NORMEN UND STANDARDS

Oben: Innovatives Bausystem und traditionelles Erscheinungsbild: Die aus geschosshohen Betonplatten errichtete Reichsbundsiedlung in Berlin-Friedrichsfelde (Wilhelm Primke 1926/27)

Unten: Auf der Suche nach einer Ästhetik des industriellen Bauens: Straßenraum der Siedlung Dessau-Törten um 1929 (Walter Gropius 1926–1928)

NORMEN UND STANDARDS

Außenwand des Gebäudes deutlich verändert. Auch scheinbar weniger heikle Lösungen wie der Ersatz einer Einfachverglasung durch eine Doppelverglasung in den bestehenden Fensterprofilen beeinflussen unter anderem durch das veränderte Reflexionsverhalten das äußere Erscheinungsbild.

Die Anpassung an aktuelle Normen und Bauvorschriften, so nachvollziehbar sie unter den Gesichtspunkten der Nutzung und des Gebrauchs sein mag, hat sowohl für die materielle Substanz als auch für sinnliche Wahrnehmung eines Denkmals schwerwiegende Konsequenzen: Hier geraten wünschenswerte Modernisierungsmaßnahmen in einen Zielkonflikt mit dem denkmalpflegerischen Grundsatz des Erhalts der bestehenden Gebäudesubstanz.[17] Die detaillierte Kenntnis des historischen Gebäudes und seiner technischen Eigenarten sowie die offene und interdisziplinäre Diskussion aller Beteiligten sind daher unerlässliche Voraussetzungen für gleichermaßen denkmalverträgliche wie nutzerfreundliche Lösungen. So konnten beim Arbeitsamt in Dessau die bauzeitlichen Fensterelemente der Sheddächer mitsamt der Einfachverglasung erhalten werden, indem die isolierende Schicht mit einer Doppelverglasung in die Ebene der raumabschließenden Lichtdecke verlegt wurde. Beim Haus Schminke in Löbau konnte nach eingehenden Untersuchungen sogar das bauzeitliche Klimakonzept reaktiviert werden und erweist sich auch noch heutigen Nutzungsansprüchen gewachsen. Es sind allerdings keineswegs nur Fragen des Erscheinungsbildes, der Bauphysik und Baukonstruktion, die einen behutsamen Umgang mit der materiellen Substanz eines Gebäudes nahelegen. In jedem bestehenden Gebäude ist durch den Bauprozess Arbeitszeit und Energie gebunden, die im Sinne der Nachhaltigkeit für zukünftige Nutzungen als realer Wert zu Buche schlägt. Die Zerstörung solcher Werte aufgrund starker baulicher Eingriffe oder Abriss- und Neubauplanungen wird in der Langfristbetrachtung durch immer höhere Arbeits-, Transport- und Baukosten zunehmend auch finanziell darstellbar.[18]

Die Architektur des 20. Jahrhunderts ist untrennbar mit dem technologischen Fortschritt und den Normierungsprozessen im Bauwesen verbunden. Die Geschichte der Normierung reflektiert die technischen Möglichkeiten, die sich wiederum in der formalen Gestaltung eines Bauwerks ausdrücken. Normen und Standards sind daher keineswegs als feindlicher Widerpart denkmalpflegerischen Handels zu sehen. Der stetige Wandel der Baunormen und Baugesetze ist vielmehr Teil der Baugeschichte des 20. Jahrhunderts und öffnet einen

Oben: Behutsame Anpassung an heutige Baustandards: Aufdoppelung der Treppenstufen und zusätzlicher Handlauf; ehemaliger Verwaltungsbau des Reemtsma-Tabakkonzerns in Hamburg (Godber Nissen ab 1953/54, Umbau Helmut Riemann Architekten 2008)

Unten: Unterschiedliches Reflexionverhalten von Einfach- und Doppelverglasung: Dessau, Meisterhaus Feininger (links) und Meisterhaus Muche/Schlemmer (rechts) 2010 (Walter Gropius 1926)

neuen Blick auf die Architektur der Moderne. Die historischen Normen sind eine Art „Beipackzettel" zum Gebäude, der einen wichtigen Zugang zum Verständnis der historischen Bautechnik sowie ihren spezifischen Material- und Konstruktionseigenschaften darstellt und so unter Umständen eine substanzerhaltende Pflege erst ermöglicht.[19]

Darüber hinaus ist noch ein weiterer Aspekt anzusprechen: Gerade der Wandel macht deutlich, dass auch die heutigen Normen eines Tages wieder überholt sein werden. Damit wird der wachsende historische Abstand zur Architektur des Neuen Bauens und der Moderne der 1950er-Jahre besonders augenfällig. So ist es zumeist nicht die Formensprache dieser Gebäude, die häufig noch immer als „zeitgemäß" empfunden wird, sondern vor allem deren „veralteter" Ausstattungsstandard, der die Entstehungszeit unmittelbar sinnlich erfahrbar werden lässt. Eine durchgreifende Modernisierung würde das Gebäude nicht nur seines dokumentarischen Werts in Hinblick auf die Haustechnik und Ausstattung berauben, sondern die Architektur gleichsam aktualisieren und zeitlos erscheinen lassen. Die bekannten Werbefotos der Daimler-Benz-Automobile vor dem Doppelhaus von Le Corbusier und Pierre Jeanneret dokumentieren in der heutigen Wahrnehmung ebenfalls diesen Konflikt zwischen moderner Form und historischer Technologie: „Heute muten auf den Fotos nur die Autos als Oldtimer an"[20], beschreibt die Architektin Dorothee Keuerleber treffend die Wirkung dieser Bilder. Es wird jedoch Zeit, dass wir auch die Bauten der Moderne in gewissem Sinne als „Oldtimer" wahrnehmen – als authentische Dokumente, die die technischen Möglichkeiten und Baustandards ihrer Entstehungszeit repräsentieren. AS

Avantgarde versus Oldtimer? Daimler-Benz-Werbung vor dem Doppelhaus von Le Corbusier und Pierre Jeanneret in der Weißenhofsiedlung in Stuttgart (um 1930)

---

[1] Walter Gropius: bauhausbauten dessau, Berlin 1997 (Erstausgabe: München 1930), S. 112

[2] So hat sich die Bezeichnung 08/15 für das Maschinengewehr Typ 8, Baujahr 1915, bis heute als sprachliches Synonym für eine Standardlösung erhalten.

[3] „In der Normung liegt einerseits der Zwang zur Qualitätsarbeit; andererseits bietet sie die Möglichkeit, durch Vereinfachung in Maß, Form, Material, Farbe usw. die Produktion, den Handel und die Lagerhaltung, die Beschaffung von Ersatzteilen und die Kapitalfestlegung zu vereinfachen und zu verbilligen." Paul Schmidt: Handbuch des Hochbaues, Nordhausen 1930, S. 674

[4] Ziel des RAL war in erster Linie die technische Vereinheitlichung und Qualitätssicherung von Waren und Leistungen wie beispielsweise die RAL-Farbcodierung. Siehe dazu http://www.ral-guete.de/ral-guete-historie.html (aufgerufen am 11.06.2009)

[5] „Mit typisierten Grundrissen und genormten Einzelteilen ist die Möglichkeit gegeben, ganze Hauswände zu gießen, mit Kranen zu versetzen und den Arbeitsvorgang ‚fließartig' zu gestalten." Schmidt (wie Anmerkung 3), S. 730. Zur Reichsforschungsgesellschaft siehe Sigurd Fleckner: Reichsforschungsgesellschaft für Wirtschaftlichkeit im Bau- und Wohnungswesen. Entwicklung und Scheitern (Dissertation RWTH Aachen), Aachen 1993

[6] Ernst Neufert: Bauentwurfslehre, Berlin 1936 (aktuelle 39. Auflage: Johannes Kister: Neufert Bauentwurfslehre, Wiesbaden 2009)

[7] Zu Ernst Neufert siehe Walter Prigge (Hg.): Ernst Neufert. Normierte Baukultur im 20. Jahrhundert, Edition Bauhaus, Band 5, Frankfurt am Main, New York 1999

[8] Karl Sander: Normung im Hochbau, in: Gerhard Albrecht u. a. (Hg.): Handwörterbuch des Wohnungswesens, Jena 1930, S. 564

[9] Kurt Junghanns: Das Haus für alle. Zur Geschichte der Vorfertigung, Berlin 1994, S. 208 f.

[10] Ulrich Borgert: Eine Plattenbausiedlung der 1920er Jahre – Reichsbundsiedlung Berlin-Friedrichsfelde, in: Uta Hassler, Hartwig Schmidt (Hg.): Häuser aus Beton. Vom Stampfbeton zum Großtafelbau, Tübingen 2004, S. 77–85

[11] Siehe dazu Stiftung Bauhaus Dessau, RWTH Aachen (Hg.): Zukunft aus Amerika. Fordismus in der Zwischenkriegszeit. Siedlung. Stadt. Raum, Berlin 1995

[12] Martin Wagner: Amerikanische Bauwirtschaft, Dreikellenbücher, Reihe A, Heft 5, Berlin 1925

[13] Walter Gropius: bauhausbauten dessau, Bauhausbücher, Band 12, München 1930, S. 162

[14] Ebenda, S. 163

[15] Vergleiche dazu: Andreas Schwarting: Die Siedlung Dessau-Törten. Rationalität als ästhetisches Programm, Dresden 2010

[16] Zum „Marburger System" siehe Universitätsbauamt Marburg (Hg.): Marburger Bausystem. Neubauten für die Universität Marburg im Neubaugebiet Lahnberge, Marburg 1971. Zum Plattenbau der DDR siehe Christine Hannemann: Die Platte. Industrialisierter Wohnungsbau in der DDR, Berlin 2000

[17] Siehe dazu Ursula Boos: Betreten auf eigene Gefahr? Technische Normen aus rechtlicher Sicht, in: NIKE-Bulletin, Nationale Informationsstelle für Kulturgüter-Erhaltung (Bern) 19 (2005) Nr. 5, S. 12–17

[18] Vergleiche Uta Hassler, Nikolaus Kohler: Das Verschwinden der Bauten des Industriezeitalters. Lebenszyklen industrieller Baubestände und Methoden transdisziplinärer Forschung, Tübingen, Berlin 2004, sowie Uta Hassler, Nikolaus Kohler, Wilfried Wang (Hg.): Umbau. Über die Zukunft des Baubestandes, Tübingen, Berlin 1999

[19] Michael Schmitt: Wieviel Norm verträgt ein Denkmal?, in: Institut für Steinkonservierung e. V. (Hg.): Substanzschonende Betoninstandsetzung denkmalgeschützter Bauwerke, IFS-Bericht-Nr. 30-2008, Mainz 2008, S. 69

[20] Dorothee Keuerleber: Die Weißenhofsiedlung in der öffentlichen Kommunikation, in: Georg Adlbert: Le Corbusier/Pierre Jeanneret. Doppelhaus in der Weißenhofsiedlung Stuttgart, Stuttgart, Zürich 2006, S. 165

NUTZUNGSKONTINUITÄT UND WANDEL

„Kein neuer Formalismus, auch kein pseudo-konstruktivistischer Maschinenformalismus! Entscheidend ist die Leistung für den Menschen, die vollkommene Erfüllung des Zweckes."[1]

Diese Äußerung von Adolf Behne steht exemplarisch für eine der zentralen Behauptungen der Moderne. Die Form und Größe der Räume sollte sich den darin abspielenden Lebensvorgängen anpassen. Die Lage der Räume zur Himmelsrichtung hatte sich nach der Nutzung der Räume zu richten. Bei der Nutzung der Wohnung war die Kraft- und Zeitersparnis ein zentraler Faktor: „Die Wohnung soll ein Werkzeug unserer Lebensgestaltung werden, und, um das sein zu können, muß sie unserem Leben dienen. Bisher war es umgekehrt: Wir dienten der Wohnung, indem wir sie nahmen wie sie war, sowohl als bauliches Werk des Architekten als auch in ihrer von der Industrie geschaffenen Inneneinrichtung."[2] Der Architekt Alexander Klein erarbeitete für die rationelle Grundrissbildung ein grafisches Verfahren, das den Vergleich und die Bewertung der unterschiedlichsten Grundrisse ermöglichte. Diese wurden nach Ganglinien, Verkehrsflächen, Bewegungsflächen und Schattenbildung untersucht.[3] Otto Haesler war einer der Architekten des Neuen Bauens, der sich konsequent diesen neuen Anforderungen an den Wohnungsbau verschrieb und eine Typisierung der Grundrissbildung vorantrieb. Bei der Siedlung Dammerstock in Karlsruhe (1928/29), eine der bekanntesten Siedlungen in Zeilenbauweise der Weimarer Republik, schaffte er Gebrauchswohnungen, deren Nutzung bis ins kleinste Detail vorbestimmt war. Dies stieß bei vielen Zeitgenossen auf Kritik: „Der Zeilenbau will möglichst alles von der Wohnung her lösen und heilen, sicherlich im ernsten Bemühen um den Menschen. Aber faktisch wird der Mensch gerade hier zum Begriff, zur Figur. Der Mensch hat zu wohnen und durch das Wohnen gesund zu werden, und die genaue Wohndiät wird ihm bis ins einzelne vorgeschrieben. Er hat, wenigstens bei den konsequenten Architekten, gegen Osten zu Bett zu gehen, gegen Westen zu essen und Mutterns Brief zu beantworten, und die Wohnung wird so organisiert, dass er es faktisch gar nicht anders machen kann. Schließlich ist das Wohnen eine zwar sehr wichtige, aber nicht die einzige Funktion unseres Daseins. Hier in Dammerstock wird der Mensch zum abstrakten Wohnwesen, und über allem den so gut gemeinten Vorschriften der Architekten mag er am Ende stöhnen: ‚Hilfe ... ich muß wohnen!'"[4]

Die Rationalisierung der Arbeitswelt, der Taylorismus, hatte die Rationalisierung des Wohnens angeregt. Frederick Winslow Taylors Buch „Die Grundsätze wissenschaftlicher Betriebsführung"[5] erschien 1913 in deutscher Sprache und gab damit den Anstoß für eine wissenschaftliche und damit rationale Organisation der einzelnen Arbeitsprozesse. Nach diesem Vorbild organisierte beispielsweise als einer der ersten Walter Gropius seine Baustelle für die Siedlung Dessau Törten (1926–1928). Die Notwendigkeit einer neuen Arbeitsökonomie legte auch die internationale Architektenorganisation CIAM (Congrès Internationaux d'Architecture Moderne) fest. Auf dem ersten Treffen von 24 Architekten der Moderne aus der ganzen Welt im Jahr 1928 wurde festgelegt, das auch die Stadt mit den Bereichen des Wohnens, Arbeitens und der Freizeit nach ihren einzelnen Funktionen analysiert werden sollte. „Die Konsequenzen der ökonomisch wirksamsten Produktion sind Rationalisierung und Standardisierung. Sie sind von entscheidenden Einfluss auf die Architektur des heutigen Bauens."[6]

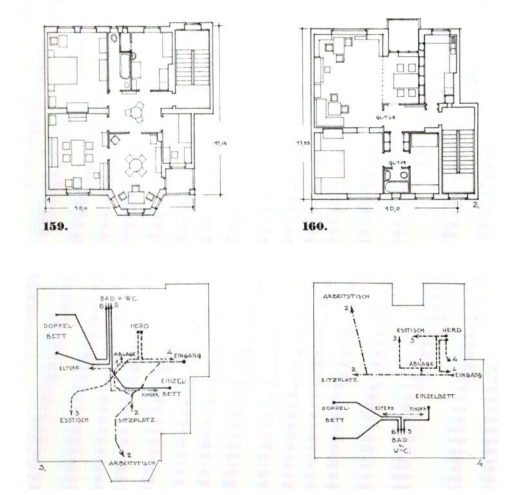

„Frankfurter Küche" (Entwurf: Grete Schütte-Lihotzky 1926): Die Arbeitsküche löste in den 1920er-Jahren die Wohnküche ab, weil sie unter funktionalen Gesichtspunkten zu einer „Reduzierung der Schritte" führte

Unten: Alexander Klein zeigt die Ganglinien bei einem konventionellen Grundriss und bei enem Grundriss, der nach Funktionsbereichen getrennt ist (1928)

NUTZUNGSKONTINUITÄT UND WANDEL

Luftbild der Siedlung Dammerstock in Karlsruhe (Entwurf: Walter Gropius, Otto Haesler 1928/29)

Nutzungsprozesse im Wandel der Zeit

Die Anforderungen an die Wohnungs-, Gemeinschafts- und Industriebauten der Moderne unterliegen einem permanenten Wandel. Bei diesen auf eine spezielle Nutzung hin angelegten Bauten fehlt aber meist die Flexibilität, auf geänderte Anforderungen zu reagieren. Nicht nur Nutzungsänderungen, sondern auch Ansprüche an die Sicherheit des Gebäudes, wie zum Beispiel der Brandschutz und eine behindertengerechte Ausstattung, bringen aber Veränderungen mit sich. Verschiedene Beispiele zeigen, dass eine Nutzungskontinuität nicht immer von Vorteil für das Denkmal ist. Ein Wandel der Nutzung oder die Belassung des Denkmals an sich können ebenso oder sogar förderlicher für den Erhalt des Denkmals sein.

Unter dem Aspekt der Nutzungskontinuität und des Wandels stellen die Industriebauten eine besondere Kategorie dar: Als Orte des technischen Fortschritts unterliegen sie wirtschaftlichen Zwängen und sind fast ständig von Änderung und Erneuerung bedroht. Das Fagus-Werk in Alfeld an der Leine, ab 1911 als erster Industriebau der Moderne errichtet, ist eines der prominentesten Beispiele einer lang anhaltenden Auseinandersetzung um Nutzungskontinuität und Wandel. Die Fabrik für Schuhleistenproduktion konnte durch die Erweiterung ihrer Produktionsbereiche den Bestand der historischen Industrieanlage sichern. Dies wurde durch die Umnutzung von Teilen des Industriekomplexes unter Be-

NUTZUNGSKONTINUITÄT UND WANDEL

Oben: Konzert im Arbeitssaal im Fagus-Werk in Alfeld 2009 (Walter Gropius und Adolf Meyer 1911–1915)

Unten: Ehemaliges Straßenbahndepot in Berlin, heute „Meilenwerk" 2005 (Joseph Fischer Dick 1899/1901)

NUTZUNGSKONTINUITÄT UND WANDEL

wahrung der wesentlichen Elemente der historischen Nutzung gewährleistet. Die Teile der neuen Produktion, die sich nicht in die historischen Gebäude integrieren ließen, wurden in neue Fabrikationshallen ausgelagert. Trotz zahlreicher Veränderungen sind die Abläufe der ursprünglichen Produktion von Schuhleisten aus Holz bis heute an und in den Bauten nachvollziehbar. Der Produktionsprozess hat sich heute grundlegend verändert, bildet aber immer noch den Kern der Firma Fagus GreCon. Die Herausforderung nach Umnutzung von Industriebauten stellt sich vielerorts. Die Umnutzung setzt auch immer ein wohlüberlegtes Nutzungskonzept auf der Grundlage einer denkmalpflegerischen Voruntersuchung voraus. Jedoch sollte auch bei diesen Bauten der Grundsatz gelten, dass die Bewahrung der historischen Substanz – zu der auch die industriellen Anlagen zählen – ebenso große Priorität besitzt wie bei anderen Gebäuden. Das lange von Leerstand und Verfall bedrohte, ehemals europaweit größte Straßenbahndepot in Berlin, ist heute als „Meilenwerk" ein Servicebetrieb für Autoliebhaber. Unter Bewahrung der historischen Spuren sind neue Einbauten in das Gebäude eingefügt worden, die aber die ursprüngliche Nutzung weiterhin erkennen lassen. Es ist ein Beispiel für einen geglückten Wandel.[7]

Kongresshalle in Berlin 2007 (Hugh Stubbins 1957)

Wohnformen gemeinschaftlichen Lebens waren ebenso eine neue Bauaufgabe in der Weimarer Republik, ein Beispiel dafür ist das Henry-und-Emma-Budge-Heim in Frankfurt am Main von 1930. Dieses auf den Entwurf von Mart Stam und Werner Moser zurückgehende Heim diente der „Unterstützung zu Erholungszwecken für würdige und bedürftige Personen, die in Frankfurt wohnen, ohne Ansehung des Geschlechts, des Religionsbekenntnisses und des Alters".[8] Bei diesem Prototyp eines modernen Altersheims legten Stam und Moser auf einem H-förmigen Grundriss 100 nach Süden ausgerichtete Wohnungen mit im Zentrum platzierten Gemeinschaftsräumen an. Dies Gebäude wurde zwischenzeitlich anderweitig genutzt und stand längere Zeit leer. Nach denkmalgerechter Sanierung dient es nun wieder als Altenheim. Aber die Nutzungskontinuität ist nur scheinbar, weil heute ganz andere Anforderungen an ein Altenheim gestellt werden müssen. Durch die überwiegend pflegebedürftigen Personen müssen die Apartments rollstuhlgerecht ausgestattet sein, dies führt zu großem Verlust an originaler Bausubstanz. Solche und weitere Anforderungen an die Ausstattung und Sicherheit ziehen starke Veränderung der Gebäudesubstanz nach sich und zeigen, dass eine scheinbare Nutzungskontinuität einem Denkmal nicht immer dienlich ist.

Bei der Sanierung der Berliner Kongresshalle, als „Schwangere Auster" bekannt und einer der bedeutenden Bauten der Nachkriegsmoderne im Westteil der Stadt, war die Situation eine vergleichbare. Als Ort der freien Meinungsäußerung war sie in Zusammenhang mit der Internationalen Bauausstellung Berlin 1957 (Interbau) als Geschenk der Amerikaner an die Stadt Berlin errichtet worden. Bei ihrer Fertigstellung 1957 war es eine Kongresshalle mit modernster Technik. Nach 20 Jahren war diese Technik bereits veraltet. Ihren erweiterten Nutzungsanforderungen – das Haus der Kulturen der Welt nutzt sie als Ausstellungs- und Veranstaltungszentrum – wurde die Kongresshalle schon lange nicht mehr gerecht und machte eine Anpassung notwendig. Durch die behutsame Sanierung wurden die Anforderungen an heutige Standards angepasst. Die Nutzungskontinuität dient dem Denkmal und wertet es in seiner aktuellen Bedeutung auf.

Zu den Bauten der Freizeit und des Sports zählt das 1929/30 nach Plänen von Martin Wagner und Richard Ermisch erbaute Strandbad Wannsee in Berlin. Die ursprünglich für 50 000 Menschen ausgelegte Anlage, von der nur ein Drittel umgesetzt wurde, ist noch heute das größte Binnenseestrandbad Europas. Vier große rechteckige zweigeschossige Hallen nehmen die Garderoben, Duschräume und Läden auf. Zwei Hallen sind mustergültig saniert, aber ein Nutzungskonzept ist für die leer stehenden Ladenstraßen und das großflächige Restaurant „Lido" bisher noch nicht gefunden worden. Um Investoren eine Vorstel-

DENKMALPFLEGE DER MODERNE | 63

NUTZUNGSKONTINUITÄT UND WANDEL

lung von möglichen Veränderungen zu geben, sind teilweise großflächige Öffnungen in die bauzeitliche Ladenstraße eingefügt worden, ohne eine konkrete Nutzung dafür im Blick zu haben. Es wäre dem Denkmal dienlich gewesen, auf eine Nutzung „zu warten", bevor irreversible Eingriffe vorgenommen werden. „Die Geschichte so mancher Baudenkmäler kann im Übrigen zeigen, dass selbst Jahrzehnte kaum genutzte Gebäude, wenn sie nur notdürftig unterhalten werden, plötzlich dank einer angemessenen neuen Nutzung zum richtigen Zeitpunkt wieder mit ‚neuem Leben' erfüllt wurden."[9]

Eine weitere Kategorie bilden die Denkmäler, die durch politische Symbolik aufgeladen sind. Das Staatsratsgebäude in Berlin von 1964, das als Amtssitz des obersten Organs der DDR, dem Staatsrat diente, ist solch ein Beispiel. Die ausschließlich repräsentative Nutzung zeigt sich in den hochwertig ausgestatteten Räumen und Sälen, deren politische Ikonografie unübersehbar ist. Mit der ESMT (European School of Management and Technology) ist eine neue Nutzung gefunden worden, mit der es gelungen ist, die Gebäude einer neuen Nutzung zuzuführen, die sich in die alte Substanz einfügt und sich zugleich von ihr absetzt; das Alte bleibt lesbar und das Neue ist erlebbar. Zugleich ist hier ein denkmalpflegerischer Ansatz umgesetzt worden, bei dem Denkmalbereiche definiert wurden, die nicht verändert werden dürfen, und andere Bereiche, die für eine Nutzung freigegeben wurden.

Denkmalwert als Nutzen

Die von der Idee des Funktionalismus geprägte Moderne ist mit der vollständigen Tauglichkeit für die heutigen Ansprüche an die Gebäude verknüpft. Dass es sich bei den Bauten der Moderne aber auch um Denkmäler handelt, die schon über 70 Jahre alt sind und sich nicht beliebig auf- und umrüsten lassen, wird darüber oft vergessen. Für sie gelten die gleichen gesetzlichen Regelungen wie für Denkmäler aus früheren Zeitepochen: „Die Erhaltung der Denkmäler wird immer begünstigt durch eine der Gesellschaft nützliche Funktion. Ein solcher Gebrauch ist daher wünschenswert, darf aber Struktur und Gestalt der Denkmäler nicht verändern. Nur innerhalb dieser Grenzen können durch die Entwicklung gesell-

Staatsratsgebäude in Berlin 2006
(Roland Korn 1964)

schaftlicher Ansprüche und durch Nutzungsveränderungen bedingte Eingriffe geplant und bewilligt werden."[10] Diese schon 1964 in der Charta von Venedig zur Nutzungsfrage formulierten Aspekte sind bei der Frage der Nutzungskontinuität oder des Wandels des Denkmals zu berücksichtigen. So können auch diese Kulturdenkmäler von herausragender Bedeutung einer Welterbestätte für die Gesellschaft nützliche Funktionen übernehmen, die über eine Nutzung als Verwaltung, Laden oder Café hinausweisen. Als Kulturdenkmäler können sie eine kulturelle, ästhetische oder historische Funktion haben, zum Beispiel als städtebaulicher oder historischer Orientierungspunkt, wie dies zumeist nur älteren Denkmälern zugestanden wird.[11] Denn in dem Moment, in dem der Wert eines Denkmals erkannt wird, hat das Gebäude über seine ursprüngliche Funktion hinaus eine Funktion als kulturhistorisches Zeugnis erhalten.

Es bleibt festzustellen, dass die Nutzungskontinuität kein Wert an sich ist, sie kann dem Denkmal dienen, ihm aber auch zugleich schaden. „Das Denkmal hat sich nicht um jeden Preis einer Nutzung anzupassen, sondern Art und Umfang der Nutzung sind dem Denkmal anzupassen."[12] Die auf Funktionsabläufe hin konzipierten Bauten der Moderne „haben zwar ihre besonderen Merkmale, die sich allerdings nicht in nutzungsbedingten Eigenarten erschöpfen, und sie werden wie andere Bauten durch Nutzung und Nutzungsänderung in ihrer Erhaltung befördert, aber auch bedroht und beeinträchtigt"[13]. Erstrebenswert ist deshalb die Orientierung auf die denkmalimmanenten Werte, auf die Einzigartigkeit des Bauwerks. Schon die Zeitgenossen erkannten und benannten den Wert der Architektur, der nicht allein in der Funktionalität, sondern in einer neuen umfassenden Qualität liegt, „die mehr geben kann als platten Nutzwert; die für die moderne Welt das bringen mag, was für den Chinesen die Pagoden, dem Mittelalter die Kathedralen waren: Verwirklichung ihres Lebenssinnes.".[14] SO

Doppelhaus in der Weißenhofsiedlung in Stuttgart 2005 (Le Corbusier und Pierre Jeanneret 1927)

---

[1] Adolf Behne: Eine Stunde Architektur, Stuttgart 1928, S. 21
[2] Erna Meyer: Die Wohnung als Arbeitsstätte der Hausfrau, in: Fritz Block: Probleme des Bauens, Potsdam 1928, S. 164
[3] Vergleiche dazu Alexander Klein: Beiträge zur Wohnungsfrage, in: ebenda, S. 116–145
[4] Adolf Behne: Dammerstock, in: Die Form, 1930, Heft 7, S. 164
[5] Frederick Winslow Taylor: Die Grundsätze wissenschaftlicher Betriebsführung, München, Oldenbourg 1913
[6] Internationale Kongresse für Neues Bauen. Dokumente 1928–1939, herausgegeben von Martin Steinmann, Basel, Stuttgart 1979, S. 28
[7] Die ehemaligen Wiebehallen wurden 1899–1901 von Joseph Fischer Dick erbaut und 1924 von Jean Krämer modern überformt und durch einen Anbau erweitert. Auf der Fläche von 12 000 Quadratmetern waren ehemals über 400 Straßenbahnen untergebracht. Bei der behutsamen Sanierung 2002/03 wurden reversible Einbauten eingefügt, die die ursprünglichen Hallenstruktur weiterhin gut zur Geltung kommen lassen.
[8] Werner Möller: Mart Stam 1899–1986, Katalog zur Ausstellung im Deutschen Architekturmuseum in Frankfurt am Main, Tübingen, Berlin, 1997, S. 78
[9] Michael Petzet, Gert Mader: Praktische Denkmalpflege, Stuttgart, Berlin, Köln 1995, S. 104
[10] Artikel 5 der Charta von Venedig, Internationale Charta über die Konservierung und Restaurierung von Denkmälern und Ensembles 1964
[11] Michael Petzet: Grundsätze der Denkmalpflege, ICOMOS-Hefte des Deutschen Nationalkomitees, München 1992, und Monika Markgraf (Hg.): Archäologie der Moderne. Sanierung Bauhaus Dessau, Berlin 2006, S. 224
[12] Michael Petzet, Gert Mader: Praktische Denkmalpflege, Stuttgart, Berlin, Köln 1995, S. 105
[13] HPC Weidner: Nutzung und Denkmalpflege, Beobachtungen an einigen Bauhausbauten in Dessau, in: Umgang mit Bauten der klassischen Moderne, herausgegeben von der Stiftung Bauhaus Dessau, Dessau 1999, S. 12–19
[14] Alfred Gellhorn: Intensivierung der Baukunst, in: Fritz Block: Probleme des Bauens, Potsdam, 1928, S. 17–25, hier S. 22

ALTERSSPUREN UND ZEITSCHICHTEN

„Was älteren Denkmäler problemlos zugestanden wird, die Erkennbarkeit abgelaufener Veränderungsprozesse, beziehungsweise was im Sinne von Patina gefordert wird, wenn auch immer noch viel zu häufig getilgt, die Erkennbarkeit von Alter, das wird den Bauten der Moderne allzu häufig als Mangel angelastet."[1] Die Architektur des Neuen Bauens blickt auf eine mittlerweile mehr als 80-jährige Geschichte zurück, die auch an diesen Bauten nicht spurlos vorbeigegangen ist und in Form von Altersspuren und Zeitschichten zum Ausdruck kommt. Diese Altersspuren scheinen aber mit dem Selbstverständnis dieser Architektur nicht in Einklang zu stehen.

Die angestrebte Rationalisierung des Bauprozesses führte zur vermehrten Verwendung industriell hergestellter und genormter Bauteile aus Beton und Stahl. Für die Gestaltung von Oberflächen sind auch industriell gefertigte Materialien, wie Fliesen, Waschbeton und Steinplatten zu finden. Diese industriell hergestellten Elemente scheinen auf den ersten Blick nicht so zu altern wie traditionelle Architekturoberflächen, sodass sie das Bild einer scheinbar zeitlosen Moderne vermitteln. Mit diesem Bild lässt sich die Frage nach dem Altern der Moderne nicht in Einklang bringen, weil der Wille nach andauernder Modernisierung der Moderne ein fest gestecktes Ziel war. „Doch die Versuche mit neuen Baumaterialien und -techniken waren oft nur kurzfristig von Vorteil: Materialien und Konstruktionen erwiesen sich bereits nach kurzer Zeit als wenig dauerhaft und ließen sich nur mit erheblichem finanziellen und materiellen Aufwand instand setzen. Auch heute sträuben sich die Bauten der Moderne gegen eine Konservierbarkeit im Sinne der traditionellen Denkmalpflege."[2]

Müssen daher für die Bauten der Moderne andere Kriterien gelten als für die übrigen Denkmäler? Sind es überhaupt Denkmäler im klassischen Sinne? Kulturdenkmäler „sind gegenständliche Zeugnisse menschlichen Lebens aus vergangener Zeit, die im öffentlichen Interesse zu erhalten sind. Öffentliches Interesse besteht, wenn diese von besonderer geschichtlicher, kultureller, künstlerischer, wissenschaftlicher, kultischer, technisch-wirtschaftlicher oder städtebaulicher Bedeutung sind"[3]. Die allgemeinen Denkmalkriterien gelten also ebenso für die Bauten der Moderne, auch wenn sie erst einen geringen Alterswert besitzen. Sie sind als „hochwertige Primärquellen einer Zeit zu verstehen, in der sich die Vorstellungen vom Bauen so grundsätzlich und so schnell gewandelt haben wie wohl nie in einer früheren Epoche"[4]. Es müssen für die Moderne die gleichen Maßstäbe angesetzt werden wie für die Denkmäler anderer Epochen. Aber „die hervorragenden Zeugnisse einer ehemals modernen Architektur zu erhalten, zu reparieren und behutsam heutigen Standards anzupassen ist ein nur schwer zu erreichendes Ziel der Denkmalpflege […]"[5].

Haus Luckhardt in Berlin (Wassili und Hans Luckhardt und Alfons Anker 1929–1932). Stahlskelettbau mit charakteristischen Elementen des „Neuen Bauens" und Altersspuren (2009)

ALTERSSPUREN UND ZEITSCHICHTEN

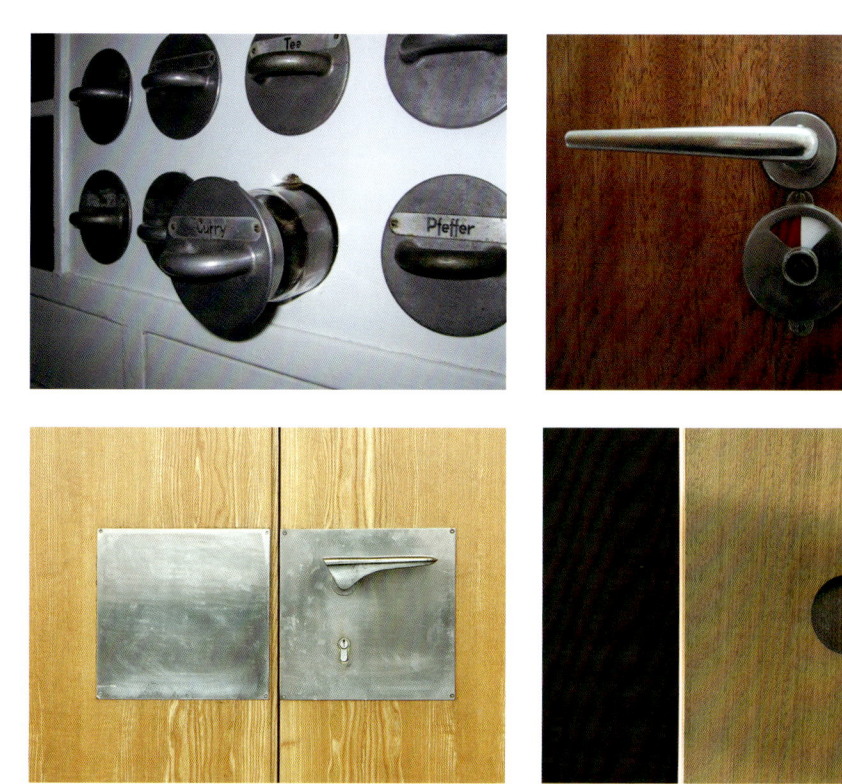

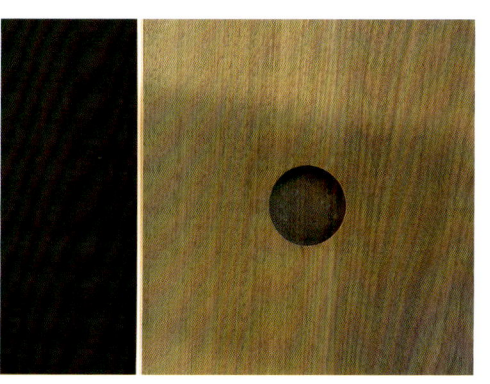

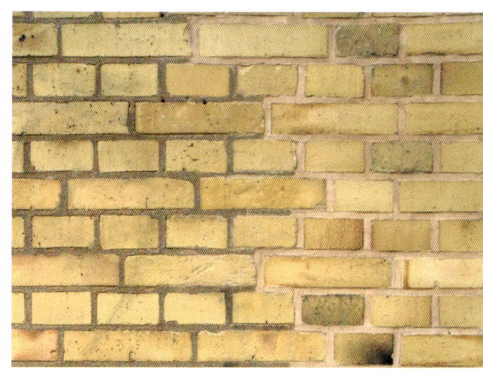

Vielfältige Spuren des Gebrauchs und der Veränderung zeigen den Alterswert eines Gebäudes

DENKMALPFLEGE DER MODERNE

ALTERSSPUREN UND ZEITSCHICHTEN

Alois Riegl: Der moderne Denkmalkultus, Wien, Leipzig 1903, Titelseite

Unten: Bauhausgebäude in Dessau, erhaltenes Treppengeländer im Treppenhaus, Werkstattflügel 2010 (Walter Gropius 1926)

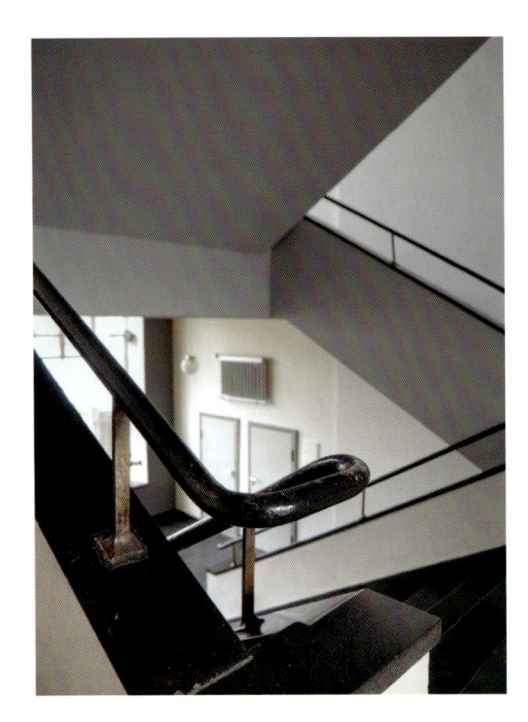

Denkmalwerte Moderne

Dass die Moderne denkmalwert ist und konservierbar sei, darüber besteht grundsätzlich Einigkeit, doch der Umgang mit den Spuren des Alterns und den Zeitschichten stellt bei den Bauten der Moderne eine besondere Herausforderung dar. Auch wenn diesen Bauten seit den 1970er-Jahren vermehrt der Denkmalstatus zugesprochen wird, scheint dies mit den Assoziationen der Moderne von ewiger Jugend und zugleich experimentellen Materialien und wenig haltbaren Konstruktionen nicht in Einklang bringen zu sein. Trotzdem ist für die Bauten der Moderne das von den Kunsthistorikern Alois Riegl und Georg Dehio zu Beginn des 20. Jahrhunderts festlegte Regelwerk der Denkmalpflege ebenso anwendbar. Riegl führte den „Alterswert" als höchste Priorität für das Denkmal in die Denkmalpflege ein. Spuren des Alterns und der Vergänglichkeit konstituieren das Denkmal. Dies geschah in bewusster Abwendung von der rekonstruktiv-erneuernden Denkmalpflege des Historismus am Ende des 19. Jahrhunderts. Dehio fasste diese Forderung in seinem Credo „Konservieren und in letzter Not erst Restaurieren"[6] zusammen. Diese Grundlagen der heutigen Denkmalpflege, also die Bewahrung des geschichtlichen Zeugnisses und die Erkennbarkeit der vorgenommenen Hinzufügungen, sind in der der Charta von Venedig (1964) nochmals festgeschrieben worden.[7]

„Moderne" Altersspuren

„Man wird sich also damit abfinden müssen, dass die Bauten unserer Zeit nicht so zu ‚altern' vermögen, wie ein menschliches Antlitz, oder wie es die alten Häuser vermochten. Hat man es mit Bauten zu tun, bei denen die neuen Baustoffe und Bauweisen unserer Zeit und mit ihnen die Eigenschaften des Technischen bestimmend in Erscheinung treten, handelt es sich gar um industriell gefertigte Serienhäuser oder um Bauten, die aus Teilen montiert werden, so wird vernünftigerweise niemand an jene handwerklich bedingten Reize auch nur denken dürfen."[8] Altersspuren vertragen sich scheinbar nicht mit dem Selbstverständnis der modernen Architektur, die erstmals durch qualitätvolle Fotografien der Neuen Sachlichkeit auf uns überkommen ist, die als „Vergleich" immer neben dem gealterten Gebäude stehen. Verschiedene Arten von Alterungsprozessen sind bei diesen Gebäuden ebenso zu finden: Zuallererst ist es die Patina, die ein Gebäude im Laufe der Zeit erhält. Dies kann das Ausbleichen der Farbanstriche sein, das Nachdunkeln des Holzes oder auch das Ansetzen von Moos – ganz natürliche Alterungsprozesse von Materialien an einem Gebäude. Altersspuren sind aber auch Spuren des Gebrauchs, der Pflege und der Instandsetzung am Denkmal, die zeigen, dass das Gebäude benutzt, gepflegt und repariert wurde. Zu den Altersspuren zählen ebenso die Hinzufügungen, die im Laufe der Geschichte des Denkmals hinzukamen und die Zeitschichten ausmachen. Dies können zusätzliche Anbauten aber auch das Entfernen von bauzeitlichen Elementen sein.

Positionen des Umgangs mit Altersspuren

So bleibt es die Aufgabe der Denkmalpflege, sich mit den konstruktiven und materialtechnischen Fragen des Neuen Bauens auseinanderzusetzen und unter den Fragestellungen der Konservierung, Reparatur, Instandsetzung und Erneuerung die Bauten zu bewerten. Voraussetzung für die Analyse und Interpretation der Altersspuren ist eine sorgfältige Zustands- und Bautendarstellung (Raumbuch), begleitet von restauratorischen Befunduntersuchungen und archivalischen Recherchen. Der heutigen Denkmalpflege als angewandte Wissenschaft stehen neben der bau- und kunsthistorischen Forschung naturwissenschaftliche Erkenntnisse und technische Mittel zur Verfügung, die eine genaue Bestimmung der Altersspuren ermöglichen. Auf dieser Grundlage kann eine denkmalpflegerische Zielstellung für das Gebäude festgelegt werden, die auch den Umgang mit den Zeitschichten definiert. „Es ist abzuwägen, ob ein Gestaltwandel als Störung oder als Fortschreibung empfunden wird. Die Frage nach Hierarchie von Ursprünglichkeit, Nachträglichkeit oder Gleichwertigkeit der Gestaltmomente ist zu stellen."[9] In der Erarbeitung der denkmalpflegerischen Grundsätze für den Umgang mit den Altersspuren und Zeitschichten hat sich in den letzten Jahrzehnten ein großer Wandel vollzogen, der sich in drei unterschiedliche Phasen unterscheiden lässt: So ging es bei den ersten denkmalpflegerischen Sanierungsmaßnahmen an Bauten der Moderne wie 1976 am Bauhausgebäude in Dessau oder ab 1981 an den Bauten der Stuttgarter Weißenhofsiedlung neben der Wiederherstellung des ursprünglichen Erscheinungsbildes um eine umfassende Modernisierung des Bestandes, die in aller Regel die Anpassung der Gebäude an damals herrschende Standards der Haustechnik und des Komforts anstrebte und dabei große Verluste an bauzeitlicher Substanz in Kauf nahm. Die umfassende technische Aktualisierung schien der Modernität der Gebäude angemessen – so entsprach die Rekonstruktion der Vorhangfassade des Werkstättentrakts des Bauhausgebäudes 1976 mit ihren schwarz eloxierten Aluminiumprofilen ebenso der damals aktuellen Technologie wie 1926 die ursprüngliche Ausbildung in Stahlprofilen. Für die Ästhetik hatte diese Entscheidung weitreichende Folgen, wirkt doch ein eloxiertes Aluminiumprofil in seiner scharfkantigen Präzision anders als ein gewalztes Stahlprofil mit mehrschichtigem Farbauftrag. Der Versuch, die Architektur der Moderne von ihrer Ausrichtung auf fortschrittliche Bautechnologien her zu verstehen, führt daher auf ein heikles Terrain, weil es sich dabei immer um eine Interpretation aus heutiger Sicht handelt. Das historische Gebäude ist dagegen das Ergebnis eines komplexen Vorgangs, der neben dem architektonischen Entwurf die technischen, konstruktiven und nicht zuletzt finanziellen Möglichkeiten bei dessen Umsetzung mit einschließt.

Das Mehrfamilienhaus in der Weißenhofsiedlung von Mies van der Rohe von Nordosten

Unten: Meisterhaus Feininger in Dessau, Nordseite mit Atelierfenster 2009 (Walter Gopius 1926)

Aus der Erfahrung, dass die Begründung von baulichen Eingriffen aus dem vermeintlichen Wesen des Gebäudes oder des ursprünglichen Entwurfs heraus zu problematischen Interpretationen führen kann, resultiert etwa seit den 1990er-Jahren eine denkmalpflegerische Haltung, die sich verstärkt dem historischen Bestand in seiner Materialität und Konstruktion zuwendet. Voraussetzung aller baulichen Maßnahmen ist dabei eine umfassende Untersuchung des Baubestandes und ein Verständnis des Gebäudes als Informationsquelle. Sanierungsmaßnahmen aus einer solchen Intention heraus orientieren sich zumeist am bauzeitlichen Zustand des Gebäudes, der sowohl in seinem Erscheinungsbild als auch in seiner Materialität und Oberflächenbeschaffenheit wieder erlebbar werden soll. Die neue Nutzung wird dabei möglichst der bauzeitlichen Substanz untergeordnet. So wurden bei der 1994 fertiggestellten Sanierung des Meisterhauses Feininger in Dessau nicht nur die bauzeitliche Farbigkeit und die ursprünglichen Raumfolgen wiederhergestellt, sondern auch die einfach verglasten Atelierfenster trotz ihrer bauklimatischen Nachteile rekonstruiert, da sie beispielsweise ein anderes Reflexionsverhalten als neuere Doppelverglasungen besitzen und daher für das äußere Erscheinungsbild eine wesentliche Rolle spielen. Gleichzeitig wird für die Besucher in den veralteten technischen Standards der historische Abstand zu den Gebäuden des Neuen Bauens sinnlich erfahrbar.

In der Orientierung auf die materielle Substanz wird aber auch deutlich, dass jedes Gebäude eine Geschichte hat, die sich im baulichen Bestand niederschlägt, sei es in einer kontinuierlichen Pflege, in der Vernachlässigung, in Umbauten oder Zerstörungen. Jüngere Instandsetzungsmaßnahmen an Bauten der Moderne orientieren sich daher nicht nur

ALTERSSPUREN UND ZEITSCHICHTEN

Kanzlerbungalow Bonn (Sep Ruf 1963/64), wiederhergestellter Empfangsraum/Musikzimmer aus der Amtszeit Erhard, im Hintergrund instandgesetztes Speisezimmer aus der Amtszeit Kohl (2009)

am bauzeitlichen Zustand als künstlerischer Schöpfung, sondern verstehen das gesamte Gebäude mit all seinen Veränderungen als wertvolles historisches Dokument. Durch die Auseinandersetzung mit den Zeitschichten gewinnen auch die denkmalpflegerischen Maßnahmen eine neue Bedeutung – nicht als Wiederherstellung eines Ursprungszustandes sondern als neue historische Schicht. Je nach Erhaltungszustand, bauhistorischer Bedeutung und Wissensstand werden differenzierte denkmalpflegerische Ziele festgelegt, die von einer Instandsetzung und Pflege bauzeitlicher und späterer Zeitschichten, zur kompletten Neufassung von Bauelementen und Gebäudeteilen bis hin zur wissenschaftlich fundierten Rekonstruktion des für das Gebäude relevanten Raumfolgen und Bauteile reichen können. Bei der 2009 fertiggestellten Instandsetzung des Kanzlerbungalows in Bonn wurde beispielsweise in den repräsentativen Bereichen der bauzeitliche Zustand wiederhergestellt, während gleichzeitig spätere Raumfassungen wie die Umbauten aus der Ära Kohl oder die schusssichere Glaswand aus der Ära Schmidt erhalten blieben. Die simultane Präsentation unterschiedlicher Zeitschichten erzeugt so einen neuen baulichen Zustand, der in dieser Form nie bestand.

Rekonstruktion der Moderne

Immer wieder stellt sich bei der Sanierung von Bauten der Moderne auch die Frage nach der Rekonstruktion von Gebäudeteilen, zuweilen wird sogar die Wiederherstellung ganzer Gebäude gefordert und durchgeführt. Diese scheint gerade bei Bauten der Moderne eine andere Legitimation zu besitzen, wenn man diese nicht aus dem Blickwinkel der Denkmalpflege betrachtet: „Die Wiedererrichtung des Barcelona Pavillons hat gezeigt, wie der Kurzschluss zwischen Ikone und Baugrundlage funktioniert. Mit Recht liegt doch, sobald industriell produziert wird, das Authentische, Originale nicht mehr im realen Detail, sondern in der Entwurfszeichnung, aus der denn dann auch jeder originale Bau wieder herausgefolgert werden kann, so dass man ihn beliebig abreißen und neu bauen könnte, je nachdem, ob Erhaltungszustand oder Reparaturkosten es fordern."[10] Jeder Architekt wird aber eingestehen müssen, dass die Baupläne selten das ursprüngliche Bauwerk widerspiegeln,

ALTERSSPUREN UND ZEITSCHICHTEN

da es vielfach Veränderungen während der Bauzeit gegeben hat. Darüber hinaus steht fest, dass alle rekonstruierten Bauten mit neuen Handwerkstechniken und neuen Materialien gefertigt werden, die zu einem veränderten äußeren Erscheinungsbild und einer anderen Materialität führen. Dem rekonstruierten Gebäude fehlt der „Alterswert" und damit die „Authentizität". Eine Rekonstruktion kann sogar zur Zerstörung von Denkmälern führen, wie die aktuelle Auseinandersetzung um den Wiederaufbau des Direktorenhauses des Dessauer Bauhauses zeigt, der die Zerstörung eines erhaltenswerten Gebäudes der 1950er-Jahre zur Folge hätte.[11] Aus der Sicht der Denkmalpflege gehören die Spuren des Alterns und die Zeitschichten zum Denkmal, in den Altersspuren ist die Geschichte eingeschrieben und macht sie sichtbar. SO

---

[1] HPC Weidner: Bauten der Moderne der Zwanziger Jahre in Sachsen-Anhalt, in: Konservierung der Moderne. Über den Umgang mit Zeugnissen der Architekturgeschichte des 20. Jahrhunderts, ICOMOS-Hefte des Deutschen Nationalkomitees, Band XXIV, München 1996, S. 115

[2] Hartwig Schmidt: Der Umgang mit Bauten der Moderne in Deutschland. Ein Überblick, in: Konservierung der Moderne. Über den Umgang mit Zeugnissen der Architekturgeschichte des 20. Jahrhunderts, ICOMOS-Hefte des Deutschen Nationalkomitees, Band XXIV, München 1996, S. 39

[3] Exemplarisch für die vergleichbaren Regelungen der einzelnen Bundesländer: Artikel 2 Absatz 2 Ziffer 1 des Denkmalschutzgesetzes des Landes Sachsen-Anhalt vom 21.10.1991 und vergleiche dazu auch Georg Mörsch: Dürfen Denkmäler altern?, in: Denkmalverständnis. Vorträge und Aufsätze 1990–2002, Zürich 2004, S. 39–42

[4] HPC Weidner: Nutzung und Denkmalpflege, Beobachtungen an einigen Bauhausbauten in Dessau, in: Stiftung Bauhaus Dessau (Hg.): Umgang mit Bauten der klassischen Moderne, Dessau 1999, S. 15

[5] Schmidt (wie Anmerkung 2), S. 39

[6] Georg Dehio: Denkmalschutz und Denkmalpflege im neunzehnten Jahrhundert. Rede zur Feier des Geburtstages seiner Majestät des Kaisers gehalten in der Aula der Kaiser-Wilhelm Universität am 27. Januar 1905, Straßburg 1905

[7] Charta von Venedig. Internationale Charta über die Konservierung und Restaurierung von Denkmälern und Ensembles (Denkmalbereiche), Venedig 25, 31. Mai 1964, Artikel 9 und 12

[8] Walther Schmidt: Über das Altern der Gebäude, in: Bauen und Wohnen, 1949, Jahrgang 4, Heft 4, S. 162

[9] Falko Funkat: Denkmalpflegerische Maßnahmen und ihr Leitziel, in: August Gebeßler (Hg.): Gropius. Meisterhaus Muche/Schlemmer. Die Geschichte einer Instandsetzung, Stuttgart, Zürich 2003, S. 79

[10] Dieter Hoffmann-Axthelm: Denkmal Moderne, in: Walter Prigge (Hg.): Ikone der Moderne. Das Bauhausgebäude in Dessau, Berlin 2006, S. 54

[11] Andreas Schwarting: Aura und Reproduktion. Zur Debatte um die Rekonstruktion des Hauses Gropius in Dessau, in: Bruno Klein, Paul Sigel (Hg.): Konstruktionen urbaner Identität. Zitat und Rekonstruktion in Architektur und Städtebau der Gegenwart, Berlin 2006, S. 49–63

Direktorenhaus Gropius/Haus Emmer in Dessau, Collage (2009)

ERHALTUNG UND PFLEGE

Verhinderung von größeren Schäden durch die frühzeitige Ausbesserung von Putzrissen am Bauhausgebäude in Dessau 2006 (Walter Gropius 1926)

Konservierung der Kulturdenkmäler durch Verhütung und Begrenzung von Schäden gilt als Kernaufgabe der Denkmalpflege. In der internationalen Vereinbarung zur Denkmalpflege, der Charta von Venedig, heißt es deshalb in Artikel 4: „Die Erhaltung der Denkmäler erfordert zunächst ihre dauernde Pflege."[1]

Die kontinuierliche und systematische Pflege ist gerade für die Architektur der Moderne sehr wichtig, da diese Bauten im Unterschied zu älteren Bauten wie mittelalterlichen Fachwerkhäusern oder barocken Kirchen oft nicht als einmalige, unersetzliche Kulturdenkmäler erkannt werden. Sie gelten als Bestandteile des Alltags, werden mit industrieller Produktion und deshalb mit Reproduzierbarkeit assoziiert. Die Materialität der Bauten und ihre Oberflächen, die sie mit Spuren von Alter und Gebrauch als historische Zeugnisse ausweisen, sind jedoch auch bei den Bauten der Moderne einmalige und unverzichtbare Bestandteile des Denkmals.

Die Gestaltungselemente wie die empfindlichen, handwerklich hergestellten Oberflächen aus hellem Putz, monochrome Fußböden oder vernickelte Metallteile bedürfen sehr sorgfältiger Pflege, um die besondere Wirkung der Architektur zu erhalten. Experimentelle Materialien, die heute nicht mehr hergestellt werden und deshalb nicht ersetzt werden können, stellen eine weitere Herausforderung bei der Pflege dieser Bauten dar. Knapp dimensionierte Bauteile und Details genügen zudem kaum den heutigen bautechnischen und bauphysikalischen Anforderungen. Dies führt leicht zu Schäden und raschem Verschleiß. Darüber hinaus bewirken bereits kleine Veränderungen Entstellungen dieser Architektur, für die ausgewogene Proportionen, sorgfältig geplante Details und mit Bedacht gestaltete Oberflächen kennzeichnend sind. Die systematische Pflege auf Grundlage wissenschaftlicher Erforschung und Wertschätzung ihrer besonderen Qualitäten sind deshalb Voraussetzungen für die langfristige Erhaltung dieser Bauten.

Präventive Konservierung

Bei den in der Mitte des 19. Jahrhunderts geführten Diskussionen um Konservierung oder Restaurierung wies der englische Sozialreformer und Kunsthistoriker John Ruskin auf die Notwendigkeit der vorbeugenden Pflege als wirksamste Form der Denkmalpflege hin: „Kümmert euch um eure Denkmäler, und ihr werdet es nicht nötig haben, sie wiederherzustellen. Einige Bleiplatten beizeiten auf ein Dach gelegt, ein paar tote Blätter und Zweige rechtzeitig aus einem Abflussrohr entfernt, werden sowohl Dach wie Mauer vom Verderben retten."[2]

Die traditionellen Methoden der Pflege von Bauten sind heute oft in den Hintergrund getreten oder vergessen, da in der heutigen Gesellschaft die permanente Verfügbarkeit aller Produkte suggeriert wird. Oft ist es billiger, ein Produkt zu ersetzen als das bestehende zu erhalten. Auch am Baudenkmal wird allzu häufig ein altes Bauteil durch ein neues ersetzt, sodass sich deshalb heute selbst an denkmalgeschützten Bauten nur noch selten die bauzeitlichen Fenster, Türen, Putze oder Teile der Ausstattung wie Tapete oder Beleuchtung befinden. Der Verlust von immer mehr Teilen des Denkmals führt schließlich zum Verlust seiner Authentizität. Zudem geht mit dem Verschwinden der alten Bauteile und Oberflächen das Wissen um die bauzeitlichen Fertigungstechniken und Materialien verloren.

ERHALTUNG UND PFLEGE

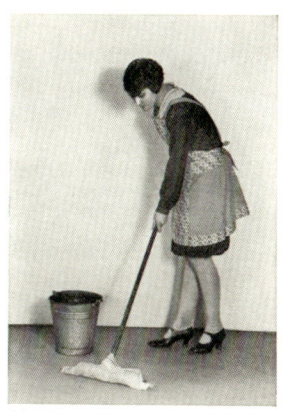

Abb. 10. Feuchte Reinigung: Richtige Ausführung

Abb. 11. Feuchte Reinigung: Falsche Ausführung

DIE BEHANDLUNG

Neue Linoleumbeläge sind erst in Benutzung zu nehmen, wenn der Kitt gut ausgetrocknet ist.

Der Linoleumgeruch verschwindet durch häufiges Aufwischen mit reinem, kaltem Wasser schnell. Macht sich dagegen ein ständiger Geruch bemerkbar, so liegt dies nicht am Linoleum, sondern wahrscheinlich am Klebematerial, faulender Filzpappe, stockig feuchtem Unterboden usw.

Abb. 12. Geeignete Reinigungsmittel

Abb. 13. Ungeeignete Reinigungsmittel

Gegen **Eindrücke** von schweren Möbeln schützt man das Linoleum durch Verwendung von Holz-, Stahl- oder Glasuntersätzen, Gummi- oder Filzpuffern an den Möbelfüßen, sowie Filzunterlagen je nach Art und Schwere des betreffenden Möbelstückes. Bei Stühlen verwende man Stahlnägel; diese müssen jedoch flach und der Größe der Stuhlbeinfläche angepaßt sein. **Hauptbedingung zur Erhaltung eines Linoleumbelages in gutem, ansehnlichem Zustande ist die sachgemäße Reinigung und Pflege.** Man reinige das Linoleum, so oft dies erforderlich erscheint, und zwar je nach Bedarf durch einfaches Aufwischen mit kaltem Wasser oder Waschen und Bürsten mit lauwarmem — nicht zu heißem — Wasser und neutraler Seife. Sodazusätze und sodahaltige Seife schädigen das Linoleum durch allmähliches Auslaugen des Ölgehaltes. Die besten Erfahrungen hat man mit den im Handel befindlichen neutralen Linoleumseifen gemacht. Bezugsquellen sind auf Anfrage bei uns zu erfahren. Das Seifenwasser darf auf dem Boden nicht antrocknen, vielmehr ist das Linoleum stets mit reinem, kaltem Wasser nachzuwaschen und mit einem sauberen Lappen vollkommen trockenzureiben, um ein Grauwerden des Belages zu verhüten.

Pflegeanleitung für Linoleum (um 1958)

ERHALTUNG UND PFLEGE

Das Denkmal in seiner ganzen Komplexität als Dokument einer bestimmten historischen Situation mit ihren materiellen, technischen und wirtschaftlichen Möglichkeiten sowie als künstlerische Leistung ist einmalig und an seine materielle Existenz gebunden. Ziel der Denkmalpflege ist daher, die Bauten durch kontinuierliche und fachgerechte Pflege möglichst lange zu erhalten, auch wenn sich der Verfall grundsätzlich nicht verhindern lässt.

Die Verbindung von Wertschätzung und materieller Pflege macht der Schweizer Denkmalpfleger Georg Mörsch deutlich: „Für das Denkmal muss solche Zuwendung geistiger und materieller Art sein. Geistige Zuwendung ruft die Botschaften des Denkmals ab und macht sie gesellschaftlich relevant. Aber nur materiell erhaltende Zuwendung bewahrt auf Dauer die Möglichkeit solcher Begegnung. Wie Kerze und Flamme gehören Denkmalgegenstand und Denkmalbedeutung zusammen."[3] Mörsch macht am Beispiel der bekannten Geschichte vom kleinen Prinzen auch darauf aufmerksam, dass der Wert eines Objekts durch die Pflege steigt: „Es ist die Zeit, die du für deine Rose verloren hast, die sie so wertvoll macht."[4]

Umfassende Sanierungs- oder Restaurierungsmaßnahmen sind stets mit großem Verlust von Originalsubstanz verbunden, während durch die regelmäßige Pflege Probleme frühzeitig erkannt und beseitigt werden können. Kontinuierliche Inspektion, Wartung und Instandhaltung richten die Aufmerksamkeit auf das Gebäude und fördern das Verständnis für das Bauwerk auch unter denkmalpflegerischen Gesichtspunkten. Auswirkungen von Veränderungen, wie beispielsweise einem neuen Anstrich oder dem Einbau von neuen, dicht schließenden Fenstern, können ebenso rechtzeitig erkannt und beseitigt werden wie Schäden infolge von unsachgemäßem Gebrauch oder intensiver Nutzung. Die Beobachtung des Gebäudes mit zeitnaher Behebung von kleineren Schäden sowie Untersuchung der Schadensursachen helfen nicht nur Kosten zu sparen, sondern auch Sicherheit bei der Planung von Kosten für einen denkmalgerechten Bauunterhalt zu erlangen. So wie die regelmäßige Reinigung der Dachrinne dazu führt, weitere Schäden zu vermeiden, so sind auch kleine Putzrisse noch problemlos und kostengünstig zu schließen, während größere Schädigungen des Putzes zu umfassenden Baumaßnahmen führen können. Zudem entspricht die kontinuierliche und fachgerechte Pflege eines Hauses den Forderungen nach schonendem Umgang mit Ressourcen und der Nachhaltigkeit von Baumaßnahmen.

Handwerkliche Fähigkeiten und Materialkenntnisse geraten durch kontinuierliche Nachfrage und Anwendung gar nicht erst in Vergessenheit und können bei der Planung berücksichtigt werden. Mit der wissenschaftlichen Erforschung der Denkmäler werden Grundlagen für die fachgerechte Erhaltung der Bauten geschaffen und gleichzeitig dienen diese Projekte der Ausbildung von Fachleuten. Für die Erhaltung der Bauten ist die Erforschung der historischen Substanz, der Baustoffe, ihrer Zusammensetzung, der Werktechniken, des Alterungsverhaltens sowie des bauphysikalischen Zusammenwirkens mit anderen Baustoffen und der Veränderungen durch Sanierungsmaßnahmen entscheidend. Auch der zukünftige Pflegebedarf, mögliche Ersatzbaustoffe sowie die ästhetische Wirkung der Oberflächen müssen berücksichtigt werden.

Dokumentation

Voraussetzung für die systematische Pflege ist die sorgfältige und kontinuierliche Dokumentation des Bestandes. Mit Abschluss einer umfassenden Sanierungsmaßnahme sind oft detaillierte Kenntnisse des Gebäudes und eine hohe Qualität der Ausführung erreicht. Der Weggang von „Wissensträgern" wie Handwerksfirmen, Restauratoren, Fachplanern und Architekten führt dann häufig zum Verlust des während der Sanierung erreichten Wissens.

Steinholzestrich ist ein heute kaum gebräuchliches Material, dessen fachgerechte Pflege erst auf Grundlage der Erforschung dieses Baustoffs möglich ist

ERHALTUNG UND PFLEGE

Bei der europaweiten Vergabe von großen Aufträgen ist die personelle Kontinuität nach Abschluss der Arbeiten kaum möglich, zumal wenn die Übergabe an die Verantwortlichen vor Ort unzulänglich ist. Mit einer umfassenden, gut aufbereiteten Dokumentation steht Wissen auch unabhängig von Personen zur Verfügung, sofern die Unterlagen so erschlossen sind, dass sie leicht zu handhaben und fortzuführen sind. Für die Dokumentation der Bestandserfassung existieren bereits einheitliche Qualitätsstandards. Die Etablierung von entsprechenden Standards für Pflegepläne könnte eine Grundlage für die geordnete Übergabe eines Gebäudes nach Abschluss der Baumaßnahmen bilden. Die systematisch angelegte Dokumentation als Grundlage erleichtert die fachgerechte und qualitätvolle Ausführung von zukünftigen Reparaturen, Wartungsarbeiten und Pflegemaßnahmen ebenso wie die kontinuierliche Fortsetzung der Dokumentation erheblich.

Handlungsansätze

Systeme mit Wartungszyklen und dem Ziel der wirtschaftlichen Instandhaltung sind bei Gebrauchsgegenständen wie einem Automobil oder bei der technischen Ausstattung von Gebäuden wie der Heizungsanlage selbstverständlich. Für die Pflege eines Baudenkmals mit der Komplexität seiner historischen, künstlerischen und ästhetischen Bedeutung sowie den technologischen und wirtschaftlichen Aspekten kann daran angeknüpft werden. „Dieses Modell der Wartungsverträge ließe sich in Modifikationen auch auf die allgemeine Baudenkmalpflege übertragen, wo Restauratoren oder Handwerker in Abstimmung mit den Denkmalämtern bestimmte Baudenkmäler betreuen könnten, wie ja auch der Kaminkehrer seine routinemäßigen Inspektionen macht."[5] Insbesondere für die Pflege von Baumaterialien, die nicht ersetzt werden können, oder für die empfindlichen Oberflächen von Bauten der Moderne sind Wartungsverträge mit Restauratoren empfehlenswert.

Es werden Systeme benötigt, die einen raschen und gezielten Zugriff auf Ergebnisse von vorangegangenen Arbeiten am Gebäude und auf Anforderungen an die zukünftige Pflege ermöglichen. Die Grundlage dafür bietet die Dokumentation und Auswertung der bisher ausgeführten Baumaßnahmen unter diesem Gesichtspunkt. Die Erfassung und Erschließung der vorhandenen Unterlagen sowie die kontinuierliche Fortführung der Dokumentation bilden die Basis, die wesentlichen Bedingungen für die Pflege und Unterhaltung des Gebäudes zu erkennen. So entsteht die Basis für die langfristige Erhaltung der Bausubstanz, für die Sicherung der bei einer Sanierung erreichten Qualität der Bearbeitung und Möglichkeit der Einsparung von aufwendigen Reparaturen und Erneuerungen. Ein Pflegeplan in diesem Sinne umfasst die Dokumentation, Handlungsanweisungen, die Fortschreibung des Plans und die Kostenkontrolle.

Für einige, besonders herausragende ältere Kulturdenkmäler gibt es traditionelle Lösungen, die die Qualität der fachgerechten Pflege sicherstellen. So sichern Bauhütten wie am Kölner Dom oder an der Wartburg in Eisenach die kontinuierliche Dokumentation und Weitergabe der gewonnenen Erfahrungen. Auch für die Architektur der Moderne könnten daran anknüpfende Modelle oder Netzwerke helfen, das Wissen und die Erfahrungen im professionellen und systematischen Umgang mit diesen Bauten, mit ihren Materialien und Konstruktionen, ihren räumlichen Besonderheiten, ihren typischen Detaillösungen und Oberflächen zu sammeln, auszuwerten und weiterzugeben. Die kontinuierliche und systematische Pflege eines Baudenkmals ist heutzutage nicht selbstverständlich. Fördermittel werden eher für spektakuläre Sanierungen oder Rekonstruktionen bereitgestellt und die Vergabe von Fördermitteln für Sanierungsmaßnahmen ist im Allgemeinen nicht mit Auflagen zur dauerhaften Pflege der Bauten verbunden.

Unten: Behutsame reparierte und sorgfältig gepflegte Fußböden und Treppen im Dessauer Bauhaus (Walter Gropius 1926) geben Zeugnis von der ursprünglichen Wirkung und der Geschichte des Hauses

DENKMALPFLEGE DER MODERNE | 75

ERHALTUNG UND PFLEGE

DENKMAL-TÜV DEUTSCHLAND – VORSORGENDE BAUUNTERHALTUNG ALS ZUKUNFTSMODELL?

am Mittwoch, 31. Oktober 2007, in Köln

Veranstaltung von Europa Nostra in Kooperation mit der Deutschen Stiftung Denkmalschutz, der Deutsche Burgen-vereinigung und der exponatec cologne im Oktober 2007: Brauchen wir einen Denkmal-TÜV?

Diese Problematik bei der Erhaltung von Baudenkmälern ist seit einigen Jahren zunehmend in das Blickfeld der Fachöffentlichkeit geraten und es entstanden Lösungsansätze. So wurde im Jahr 2002 auf dem Symposium „Qualitätsmanagement in der Denkmalpflege" darauf hingewiesen, dass ein „nachgehendes Baupflegekonzept" als integraler Bestandteil des Qualitätsmanagements zu verstehen ist.[6] Im Rahmen dieses Symposiums wurden „Braunschweiger Empfehlungen" ausgesprochen, die unter anderem die Notwendigkeit der Forschung und besseren Ausbildung auf diesem Gebiet unterstreichen und die Verknüpfung der Vergabe von Fördermitteln mit einem Nachweis der anschließenden Pflege vorschlagen. Als Hilfe für Eigentümer bei der systematischen Pflege hat die Vereinigung der Landesdenkmalpfleger Empfehlungen für die Instandhaltung von Baudenkmälern und ihrer Ausstattung herausgegeben.[7] Die Deutsche Stiftung Denkmalschutz bietet inzwischen einen „Denkmalmanager" an, der private Denkmalbesitzer bei der systematischen Instandhaltungsplanung ihres Hauses unterstützen soll. Ein ähnliches Ziel verfolgen in Deutschland mehrere Initiativen, die an das in den Niederlanden erfolgreiche Modell der „Monumentenwacht" anknüpfen.[8] Über einen „Denkmal-TÜV Deutschland" als Modell für vorsorgende Bauunterhaltung wurde auf einem Kolloquium in Köln nachgedacht.[9]

Für Baudenkmäler, die in besonderem Maß im öffentlichen Interesse stehen, erweist sich die zunehmende Wertschätzung gleichzeitig als neue Herausforderung, da wachsende Besucherzahlen und touristische Vermarktungsstrategien zur Übernutzung und damit zur Gefährdung der Kulturdenkmäler führen können. So hat die UNESCO in ihrer Lübecker Erklärung im Juni 2007 unterstrichen, dass „Tourismus an Welterbestätten nachhaltig gestaltet werden muss, um ihren langfristigen Schutz zu garantieren und irreparable Schäden zu verhindern".[10] In Verbindung mit der systematischen und beständigen Pflege und Instandhaltung dieser Bauten sollen Strategien sowohl für die Lenkung von Gästen oder die Auslagerung von Servicefunktionen entwickelt werden. Für Welterbestätten besteht deshalb die Verpflichtung, mit einem Managementplan nachzuweisen, wie deren besonderer Wert langfristig gesichert wird.[11]

ICOMOS, der Internationale Rat für Denkmalpflege, der sich weltweit für Schutz und Pflege von Denkmälern, Denkmalbereichen und die Bewahrung des historischen Kulturerbes einsetzt, führte im November 2006 eine Tagung zum Thema „Präventive Konservierung und Erhaltungsperspektiven" für das Weltkulturerbe in Deutschland[12] durch. Hier wurden Empfehlungen verabschiedet, beispielsweise die Forderung nach starken, im Bewusstsein der Bürger verankerten gesetzlichen Grundlagen für die Pflege der Monumente, nach finanzieller Förderung von präventiven Maßnahmen sowie von interdisziplinären Forschungsprojekten, die dem Verständnis der Denkmäler und ihrer Erhaltung dienen. Themen wie der Schutz auf städtebaulicher Ebene oder die Aufgaben von Managementplänen für Welterbestätten wurden ebenso berücksichtigt wie die Forderung nach regelmäßigem Monitoring, Wartungsverträgen oder der Wiederbelebung von traditionellen Pflegemaßnahmen. Überlegungen zu Nutzung, Tourismus und Einbeziehung der Öffentlichkeit in die Belange der präventiven Konservierung runden die Empfehlungen ab. Als nichtstaatliche Einrichtung führt ICOMOS Beratungen und seit 2001 ein regelmäßiges vorbeugendes Monitoring der Welterbestätten durch, um Probleme für das Bauwerk bereits im Vorfeld zu erkennen und Lösungen zu entwickeln.

Auch für die Architektur der Moderne wird der Entwicklung einer systematischen und kontinuierlichen Pflegekonzeption zunehmende Bedeutung beigemessen. So verbindet die Wüstenrot Stiftung Förderungen von Sanierungsmaßnahmen mit der Ausarbeitung und Durchführung eines Pflegeplans als Bestandteil der Förderung. Das Beispiel Einsteinturm in Potsdam dokumentiert besonders eindringlich die Notwendigkeit einer kontinuierlichen Pflege, die seit Ende der Baumaßnahmen durchgeführt wird. Das Beispiel Bauhausgebäude in Dessau zeigt, wie mit einer umfassenden Dokumentation der Sanierungsarbeiten die Grundlage für die Entwicklung eines Pflegekonzepts geschaffen wird. Auch für Gartenanlagen der Moderne wie die Grünflächen am Studentendorf Schlachtensee oder im Hansaviertel in Berlin wurden Pflegewerke erstellt. Objekte wie die Fatimakirche in Kassel oder das Haus Schminke in Löbau zeigen, dass durch genaue Kenntnis, kontinuierliche Wertschätzung und umsichtige Pflege die Schäden am Gebäude so gering gehalten werden können, dass diese wertvollen Zeugnisse des Neuen Bauens in ihrer originalen Substanz noch für lange Zeit authentisch erhalten werden können. In diesem Sinne stehen Verständnis und Wertschätzung des Denkmals im Zentrum der Überlegungen und bilden die Voraussetzung für die nachhaltige Pflege. Denn: „Prävention beginnt im Kopf."[13] MM

---

[1] Internationaler Kongress der Architekten und Techniker der Denkmalpflege: Internationale Charta über die Konservierung und Restaurierung von Denkmälern und Ensembles (Denkmalbereiche), Charta von Venedig, Venedig 1964
[2] John Ruskin: Die sieben Leuchter der Baukunst, Leipzig 1900 (Faksimile: Dortmund 1994), S. 367
[3] Georg Mörsch: Thesen zur Nachhaltigkeit denkmalpflegerischer Ziele und Maßnahmen, in: Marion Wohlleben, Hans Rudolf Meier (Hg.): Nachhaltigkeit und Denkmalpflege, Zürich 2003
[4] Antoine de Saint-Exupéry: Der kleine Prinz, Düsseldorf 1998, S. 72
[5] Michael Petzet: Grundsätze der Denkmalpflege, ICOMOS-Hefte des Deutschen Nationalkomitees, München 1992
[6] Jörg Haspel in einer Podiumsdiskussion, dokumentiert in Markus Große-Ophoff, Jörg Haspel, Christiane Seegers-Glocke, Arno Weinmann: Neue Wege zur Bauwerkserhaltung und Denkmalpflege. Dokumentation des Symposiums „Qualitätsmanagement in der Bestandspflege" im Rahmen der Initiative Architektur und Baukultur, Berlin 2002, S. 116
[7] Vereinigung der Landesdenkmalpfleger in der Bundesrepublik Deutschland, Bayrisches Landesamt für Denkmalpflege (Hg.): Vorsorge, Pflege, Wartung, Berichte zu Forschung und Praxis der Denkmalpflege in Deutschland 10, München 2002
[8] Beispielsweise der Monumentendienst in Niedersachsen, der DenkmalWacht Brandenburg-Berlin e.V. oder der Denkmal- und Altbaudienst Baden-Württemberg e.V.
[9] Kolloquium von Europa Nostra in Kooperation mit der Deutschen Stiftung Denkmalschutz, der Deutschen Burgenvereinigung und der Exponatec Cologne am 31.10.2007
[10] Welterbestätten Deutschland e.V. (Hg.): Lübecker Erklärung „UNESCO-Welterbestätten in Europa – ein Netzwerk für Kulturdialog und Kulturtourismus", Lübeck 2007
[11] Deutsche UNECSO-Kommission (Hg.), Birgitta Ringbeck (Autorin): Managementpläne für Welterbestätten, Berlin 2008; Deutsche UNECSO-Kommission (Hg.): Welterbe-Manual, Handbuch zur Umsetzung der Welterbekonvention in Deutschland, Berlin 2006
[12] Ursula Schädler-Saub (Hg.): Weltkulturerbe Deutschland. Präventive Konservierung und Erhaltungsperspektiven. Internationale Fachtagung des Deutschen Nationalkomitees von ICOMOS, der Hochschule für angewandte Wissenschaft und Kunst Hildesheim/Holzminden/Göttingen und der Diözese Hildesheim in Zusammenarbeit mit der Evangelisch-lutherischen Landeskirche Hannover, Hildesheim 2006
[13] Wilfried Lipp: Prävention beginnt im Kopf!, in: Ursula Schädler-Saub (wie Anmerkung 12)

Der Managementplan: ein Instrument zur Pflege und Erhaltung von Welterbestätten der UNESCO

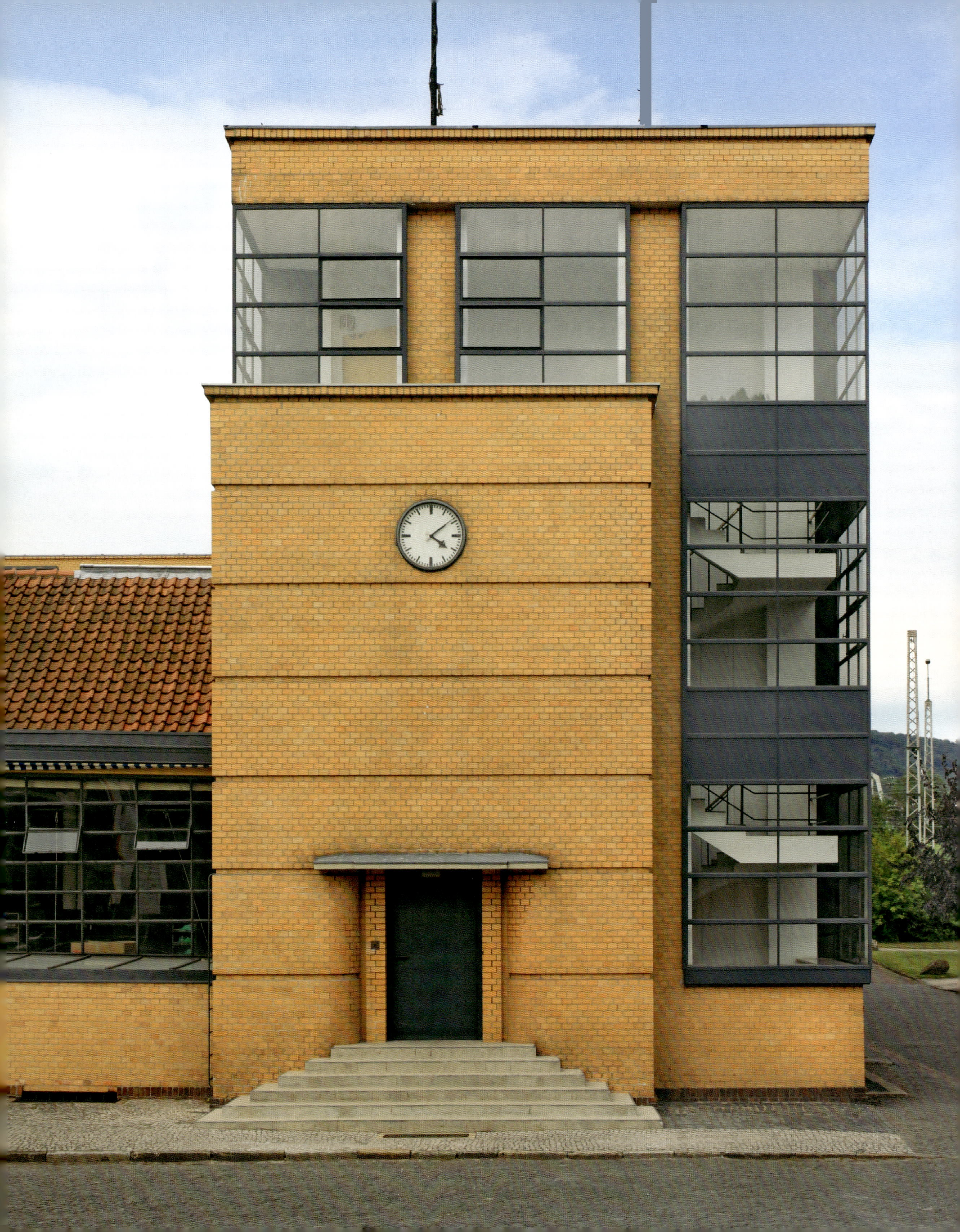

FAGUS-WERK
ALFELD

Das 1911–1915 entstandene Fagus Werk von Walter Gropius und Adolf Meyer zählt zu den Ursprungsbauten der Moderne kurz vor dem Ersten Weltkrieg. Gropius und Meyer entwarfen weitaus mehr als nur einen Industriebau. Sie entwickelten zusammen mit anderen namhaften modernen Künstlern ein Gesamtkunstwerk, das die Bereiche Architektur, Ausstattung und Design umfasste. Die Gebäude werden heute immer noch zur Fertigung von Schuhleisten genutzt. Diese Nutzungskontinuität konnte nur durch die Erschließung neuer Produktionsbereiche, die sich aus der Holzindustrie entwickelt haben, und dem verantwortungsvollen Umgang der Eigentümer mit diesem Baudenkmal ermöglicht werden.

FAGUS-WERK ALFELD

Arbeiter im Fagus-Werk (um 1930)

Rechte Seite: Arbeiter bei der Schuhleistenproduktion im Arbeitssaal
(2010)

Auftraggeber	Carl Benscheidt senior
Architekten	Walter Gropius und Adolf Meyer
Konstruktion	Ziegelmauerwerk, Holzdecken auf Unterzügen aus Stahl
Bauzeitliche Nutzung	Fabrikgebäude
1911/12	Erster Bauabschnitt: Sägerei, Trockenspeicher, Gebäude für künstliche Trocknung, Arbeitssaal, Verwaltungs-gebäude, Schlosserei und Schmiede, Spänehaus
1913–1915	Zweiter Bauabschnitt: Erweiterung des Gebäudes für künstliche Trocknung und des Arbeitssaals mit dem angeschlossenen Verwaltungsgebäude
1919–1923	Erste Korrosionsprobleme an den Fenstern des Verwaltungsgebäudes
1921–1938	Erweiterungsbauten: Gleiswinde und -waage, Pförtnerhaus, Spänebau und Bunker
1945	Keine kriegsbedingten Schäden
1946	Denkmalschutz
1953	Höchste Jahresproduktion von 450 000 Paar Schuhleisten aus Buchenholz
1974–1977	Besitzer werden die Urenkel des Firmengründers Gerd und Ernst Greten, Umstellung der Schuhleistenpro-duktion auf Kunststoff, Eingliederung der Firma GreCon, Umbau der Büros im Verwaltungsgebäude und Hinzunahme neuer Produktionsbereiche (Funkenlöschanlage und Keilzinkenanlage)
1985	Kolloquium mit Eigentümern, Denkmalpflegern, Architekten, Architekturhistorikern und Fachpresse am 19. September über die denkmalpflegerische Zielstellung, Beginn der Sanierung der Dachhaut
1986–1990	Ausbau aller Fensterelemente, Einbau größtenteils neuer aber auch aufgearbeiteter Fensterelemente
2000	Anerkennung als externes Projekt der EXPO 2000 in Hannover, Umnutzung des Lagerhauses und der Sägerei zum Ausstellungsgebäude sowie Ergänzung des Vorfertigungsgebäudes durch neue Produktionsbereiche
2010	Nominierung zur Aufnahme in die Welterbeliste der UNESCO
Eigentümer	Fagus-GreCon Greten GmbH & Co. KG
Bauherr der Denkmalmaßnahme	Fagus-GreCon Greten GmbH & Co. KG
Architekten Sanierung	Seit 1974 Wilfried Köhnemann Architekt BDIA, Hamburg
	1984/85 Jörn Behnsen Architekt, Hannover
Aktuelle Nutzung	Fabrikgebäude

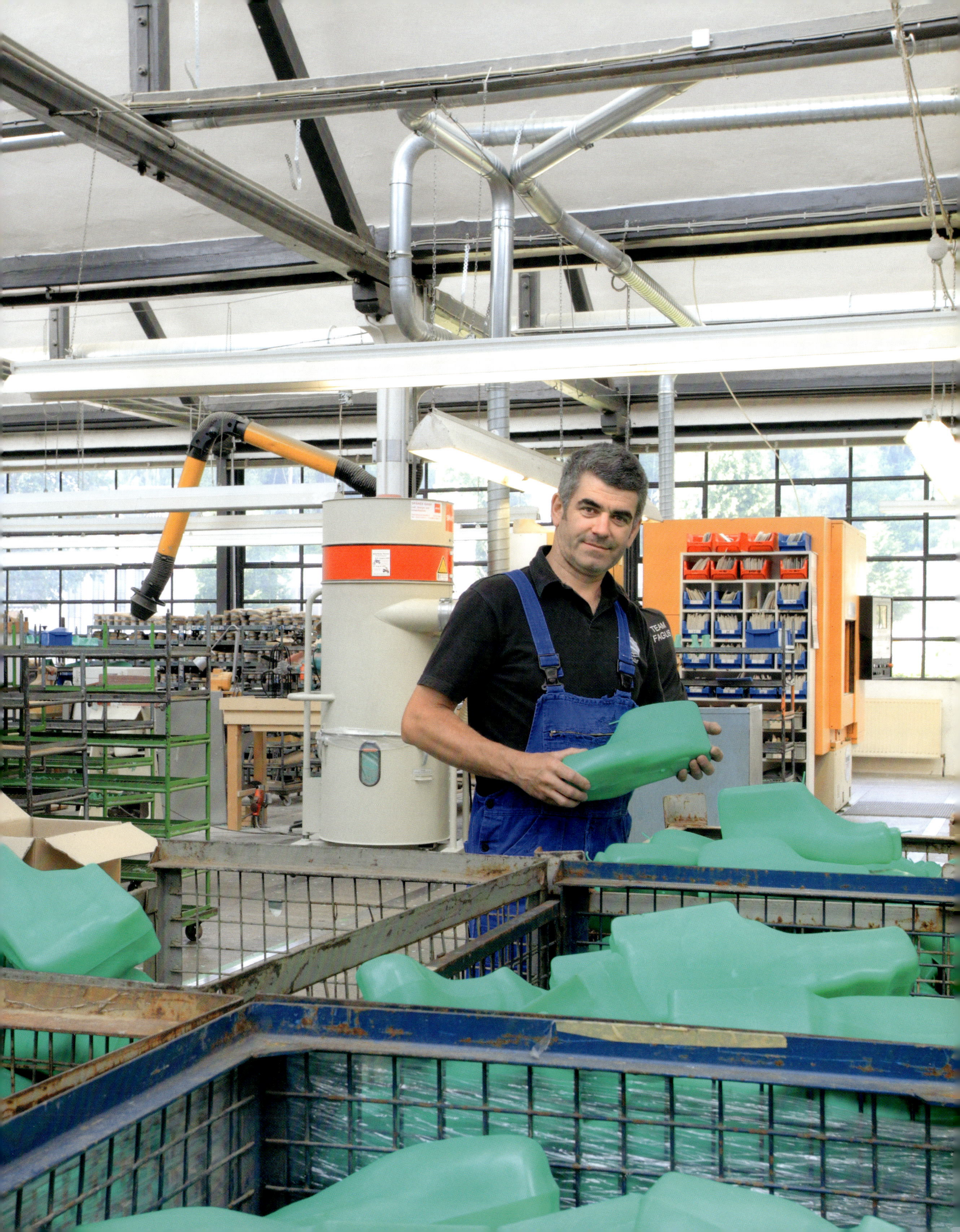
TEAM
FAGUS

FAGUS-WERK ALFELD

Aus „Fagus" – Buchenholz – ließ Carl Benscheidt in seiner 1911 gegründeten Fabrik Schuhleisten fertigen; ein weiterer Produktionszweig war die Stanzmesserabteilung. Benscheidt fand seinen sozialreformerischen Anspruch an sein Unternehmen in der Planung des zuerst beauftragten Architekten Eduard Werner nicht umgesetzt. So kam ihm das Angebot der Zusammenarbeit von Walter Gropius gerade recht; er einigte sich mit dem jungen Architekten auf eine Überarbeitung der äußeren Gestaltung der Bauten, da die Fundamentierungsarbeiten schon begonnen hatten. Der Entwurf Werners bestand aus einer linearen Anordnung der einzelnen Produktionsbereiche: der Sägerei, in der die Buchenstämme für die Lagerung vorbereitet wurden, und einem angeschlossenen fünfgeschossigen Trockenspeicher, in dem die Buchenstämme zur Trocknung eingelagert wurden. Ein Gang schaffte die Verbindung zum Trockenhaus, in dem die Buchenstämme in Öfen nochmals künstlich getrocknet wurden, bevor im eingeschossigen Arbeitssaal die Verarbeitung zu Schuhleisten erfolgte. Das dreigeschossige, zur Bahnseite ausgerichtete Verwaltungsgebäude wurde von Gropius und Adolf Meyer grundlegend überarbeitet. Den Abschluss der Anlage im Süden bildete das Gebäude mit Schlosserei und Schmiede. Schon kurz nach Fertigstellung des ersten Bauabschnitts erwiesen sich die Räumlichkeiten für den gestiegenen Produktionsbedarf als zu klein – diese waren nur auf eine tägliche Produktion von 1500 Schuhleisten ausgelegt.

Gropius und Meyer erweiterten das Lagerhaus, den Arbeitssaal und das Hauptgebäude Richtung Südwesten, zur Straßenseite, um die doppelte Fläche. Mit der Erweiterung entstand eine L-förmige Ausbildung des dreigeschossigen Hauptgebäudes, das mit seiner Stahl-Glas-Fassade eine neuartige Gestaltung erfuhr, die das Gebäude zu einer Ikone der frühen Moderne werden ließ. Zu den schon bestehenden zehn Fensterachsen kamen noch 13 weitere hinzu. Diese Fensterkompartimente erstrecken sich vom Sockelgeschoss über nahezu die gesamte Fassadenhöhe und sind zwischen den geböschten, das heißt sich nach oben hin verjüngenden Pfeilern eingespannt. Die neue Schaufassade zur Straße ist in eine Glasfront aufgelöst, die stützenlos um die Südwestecke herumgeführt wird. Die zweigeschossige Eingangsfront aus gelbem Backstein scheint wie davorgeschoben. Irrtümlicherweise findet sich in der Literatur auch heute noch die Bezeichnung der Fassade als „curtainwall", aber es ist keine Vorhangfassade im klassischen Sinne, denn es handelt sich um aneinandergereihte, geschossübergreifende Fensterelemente, die seitlich an Mauerpfeilern befestigt sind.

Oben: Fünfgeschossiger Trockenspeicher und die Sägerei (1930er-Jahre)

Mitte: Sanierter fünfgeschossiger Trockenspeicher (heute Museum) (2010)

Unten links: Arbeitssaal zur Fertigung von Schuhleisten (1912)

Unten rechts: Arbeitssaal zur Fertigung von Schuhleisten (2010)

FAGUS-WERK ALFELD

Links: Ansicht von Südosten nach der ersten Erweiterung (1915)

Unten: Ansicht von Südosten (2006)

DENKMALPFLEGE DER MODERNE

FAGUS-WERK ALFELD

1911-1912 erster Bauabschnitt M 1:2000

1 Sägerei
2 Trockenspeicher
3 Trocknungskammern
4 Arbeitssaal
5 Verwaltungsgebäude
6 Schlosserei und Schmiede
7 Maschinenhaus
8 Spänebunker

1921-1938 Erweiterungsbauten M 1:2000

1 Sägerei
2 Trockenspeicher
3 Trocknungskammern
4 Arbeitssaal
5 Verwaltungsgebäude
6 Schlosserei und Schmiede
7 Maschinenhaus
8 Spänebunker
9 Lagergebäude
10 Gleiswaage
11 Pförtnerhaus

1913-1915 zweiter Bauabschnitt M 1:2000

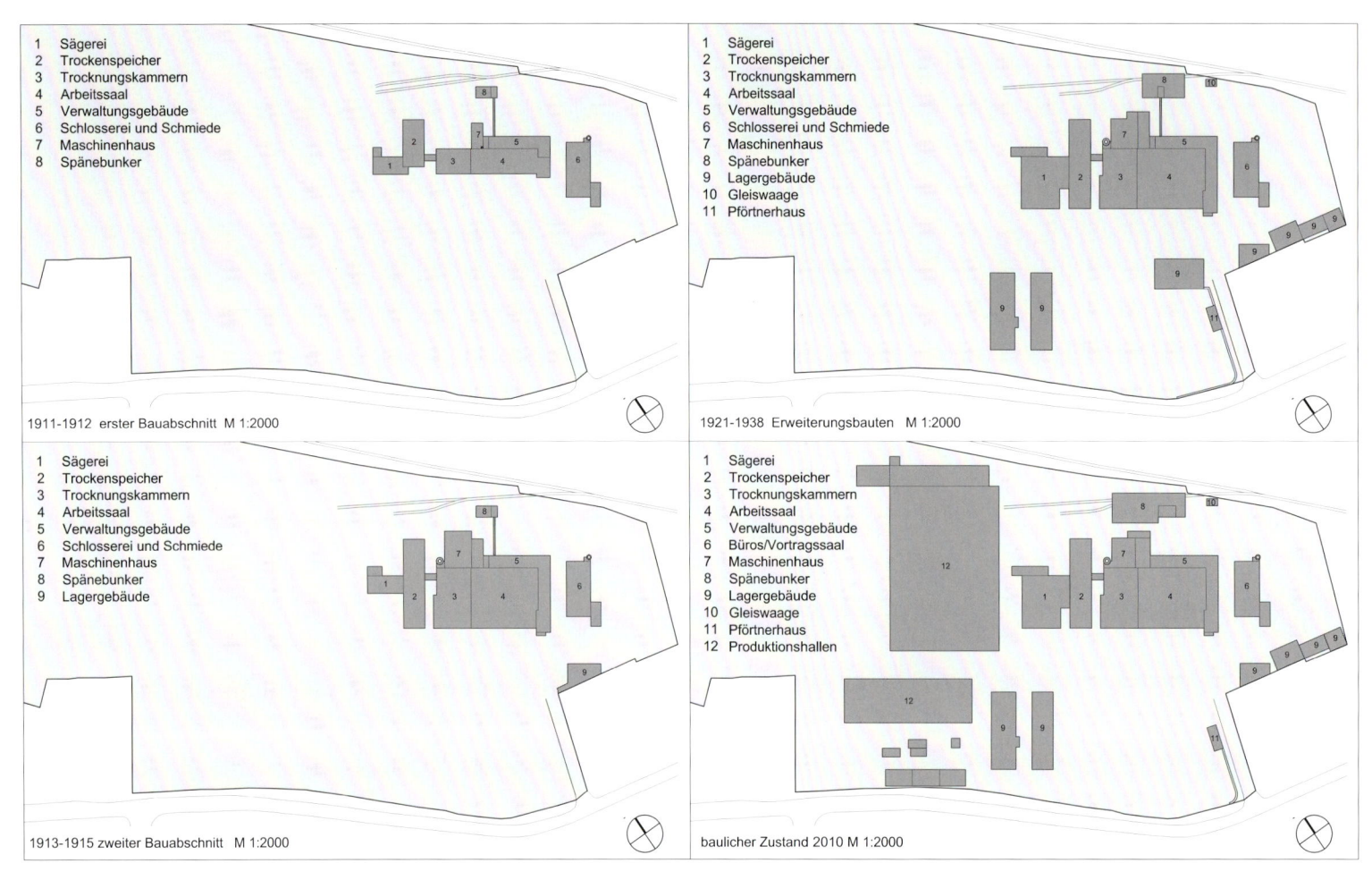

1 Sägerei
2 Trockenspeicher
3 Trocknungskammern
4 Arbeitssaal
5 Verwaltungsgebäude
6 Schlosserei und Schmiede
7 Maschinenhaus
8 Spänebunker
9 Lagergebäude

baulicher Zustand 2010 M 1:2000

1 Sägerei
2 Trockenspeicher
3 Trocknungskammern
4 Arbeitssaal
5 Verwaltungsgebäude
6 Büros/Vortragssaal
7 Maschinenhaus
8 Spänebunker
9 Lagergebäude
10 Gleiswaage
11 Pförtnerhaus
12 Produktionshallen

Oben: Bauphasen

Unten; Luftaufnahme des Fagus-GreCon- Werks (2006)

FAGUS-WERK ALFELD

Links: Ansicht von Nordosten (1915)

Unten: Ansicht von Nordosten (2006)

FAGUS-WERK ALFELD

Oben: Einbau neuer Fenster in das Verwaltungsgebäude, daneben nicht sanierte Fenster (1990er-Jahre)

Unten links: Verwaltungstrakt mit eingebauten neuen und nicht sanierten Fenstern (1990er-Jahre)

Unten rechts: Detail von einem neuen Fenster neben einem nicht sanierten Fenster (1990er-Jahre)

Sanierung

Die Gebäude des Fagus-Werks bedurften von Anfang an einer intensiven Pflege, die von den Eigentümern auch sehr ernst genommen wurde. Insbesondere der markante Verwaltungsbau mit seinen großen Fensterfronten bereitete aufgrund von Korrosionsschäden schon früh Probleme. Bei diesem im zweiten Bauabschnitt entstandenen Gebäudeteil verwendeten Gropius und Meyer Stahlfenster der international bekannten Firma Fenestra-Crittal. Der Rahmen ist aus zwei ineinander geschobenen U-Profilen zusammengesetzt. Die Horizontal- und Vertikalsprossen sind unterschiedlich stark ausgebildet. Bei dem 16-teiligen Fenster, dessen Fensterrahmen jeweils an allen vier Seiten verankert ist, waren vier Flügel als Wendeflügel zum Lüften ausgebildet. 1931 waren die Korrosionsprobleme an den Stahlfenstern so eklatant, dass Gropius sich mit Fenestra-Crittal in Verbindung setzte, das Ergebnis ist leider nicht bekannt. In den folgenden Jahrzehnten wurden immer wieder stark korrodierte Teile der Fenster ausgetauscht und durch neue ersetzt. In den 1980er-Jahren wurde nach einer Gesamtlösung für die Gebäudehülle gesucht, die nicht nur korrodierte und zum Teil nicht mehr schließende Fenster aufwies, sondern auch ein undichtes Dach und Rissbildungen am Gebäude. Über den Umgang mit den stark geschädigten Fenstern entspann sich ein kontroverser Prozess mit verschiedenen Vorschlägen und der Einberufung eines Fachkolloquiums. Für dieses komplexe Problem gab es in den 1980er-Jahren kaum vergleichbare Herangehensweisen. Der sehr schadhafte Zustand der Fensterfronten, die leider nicht auf ihr unterschiedliches Bauauter hin untersucht wurden, und die Berücksichtigung der Nutzerinteressen führten nach verschiedenen Lösungsansätzen zu folgendem Ergebnis: Die Fenster wurden in den nutzungsintensiven Bereichen, den Büros, erneuert und mit Isolierverglasung versehen und in den anderen Bereichen, wie Treppenhäusern und temporär genutzten Besprechungsräumen, aufgearbeitet und ebenfalls mit Isolierglas bestückt. So stellt die Fassade heute eine Mischung aus aufgearbeiteten originalen Fenstern und neuen, zugleich verbesserten Fassadenteilen dar, deren Erscheinungsbild den alten so weit wie möglich angeglichen ist. Die Nutzungskontinuität des Fagus-Werks, die letztendlich auch für den Erhalt des Denkmals sorgt, wurde bei dieser Lösung als vorrangig erachtet. Nach diesem Prinzip sind auch die weiteren Sanierungsschritte in den folgenden Jahren betrieben worden: die historische Gebäudesubstanz zu erhalten, aber nicht mehr genutzte Bereiche für neue Nutzungen unter Bewahrung der historischen Bausubstanz und der Ablesbarkeit der früheren Produktionsprozesse freizugeben.

FAGUS-WERK ALFELD

Nordfassade des Verwaltungstrakts mit neuen Fenstern (2006)

Links: Verwaltungsgebäude während der Sanierung (1980er-Jahre)

FAGUS-WERK ALFELD

Nutzungskontinuität und Wandel

Der vollständig erhaltene Gebäudekomplex des Fagus-Werks mit Hauptgebäude, Arbeitssaal, Trockenanlagen, Lagerhaus und Sägerei lässt die Besucher den historischen Produktionsprozess von Schuhleisten nachvollziehen. Für die heutige Produktion von Schuhleisten aus Kunststoff werden die Trockenanlagen, das Lagerhaus und die Sägerei nicht mehr benötigt und können so von neu erschlossenen Produktionszweigen genutzt werden. Diese ergaben sich aus der Produktion von Schuhleisten, indem unter anderem Maschinen für die Weiterverarbeitung von Holz entwickelt wurden. Die ehemalige Sägerei dient heute als Ingenieurzentrum. Der Trockenspeicher, in dem auf fünf Ebenen die Buchenstämme für die Schuhleistenproduktion gelagert wurden, wird als Ausstellungsgebäude genutzt. Von der Geschichte des Fagus-Werks, seiner Sanierung bis hin zur Holzverarbeitung können die Besucher sich umfassend informieren. Dies geschieht in der authentischen Atmosphäre des Fachwerkgebäudes, dessen ursprüngliche Nutzung weiterhin spürbar ist. Das Vorfertigungsgebäude für Schuhleisten, wo in großen Trockenkammern das Buchenholz für die Weiterverarbeitung zu Schuhleisten getrocknet wurde, ist für Büros und Maschinen des neu erschlossenen Produktionszweigs elektronischer Mess- und Regelsysteme und Brandschutzeinrichtungen umgestaltet worden. Durch die behutsame Sanierung, bei der die Büros in die ehemaligen Trockenkammern eingefügt und die schmiedeeisernen Türen belassen wurden, bleibt die ursprüngliche Nutzung ablesbar. Im Arbeitssaal werden auch heute noch Schuhleisten entworfen und gefertigt. Das Hauptgebäude wird weiterhin als Verwaltungsgebäude von Fagus GreCon genutzt. Die für die neuen Produktionszweige hinzugekommenen Gebäude sind vom historischen Firmenkomplex getrennt. Diese Bereiche sichern nachhaltig die Instandhaltung der historischen Firmengebäude. Besucher sind in dem Industriedenkmal willkommen, können es auf einem Besucherpfad erleben und werden im Ausstellungsgebäude umfassend informiert. Darüber hinaus wird das Firmengebäude seit dem Jahr 2000 regelmäßig für kulturelle Veranstaltungen genutzt. Das aktuelle Motto der Fagus GreCon Werke lautet: „Arbeiten und Kultur in einem Denkmal". SO

Oben: Flur mit Büros im Verwaltungsgebäude (2006)

Unten: Mittleres Treppenhaus im Verwaltungsgebäude (2006)

Unten: Museum in ehemaliger Lagerhaus, Fagus-Gropius-Ausstellung, Ausstellungsebene Schuhmode (2000)

FAGUS-WERK ALFELD

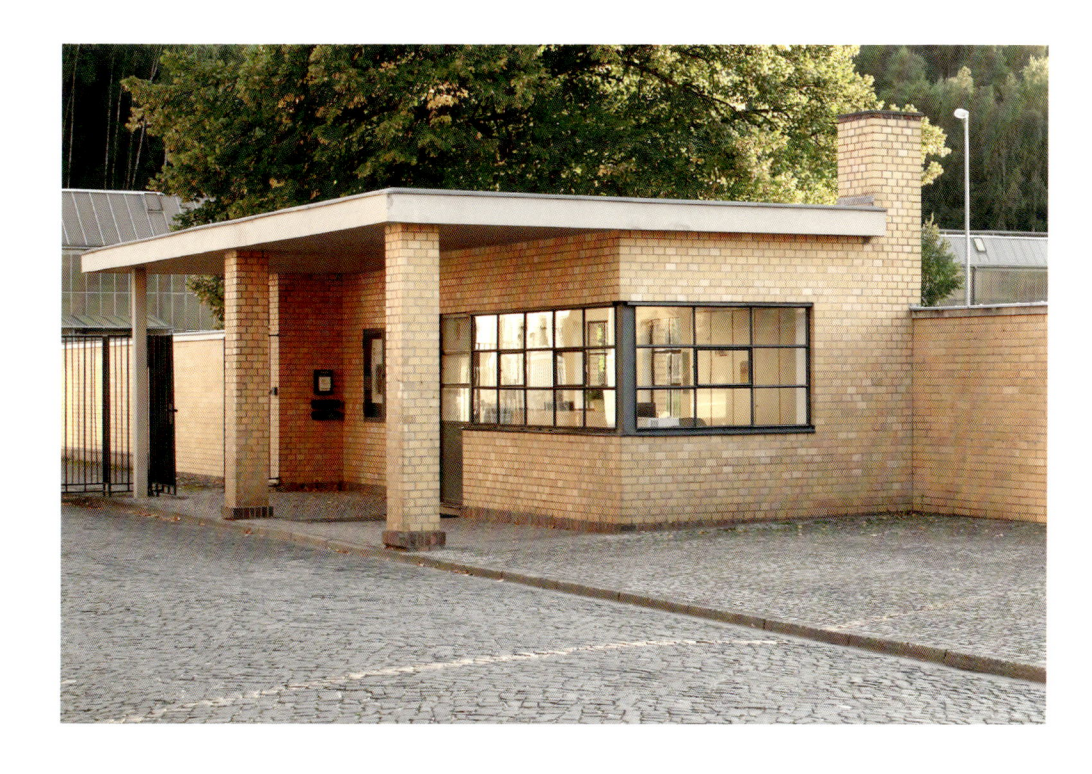

Ehemalige Maschinenhalle, heute als Kantine genutzt (2006)

Unten: Pförtnerhaus des Fagus-Werks (2006)

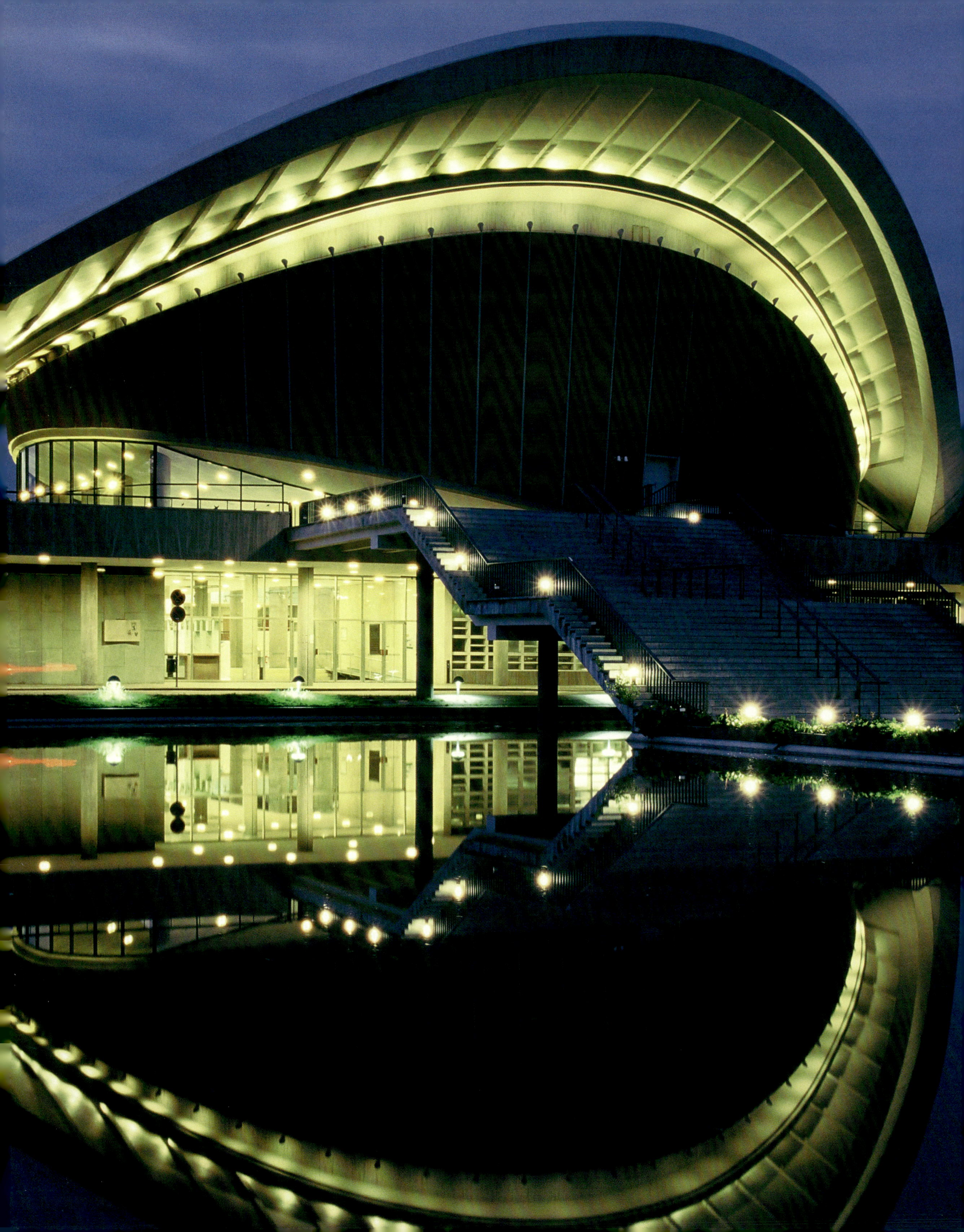

KONGRESSHALLE
BERLIN

Als Geschenk der Amerikaner an die Berliner war die im Rahmen der Interbau 1957 (Internationale Bauausstellung) in Berlin errichtete Kongresshalle gedacht. Das Gebäude nach dem Entwurf des Amerikaners Hugh Stubbins unweit der damaligen Sektorengrenze erregte mit seiner freitragenden Betonschale und der politischen Symbolkraft für westliche Freiheit nicht nur in Deutschland großes Aufsehen. Der Einsturz des Dachs in den 1980er-Jahren entfachte eine neue Diskussion um das Gebäude und seine umstrittene Konstruktion. Bei der letzten Sanierung war es das Ziel, die hohe ästhetische Qualität der Architektur unter Einbeziehung neuer architektonischer Elemente wieder zur Geltung zu bringen.

KONGRESSHALLE BERLIN

Werner Düttmann mit Frau, Hugh
und Diane Stubbins, Franz Mocken
(Kontaktarchitekt), 1957

Rechte Seite: Foyer im Untergeschoss
mit Eingang zum Buchladen (2008)

Auftraggeber	Vereinigte Staaten von Amerika/Benjamin-Franklin-Stiftung
Architekt	Hugh Stubbins
Konstruktion	Spannbetonkonstruktion, Schalenbauweise
Nutzfläche	14 230 Quadratmeter
Bauzeitliche Nutzung	Kongresshalle
1955–1957	Bau der Kongresshalle
1958	Denkmalschutz (sieben Monate nach Fertigstellung des Gebäudes)
1980	Einsturz des südlichen Dachbogens und Zerstörung der darunterliegenden Plattform
1984–1987	Wiederaufbau und Eröffnung zur 750-Jahr-Feier Berlins
1987–1989	Leerstand
1989	Umwidmung zum Haus der Kulturen der Welt zur Förderung des Dialogs zwischen den Kontinenten
2005–2007	Sanierung, erster Teilabschnitt: Rückbau der Einbauten, Sanierung der Oberflächen, Verbesserung der technischen Infrastruktur und der Sicherheitsstandards
2009	Wiedereröffnung des Hauses zur Feier des 20-jährigen Bestehens des Hauses der Kulturen der Welt
Eigentümer	Land Berlin
Bauherr der Denkmalmaßnahme	Land Berlin
Architekt Sanierung	GAP Gesellschaft für Architektur und Projektmanagement mbH, Berlin
Aktuelle Nutzung	Ausstellungs- und Veranstaltungsgebäude (Haus der Kulturen der Welt)

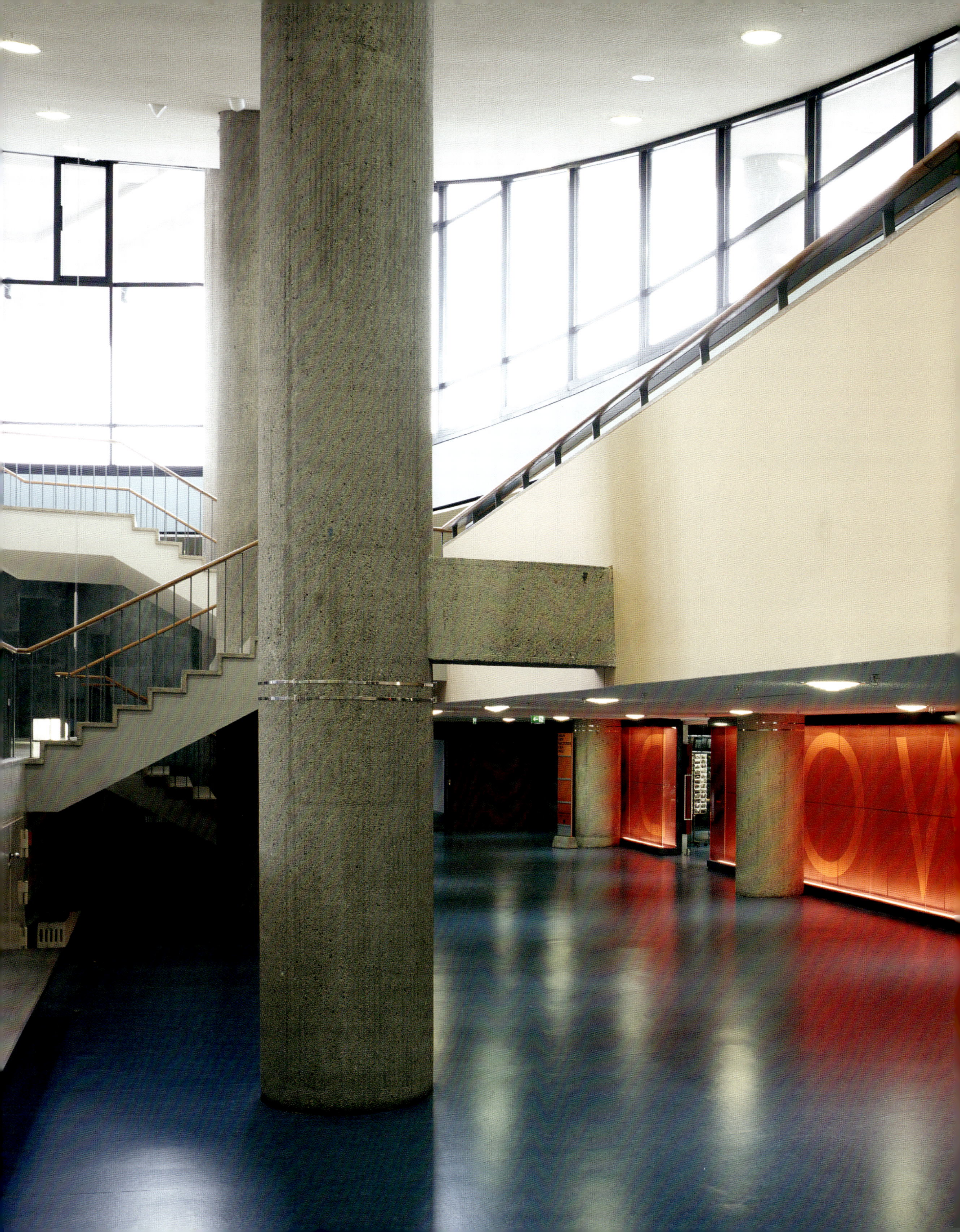

KONGRESSHALLE BERLIN

Kongresshalle im Bau (14. Juni 1957)

Unten: Überblick über die Gesamtanlage (um 1957)

Der Architekt Hugh Stubbins war in den USA nicht nur durch seine Mitarbeit bei Walter Gropius an der Harvard School of Design in den 1950er-Jahren ein gefragter Architekt. Die Vereinigten Staaten von Amerika beauftragten ihn für Berlin mit einem Gebäude, das als Geschenk zur Internationalen Bauausstellung 1957 (Interbau) die deutsch-amerikanische Freundschaft repräsentieren sollte. Für den exponierten Bauplatz an der Spree mit Blickachse zum Reichstag entwarf Stubbins ein symbolträchtiges Gebäude, das er selbst als „Leuchtfeuer der Freiheit" bezeichnete. Die Kongresshalle setzt sich aus zwei Gebäudeteilen zusammen: einem eineinhalbgeschossigen Flachbau und dem darauf platziertem Auditoriumsbau, der mit seiner doppelt gekrümmten Dachhaut dem Gebäude bald den Beinamen „Schwangere Auster" einbrachte. Im Flachbau, mit einer Grundfläche von 92 mal 96 Metern, befindet sich im Erdgeschoss das großflächige Foyer, das von amerikanischen Versammlungsbauten der 1950er-Jahre inspiriert ist. Es übernimmt eine Verteilerposition zur angrenzenden Ausstellungshalle, den sieben Konferenzsälen, dem kleinen Auditorium auf der Westseite sowie dem großen Auditorium über dem Foyer. Die Verwaltung liegt vom öffentlichen Bereich getrennt in der Nordosteecke des Gebäudes. Das zweigeschossige Restaurant öffnet sich mit einer großen Glasfront zur Spree. Hans Migge plante die parkähnliche Landschaft, in die das Gebäude einbettet ist und die sich wie selbstverständlich mit dem angrenzenden Tiergarten verbindet. Der vor dem Gebäude angelegte „reflecting pool" trägt zur zusätzlichen Inszenierung des Gebäudes bei. Er nimmt nahezu die Fläche der Dachterrasse ein, die über einen das Wasserbecken unterteilenden Weg und die sich daran anschließende Freitreppe erreichbar ist.

Eine Herausforderung stellte die Konstruktion des großen Auditoriumsgebäudes dar, das den Flachbau durchdringt und weithin sichtbar von einer auskragenden Dachkonstruktion überfangen wird. Aus gestalterischen Gründen, um das Gebäude noch stärker zu öffnen, wollte Stubbins für die Dachkonstruktion nicht vier, sondern nur zwei Widerlager verwenden, zwischen denen die Dachfläche aufgespannt werden sollte. Diese Konstruktion wurde aber von den Berliner Behörden nicht genehmigt, sodass eine Hilfskonstruktion entwickelt wurde: An ein Innendach über dem Auditorium wurde das Außendach angehängt. Das Dachtragwerk bestand somit aus zwei Teilen: der vorkragenden Dachhaut und der statisch davon getrennten inneren Decke des Auditoriums. Infolge dieser Änderung war die Fuge zwischen diesen beiden Teilen witterungsbedingt hohen Temperaturunterschieden und damit großen Materialspannungen ausgesetzt. 1980 kam es zum Einsturz der Südhälfte der Dachkonstruktion. Als Ursache wurde fehlerhafter Beton festgestellt, der zur Korrosion der Bewehrung geführt hatte. Die Kongresshalle wurde dann nach dem ursprünglichen Konzept von Stubbins wiederaufgebaut: mit einer zwischen zwei Dachbögen aufgespannten Dachfläche. Seit 1989 wird die Kongresshalle vom Haus der Kulturen der Welt genutzt. Durch zahlreiche Einbauten insbesondere im Foyer, zusätzliche Wandverkleidungen und der Schließung von Fenstern war von der ursprünglichen Eleganz und Transparenz des Gebäudes vor der grundlegenden Sanierung 2005–2007 nur noch wenig zu spüren.

KONGRESSHALLE BERLIN

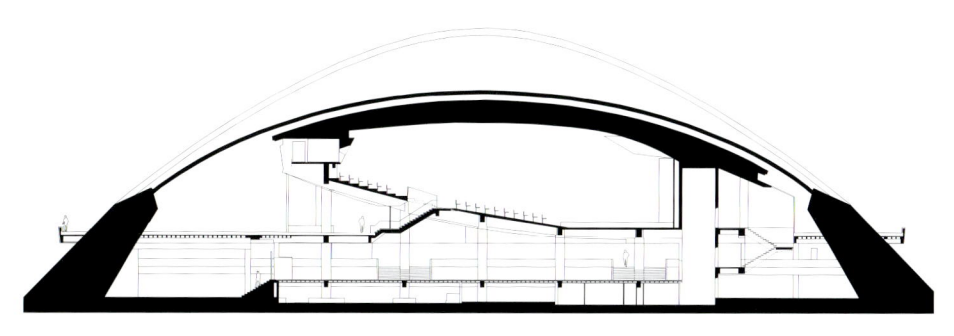

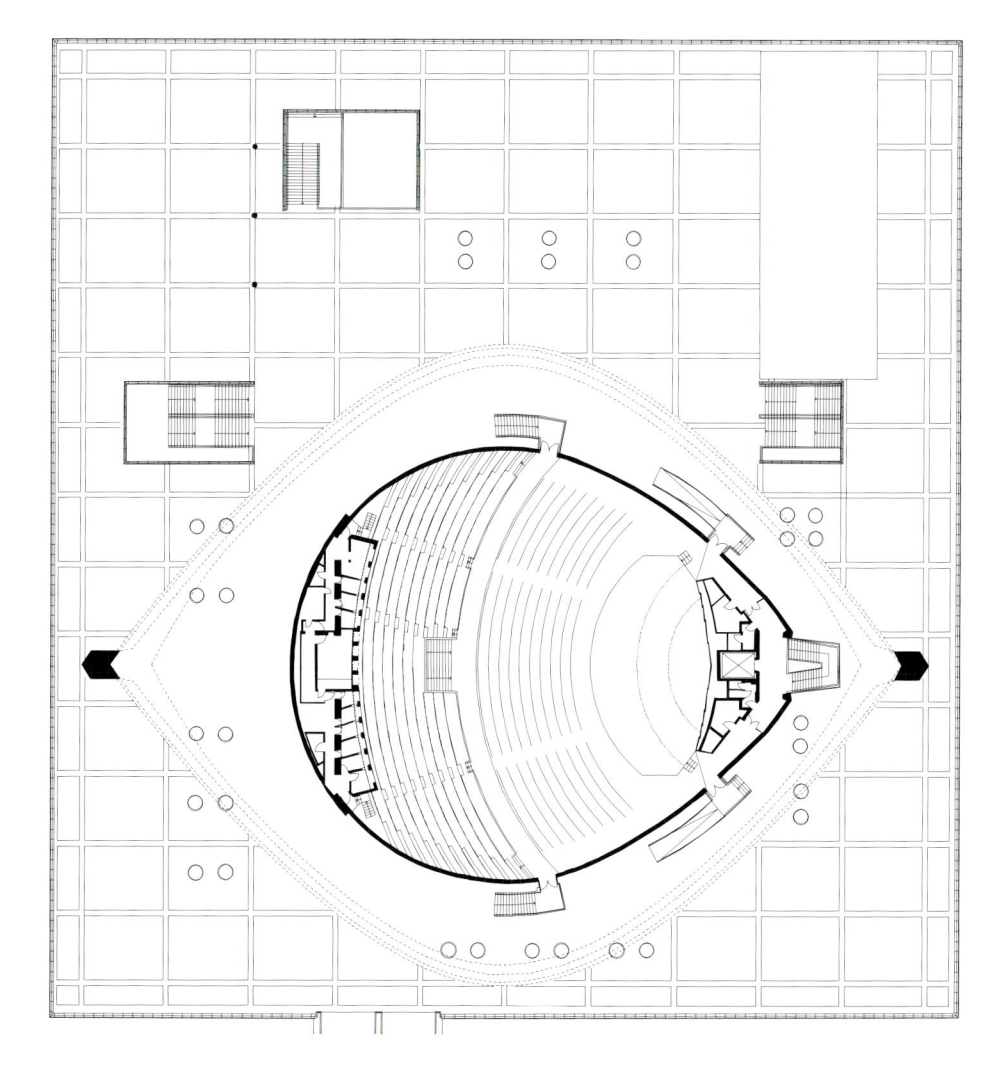

Oben: Ansicht von Westen (1958)

Mitte: Längsschnitt

Unten: Grundriss Auditorium

DENKMALPFLEGE DER MODERNE

KONGRESSHALLE BERLIN

Treppenaufgang vom unteren Foyer zu den Dolmetscherkabinen (2008)

Auditorium (1958)

Auditorium, nicht saniert (2008)

Konferenzsaal mit Dolmeterscherkabinen (1958)

Ehemaliger Konferenzsaal mit Dolmetscherkabinen (2008)

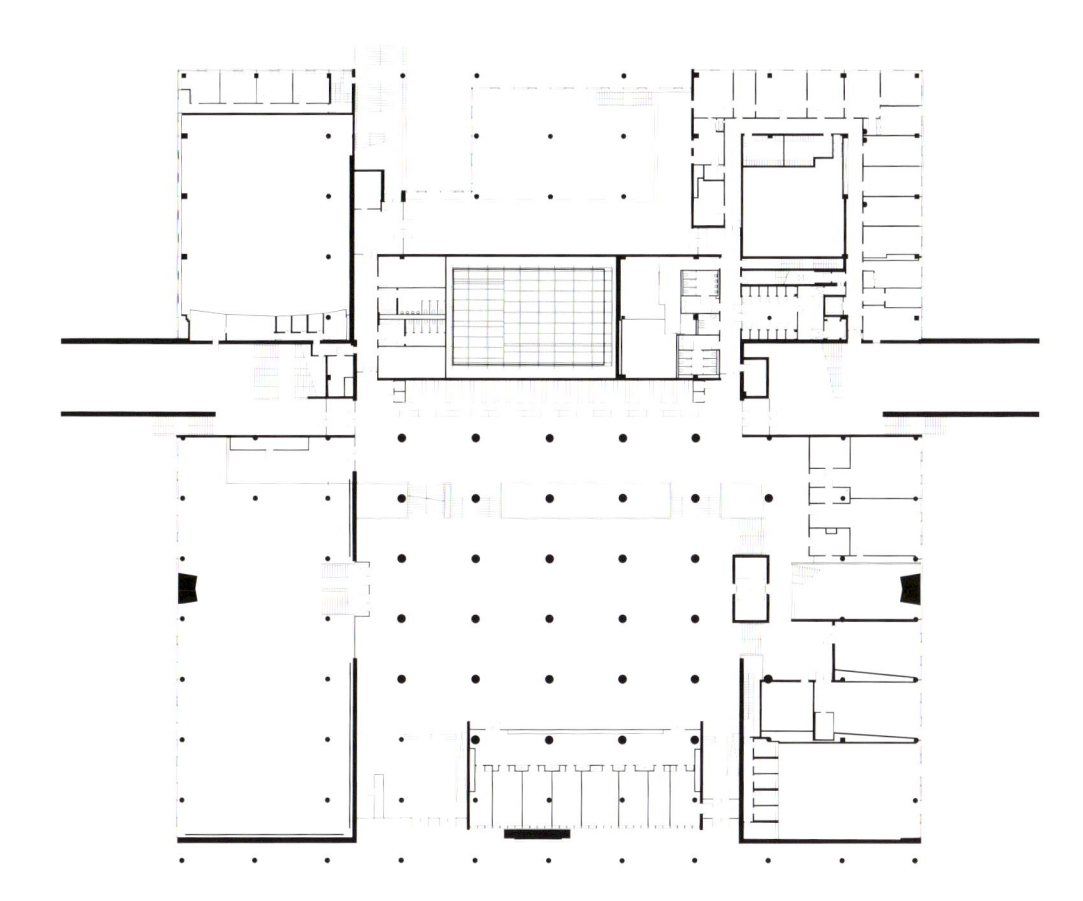

Grundriss Zwischengeschoss (2005)

Restaurant, nicht saniert (2008)

Café „Global" im unteren Foyer (2008)

Unteres Foyer (1958)

Unteres Foyer (2008)

KONGRESSHALLE BERLIN

Oben: Foyer (1958)

Unten: Foyer (2008)

Sanierung

Die Maßnahmen am Gebäude hatten die Erhaltung der Bausubstanz und eine Anpassung an moderne Standards zum Ziel. Aufgrund der nur begrenzt zur Verfügung stehenden Mittel wurden „weiße Bereiche" ausgewiesen, wie das Auditorium, der Konferenzraum, der Verwaltungsbereich sowie das Restaurant mit Küche, die zu einem späteren Zeitpunkt bei laufendem Betrieb saniert werden können. Die ersten Maßnahmen umfassten den Rückbau von nachträglichen Einbauten, die Sanierung der Oberflächen und die Verbesserung der technischen Infrastruktur für das Ausstellungs- und Veranstaltungsgebäude sowie die Anpassung der Sicherheitsstandards für Besucher und Mitarbeiter. Als denkmalpflegerische Zielstellung formulierten die Architekten der Sanierung, die Lesbarkeit der bauzeitlichen Architektur und deren Materialien zu stärken und die notwendigen Eingriffe zurückhaltend und zugleich nachvollziehbar zu gestalten. Einbauten, die das Erscheinungsbild störten, wurden entfernt. Dazu gehörten der raumgreifende Büchertresen im Foyer und die Verblendung der Empore im Ausstellungssaal. Der Wiederherstellung der bauzeitlichen Qualität der Oberflächen galt besondere Aufmerksamkeit. Durch die Wiederherstellung der bauzeitlichen Farbigkeit entfaltet das Foyer unter Beibehaltung des bauzeitlichen Lichtkonzepts wieder seine ursprüngliche architektonische Qualität.

Die Haustechnik wurde komplett erneuert, die Ausstellungshalle mit einer Klimatisierung versehen und das gesamte Gebäude mit einer neuen Grundlastheizung ausgestattet. Im Foyer wurden die bauaufsichtlichen Voraussetzungen dafür geschaffen, dass diese Fläche multifunktional genutzt werden kann. Alle technischen Installationen konnten ohne Beeinträchtigung des Erscheinungsbildes realisiert werden. Der Buchladen im Untergeschoss ist als „leuchtendes Möbel" für die Besucher als neue Hinzufügung erkennbar und setzt sich somit deutlich von der historischen Substanz ab. Der „white cube", ein für digitale Kunstaktionen ausgestatteter Saal, war in den 1990er-Jahren für die Nutzung des Besucherdienstes schon unter großem Verlust an historischer Substanz umgebaut worden, sodass die Neugestaltung keinen weiteren Substanzverlust bedeutete. Neben den „weißen Bereichen" fallen auch die Außenanlagen in die noch anstehenden Sanierungsabschnitte. Das qualitätvolle Konzept der Außenanlagen, das Stubbins in Zusammenarbeit mit Migge erstellt hat, ist repräsentativ für die Stadtlandschaften der 1950er-Jahre. Der Garten- und Landschaftsarchitekt Bernd Krüger hat 2006 ein Pflegewerk für die Außenanlagen erarbeitet. Dies sieht die stufenweise Instandsetzung von Wegen, Natursteinmauern (Stütz- und Terrassenbauten) und Einbauten sowie den Schutz und die Pflege der Blütengehölze und Baumgruppen vor. Die Außenanlagen sind nahezu unzerstört und wurden kontinuierlich gepflegt, sodass die landschaftsräumliche Einbindung in den Tiergarten nach wie vor erlebbar ist. Eingeschränkt ist die Gesamtwirkung derzeit durch die temporären Containerbauten im Osthof, deren Büronutzung in „ferner Zukunft" in einem Neubau untergebracht werden soll. Unwiederbringlich verloren ist aber die Nordostecke der Außenanlage, die der Südallee des Kanzleramts weichen musste.

Oben: Einbringung neuer Technik (2003)

Mitte: Oberflächen vor der Sanierung (2003)

Unten: Abriss der Emporenverkleidung in der Ausstellungshalle (2003)

KONGRESSHALLE BERLIN

Raum und Form

Die Kongresshalle ist ein gelungenes Beispiel für den sorgfältigen Umgang mit der vorhandenen Bausubstanz und die sensible Ergänzung mit heutigen Elementen. Die Befreiung des Gebäudes von Wandverkleidungen, Einbauten und die Wiederherstellung der Oberflächen nach bauzeitlichem Vorbild lässt die lichte Atmosphäre, den Raumfluss und auch die politische Aussage des Gebäudes – als offenes Haus zum Meinungsaustausch – wieder spürbar werden. Die ganzheitliche Herangehensweise von Nutzern und Planern hat zu dem überzeugenden Ergebnis geführt, dass mit Erhalt der bauzeitlichen Substanz, ihrer Lesbarkeit und der Anpassung des Gebäudes an die heutigen bautechnischen Standards auch die Einbeziehung neuer Elemente mit dem Gebäude in Einklang gebracht werden kann. Das Konzept sah die Entfernung aller das bauzeitliche Erscheinungsbild störenden Applikationen vor, die entweder denkmalgerechter gestaltet werden oder durch neue Hinzufügungen ersetzt werden sollten. Als raumentstellende Ergänzung wurde der Buchladen im Foyer bewertet, der stattdessen als modernes Element in das Untergeschoss des Gebäudes integriert wurde. Selbst leuchtende Wandscheiben mit integrierten Bücherregalen bilden den Raum des Buchladens, dessen rote Fronten auch vom Foyer aus wahrnehmbar sind. Die Beleuchtung des Denkmals mit trüben und hellen Bereichen ist grundsätzlich beibehalten, aber partiell nachgebessert worden wie im Bereich des Foyers, des Haupteingangs und des äußeren Dachbogens, um das Denkmal in seine „grell ausgeleuchtete" Nachbarschaft besser einzufügen.

Die Instandsetzung der Oberflächen unter dem Primat der Erhaltung der Originalsubstanz trägt auch maßgeblich zum originalen Raumerlebnis bei. Dazu zählt die Sanierung der umlaufenden 400 Meter langen Brüstungsverkleidung aus Kirchheimer Muschelkalk, deren Platten gerissen waren oder sich gelöst hatten. Durch die Möglichkeit der erneuten Verankerung der Platten mussten nur wenige von ihnen ausgetauscht werden. Die Symbolkraft und die Ästhetik des Gebäudes sind durch die Sanierung wieder gestärkt worden, sodass moderne Hinzufügungen und Ergänzungen in einen spannenden Dialog dazu treten. SO

Oben: Unteres Foyer (2008)

Rechts: Ausstellungshalle (2008)

KONGRESSHALLE BERLIN

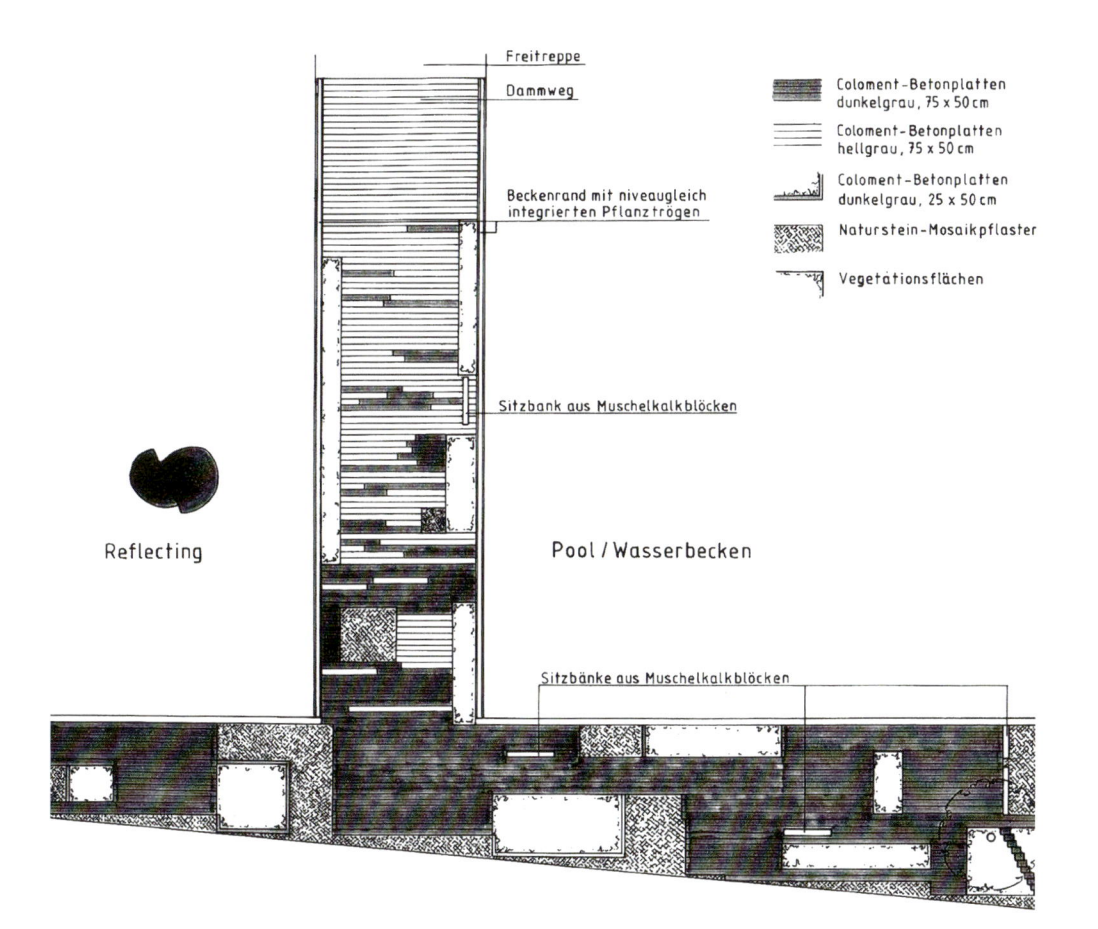

Oben: Sanierung der Muschelkalkplatten am Außenbau (2004)

Unten: Detailplan der Wegefläche am Wasserbecken, Bestandsplan Wegegutachten (2006)

DENKMALPFLEGE DER MODERNE

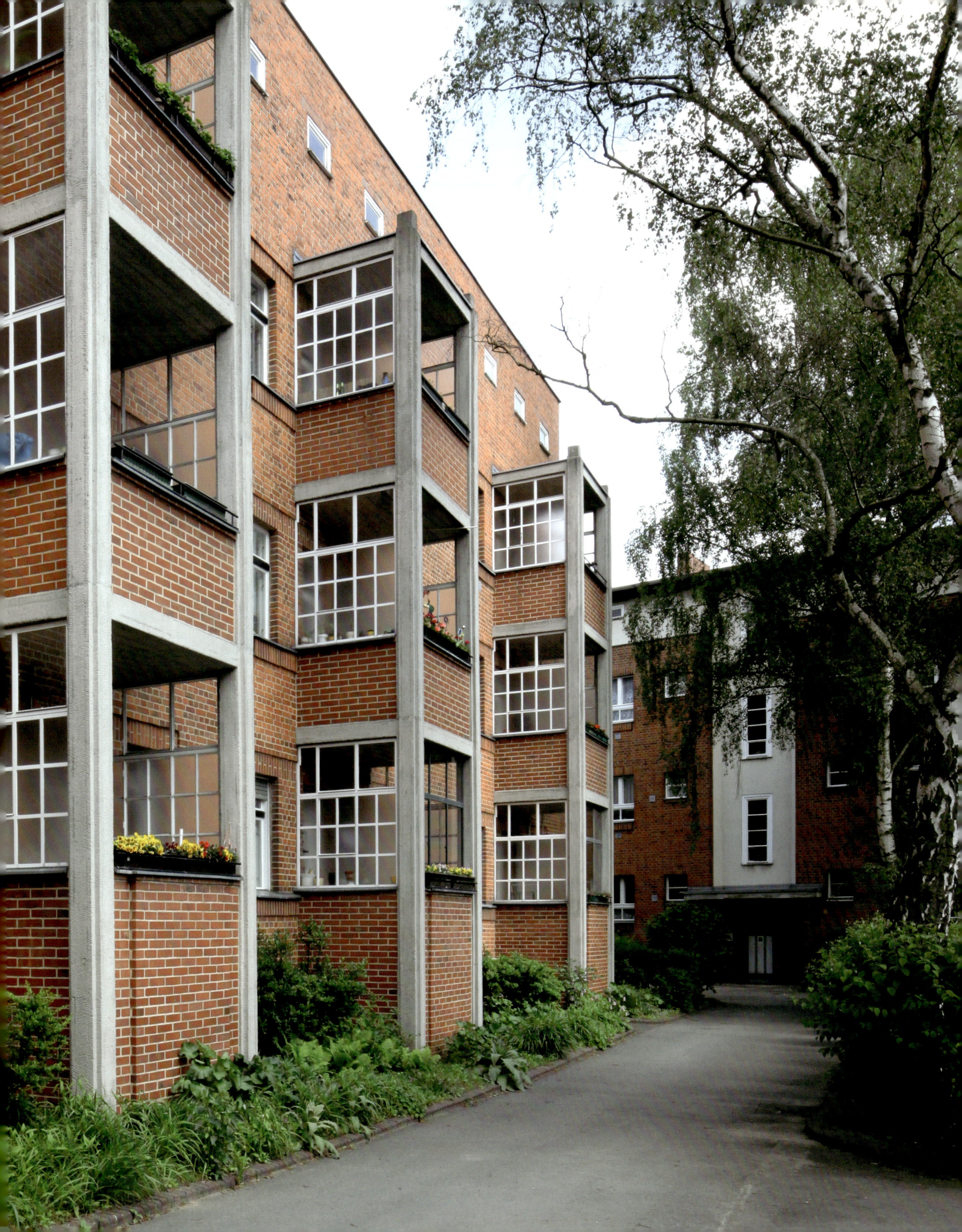

SIEDLUNG SCHILLERPARK
BERLIN

Die Siedlung Schillerpark entstand 1924–1930 in Berlin als genossenschaftliche Großsiedlung. Bruno Taut entwarf die Anlage in offener Blockrandbebauung und erstmals mit Flachdach. Die Gestaltung hatte in Materialwahl und Gliederung niederländische Siedlungsbauten zum Vorbild. Zusammen mit den 1953–1957 ausgeführten Bauten von Hans Hoffmann zeigt die Anlage die Entwicklung der modernen Siedlungsarchitektur bis zur Nachkriegszeit auf. Durch eine kontinuierliche und sorgfältige Pflege konnte erreicht werden, dass die Siedung sich auch 20 Jahre nach der Sanierung in einem vorbildlichen Zustand präsentiert.

SIEDLUNG SCHILLERPARK BERLIN

Siedlungseigener Kindergarten (nach 1933)

Rechte Seite: Eingangstüren von Wohnblock Dubliner Straße (2010)

Auftraggeber	Berliner Spar- und Bauverein
Architekten	Bruno Taut 1925–1930, Hans Hoffmann 1953–1957
Konstruktion	Ziegelmauerwerk, Stahlsteindecken
Nutzfläche	577 Wohnungen, 35 517 Quadratmeter
Bauzeitliche Nutzung	Siedlung
1924/25	Erster Bauabschnitt: Bristolstraße 1–17, Dubliner Straße 62/66, Oxforder Straße 3–12
1927/28	Zweiter Bauabschnitt: Bristolstraße 18–23, Corker Straße 3–7, 19/29, 33/35, Oxforder Straße 14, Windsorer Straße 3–11,
1928–1930	Dritter Bauabschnitt: Barfussstraße 23/31, Bristolstraße 25–27
1930	Bau eines Waschhauses, Einrichtung eines Kindergartens in einer Wohnung (Bristolstraße 19)
1939–1945	Kriegszerstörungen an Block 2 (Bristolstraße 1–5) und völlige Zerstörung des Eckblocks Bristolstraße/Dubliner Straße
1951	Wiederaufbau des im Krieg zerstörten Eckblocks unter Leitung von Max Taut
1953–1957	Vierter Bauabschnitt: Erweiterung der Siedlung nach Plänen von Hans Hoffmann
Ende 1980er-Jahre	Denkmalpflegerische Analyse des Baubestandes und der vorhandenen Bauelemente sowie restauratorische Befunduntersuchungen durch die Architekturwerkstatt Helge Pitz/Winfried Brenne mit Franz Jaschke
1991	Instandsetzungskonzept der Architekturwerkstatt Helge Pitz/Winfried Brenne mit Franz Jaschke
1991/92	Sanierung der Bauten von Bruno Taut
1994	Denkmalschutz
2001	Zusammenlegung und Umbau dreier Wohnungen in der Bristolstraße 7 für eine Seniorenwohngemeinschaft
2003	Erstellung eines Parkpflegewerks für die Außenanlagen durch das Büro Hackenberg/Annett Gries, Berlin
2008–2010	Erarbeitung eines energetischen Sanierungskonzeptes von Brenne Architekten GmbH in Zusammenarbeit mit der Technischen Universität Dresden für die Hoffmann-Bauten
2009	UNESCO-Welterbe
Eigentümer	Berliner Bau- und Wohnungsgenossenschaft von 1892 eG
Bauherr der Denkmalmaßnahme	Berliner Bau- und Wohnungsgenossenschaft von 1892 eG
Architekten Sanierung	Winfried Brenne Architekten, Berlin
Aktuelle Nutzung	Siedlung

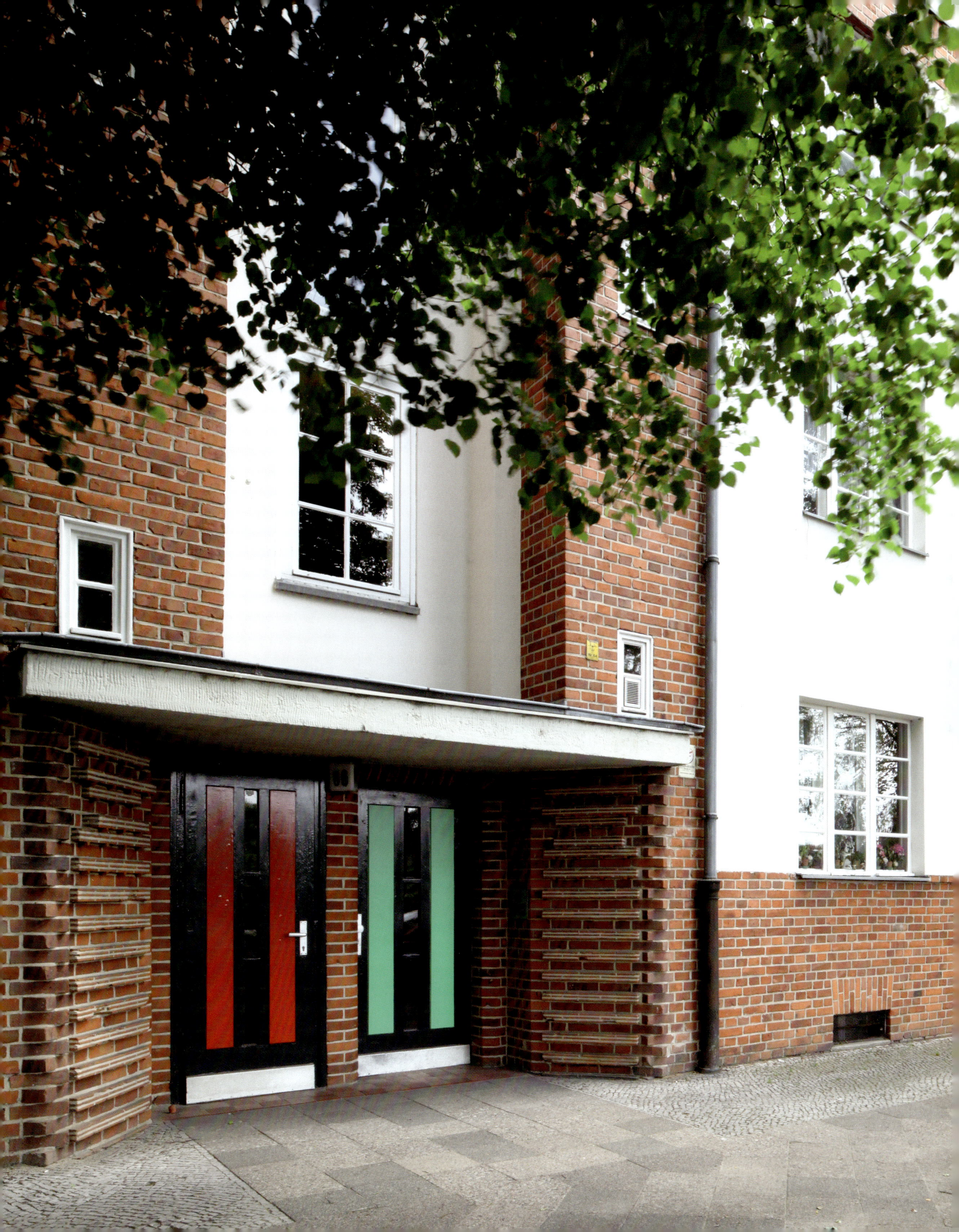

SIEDLUNG SCHILLERPARK BERLIN

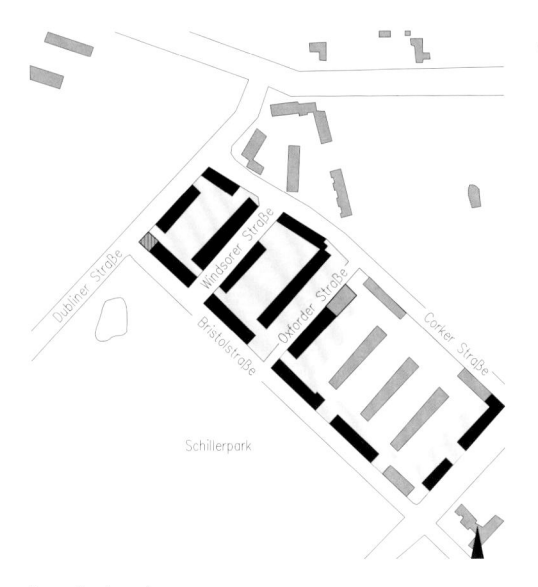

Lageplan (2001)

Unten links: Windsorer Straße, Hofseite, zweiter Bauabschnitt (1930)

Unten rechts: Grundriss Dreispänner (2001)

Am Rande des Berliner Volksparks, dem Schillerpark, ließ der Berliner Spar- und Bauverein als Genossenschaft die erste Siedlung nach der neuen Berliner Bauordnung und dem Fördersystem der Hauszinssteuer errichten. Bruno Taut orientierte sich an der traditionellen Berliner Blockrandbebauung, veränderte sie aber dahingehend, dass er an den Ecken Öffnungen in Form von Durchgängen schaffte, die mit Klinkermauern eingefasst und durch Gittertore verschließbar waren. Diese halboffene Randbebauung mit öffentlich begehbaren Gartenhöfen gab Taut die Möglichkeit sein Prinzip des Außenwohnraums erstmals zu erproben. Bei den in drei Bauabschnitten 1924–1930 errichteten dreigeschossigen Wohnzeilen aus Ziegelmauerwerk werden die expressionistischen Gestaltungselemente von einer streng kubischen Gestaltung abgelöst. Bei den ersten beiden Wohnzeilen des ersten Bauabschnitts an der Oxforder und der Bristolstraße sind die Außenfronten der dreigeschossigen, flachgedeckten Wohnblöcke mit Drempelgeschoss von einem mehrschichtigen Fassadenrelief bestimmt. In die Tiefe des Wohnblocks einschneidende Loggien wechseln mit vor die Fassade springenden Erkern verschiedener Tiefe ab. Das bewegte Fassadenrelief wird durch weiße Putzflächen, die zwischen den Fenstern mit Mauerwerkstreifen eingefügt sind, noch unterstrichen. Die Fassade spiegelt die dahinter befindliche Wohnungsaufteilung mit Dreispännern wider. Drei eineinhalb bis viereinhalb Zimmer große Wohnungen befinden sich auf einer Etage, die alle über eine Loggia oder einen Erker nach Südwest oder Südost verfügen. Die mittlere Wohnung erhielt als kleinste den am weitesten aus der Fassade gerückten Erker zur besseren Belichtung, der zusätzlich noch mit expressionistisch gestalteten Eisenbetonstützen hervorgehoben war. Im zweiten ab 1927 und dritten ab 1928 ausgeführten Bauabschnitt waren nach der Berliner Bauordnung keine Dreispänner mehr zugelassen, sodass nur noch zwei Wohnungen von einem Flur aus erschlossen wurden. An der Fassade spiegelt sich dies durch paarweise zusammengefasste Loggien wider.

Das in die Fläche zurückgenommene Fassadenrelief wird ganz von rotem Ziegelstein bestimmt, Putzflächen werden auch aus Kostengründen nur noch vereinzelt eingesetzt. Das Drempelgeschoss, das als Trockenboden diente, wird durch kleine Fenster belichtet, deren

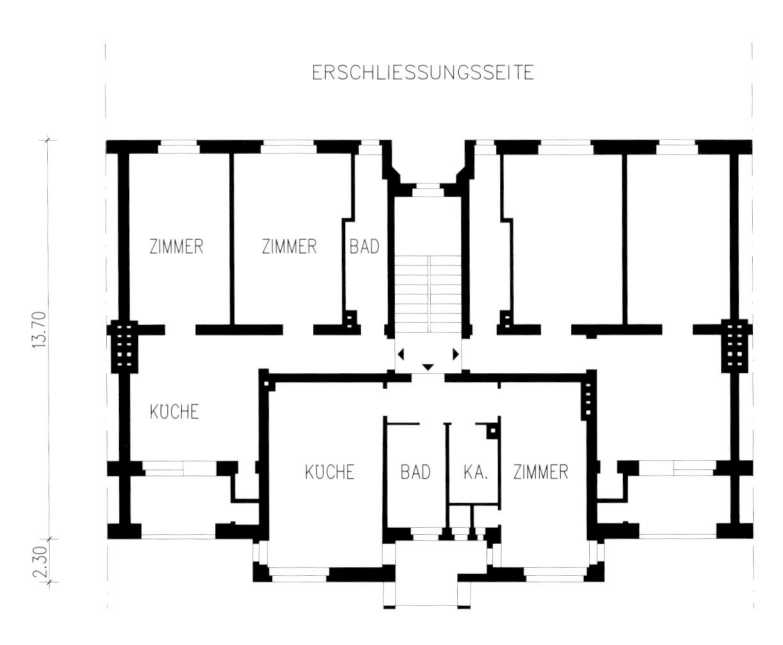

SIEDLUNG SCHILLERPARK BERLIN

Oben: Bristolstraße 1–5 und 7–11, erster Bauabschnitt (um 1926)

Unten: Corker Straße 33–35, Hofseite, zweiter Bauabschnitt (1930)

SIEDLUNG SCHILLERPARK BERLIN

Oben: Bristolstraße 1–5 (2010)

Mitte: Corker Straße, Hofseite (2010)

Unten: Oxforder Straße, Hofsituation (2010)

Reihung ein weiteres Gestaltungselement für die Fassade darstellt. Die acht in den ersten drei Bauabschnitten errichteten Wohnblöcke gruppieren sich um Wohnhöfe, die von Taut gestaltet wurden und unter anderem mit Spielplatz und Wäscheplatz ausgestattet waren. Mit den Grünflächen an der Oxforder Straße schaffte Taut einen direkten Bezug zum angrenzenden Schillerpark, dessen Haupteingang in der Verlängerung der Straße liegt. Nach dem Zweiten Weltkrieg wurde die mit 303 Wohnungen unvollendet gebliebene Siedlung durch Wohnbauten nach Plänen von Hans Hoffmann ergänzt. Seine Bauten nehmen das Prinzip der sich zum Außenraum öffnenden Wohnungen auf und knüpfen in Materialwahl und Dimensionierung an die vorhandenen Bauten an. Dies wird bei den Bauten Hoffmanns mit Stilelementen der 1950er-Jahre, wie wandhohe Fensterverglasungen, durchgehende Balkone und verglaste Treppenhäuser, mit noch mehr Transparenz umgesetzt. Der Gartenarchitekt Walter Rossow gestaltete die Freiräume bei den Bauten Hoffmanns. Er unterschied zwischen privaten und halböffentlichen Räumen und hob dies durch unterschiedliche Materialwahl hervor.

Sanierung

Der 1991 begonnenen denkmalgerechten Sanierung ging eine detaillierte Bestandsaufnahme mit anschließender Ausarbeitung eines denkmalpflegerischen Instandsetzungskonzepts voraus. Die Siedlung wies zu diesem Zeitpunkt trotz einiger Veränderungen ein authentisches Erscheinungsbild auf. Bei einem Block waren durch Kriegsschäden Wiederaufbauarbeiten notwendig gewesen, die Max Taut 1951 begleitete. Eine größere Beeinträchtigung des Erscheinungsbildes stellten die Instandsetzungsarbeiten in den 1960er- und 1970er-Jahren dar, die zum Verlust der farbigen Anstriche an den hofseitigen Treppenhausachsen und Drempeln führten. Bei zwei Wohnblöcken wurde eine Wärmedämmung aufgebracht, die die Architekturoberflächen und Baukörperkontur beeinträchtigte.

Bei der Entscheidungsfindung zu den einzelnen Sanierungsmaßnahmen in den 1990er-Jahren spielte die genossenschaftliche Eigentümerstruktur eine wichtige Rolle. Als Miteigentümer haben die Bewohner eine andere Identifikation mit der Siedlung und zugleich ein größeres Mitspracherecht bei baulichen Maßnahmen. Der Schallschutz sowie die Verglasung der Loggien wegen Lärm und Luftverschmutzung im Einzugsbereich des Flughafens Tegel waren zentrale Wünsche. Die im Laufe der Jahre eingebauten Loggien unterschiedlichster Art wurden durch eine einheitliche filigranen Stahl-Glas-Konstruktion in grauem Farbton ersetzt. Als Lärmschutz wurden die inneren Flügel der Kastendoppelfenster mit Schallschutzverglasungen versehen, sodass für das äußere Erscheinungsbild die originalen Fenster erhalten werden konnten. Die in den 1970er- und 1980er-Jahren vorgenommene Wärmedämmung wurde bei zwei Baublöcken auf das Verblendmauerwerk aufgebracht. Die vorhandenen Wärmedämmungen wurden durch dünnere Dämmplatten, die mit einer Schattenfuge abgesetzt sind, denkmalverträglicher gemacht (Dubliner Straße 62–66, Barfußstraße 23–25). Ein weiterer Schwerpunkt der Sanierung lag auf der Oberflächenbehandlung. Bei den Fassaden ist in jedem Bauabschnitt ein anderes Ziegelmauerwerk und Fugenmaterial verwendet worden. Die expressionistisch gestalteten Eisenbetonstützen sind einer Betonsanierung unterzogen worden, um die Profilierung wiederherzustellen. Die Treppenhauseingänge, die in allen drei Bauabschnitten unterschiedlich gestaltet wurden, sind – wie auch die Treppenhäuser – in ihrer originalen Farbigkeit wiederhergestellt worden.

Die in den 1980er-Jahren erneuerten Glattputzflächen an den Treppenhausfenstern hatten zum Verlust des originalen Putzes geführt. Aufgrund des guten Erhaltungszustandes der erneuerten Putzflächen wurde von einer Wiederherstellung des bauzeitlichen Putzes

Detail der Betonstützen Oxforder Straße, an denen die Scharrierung wiederhergestellt wurde (2005)

SIEDLUNG SCHILLERPARK BERLIN

abgesehen. Die Wohnzeilen von Hoffmann befinden sich durch die Aufbringung von Wärmedämmung bei zwei Blöcken und den Austausch der filigranen Treppenhausfenster in unterschiedlichen Zuständen. Ein Konzept für die energetische Optimierung dieses Siedlungsabschnitts ist in Arbeit. Seit 2003 liegt ein Denkmalplan für die Außenanlagen und eine gartendenkmalpflegerische Siedlungskonzeption für den von Bruno Taut und Rossow gestalteten Bereich vor.

Erhaltung und Pflege

Der insgesamt gute Erhaltungszustand der Siedlung nach der schon Anfang der 1990er-Jahre durchgeführten Sanierung steht mit der hohen Wertschätzung der Anlage durch ihre Bewohner in engem Zusammenhang. Es sind überwiegend Genossenschaftler, die schon sehr lange dort wohnen und sich mit der Siedlung identifizieren. Es wurde ein „Siedlungsausschuss" gegründet, der Ansprechpartner für Fragen und Probleme ist. Ein zentrales Thema ist bei der großen Zahl älterer Bewohner das „altengerechte Wohnen". Die Genossenschaft reagiert darauf, dass beispielsweise zusätzliche Handläufe und Geländer angebracht werden, die auf die bauzeitlich erhaltenen Geländer abgestimmt sind. Darüber hinaus regten Genossenschaftler an, eine altengerechte Wohnung in der Siedlung einzurichten. Der Verein zur Förderung des lebenslangen genossenschaftlichen Wohnens e.V. initiierte das Projekt. Drei Erdgeschosswohnungen in der Bristolstraße 7 wurden zusammengelegt und zu einer altengerechten Wohnung umgebaut. Im Jahr 2001 wurde in der Wohnung zusätzlich noch ein vorhandenes Fenster gegen eine Tür ausgetauscht, die mit einer behindertengerechten Rampe für Rollstuhlfahrer nutzbar ist, diese ist sensibel in die historische Umgebung eingefügt. Derzeit wird noch geprüft, wie in den denkmalgeschützten Bereichen weitere „altengerechte Umbauten" durchgeführt werden können.

Alle Veränderungen werden in gutem Kontakt mit der Denkmalpflege und mit dem Architekturbüro Winfried Brenne Architekten abgestimmt. Durch die vor der Sanierung durchgeführte denkmalpflegerische Bestandsaufnahme liegen alle Angaben vor, die beispielsweise für einen neuen Wandanstrich benötigt werden. Sukzessive werden weitere Planungen in Angriff genommen, wie die Umsetzung des Gartenpflegeplans und die Erweiterung der von Taut entworfenen Müllplätze, die heutigen Anforderungen nicht mehr gerecht werden.

Die Aufnahme der Siedlung im Jahr 2008 zusammen mit fünf weiteren Berliner Siedlungen der Moderne in die UNESCO-Welterbeliste zeigt die Bedeutung, die der Siedlung in sozialer und künstlerischer Hinsicht beigemessen wird. Ein aufgestellter Managementplan soll die nachhaltige Entwicklung der Bauten als Denkmal und Wohnort sichern und die denkmalgerechte Anpassung an sich ändernde Wohnbedürfnisse garantieren. Dazu zählen die Pflege und Entwicklung des Denkmalbestandes, die Sicherung der finanziellen Ressourcen, die Sicherung der Wohnnutzung und die Förderung der Kenntnis und Akzeptanz der Siedlung. Bei der Siedlung Schillerpark bildet die Wertschätzung der Bewohner und ihre Beteiligung eine gute Grundlage für das beispielhafte Konzept, mit dem die besonderen Qualitäten der Siedlung durch die Kontinuität von Pflege- und Unterhaltungsmaßnahmen sowie kleiner, sensibel ausgeführte Anpassungen an heutige Bedürfnisse geschützt und erhalten werden. SO

Innenansicht eines Treppenhauses, mit wiederhergestellter bauzeitlicher Farbigkeit (2005)

Mitte und unten: Details der neu aufgebrachten Wärmedämmung, die durch eine Schattenfuge sichtbar gemacht wurde (2010)

SIEDLUNG SCHILLERPARK BERLIN

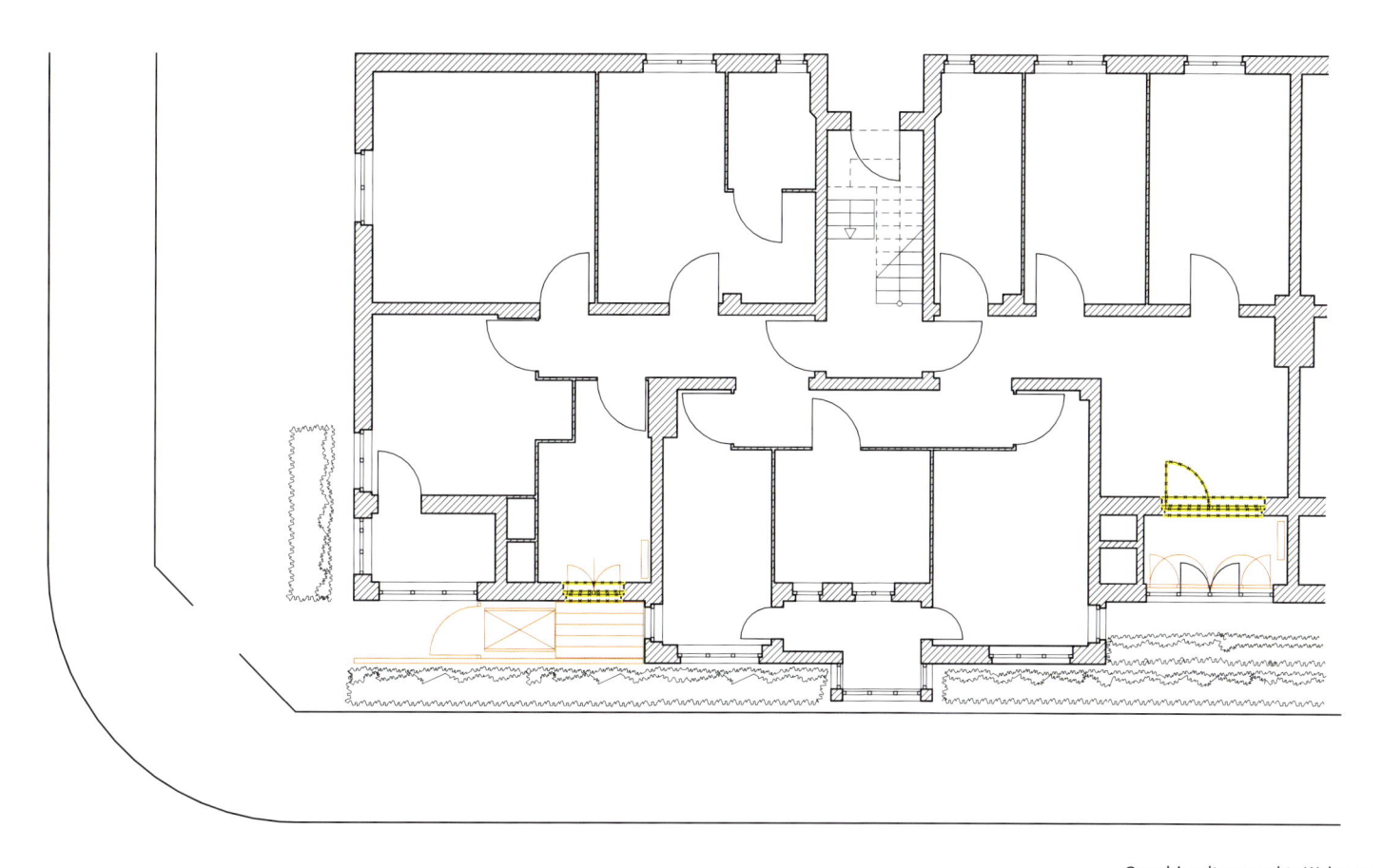

Grundriss altengerechte Wohnung,
Bristolstraße 7
(2007)

Behindertengerechter Zugang zu der altengerechten Wohnung, der hinter einer Holzverkleidung verborgen ist
(2007)

DENKMALPFLEGE DER MODERNE

esmt

STAATSRATSGEBÄUDE
BERLIN

Als Repräsentationsgebäude des höchsten politischen Organs der DDR, dem Staatsrat, entstand dieser Bau 1962–1964. Roland Korn entwarf für den Berliner Schlossplatz ein modernes Gebäude mit anspruchsvoller Innenausstattung. Nach der Wiedervereinigung stellte sich die Frage nach einer neuen Nutzung für dieses mit zahlreichen Kunstwerken symbolisch hoch aufgeladene Gebäude. Für die Sanierung wurde ein differenziertes Zonierungskonzept erarbeitet, welches zwischen Denkmalbereichen unterschied, in denen der Erhalt bauzeitlicher Substanz höchste Priorität genoss und solchen, die für bauliche Veränderungen offen standen. Das Sanierungskonzept und die Umnutzung durch eine Managementschule stellen einen beispielhaften Vorgang mit einem politisch und bautypologisch bedeutsamen Denkmal der DDR-Moderne dar.

STAATSRATSGEBÄUDE BERLIN

Der Architekt Roland Korn (rechts) überreicht dem Staatsratsvorsitzenden Walter Ulbricht den Schlüssel (1964)

Rechte Seite: Treppenhaus mit Fensterbild von Walter Womacka (2005)

Auftraggeber	Stadt Berlin (Ost)
Architekt	Roland Korn
Innenarchitekten	Hans-Erich Bogatzky, Bruno Hess
Konstruktion	Stahlskelettbau, Satteldach aus Stahlfachwerkträgern
Nutzfläche	13 870 Quadratmeter
Bauzeitliche Nutzung	Regierungsgebäude
1962–1964	Bau des Staatsratsgebäudes
1976/77	Umbauten für den Staatspräsidenten Erich Honecker (Amtszeit 1976–1989)
1977	Denkmalschutz
1990–1996	Sitz des Umzugsbeauftragten der Bundesregierung
1997/98	Ort des Berliner Stadtforums sowie des Zentrums zur Hauptstadtplanung
1999–2001	Provisorischer Amtssitz der Bundesregierung
1997	Denkmalpflegerische Voruntersuchung durch Kroos & Marx, Architektur und Denkmalpflege, Berlin
2002–2003	Entwurfs- und Genehmigungsplanung durch das Büro hg merz, Berlin und Stuttgart
2004–2005	Umfassende Sanierung durch die Firma HOCHTIEF, ausgenommen der Sitzungssaal des Staatsrats und der Kinosaal sowie das Bürogebäude
2006	Eröffnung der European School of Management and Technology GmbH (ESMT) im Januar
Eigentümer	European School of Management and Technology GmbH (ESMT)
Bauherr der Denkmalmaßnahme	Grundstücksgesellschaft Schlossplatz 1 mbH & Co. KG, Berlin
Architekten Sanierung	hg merz architekten und museumsgestalter, Berlin und Stuttgart
Aktuelle Nutzung	Schulgebäude

TROTZ ALLEDEM!

STAATSRATSGEBÄUDE BERLIN

Oben: Foyer im 1. Obergeschoss (1965)

Mitte: Foyer im 1. Obergeschoss (2005)

Unten: Metalltüren von Fritz Kühn im Foyer des 1. Obergeschosses (2005)

Die Einweihung des Amtssitzes des Staatsrates der DDR fand 1964 zum 15-jährigen Bestehen der DDR statt. Der Staatsrat wurde 1960 als „kollektives Organ" gegründet, das aus 22 Personen bestand, zu denen der Vorsitzende, seine fünf Vertreter sowie 16 weitere Mitglieder gehörten. Er übernahm präsidiale Funktionen und die damit verbundene völkerrechtliche Vertretung der DDR. Das als Amtssitz geschaffene Gebäudeensemble bestand aus dem Hauptgebäude am Schlossplatz, einem Bürogebäude an der Breite Straße sowie einem technischen Gebäude. Diese Bauten umschließen eine gärtnerisch gestaltete Hofanlage, die ebenfalls unter Denkmalschutz steht. Das dreigeschossige, flach gedeckte Hauptgebäude erstreckt sich an der Nordseite des ehemaligen Schlossplatzes über eine Länge von 141 Metern. Das von Eosander von Göthe entworfene Portal IV des abgerissenen Stadtschlosses, von dessen Balkon Karl Liebknecht 1918 die sozialistische Republik ausgerufen hatte, wurde als Eingangsportal in die Fassadengliederung integriert. Die mit Sandstein und rotem Granit verkleidete Fassade nimmt Bezug auf die Proportion des historischen Portals und setzt diese in eine moderne Formensprache mit großflächigen Fensterfronten um. Das historische Portal ist nicht nur für die Außengliederung bestimmend, sondern gibt auch die Geschosshöhen im Innern vor. Die Gestaltung des Grundrisses hatte mit weitläufigen Foyers, großzügigen Treppenhäusern und aufwendig gestalteter moderner Innenausstattung einen ausgesprochen großzügigen Charakter und war damit ganz auf die repräsentative Funktion des Staatsrats ausgerichtet.

Für die hochwertige Ausstattung des Staatsratsgebäudes war der Innenarchitekt Hans-Erich Bogatzky zuständig, der weitere namhafte Künstler in die Ausgestaltung mit einbezog. Das großflächige Foyer im Erdgeschoss, dessen Wände mit cremefarbenen Kacheln aus Meissner Porzellan verkleidet sind, führte über seitliche Treppen zur Garderobe und zu den Büroräumen der Vertreter des Staatsrats. Über die frei aufgestellte Haupttreppe ins Obergeschoss gelangte man zu den Repräsentationsräumen. Das farbige Fensterbild im Treppenaufgang von Walter Womacka mit Darstellungen der Geschichte der deutschen Arbeiterbewegung dominiert das in hellen und gedämpften Tönen gestaltete Foyer. Im ersten Obergeschoss lag nach Westen der Sitzungssaal des Staatsrats, der neben einer aufwendigen Wand- und Deckengestaltung mit der geätzten Stahlwand „Die Wirtschaft der DDR unter dem Zeichen des Friedens" nach dem Entwurf von Fritz Kühn ausgestattet war. Auf der anderen Seite lagen hinter den zwei von Kühn gestalteten Metalltüren die repräsentativen und persönlichen Räumlichkeiten für den Staatsratsvorsitzenden mit einem dazugehörigen Besprechungsraum (Kartensaal) und der Diplomatensaal. Im zweiten Obergeschoss befanden sich neben dem Gesellschaftsraum (Kinosaal) der Festsaal für größere offizielle Festakte sowie der Bankettsaal. Im Festsaal war in eine deckenhohe Mosaikwand das Staatswappen der DDR eingefügt. Der Bankettsaal war mit einem Porzellanfries von Günther Brendel als Brüstungsverkleidung verziert, der mit dem Thema „Das Leben in der DDR" den Höhepunkt der ikonografischen Inszenierung des Gebäudes darstellte.

STAATSRATSGEBÄUDE BERLIN

Oben: Ansicht von Nordosten (1965)

Unten: Ansicht von Nordosten (2005)

DENKMALPFLEGE DER MODERNE

STAATSRATSGEBÄUDE BERLIN

Oben: Foyer vor der Sanierung (2001)

Mitte: Foyer (2005)

Unten: Büro des Staatsratsvorsitzenden, Innenraumperspektive (1963)

Ganz unten: Ehemaliges Büro des Staatsratsvorsitzenden. Der Zustand nach der Sanierung zeigt die von Erich Honecker veranlasste Umgestaltung (2005)

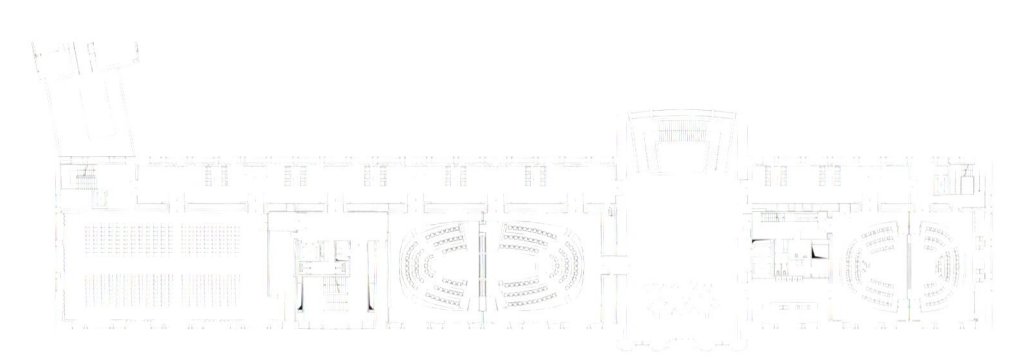

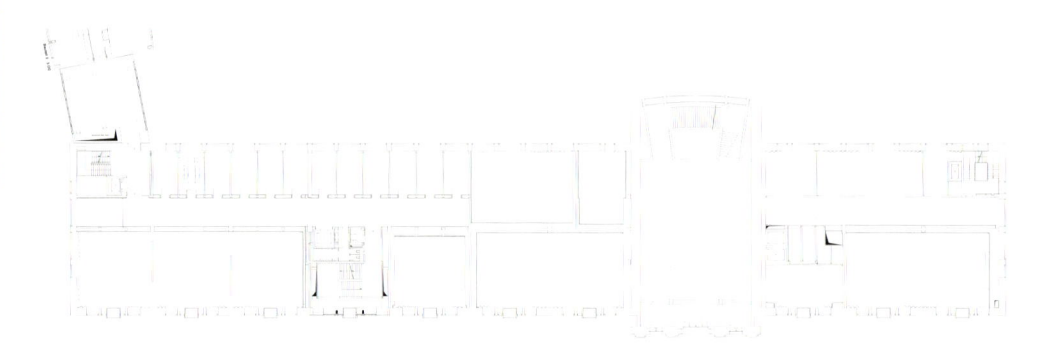

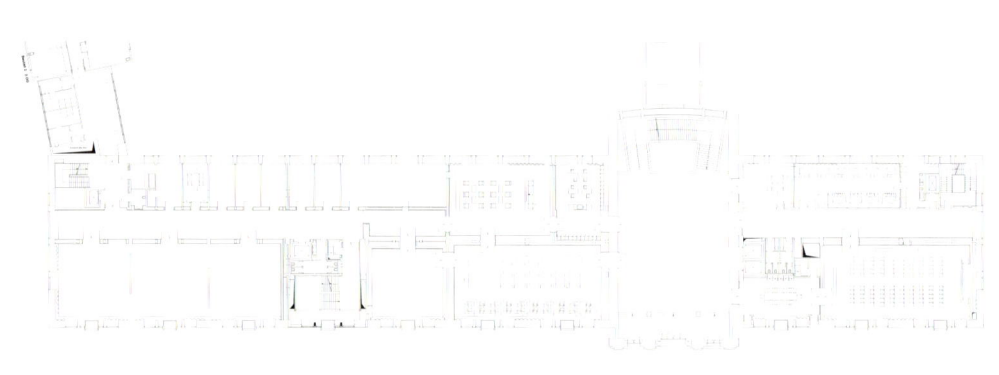

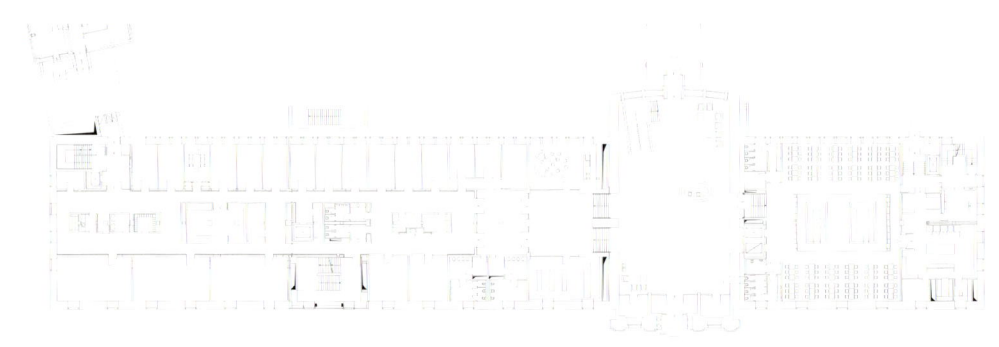

Grundriss Erdgeschoss, 1. Obergeschoss, 1. Obergeschoss + 1, 2. Obergeschoss (2005)

STAATSRATSGEBÄUDE BERLIN

Links: Diplomatensaal (1965)

Mitte: Ehemaliger Diplomatensaal vor der Sanierung (2001)

Rechts: Diplomatensaal, heute als Bibliothek genutzt (2005)

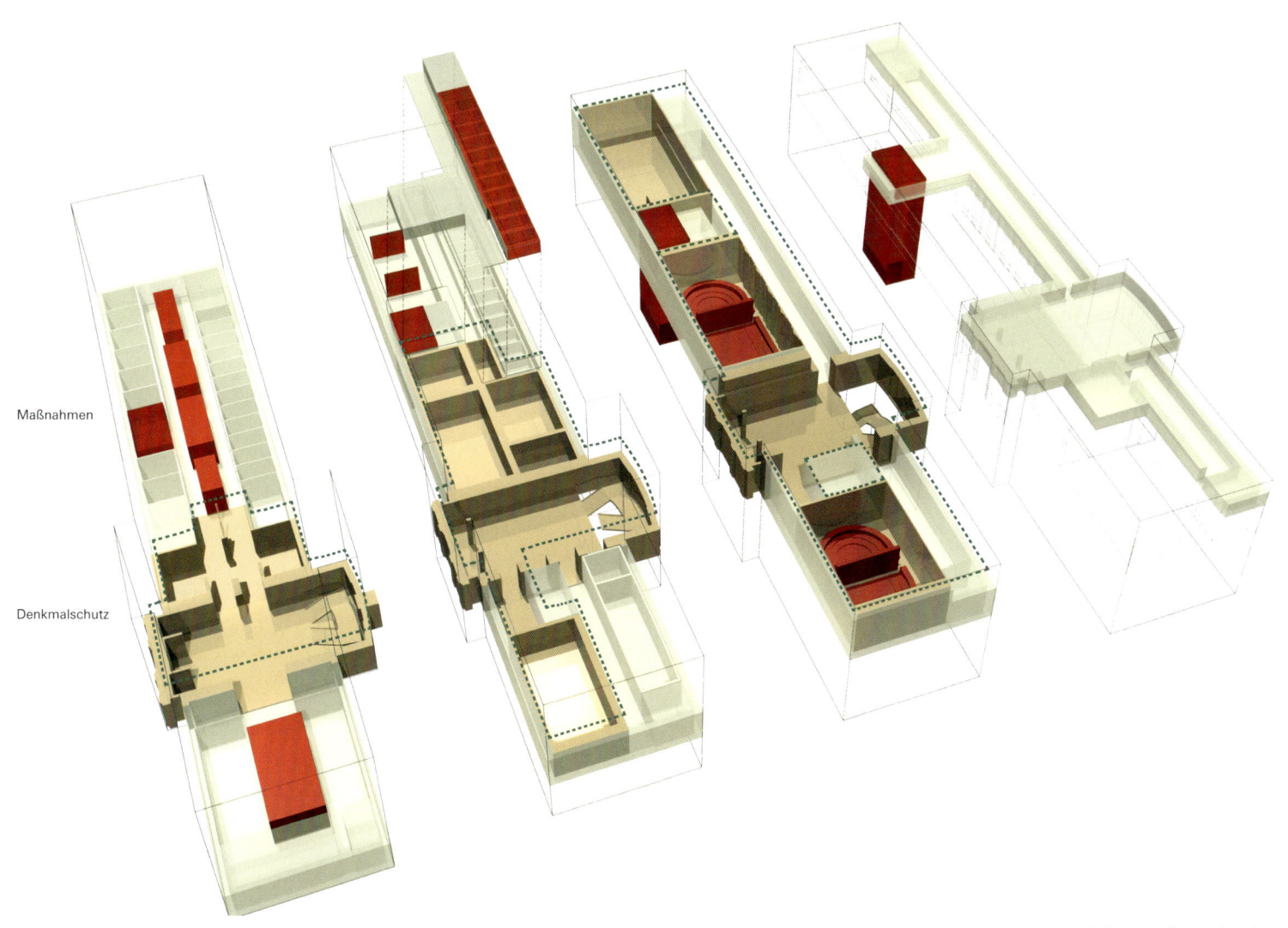

Maßnahmen

Denkmalschutz

Isometrische Darstellung Erdgeschoss, 1. Obergeschoss, 1. Obergeschoss + 1, 2. Obergeschoss, 3. Obergeschoss (2005)

DENKMALPFLEGE DER MODERNE

STAATSRATSGEBÄUDE BERLIN

Oben links: Festsaal (1965)

Oben rechts: Festsaal mit abgedecktem DDR-Staatswappen (2001)

Unten: Ehemaliger Festsaal, heute zweigeteilter Hörsaal (2005)

STAATSRATSGEBÄUDE BERLIN

Sanierung

Der 2004/05 durchgeführten Sanierung ging eine umfassende denkmalpflegerische Voruntersuchung durch das Berliner Büro Kroos & Marx voraus, die der Bund als zeitweiliger Nutzer des Gebäudes 1997 in Auftrag gegeben hatte. Die Räumlichkeiten wurden hinsichtlich ihres Bestandes, des Erhaltungszustandes und des Denkmalwerts untersucht. Das Staatsratsgebäude hatte schon während der Amtszeiten der drei Staatsratsvorsitzenden verschiedene Umbauten erfahren, insbesondere in der Ära von Erich Honecker. Die verschiedenen Zwischennutzungen seit 1990, als Sitz des Umzugsbeauftragten der Bundesregierung, als Ort des Berliner Stadtforums, des Zentrums zur Hauptstadtplanung und als provisorischer Amtssitz des Bundeskanzlers hatten ebenfalls zu baulichen Veränderungen geführt. Als die European School of Management and Technology GmbH (ESMT) das Gebäude symbolisch für einen Euro vom Bund erwarb, legte das Büro hg merz in Zusammenarbeit mit der zuständige Denkmalpflegebehörde auf der Grundlage der denkmalpflegerischen Voruntersuchung Bereiche fest, die unverändert bleiben, in ihren bauzeitlichen Zustand zurückgeführt oder für bauliche Veränderung freigegeben wurden. Die zu erhaltenden Denkmalbereiche konzentrierten sich auf die großen Foyers, die Wandelgänge, die Repräsentationsräume, die Räumlichkeiten des Staatsratsvorsitzenden sowie deren Ausstattung. Für das Büro des Staatsratsvorsitzenden wurde der Zustand der Umgestaltungen während der Amtszeit Erich Honeckers als zu konservierende Zeitschicht bestimmt, die Eingriffe aus den 1990er- Jahren, aus der Zeit des provisorischen Sitzes des Bundeskanzlers, wurden nicht bewahrt. Für diese „geschützten Bereiche" wurden Farbuntersuchungen beauftragt, die beispielsweise im Eingangsbereich zur Wiederherstellung der ursprünglichen Farbigkeit führten. Die hochwertigen Decken- und Wandgestaltungen, Türen und Beschläge wurden aufgearbeitet und das Glasgemälde im Foyer aufwendig restauriert. Bei verloren gegangenen Ausstattungsstücken, wie Wandverkleidungen, Vorhängen und Teppichen, wurde versucht, sich in der Materialwahl dem Original so weit wie möglich anzupassen. Die originalen Leuchten und Leuchtmittel sind größtenteils erhalten und wurden teilweise durch neue ergänzt, um heutigen Anforderungen an Lichtstimmungen gerecht zu werden. Die Fassade wurde gereinigt und die Fenster, die 1986 ausgetauscht worden waren, erneuert. Die neuen Fenster aus eloxiertem Aluminium entsprechen in etwa den bauzeitlichen Abmessungen, konnten aber nicht wieder als Kastenfenster ausgebildet werden, weil sie zur Entrauchung für den Brandschutz benötigt werden. Es musste ein neues großes Fluchttreppenhaus für die erweiterte Nutzung eingebaut werden, das mit einer integrierten Beleuchtung unterhalb der Geländer an der Fassade als neu eingefügtes Element in Erscheinung tritt. Der neue Eigentümer, die ESMT, hat bislang nur den ersten Bauabschnitt ausgeführt. Die Realisierung der weiteren Bauabschnitte ist noch offen: Sie umfassen im ersten Obergeschoss den Bereich des ehemaligen Sitzungssaals des Staatsrats und im zweiten Obergeschoss des Kinosaals, das Bürogebäude an der Breite Straße und den Garten.

Oben: Ehemaliger Festsaal während der Sanierung (2004)

Unten: Wandelgang im zweiten Obergeschoss (2005)

STAATSRATSGEBÄUDE BERLIN

Nutzungskontinuität und Wandel

Noch vor der Wiedervereinigung beider deutscher Staaten wurde der Staatsrat am 5. April 1990 anlässlich der konstituierenden Sitzung der ersten frei gewählten Volkskammer aufgelöst. Für das Staatsratsgebäude stellte sich die Frage einer neuen Nutzung, die bei diesem aufwendig gestalteten Gesamtkunstwerk, in dem eine politische Ideologie vermittelt worden war, eine besondere Herausforderung darstellte. Die ESMT hat in enger Abstimmung mit der Denkmalpflege alle repräsentativ und öffentlichkeitswirksam gestalteten Erschließungsbereiche, großzügig ausgelegten Säle und zeitgeschichtlich oder künstlerisch relevanten Innenräume, wie sie sich vor allem beiderseits der Treppenhalle konzentrieren, bewahrt. Die Raumstruktur mit ihren Einbauten blieb unverändert und diese wurden aufgearbeitet. In diese historisch bedeutsamen Räume sind neue Nutzungen eingefügt worden, die als solche erkennbar und reversibel sind. Diese neu hinzugekommenen Einbauten sind von einer großen ästhetischen Qualität und treten in einen spannenden Dialog mit der bauzeitlichen ebenfalls hochwertigen Ausstattung. Eine neue Zeitschicht legt sich auf die alte, ohne dass diese entstellt wird. Weniger bedeutsame Räume sind hingegen für eine weitergehende Veränderung vorgesehen worden und lassen nichts mehr von der ursprünglichen Grundrissstruktur erkennen. Dies sind im Erdgeschoss der Bereich der ehemaligen Büros der Vertreter des Staatsrats und die dazugehörigen Nebenräume. Im ersten Obergeschoss wird der ehemalige Diplomatensaal als Bibliothek genutzt, die über das ehemalige Büro des Staatsratsvorsitzenden erschlossen wird. Das Büro dient heute als Aufenthaltsraum, ist mit flexiblem Mobiliar ausgestattet und bewahrt die Spuren aus der Nutzung durch Honecker, zum Beispiel die charakteristischen Stableuchten. Über das original erhaltene „Lederzimmer", das ehemals als repräsentativer Verbindungsraum angelegt war, wird heute ein weiterer neu gestalteter Bereich des Gebäudes betreten. Das zusätzlich eingefügte große Fluchttreppenhaus ist von dort aus ebenso erreichbar wie die Seminarräume, die zweigeschossig in die hohen Räume eingebaut wurden. In den Festsaal im zweiten Obergeschoss sind zwei Vorlesungssäle eingefügt. Der Saal, der sich durch eine besonders hochwertige Wand- und Deckengestaltung auszeichnet und mit dem Staatswappen der DDR geschmückt ist, wird durch eine Glaswand in zwei Räume geteilt. Sie sind mit modernem Mobiliar für den Vorlesungsbetrieb ausgestattet, der vor dem Staatswappen der DDR stattfindet. Die klare Konzeption der Abgrenzung unterschiedlicher Bereiche ermöglichte die neue Nutzung, sodass die jeweiligen Zeitschichten glichzeitig erlebbar sind und sich nicht vermischen. Diese beispielhafte Lösung einer Umnutzung zeigt, wie bei einem Gebäude mit Veränderungsdruck eine nachhaltige Bewirtschaftung möglich ist und die in die Bausubstanz eingeschriebene historische Bedeutung dennoch weiterhin spürbar bleibt. SO

Oben: Neu eingebautes Treppenhaus (2005)

Unten: Umgestaltetes 1. Obergeschoss mit verschiebbaren Wänden (2005)

Rechte Seite: ehemaliger Bankettsaal mit Porzellanfries von Günther Brendel, heute Audimax (2005)

STAATSRATSGEBÄUDE **BERLIN**

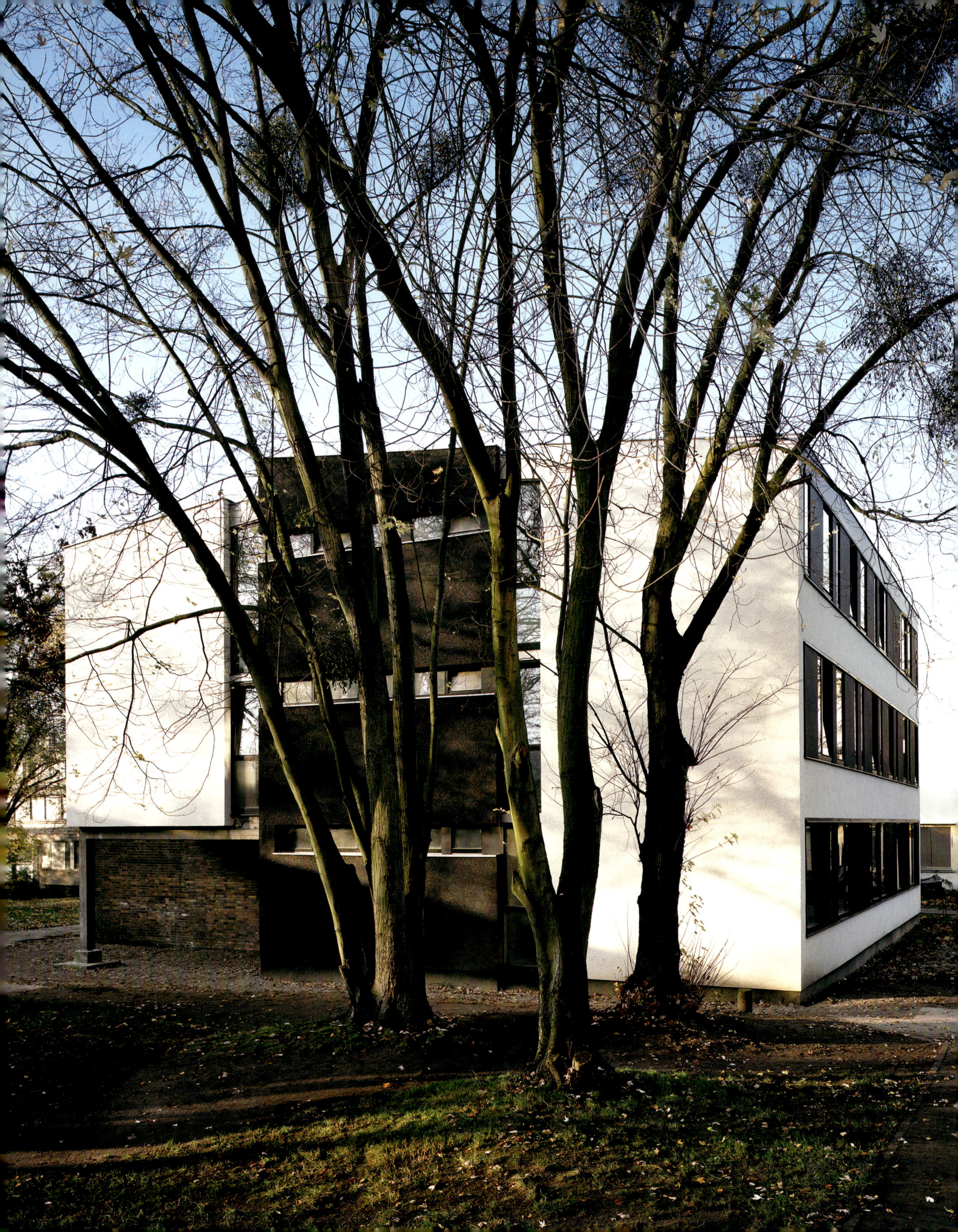

STUDENTENDORF SCHLACHTENSEE
BERLIN

Einen neuen Bautyp entwickelten die Architekten Hermann Fehling, Daniel Gogel und Peter Pfankuch mit dem Bau des Studentendorfs Schlachtensee. Die ab 1957 errichtete und von dem amerikanischen Außenministerium finanzierte Anlage war mit 28 Häusern die erste und zugleich größte Studentenwohnanlage Deutschlands. Als ideale Stadtlandschaft der 1950er-Jahre umfasste sie neben den Wohnhäusern auch Verwaltungs- und Gemeinschaftsbauten. Das Gesamtkonzept zielte auf eine demokratische Wohnform und Selbstverwaltung ab. Für die bis heute vorbildliche Anlage für studentisches Wohnen entwickelte Hermann Mattern das Gartenkonzept, das Architektur und Freiflächen miteinander verbindet und derzeit zusammen mit der Sanierung der einzelnen Studentenhäuser bearbeitet wird.

STUDENTENDORF SCHLACHTENSEE BERLIN

Grundsteinlegung von Eleanor
Lansing Dulles und Willy Brandt
(Bürgermeister von Berlin) im Jahr
1957

Rechte Seite: Gemeinschaftlicher
Essplatz neben der Etagenküche
(Haus 4), 2010

Auftraggeber	Freie Universität Berlin, Land Berlin
	Die Errichtung erfolgte aus Spendenmitteln der Regierung der USA.
Architekten	Hermann Fehling, Daniel Gogel, Peter Pfankuch (erster und zweiter Bauabschnitt),
	Büro Kraemer, Sieverts und Partner (dritter Bauabschnitt)
Außenanlagen	Hermann Mattern
Konstruktion	Ziegelmauerwerk, Stahlbetondecken
Nutzfläche	550 Wohneinheiten im Denkmal nach abgeschlossener Sanierung, 348 Wohneinheiten in nicht denkmalgeschützten Bauten
Bauzeitliche Nutzung	Studentenwohnanlage
1957–1959	Erster Bauabschnitt: 21 ein- bis dreigeschossige Wohngebäude mit 710 Wohneinheiten sowie „Bürgermeisterhaus", Bibliothek und Laden einschließlich Gartenanlage
1962–1964	Zweiter Bauabschnitt: Gemeinschaftshaus, Wohnhäuser 12 und 13, Direktorenwohnhaus
1976–1978	Dritter Bauabschnitt: vier fünfgeschossige Wohnhäuser mit 352 Wohneinheiten, Abriss des Direktorenwohnhauses
1979	Schlechter Zustand der Wohngebäude, erheblicher Leerstand
1987	Erklärung des Studentendorfs als Testfall einer Sanierung von Bauten der 1950er-Jahre durch den Landeskonservator
1989	Abrissbeschluss und Neubauplanung durch Daniel Gogel
1991	Denkmalschutz (ohne die Wohnbauten der 1970er-Jahre)
1998/99	Erneute Abrisspläne, Gründung eines Freundeskreises unter Leitung von Hardt-Waltherr Hämer
2003	Erwerb und Bewirtschaftung des Studentendorfs durch die 2002 gegründete Genossenschaft Studentendorf Berlin-Schlachtensee eG
2006	Nationales Kulturdenkmal, Beginn der Sanierung von Haus 4 und 8 auf der Grundlage des Gesamtkonzepts für die Instandsetzung und Modernisierung des Studentendorfs unter Beratung von Hardt-Waltherr Hämer
2008	Erstellung eines Parkpflegewerks von Uwe Neumann, Garten- und Landschaftsarchitekt, Berlin
2009	Fertigstellung von Haus 4 und 8
Bis 2022	Planung der Instandsetzung
Eigentümer	Genossenschaft Studentendorf Berlin-Schlachtensee eG
Bauherr der Denkmalmaßnahme	Genossenschaft Studentendorf Berlin-Schlachtensee eG
Architekten Sanierung	Autzen & Reimers Architekten, Berlin
Aktuelle Nutzung	Studentenwohnanlage

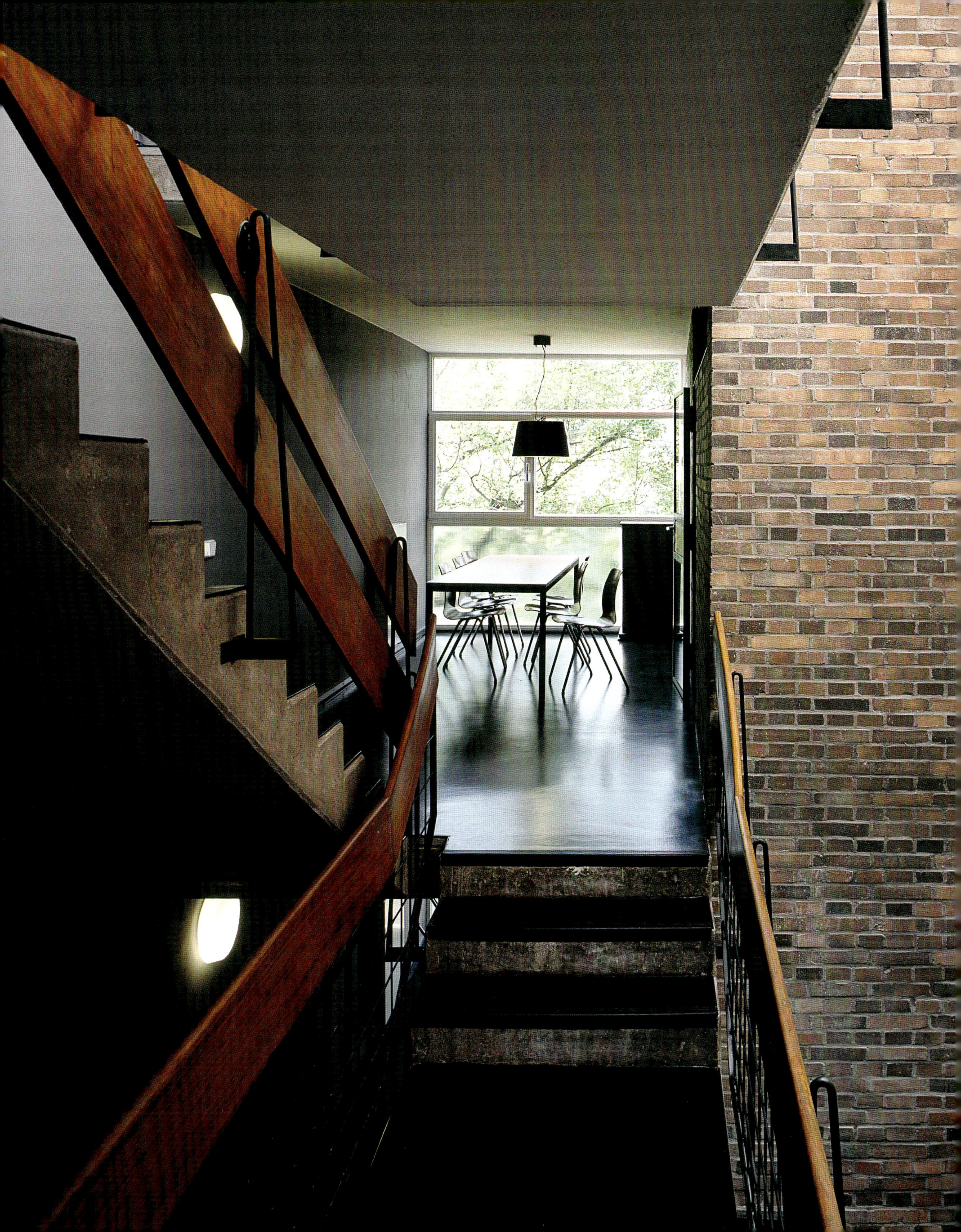

STUDENTENDORF SCHLACHTENSEE BERLIN

Das Studentendorf Schlachtensee sollte gemeinsames Lernen und demokratisches Wohnen in internationaler Gemeinschaft ermöglichen. So sah es die Gesamtkonzeption der 1948 gegründeten Freien Universität Berlin vor, deren Studenten in den Häusern wohnen sollten. Die Umsetzung dieses sozialen Experiments wurde mit Mitteln der amerikanischen Regierung ermöglicht. Für die 5,3 Hektar große Anlage eines ehemaligen Bauerngehöfts entwarfen die Architekten Hermann Fehling, Daniel Gogel und Peter Pfankuch 28 Häuser, die sich um einen zentralen tiefer liegenden sogenannten Dorfplatz gruppieren, an dem die öffentlichen Gebäude liegen: ein „Bürgermeisterhaus", eine Bibliothek und ein Laden. Die Wohngebäude sind in drei Haustypen unterschieden, deren terrassierte Gebäude alle auf den Dorfplatz hin orientiert sind. Das Gartenkonzept von Hermann Mattern bettet die Häuser in eine Gartenlandschaft ein, die mit ihrem Wegesystem auch auf den zentralen Dorfplatz – die „antike Agora" – ausgerichtet ist. Die Freiraumgestaltung für das Studentendorf orientiert sich am Leitbild der Stadtlandschaft und ist ein charakteristisches Beispiel für die Gartenarchitektur der Nachkriegsmoderne.

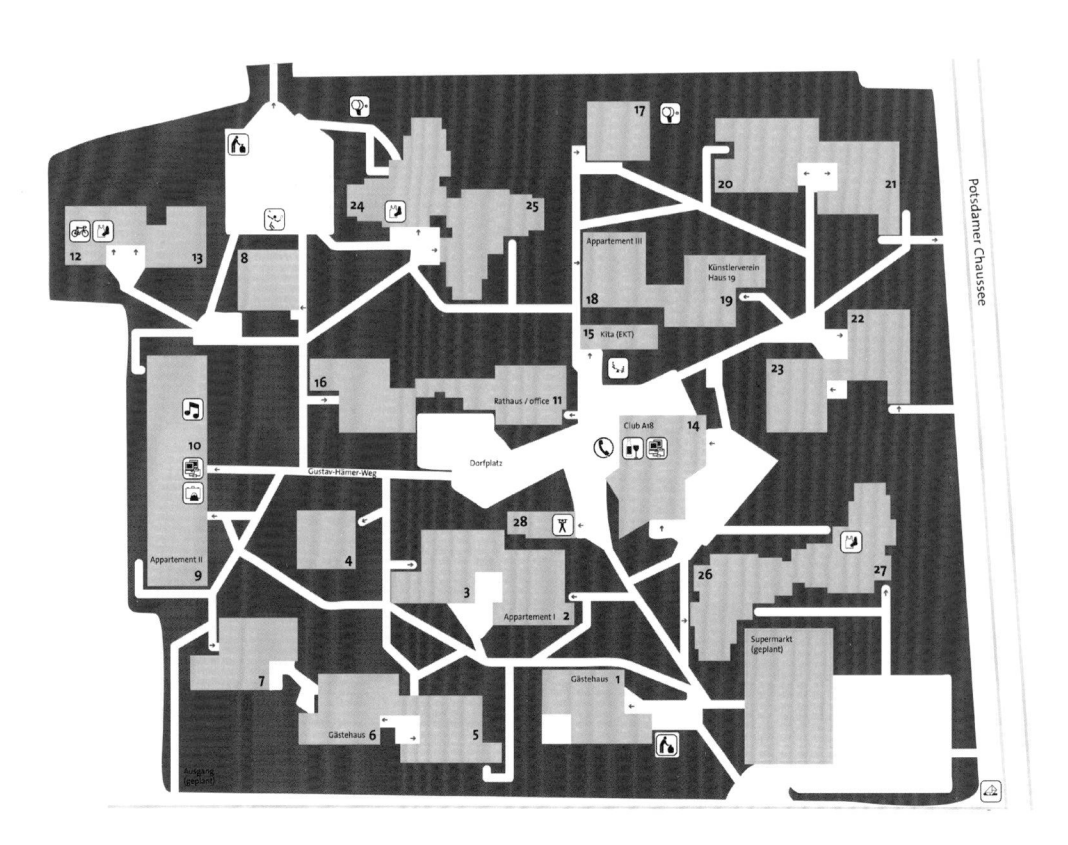

Oben: Luftbild (1961)

Rechts: Lageplan mit Hausbezeichnungen (2008)

DENKMALPFLEGE DER MODERNE

STUDENTENDORF SCHLACHTENSEE BERLIN

Rechts oben: „Bürgermeisterhaus" mit Teich und davor befindlichem Dorfplatz, im Hintergrund Haus 16 (1961)

Links oben: Zufahrt zum Dorfplatz mit „Bürgermeisterhaus", im Vordergrund Haus 1 (1961)

Links unten: Das Matternsche Wegesystem verbindet die einzelnen Wohnhäuser miteinander, im Vordergrund rechts Haus 4, im Hintergrund Haus 8 (1961)

Unten: Bude in Haus 11 (1961)

Ganz unten: Gemeinschaftsraum in Haus 11 (1961)

DENKMALPFLEGE DER MODERNE | 129

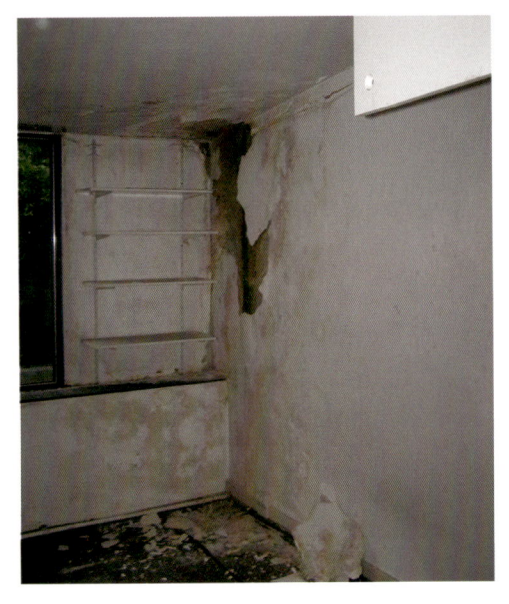

STUDENTENDORF SCHLACHTENSEE BERLIN

Das Grundprinzip der Studentenhäuser erinnert an klösterliche Anlagen mit kleinen Zellen und zugeordneten Gemeinschaftsräumen. Jedes Haus bietet Platz für 30 sogenannte Buden mit jeweils 9,6 Quadratmetern, von denen jeweils acht bis zehn, je nach Haustyp, auf einer Etage angeordnet sind. Sie liegen um einen zentralen Lichthof, der zugleich als Eingangshalle dient. Den Buden sind auf jeder Etage eine Teeküche und eine gemeinschaftliche Sitzecke sowie gemeinschaftlich zu nutzende Nasszellen zugeordnet. Sie sind mit eingebauten Schränken, einem Regal, einem Bett und einem fest installiertem Schreibtisch ausgestattet. Eine „Individualisierung" der Buden wurde über die unterschiedliche Anordnung der Möbel und die Farbigkeit vorgenommen. Im Lichthof findet sich der rote Backstein der Außenfassaden wieder. Die aus einem einzelnem Kubus oder gestaffelten Kuben bestehenden Wohngebäude werden im Eingangsbereich mit Backstein und an den Außenflächen mit weißen und grauen Putzflächen gegliedert. Im Zusammenspiel mit den verschiedenen Fensterformaten lassen sich am Außenbau die weißen Flächen als privat und die grauen Flächen als öffentlich genutzt ablesen.

Das Experiment des gemeinsamen Wohnens und Arbeitens in 710 Buden und demokratischer Mitverwaltung unter einem Akademischen Direktor durchlief mehrere Hoch- und Tiefphasen sowie verschiedene Reformen. Schon früh aufgetretene Baumängel machten kostenintensive Instandsetzungsarbeiten an den Wohngebäuden notwendig, führten zu Leerständen und auch zu Umbau- sowie Abrissplänen. Letztere wurden 1998/99 so intensiv verfolgt, dass der Abriss unmittelbar bevorstand. Die Gründung der Genossenschaft Studentendorf Berlin Schlachtensee eG und der Verkauf von Grundfläche machten den Erwerb der Immobilie und damit die Rettung des Baudenkmals erst möglich. Die verkauften, bisher als Parkplatz genutzten Flächen unmittelbar am Eingang werden mit einem Supermarkt bebaut, der die räumliche Situation am Hauptzugang zum Studentendorf stark verändert.

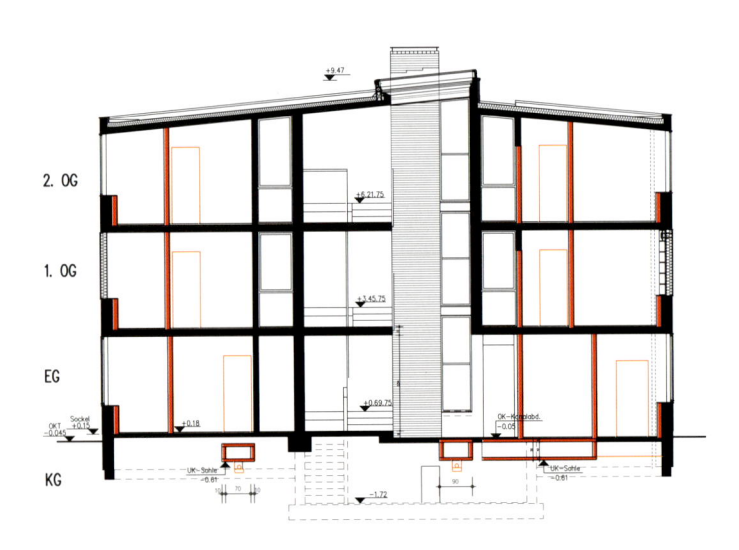

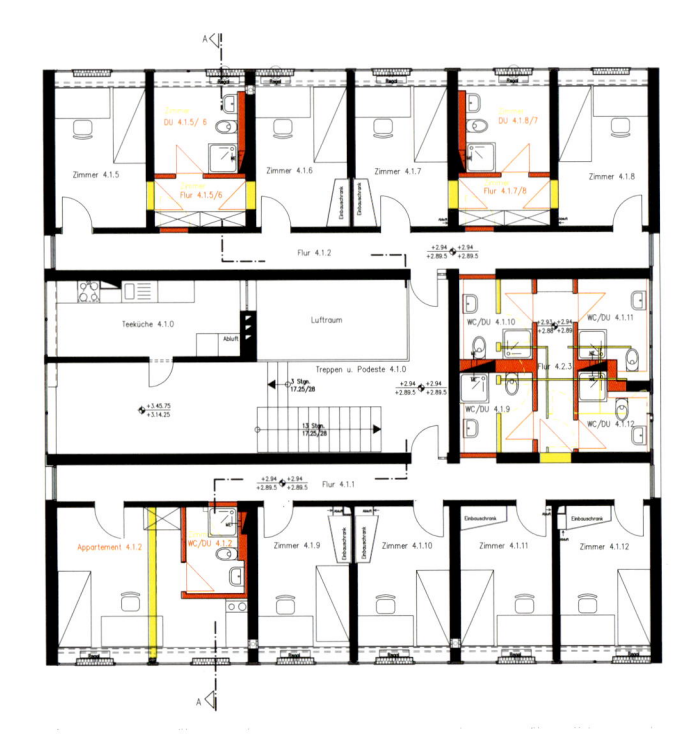

Oben: Schadensstellen an der Fassade von Haus 4 (2005)

Unten: Durchfeuchtungen in einer Bude in Haus 4 (2005)

Schnitt und Grundriss 1. Obergeschoss von Haus 4. Die neu eingefügten beziehungsweise abgebrochenen Bereiche sind farbig markiert (2007)

STUDENTENDORF SCHLACHTENSEE BERLIN

Oben: Ansicht Haus 4 von Südosten vor der Sanierung (Januar 2007)

Unten: Ansicht von Südosten Haus 4 (2009)

DENKMALPFLEGE DER MODERNE

STUDENTENDORF SCHLACHTENSEE BERLIN

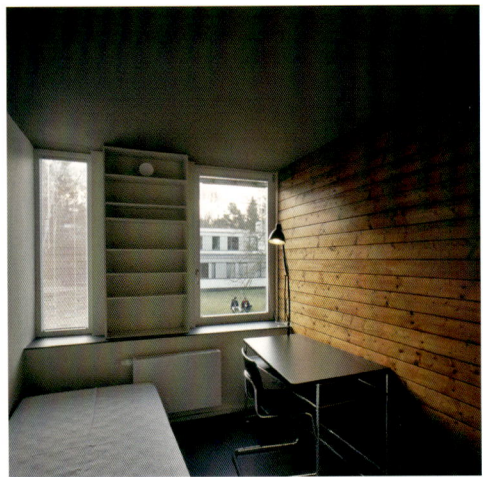

Oben: Treppenhaus in Haus 4 (2009)

Unten: Bude in Haus 4 mit wiederhergestellter bauzeitlicher Farbigkeit (2009)

Rechts: Querschnitt der Wand von Haus 4 nach der Sanierung (2007)

Sanierung

Die Sanierungsarbeiten haben im Jahr 2006 begonnen; zwei Wohnhäuser wurden im Jahre 2009 fertiggestellt. Das Gesamtkonzept sieht eine Instandsetzung und Modernisierung des Studentendorfes vor. Die Wohngebäude sollen in ihrer äußeren Erscheinung und ihren funktionalen sowie konstruktiven Strukturen erhalten bleiben. Es ist eine behutsame und substanzschonende Modernisierung geplant, die individuellen und zeitgemäßen Wohnformen zu akzeptablen Preisen gerecht wird (circa 250 Euro Warmmiete). Die Studentenbuden werden in zwei Varianten umgebaut: Von drei nebeneinander liegenden Appartements wird eins für den Einbau eines gemeinsamen Bades und Flurs aufgegeben. Bei der zweiten Variante werden die Buden so belassen, ihnen ist aber ein eigenes Bad auf dem Flur im umgebauten Gemeinschaftsbadbereich zugeordnet. Zudem werden noch Appartements durch die Zusammenlegung von zwei Buden geschaffen, die mit eigenem Bad und Küchenzeile ausgestattet werden. Durch diese Maßnahme wird die Anzahl der Buden in den einzelnen Studentenhäusern reduziert, jedoch unter Bewahrung der originalen Einbauten und der unter Bestandsschutz stehenden Gemeinschaftsräume wie Teeküche, Essplatz und Aufenthaltsräume. Nach Abschluss der Sanierungsarbeiten wird in den denkmalgeschützten Wohnhäusern die Anzahl von 710 Buden auf circa 550 reduziert sein. Die nicht denkmalgeschützten Wohnbauten aus den 1970er-Jahren mit 352 Wohneinheiten bleiben ebenfalls erhalten und werden unter energetischen Aspekten behutsam erneuert.

Energetische Maßnahmen werden auch an den denkmalgeschützten Häusern ergriffen: Die unzureichende Wärmedämmung der Gebäude wird erneuert und die stark korrodierten Stahlprofile der einfach verglasten Fenster werden durch thermisch getrennte Fensterprofile ersetzt. Diese werden durch das Aufbringen einer Außendämmung aus Kalzium-Silikat-Platten 40 Millimeter nach außen gesetzt, um die ursprüngliche Profilierung der Fassade zu erhalten. Dächer und Giebel werden ebenfalls gedämmt. Die Brüstungsbereiche wurden innen auch mit einer Dämmung mit Kalzium-Silikat-Platten versehen. Eine verdeckt in die Fassade integrierte Lüftung reguliert den Feuchtigkeitstransport in den Räumen. Die Buden erhalten wieder ihre originale Farbigkeit in Grün- und Brauntönen, die den engen Bezug von Innen- und Außenraum verdeutlichen. Die Farbuntersuchungen machte die Restauratorin Christine Becker. Die Wiederherstellung beziehungsweise Weiterentwicklung der Außenanlagen von Hermann Mattern ist ebenfalls Teil des Sanierungskonzepts.

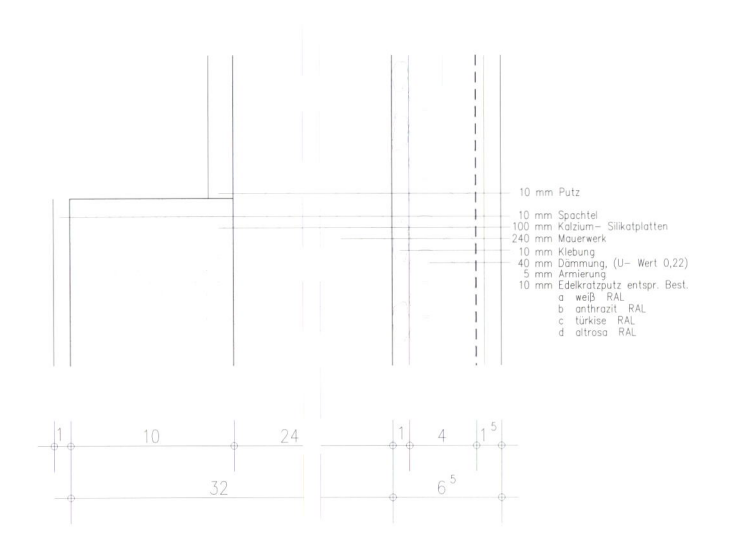

STUDENTENDORF SCHLACHTENSEE **BERLIN**

Ansicht Haus 1 von Südwesten, teilsaniert (2008)

STUDENTENDORF SCHLACHTENSEE BERLIN

Oben: Die Pflege der Gartenanlagen musste von den Bewohnern mit übernommen werden (1961)

Mitte: Dorfplatz mit ehemaligem „Bürgermeisterhaus" und Gemeinschaftsbau (Mensa) von 1971 (2008)

Unten: Ansicht Haus 5 und 6 von Nordwesten, teilsaniert (2008)

Architektur und Landschaft

Durch jahrzehntelange mangelnde Pflege des Gartens hatte sich Wildwuchs durch nicht geplante Bepflanzungen erheblich verbreitet, zudem waren Wegeführung und befestigte Flächen vernachlässigt und verändert, sodass das ursprüngliche Gartenkonzept kaum noch erkennbar war. Das zu Beginn des Jahres 2009 von dem Berliner Garten- und Landschaftsarchitekten Uwe Neumann abgeschlossene Pflege- und Entwicklungskonzept (Parkpflegewerk) bildet die Grundlage für die Wiederherstellung und die Weiterentwicklung der Freianlagen. Einzelne vorgezogene Maßnahmen, wie das Entfernen von Wildwuchs und das Fällen abgängiger Bäume, wurden in Abstimmung mit der Denkmalpflege schon durchgeführt. Das Freiraumkonzept Matterns ist dadurch gekennzeichnet, dass die Häuser in eine parkähnliche Landschaft eingebettet sind, die von einer wallartigen bepflanzten Anlage eingefasst wird. Der Park mit einer „lichten" Bepflanzung aus Birken und Silberahorn, verschiedenen Gehölzen und Staudenbeeten sollte regelrecht durch die Bebauung „hindurchfließen". Die Öffnung aller Räume der Wohngebäude zum Außenraum sowie die Aufnahme der Naturtöne in das Farbschema der Innenräume unterstützt dieses Konzept. Die Fortsetzung des Außenraums in den Innenraum zeigt sich insbesondere in den Fluren des Erdgeschosses, die mit ihren wandhohen Fenstern scheinbar in den Garten fortgeführt werden. Das Wegekonzept Matterns sah nur einen befahrbaren Weg von der Erschließungsstraße (Wasgenstraße) zum zentralen Platz vor. Von dort erfolgte die zentrale Erschließung der Wohnhäuser über den Dorfplatz. Die Erschließungswege waren mit feinkörnigen Betonplatten mit Kieselwaschbetonvorsatz ausgeführt. Die Waschbetonplatten waren im rechten Winkel zur Wasgenstraße ausgerichtet, sodass bei nicht schräg verlaufenden Wegen die Platten sich diagonal verzahnten und an den Wegerändern „auszahnen", weil die Platten nicht beschnitten wurden. Nach diesem „Matternschen Verlegeprinzip" sind auch die Terrassen vor den Häusern gestaltet, die bei einer der ersten Maßnahmen wieder freigelegt wurden.

Zu den ersten Instandsetzungsmaßnahmen zählte die Wiederherstellung der Struktur des Dorfplatzes. Neben der Befreiung von Wildwuchs wurde die dreieckige, am Bürgermeisterhaus liegende Teichfläche wiederhergestellt und die Bepflanzung des Platzes erneuert. Das schrittweise umgesetzte Parkpflegewerk sieht die Wiederherstellung des Wegekonzepts unter Einbeziehung der entstandenen Trampelpfade vor. Diese durch die Bewohner neu erschlossenen Wege werden mit Steinen befestigt, die sich von der historischen Pflasterung unterscheidet, und ergänzen das historische Wegenetz. Nach Auslichtung und Rodung von Bäumen und Pflanzen sollen die von Mattern vorgesehenen Baumgruppen, Gehölze und Stauden wiederangelegt werden. Die besonderen Gartenräume, wie zum Beispiel auch die Freilichtbühne, werden teilweise wiederhergestellt. Die Ausstattung der Freiflächen wird nach heutigen Nutzerwünschen ergänzt, beispielsweise mit mobilen Bänken, da Mattern keine weiteren Sitzgelegenheiten vorgesehen hatte, und mit dem Einsatz zusätzlicher neuer Beleuchtungskörper. Im Sinne der denkmalpflegerischen Instandsetzung werden die Grünflächen erhalten, aber das Matternsche Gartenkonzept um Wünsche der Benutzer erweitert, deren Gestaltung sich aber von den historischen Anlagen unterscheidet. SO

STUDENTENDORF SCHLACHTENSEE **BERLIN**

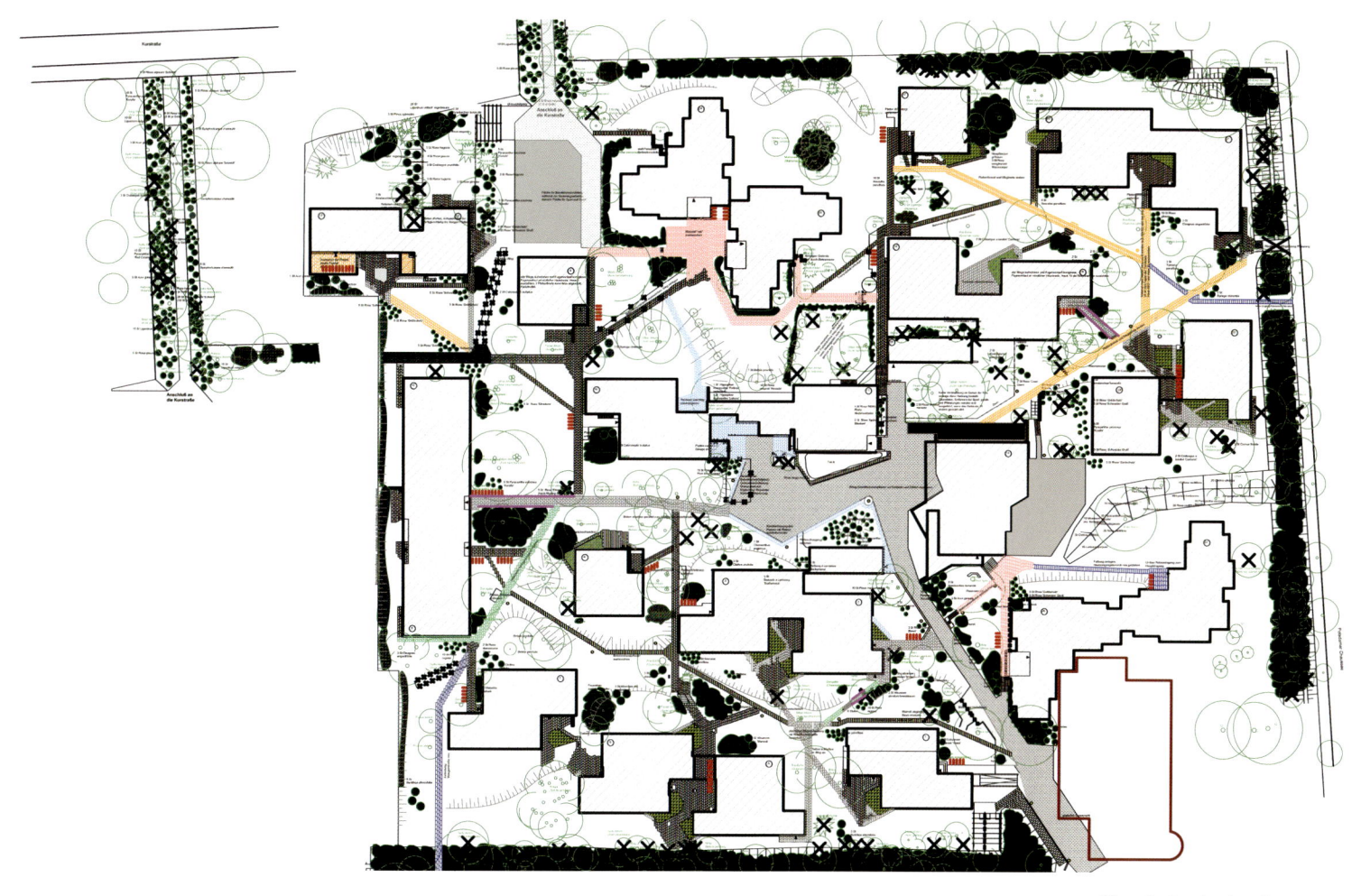

Oben: Gartenplan (2010)

Unten: Bereich des ehemaligen Amphitheaters (2008)

DENKMALPFLEGE DER MODERNE

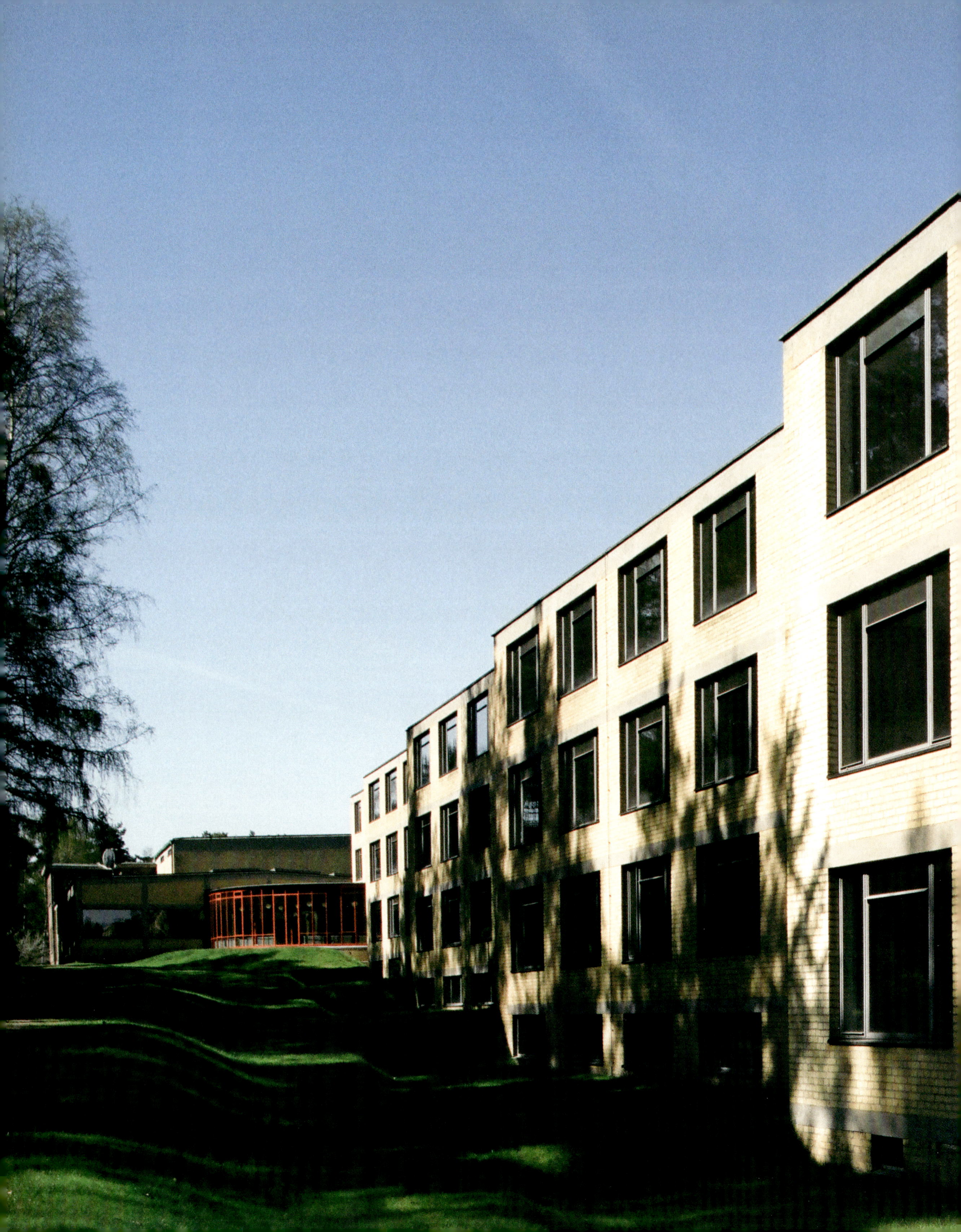

BUNDESSCHULE DES ADGB
BERNAU

Der Baukörper der 1928–1930 entstandenen Schule ist funktional gegliedert und behutsam in die Landschaft integriert. Die Architekten Hannes Meyer und Hans Wittwer planten die Anlage zusammen mit der Architekturabteilung des Bauhauses auf der Grundlage einer systematischen und wissenschaftlichen Analyse. Die programmatische, sachlich gestaltete Anlage bot Platz für Unterkunft, Versorgung sowie Ausbildung von Gewerkschaftsmitgliedern und beeinflusste die Entwicklung des Schulbaus maßgeblich. Bei der Sanierung wurde selbst die sensible Anpassung des Denkmals an die heutige Nutzung beispielhaft gelöst.

BUNDESSCHULE DES ADGB BERNAU

Gruppenporträt auf der Baustelle der Bundesschule, von links: Hans Wittwer, Thomas Flake, Hannes Meyer, Hermann Bunzel (1928)

Rechte Seite: Neue Fenster am Aufgang zu den Seminarräumen (2007)

Auftraggeber	Allgemeiner Deutscher Gewerkschaftsbund (ADGB)
Architekt	Hannes Meyer und Hans Wittwer mit der Bauabteilung des Bauhauses
Konstruktion	Stahlbetonskelett und Ziegelmauerwerk, Stahlsteindecken
Nutzfläche	circa 3400 Quadratmeter
Bauzeitliche Nutzung	Schulgebäude mit Internat (Bundesschule des ADGB)
1927	Beschluss des ADGB zum Bau der Bundesschule
1928	Architektenwettbewerb und Beauftragung des ersten Preisträgers Hannes Meyer und Hans Wittwer, Baubeginn
1930	Einweihung am 4. Mai
1933	Umwandlung in eine Reichsführerschule der NSDAP für die Fortbildung von Führungskräften
1945	Nutzung als Lazarett der Roten Armee
1946	Renovierung und Eröffnung als Schule des Freien Deutschen Gewerkschaftsbundes (FDGB) für die Fortbildung von Gewerkschaftsmitgliedern, später Gewerkschaftshochschule Fritz Heckert
1950/51	Ergänzungsbauten von Georg Waterstradt, die das vorhandene Gebäude weitgehend unangetastet lassen
1952–1954	Erweiterungs- und Umbauten durch die Bauabteilung des FDGB
1977	Denkmalschutz für den Meyer-Wittwer-Bau
1990	Auflösung des FDGB; Gründung des Vereins Baudenkmal Bundesschule Bernau e.V.
1992	Kauf der ehemaligen Gewerkschaftsschule durch das Land Brandenburg und Nutzung als Fachhochschule für öffentliche Verwaltung
1993	Denkmalschutz auch für Ergänzungsbauten der 1950er-Jahre
1993–1995	Sanierung eines der Lehrerwohnhäuser durch den Verein Baudenkmal Bundesschule Bernau e.V.; Erfassung, Dokumentation und Bewertung der vorgefundenen Substanz, Festlegung der denkmalpflegerischen Ziele
2001–2007	Umfassende Sanierung des Gebäudekomplexes
Eigentümer	Handwerkskammer Berlin
Bauherr der Denkmalmaßnahme	Handwerkskammer Berlin
Architekten Sanierung	Winfried Brenne, Gesellschaft von Architekten mbH, Berlin
Aktuelle Nutzung	Schulgebäude mit Internat (Bildungs- und Innovationszentrum Waldfrieden BIZWA)

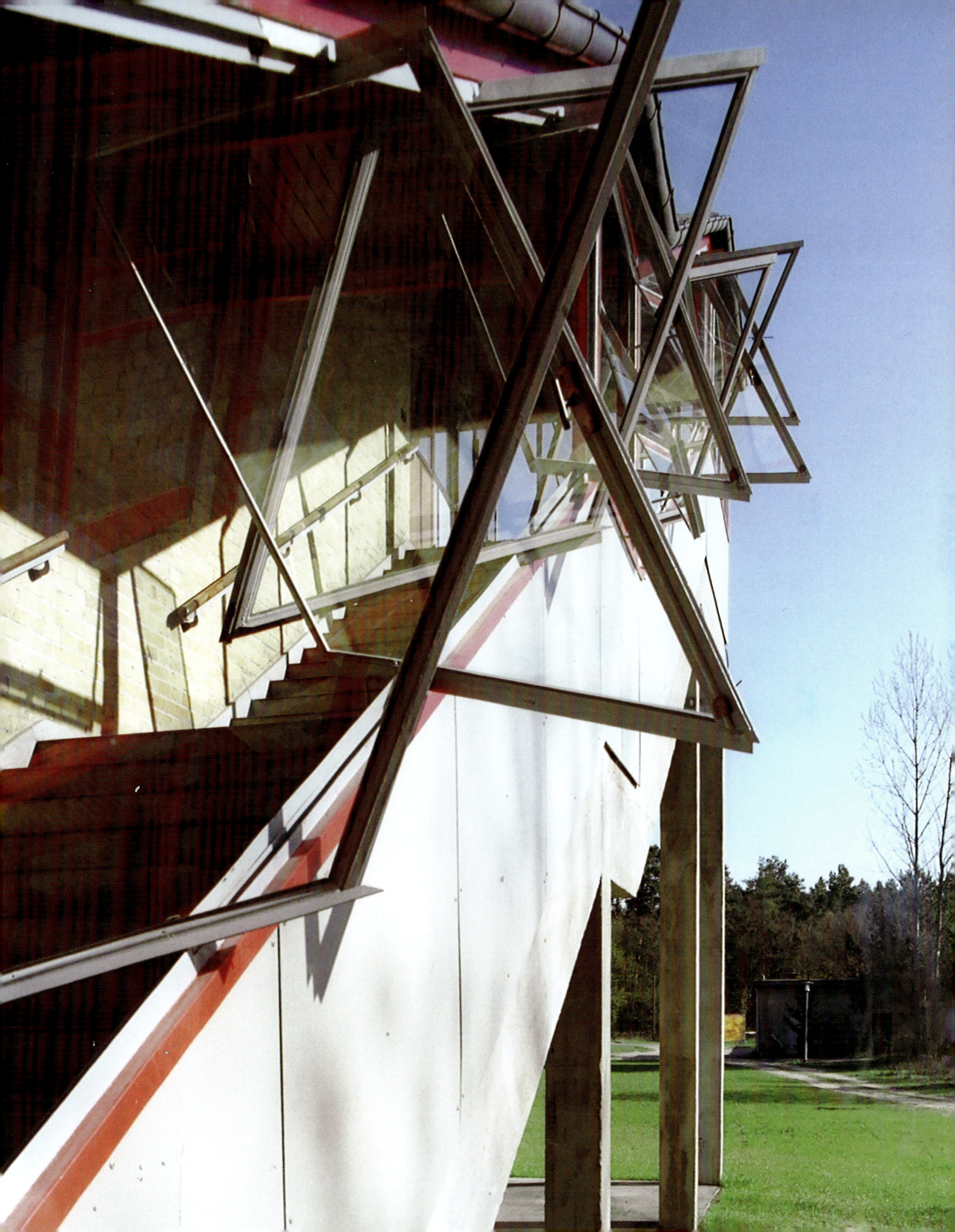

BUNDESSCHULE DES ADGB BERNAU

Den Auftrag zur Planung der Schulanlage erhielten Hannes Meyer und Hans Wittwer aufgrund eines Wettbewerbs, an dem auch Architekten wie Erich Mendelsohn und Max Taut beteiligt waren. An ihrem Entwurf überzeugten die architektonische Umsetzung des pädagogischen Konzepts sowie die sachliche Gestaltung, die aus genauen Anaysen der Funktionen und der systematischen Organisation des Zusammenlebens entwickelt wurde. Die Gliederung der Schulgemeinschaft in kleine Gruppen von jeweils zehn Schülern bildet die Grundlage für die Bemessung der Seminarräume und die Organisation des Schlaftrakts.

Am Eingangsbereich der Anlage sind die gemeinschaftlich genutzten Räume wie Aula, Kantine, Küche und Aufenthaltsräume angeordnet, am entgegengesetzten Ende des Baukörpers befindet sich der Schultrakt mit den Unterrichtsräumen und der Turnhalle. Beide Bereiche sind über einen gläsernen Gang, von dem aus die Wohnräume erschlossen werden, miteinander verbunden. Der gesamte Komplex umfasste außerdem Wohnhäuser für die Lehrer, Sportanlagen sowie ein Freibad am See und fügte sich mit seiner aufgelockerten Gliederung harmonisch in die Umgebung ein. Dem rationalen Funktionalismus des Entwurfs entsprach die sachliche Gestaltung mit der sichtbaren, unverputzten Konstruktion aus Stahlbeton und gelbem Ziegelmauerwerk.

In den Jahren 1950–1954 wurde die Anlage mehrfach erweitert. Nach Plänen des Architekten Georg Waterstradt entstand parallel zu den vorhandenen Bauten ein etwa gleich großer Komplex, der sich an Gliederungs- und Gestaltungselementen der Bundesschule orientierte und heute ebenfalls unter Denkmalschutz steht. Weitere Veränderungen wie die Neuorganisation des Eingangsbereichs sowie verschiedene Umbauten im Inneren entstanden eher nach pragmatischen Gesichtspunkten und verdeckten die Qualitäten des historischen Gebäudekomplexes bis zur Unkenntlichkeit. Seit Abschluss der Sanierungsarbeiten wird das Gebäude von der Handwerkskammer Berlin für Fortbildungen im Rahmen eines Bildungs- und Innovationszentrums genutzt.

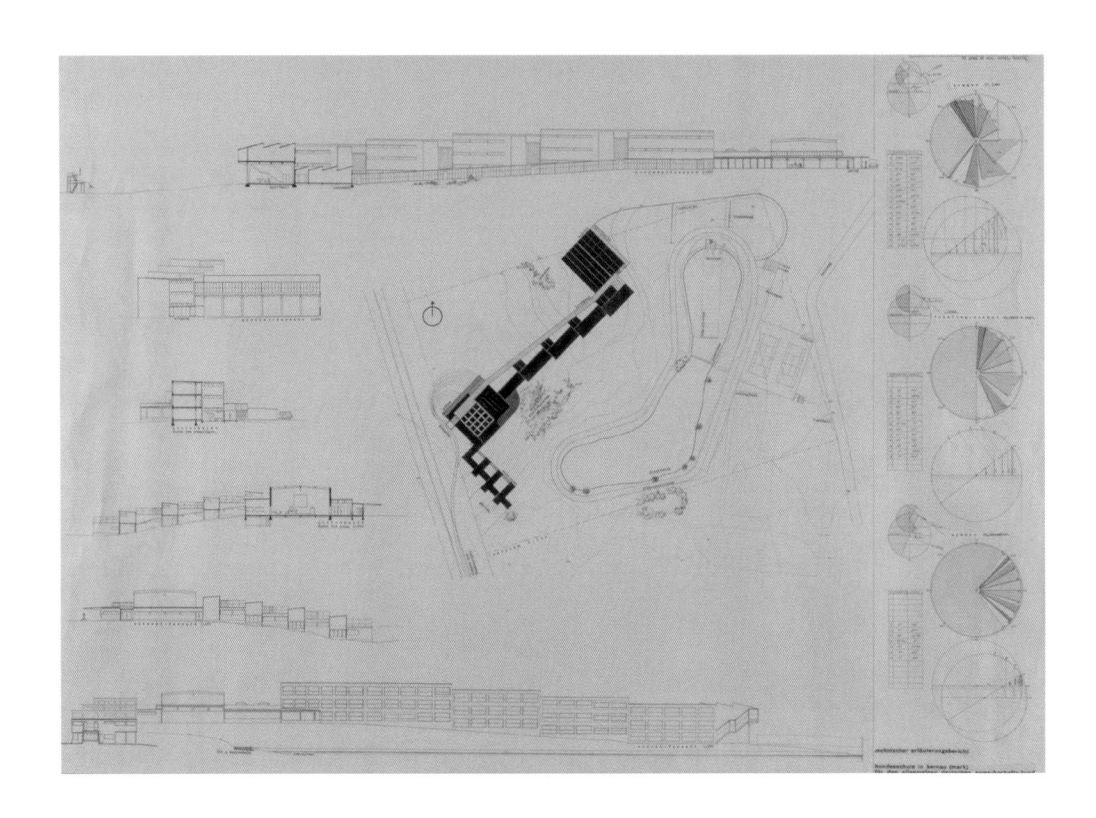

Oben: Luftbild der Anlage (1930)

Rechts: Blatt 3 der Wettbewerbseingabe mit Lageplan und Fassadenabwicklung mit Querschnitten, Technischer Erläuterungsbericht (1928)

Rechte Seite oben: Ansicht des Gebäudekomplexes von Südwesten (2007)

Rechte Seite Mitte: Grundriss (1930)

Rechte Seite unten: Grundriss Ausführungsplanung mit Eintragung der abzureißenden und neu zu errichtenden Bauteile (2001) Schwarz: Bestand, Gelb: Abriss, Rot: Neubau

DENKMALPFLEGE DER MODERNE

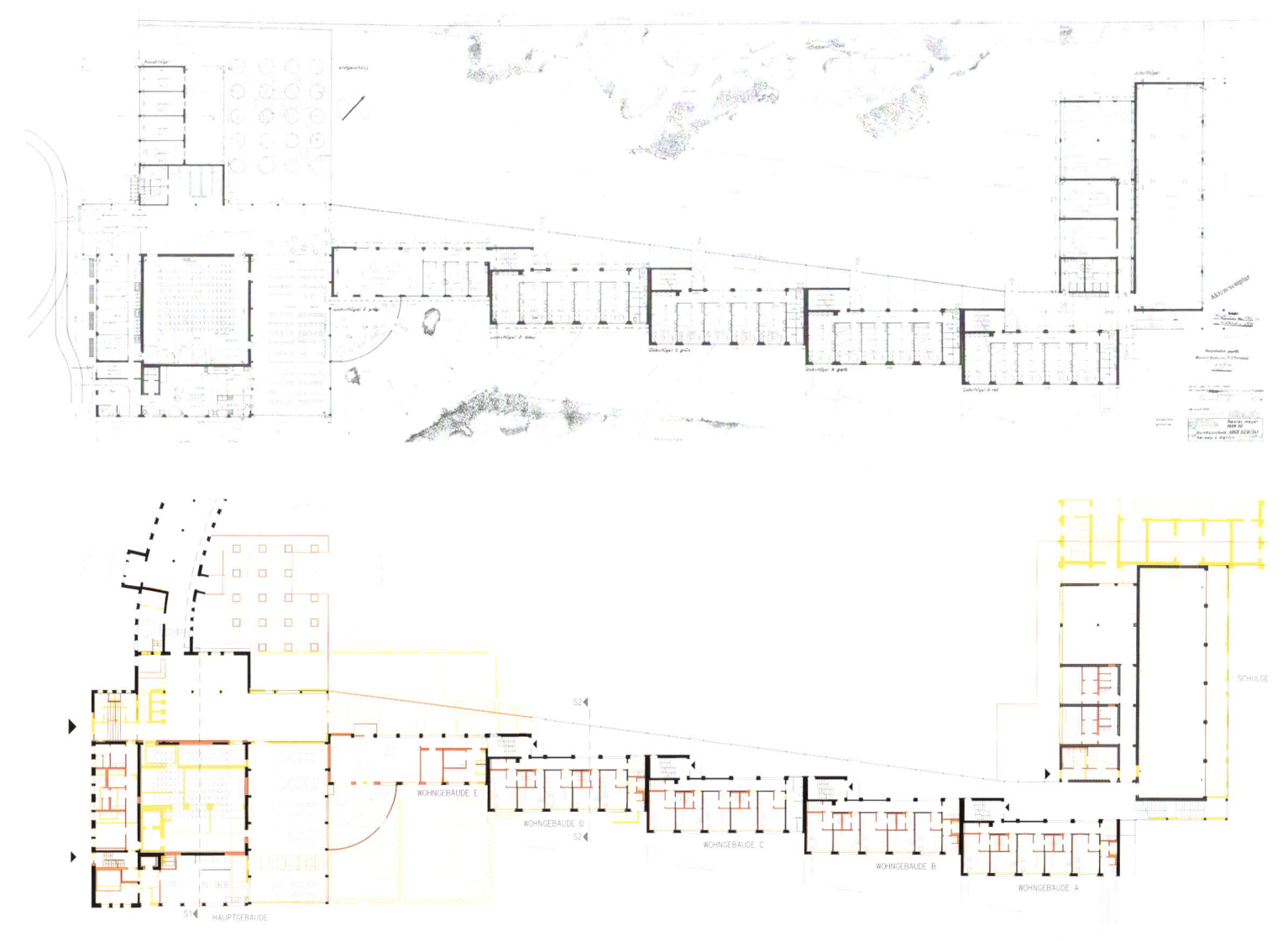

BUNDESSCHULE DES ADGB BERNAU

DENKMALPFLEGE DER MODERNE | 141

BUNDESSCHULE DES ADGB BERNAU

Oben links: Blick in den Glasgang vor der Sanierung

Oben rechts: Blick in den Glasgang nach Freilegung der Glasfront und Wiederherstellung der bauzeitlichen Farbigkeit (2007)

Rechts: Neu gestalteter Eingangsbereich (2007)

Sanierung

Einen wichtigen Impuls für die Sanierung des Gebäudekomplexes, der seit 1990 leer stand, gaben die Instandsetzung eines Lehrerwohnhauses und die Einrichtung eines Informationszentrums auf Initiative des Vereins Baudenkmal Bundesschule Bernau e. V.. Nachdem mit der Handwerkskammer Berlin ein neuer Nutzer gefunden war, erfolgte die Erfassung, Dokumentation und Bewertung der vorgefundenen Bausubstanz. Als denkmalpflegerisches Ziel wurde die Wiederherstellung von innerer Struktur und äußerem Erscheinungsbild des von Meyer und Wittwer geplanten Komplexes formuliert. Dabei sollte so weit wie möglich Rücksicht auf die erhaltenswerten Bereiche der in den 1950er-Jahren geplanten Umbauten genommen werden. Da es im Eingangsbereich nicht möglich war, die ursprüngliche Struktur oder die Situation der 1950er-Jahre wiederherzustellen, wurde hier eine nutzungsbezogene neue Gestaltung realisiert, die auch die behindertengerechte Erschließung umfasst. Die Maßnahmen betrafen ausschließlich das Schulgebäude. Die Wohnhäuser für die Lehrer und die Außenanlagen mit dem See sind zwar Bestandteile des gesamten Ensembles, wurden aber in diesem Zusammenhang nicht bearbeitet.

Nach dem Prinzip des sukzessiven „Freischälens" wurden ab 2001 entstellende Veränderungen zurückgebaut. „Sehen lernen zur Beurteilung der Wertigkeit von Bausubstanz", so beschreibt der Architekt Winfried Brenne das behutsame Vorgehen, das ein immer besseres Verständnis des Gebäudes ermöglichte. Die räumliche Struktur des Ursprungsbaus konnte damit weitgehend wieder sichtbar gemacht werden. Durch das Abnehmen von später aufgetragenen Beschichtungen nach dem gleichen Prinzip wurde die ästhetische Wirkung der Oberflächen und damit der Architektur wieder hergestellt. Bauteile, die auf den ersten Blick in sehr schlechtem Zustand schienen, wurden durch diese vorsichtige Behandlung bewahrt. Auch Werkspuren, wie die Bearbeitung der Betonoberflächen oder Altersspuren und die Ausbesserungen des Ziegelmauerwerks, konnten auf diese Weise als Zeugnisse des Ursprungsbaus erhalten werden.

Links: Speisesaal nach Wiederherstellung der räumlichen Struktur und Freilegung der bauzeitlichen Oberflächen (2007)

Rechts: Speisesaal vor der Sanierung (2001)

BUNDESSCHULE DES ADGB BERNAU

Normen und Standards

Neben der Auseinandersetzung mit Oberflächen und Zeitschichten am Gebäude spielte die Anpassung an die heutigen Standards für die neue Nutzung eine wichtige Rolle bei der Sanierung. Beispielsweise wurde für den großen, fast vollständig verglasten Speisesaal eine zusätzliche Lüftung gewünscht. Diese wurde unter dem ohnehin zu erneuernden Fußboden ausgeführt, indem die Luft in Kanälen zwischen den Zerrbalken, die die Betonkonstruktion des Speisesaals stabilisieren, zirkuliert. Die unauffälligen Öffnungen für Zu- und Abluft neben den Heizkörpern und hinter einem bauzeitlichen Wandpaneel aus Sperrholz ermöglichen eine natürliche Luftzirkulation. Diese Lösung erforderte kaum Eingriffe in die bauzeitliche Substanz und keine komplizierte Technik, verbessert jedoch die Luftqualität insbesondere in den Sommermonaten und hilft in der kalten Jahreszeit, Kondensatbildung an der ungedämmten Betonkonstruktion zu vermeiden.

Auch für die Internatszimmer wurde eine intelligente und verträgliche Lösung für die Verbesserung der Luftqualität gefunden. Nachdem die Räume als Zugeständnis an heutige Anforderungen und Förderrichtlinien mit kleinen Bädern ausgestattet waren, konnte deren Entlüftung auf mechanischem Wege auch für die Schlafzimmer genutzt werden. Über einen kleinen Lüfter im Brüstungsbereich der Fenster erfolgt die kontrollierte Zuführung von frischer Luft und über den Ventilator im Bad die Fortführung der Abluft. Sowohl die Montage des in die Wand integrierten Lüfters als auch die Herstellung eines schmalen horizontalen Schlitzes unter der Fensterverblechung für die Belüftung erforderten kaum Eingriffe in die bauzeitliche Substanz und Ästhetik.

Die Fenster im Internatstrakt wurden erneuert, da die vorgefundenen, nicht bauzeitlichen Holzfenster verrottet waren. Ein detailgenauer Nachbau war möglich, da noch einige der ursprünglich eingebauten Fenster erhalten waren. Die neuen Stahlfenster sind nun mit einer dünnen Isolierverglasung und einer umlaufenden Dichtung ausgestattet. Aufteilung, Profilierung und Beschläge entsprechen jedoch exakt den ursprünglichen Fenstern, die im Mittelteil eine Festverglasung aufweisen, während sich die schmalen Seitenflügel öffnen ließen. Da diese schmalen Flügel nicht den Vorschriften für einen zweiten Rettungsweg entsprachen, war zunächst der Einbau eines zweiten Treppenhauses als Fluchtweg geplant.

Oben: Flur vor den Internatszimmern mit wiederhergestellter Farbigkeit (2007)

Rechts: Turnhalle nach Wiederherstellung der Fassade aus Glas (2007)

BUNDESSCHULE DES ADGB BERNAU

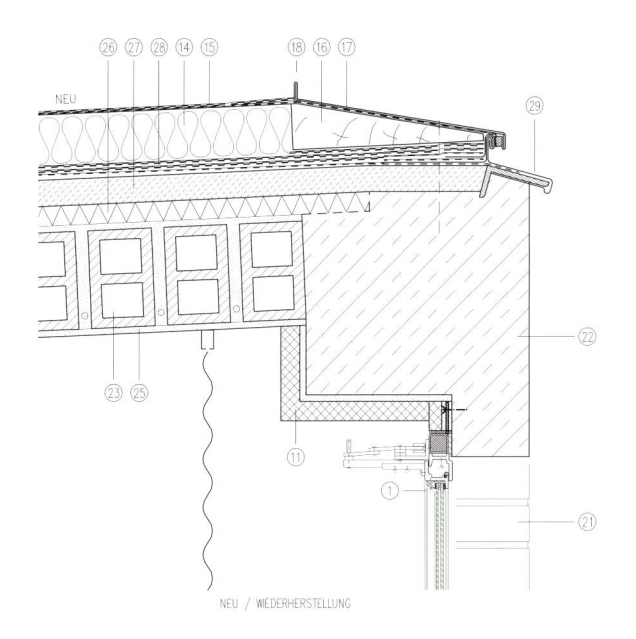

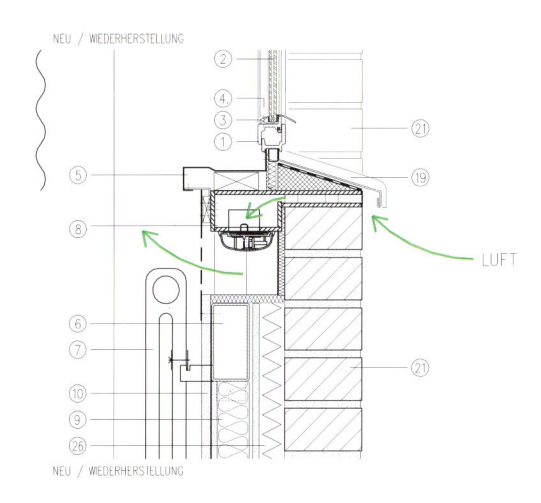

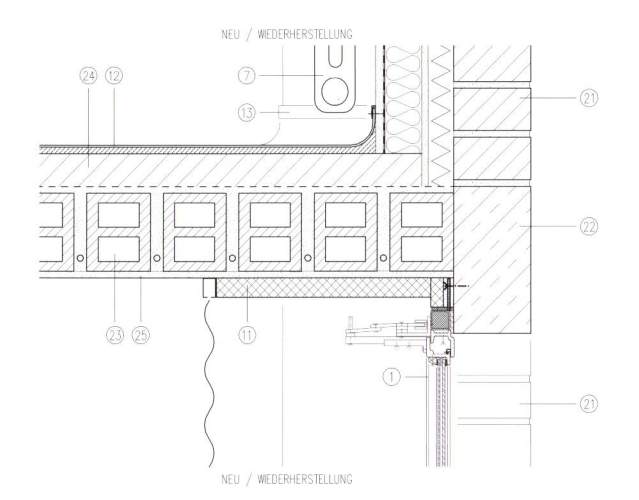

NEUE ELEMENTE

1. neues Stahlfenster
2. Iso-Scheibe 11 mm
3. Glashalteleiste, Holz
4. Linsenkopfschraube, Messing
5. Fensterbrett, Blech
6. Traverse
7. Heizkörper
8. Fensterlüfter
9. Wärmedämm-Verbundplatte
10. Gipskartonplatte
11. Kalziumsilikat-Platte
12. Linoleum
13. Abschlußschiene
14. Wärmedämmung
15. Dachabdichtung
16. Keilbohle
17. Randverblechung
18. Windfeder
19. Fensterblech

VORHANDENE ELEMENTE

21. Mauerwerk
22. Beton
23. Stahlsteindecke
24. Steinholzestrich
25. Innenputz
26. Torfoleum-Dämmung
27. Leichtbeton
28. Dachabdichtungen
29. Randverblechung, Kupfer

Oben: Blick in ein Internatszimmer 1930, vor der Sanierung 2001 und nach der Sanierung 2007

Unten: Detail eines Fensters im Internatszimmer mit Isolierverglasung und umlaufender Dichtung (2007)

Links: Fassadenschnitt nach Sanierung (Planung 2001)

DENKMALPFLEGE DER MODERNE

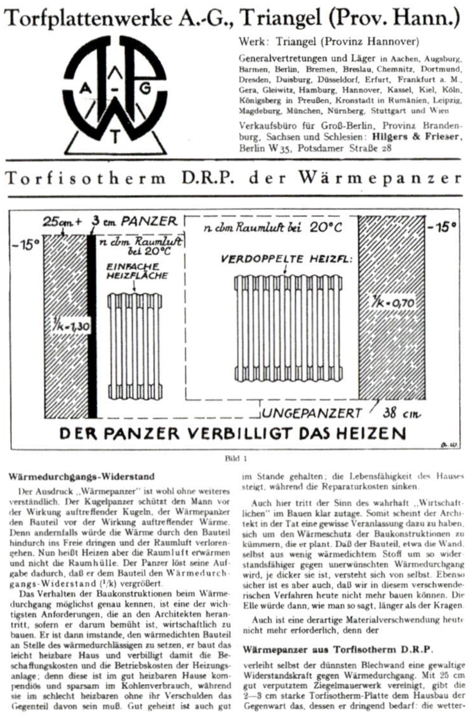

Oben: Historische Werbung für Wärmedämmung aus Torf-Isotherm-Platten im Bauweltkatalog 1929/30

Unten links: Dachrand mit Abdeckung aus Kupferblech vor der Sanierung (2001)

Unten Mitte: Dachrand mit Verstärkung der Wärmedämmung und Erhaltung der alten Verblechung nach der Sanierung (2007)

Unten rechts: Gut erhaltener und weiterhin funktionsfähiger Anschluss des Dachs an eine aufgehende Wand (2007)

Das hätte jedoch einen massiven Eingriff in die Raumstruktur und Bausubstanz bedeutet. In langen Verhandlungen zwischen den Beteiligten zeichnete sich schließlich eine Lösung ab, die für das Denkmal verträglich ist und die Sicherheit der Bewohner garantiert. Die Zufahrt wurde so hergerichtet, dass die Feuerwehr anleitern kann und die Bewohner können im Notfall mittels eines gut sichtbar am Fenster angebrachten Hammers die Scheibe kontrolliert eindrücken.

Die Internatszimmer erhielten auch eine zusätzliche Wärmedämmung, indem im Brüstungsbereich die vorhandene Dämmung aus Torf-Isotherm-Platten durch eine weitere Dämmplatte verstärkt wurde. Die Betonstürze, die als Kältebrücken Feuchtigkeitsprobleme hervorrufen können und die angrenzenden Deckenbereiche wurden mit Kalziumsilikatplatten gedämmt. Die Wärmedämmung konnte auch am Dach mit minimalen Veränderungen am Bestand verbessert werden. Der weitgehend intakte Dachaufbau aus Torf-Isotherm-Platten, Leichtbeton und Dachabdichtungen wurde erhalten und erhielt einen Aufbau aus hoch dämmendem Material und einer Abdichtung. Durch eine Keilbohle wird der erhöhte Aufbau zum Dachrand abgeflacht, sodass der neue Aufbau nicht in Erscheinung tritt. Die bauzeitliche Randverblechung aus Kupfer konnte nach sorgfältiger Reinigung erhalten werden. Sogar die Anschlüsse der alten Dachdichtung an angrenzende Bauteile waren noch intakt. Um diese den geltenden Vorschriften anzupassen, erhielten sie durch eine kleine Vertiefung im Dachaufbau die notwendige Anschlusshöhe.

Das äußerst kenntnisreiche und vorsichtige Vorgehen bei Planung und Bauausführung ermöglichte die Entdeckung und Sicherung von vielen bauzeitlichen Details, die auch heute noch funktionieren. Für unvermeidliche Anpassungen an die heutige Nutzung wurden Lösungen gefunden, die sowohl von der Entwicklung intelligenter Ideen mit geringem technischen Aufwand als auch von großer Rücksicht auf den bauzeitlichen Bestand in materieller, technologischer und ästhetischer Hinsicht geprägt sind. *MM*

BUNDESSCHULE DES ADGB BERNAU

Oben: Ansicht des Gebäudekomplexes mit Turnhalle und Seminarräumen (2007)

Unten: Ansicht des Gebäudekomplexes mit Schlaftrakt und Zugang zu den Seminarräumen (2007)

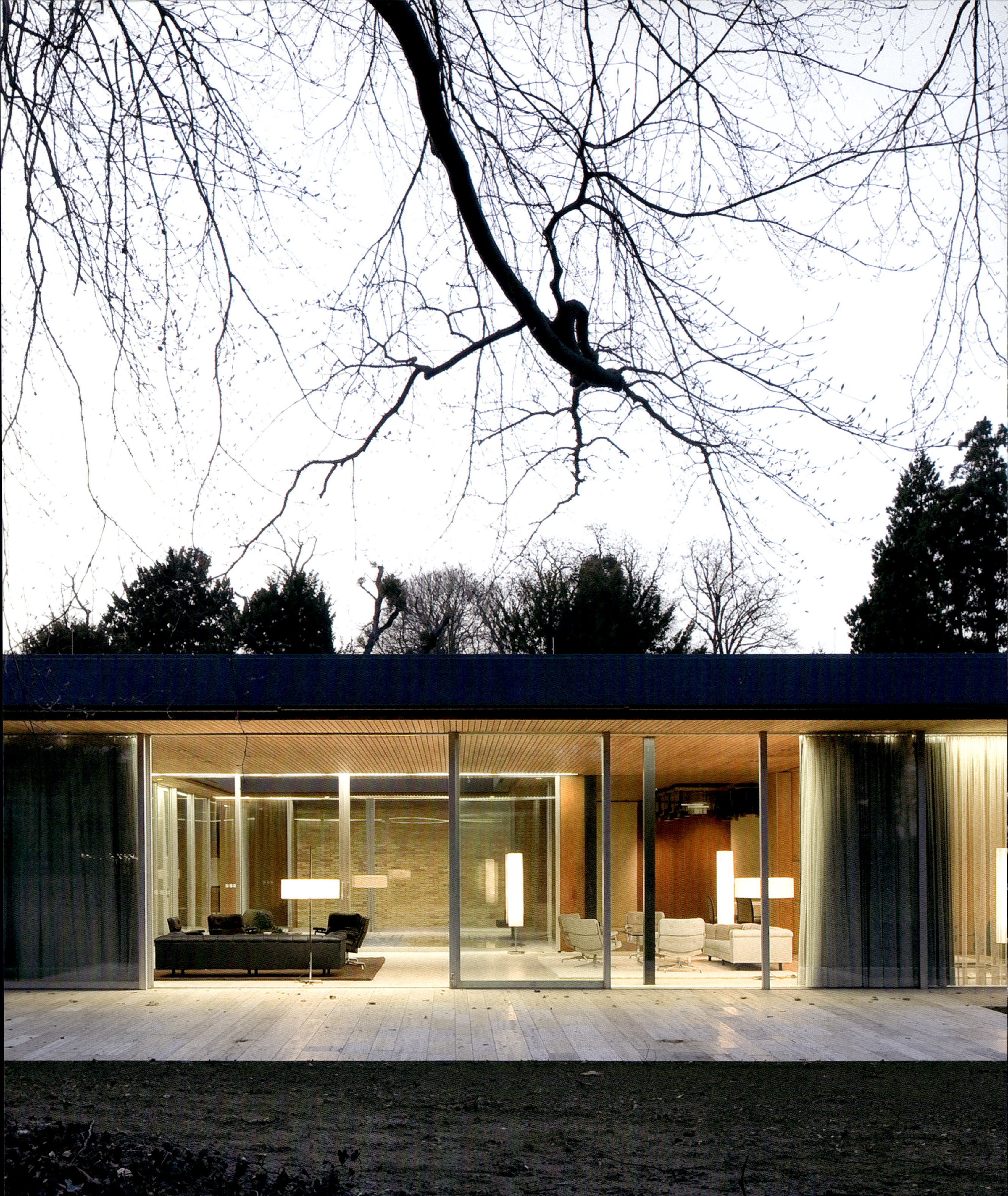

KANZLERBUNGALOW
BONN

Offenheit, noble Zurückhaltung und eine moderne Formensprache, die in ihrer Transparenz sowohl am Neuen Bauen der 1920er-Jahre als auch an der amerikanischen Nachkriegsmoderne anknüpft, charakterisieren das ehemalige Wohn- und Empfangsgebäude des deutschen Bundeskanzlers. In enger Absprache zwischen dem ersten Nutzer Ludwig Erhard und dem Architekten Sep Ruf entstand 1963/64 ein Gebäude, welches die junge Bundesrepublik ohne bauliches Pathos in einer neuen und zeitgenössischen Weise repräsentieren sollte. Bei der Sanierung galt es, nicht nur die architektonische Qualität, sondern auch die historische Bedeutung sowie die baulichen Spuren der unterschiedlichen Bewohner anschaulich werden zu lassen.

KANZLERBUNGALOW BONN

Ludwig Erhard und Sep Ruf am Tegernsee beim Entwurf des Kanzlerbungalows (1963)

Rechte Seite: Das instandgesetzte Speisezimmer aus der Amtszeit Kohl (2009)

Auftraggeber	Bundesschatzministerium der Bundesrepublik Deutschland
Architekt	Sep Ruf
Konstruktion	Stahlskelett, Dachkonstruktion aus Trapezblech
Nutzfläche	810 Quadratmeter
Bauzeitliche Nutzung	Wohn- und Empfangsgebäude des Bundeskanzlers
1963	Auftrag des Bundesschatzministeriums zur Aufstellung der Entwurfsunterlagen am 15. Oktober
1963	Baubeginn im November
1964	Fertigstellung und Schlüsselübergabe an Bundeskanzler Ludwig Erhard am 12. November
1966–1969	Nutzung durch Bundeskanzler Kurt Georg Kiesinger. Umbauten im privaten Bereich nach Plänen der Innenarchitektin Herta-Maria Witzemann
1969–1974	Nutzung durch Bundeskanzler Willy Brandt lediglich als Gästehaus, nicht als Wohnung
1974–1982	Nutzung durch Bundeskanzler Helmut Schmidt
1977	Errichtung der schusssicheren Glaswand auf der Rheinseite
1982–1998	Nutzung durch Bundeskanzler Helmut Kohl; Umbauten im repräsentativen Bereich durch Einbau großflächiger Deckenleuchten und Verkleidung der Ziegelwände durch Seidenbespannung
2001	Denkmalschutz
2006	Machbarkeitsstudie zur Erhaltung, Instandsetzung und Neunutzung durch die Wüstenrot Stiftung
2007	Übergabe des Gebäudes an die Wüstenrot Stiftung am 27. Februar
2007/08	Sanierung
2009	Rückübergabe des Gebäudes an das Bundesministerium für wirtschaftliche Zusammenarbeit am 27. Januar. Feierliche Eröffnung durch Bundesminister Thomas de Maizière am 16. April
Eigentümer	Bundesrepublik Deutschland, vertreten durch das Bundesministerium für wirtschaftliche Zusammenarbeit und Entwicklung (BMZ)
Bauherr der Denkmalmaßnahme	Wüstenrot Stiftung, Ludwigsburg
Architekten Sanierung	Burkhardt + Schumacher Architekten und Ingenieure, Braunschweig
Aktuelle Nutzung	Museum und Veranstaltungsgebäude der Stiftung Haus der Geschichte der Bundesrepublik Deutschland, Bonn

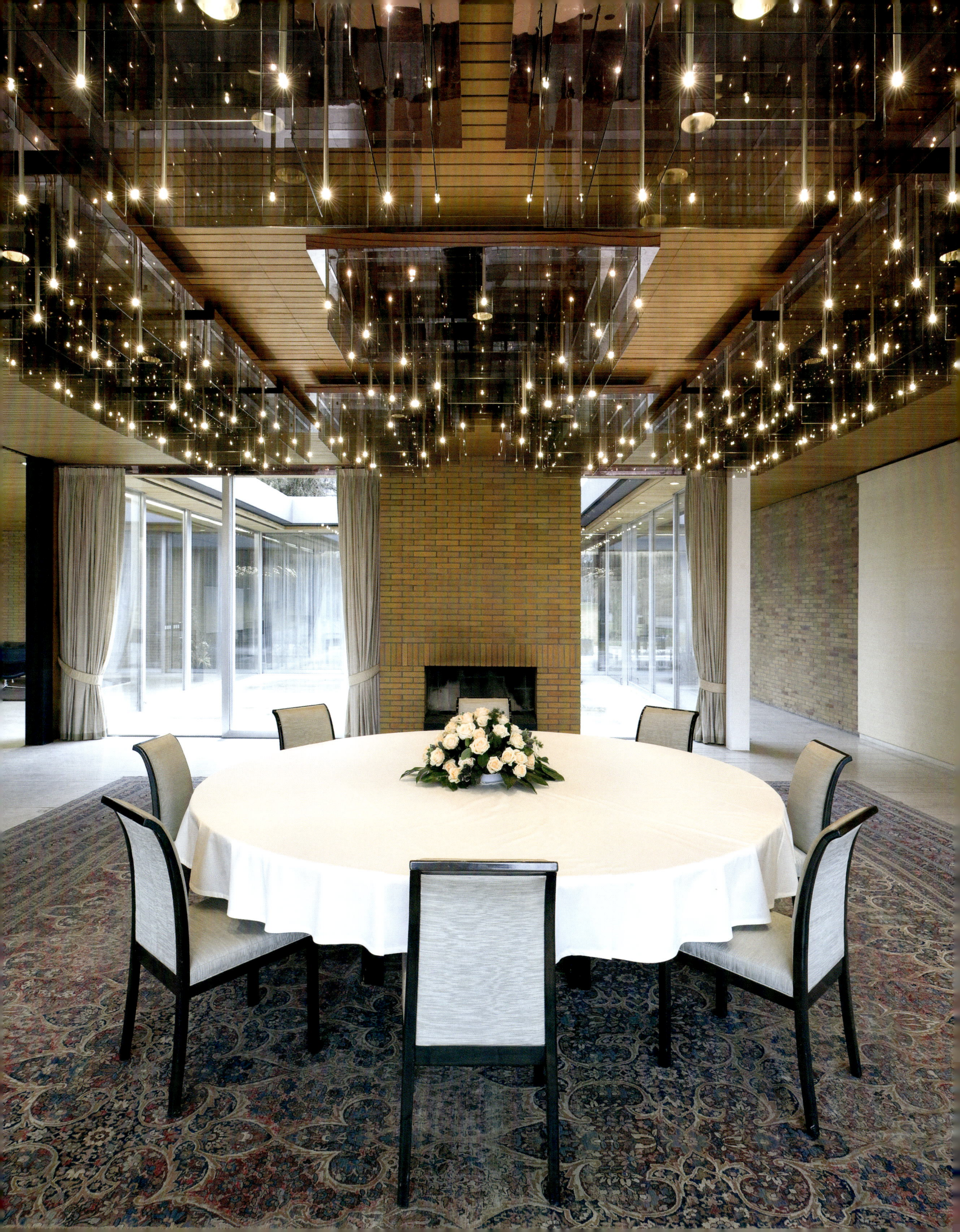

KANZLERBUNGALOW BONN

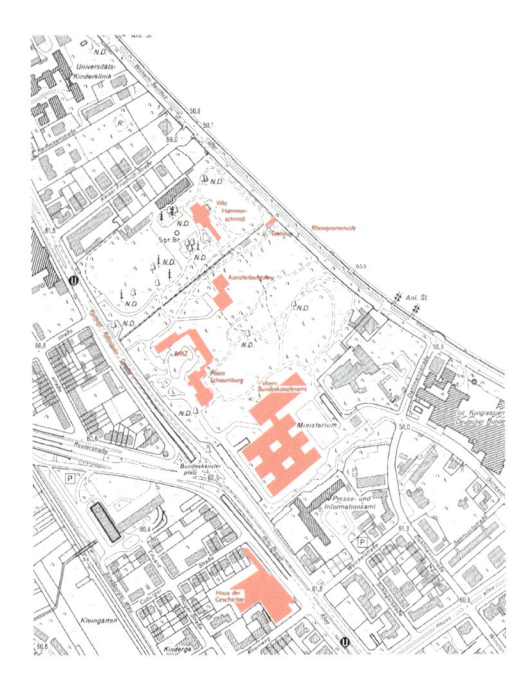

Lageplan mit dem Kanzlerbungalow zwischen der Villa Hammerschmidt, dem Palais Schaumburg, dem ehemaligen Bundeskanzleramt, dem Bundesministerium für wirtschaftliche Zusammenarbeit und dem Haus der Geschichte (2010)

Inmitten der weitläufigen Parkanlage zwischen dem Palais Schaumburg und der Villa Hammerschmidt an der Rheinpromenade entstand 1963/64 der sogenannte Kanzlerbungalow, der zwischen den bundesdeutschen Staatsbauten eine sowohl architektonisch wie auch historisch besondere Stellung einnimmt. Noch unter Bundeskanzler Konrad Adenauer hatte sein designierter Nachfolger Ludwig Erhard Überlegungen für ein neues „Haus des Kanzlers" angestellt und sich maßgeblich dafür eingesetzt, den Auftrag direkt an den Architekten Sep Ruf zu vergeben. Ruf hatte sich bereits als Architekt des gemeinsam mit Egon Eiermann entworfenen Deutschen Pavillons für die Brüsseler Weltausstellung 1958 internationale Anerkennung erworben und war darüber hinaus als Nachbar und Architekt des Privathauses von Erhard am Tegernsee freundschaftlich mit ihm verbunden. Im Kanzlerbungalow von Ruf verbindet sich auf diese Weise Erhards privates Bekenntnis zur architektonischen Moderne mit der symbolischen Selbstdarstellung der jungen Bundesrepublik als demokratischer und weltoffener Staat.

Der Jurist und Politiker Adolf Arndt hatte 1961 in seiner berühmt gewordenen Rede zur Eröffnung der Berliner Bauwochen, die unter dem Titel „Demokratie als Bauherr" mehrfach publiziert wurde, die Offenheit und Transparenz moderner Architektur mit „einer äußeren wie inneren Durchsichtigkeit und Zugänglichkeit ihrer öffentlichen Bauwerke" in Verbindung gebracht. Der Wunsch, sich deutlich von der steinernen Monumentalität der nationalsozialistischen Staatsarchitektur abzugrenzen und den demokratischen Neubeginn auch architektonisch erfahrbar werden zu lassen, ist an vielen Staatsbauten der Bundesrepublik ablesbar – sei es im 1948/49 erfolgten Umbau der Bonner Pädagogischen Akademie zum Bundeshaus durch Hans Schwippert oder beim 1965–1969 errichteten Bundesverfassungsgericht in Karlsruhe von Paul Baumgarten.

Der Kanzlerbungalow hatte zwei Funktionen zu erfüllen – er war zum einen das Wohnhaus des Bundeskanzlers und sollte zum anderen den Rahmen für kleinere Empfänge, Sitzungen und informelle Gespräche bieten. So vereinigen sich im Entwurf des Kanzlerbungalows zwei gegensätzliche architektonische Prinzipien – das introvertierte Hofhaus mit Atrium und das nach außen geöffnete Glashaus mit der wechselseitigen Durchdringung von innen und außen. Zwei quadratische Baukörper mit jeweils einem Innenhof sind übereck angeordnet. Der kleinere beherbergte die Wohnung des Bundeskanzlers sowie Gästezimmer und Räume für das Hauspersonal, der größere neben dem Arbeitszimmer des Bundeskanzlers die repräsentativen Räumlichkeiten. Während hier die Wände weitgehend in Glas aufgelöst sind und der Raum nur durch wenige Schrankeinbauten, den Kamin und versenkbare Zwischenwände gegliedert wird, bilden die Wohn- und Gästezimmer des privaten Gebäudetrakts eine feste und kleinteiligere Raumstruktur. Die in ihren Ausmaßen bescheidenen Räume des Kanzlerehepaars sind um ein Atrium mit kleinem Schwimmbad gruppiert und stellen innerhalb dieses Trakts einen eigenständigen, nach außen abgeschlossenen Bereich dar. Klare Raumgrenzen im privaten Gebäudetrakt, nach außen geöffnete Gäste- und Personalräume und das großzügige, fließende Raumkontinuum des repräsentativen Teils bilden so eine komplexe und nach den räumlichen Anforderungen differenzierte Einheit. Die fein gezeichnete Horizontalität des Gebäudes kontrastiert mit dem alten Baumbestand der vorhandenen klassizistischen Gartenanlage, die mit Skulpturen von Paul Dierkes, Bernhard Heiliger und Fritz Koenig neu akzentuiert wurde.

Schlüsselübergabe am 12. November 1964

Unten: Ansicht des Eingangsbereich und der Zufahrt von Südwesten (2009)

KANZLERBUNGALOW BONN

So präzise die Architektur auf die Bedürfnisse und gestalterischen Vorstellungen des Bundeskanzlers Erhard zugeschnitten war, so kontrovers wurde das Gebäude in der bundesrepublikanischen Öffentlichkeit diskutiert. Auch die Identifikation der späteren Nutzer mit dem Bau fiel sehr unterschiedlich aus. Bereits drei Jahre nach Fertigstellung des Gebäudes beauftragte der nachfolgende Bundeskanzler Kurt Georg Kiesinger bei seinem Einzug die Stuttgarter Innenarchitektin Herta-Maria Witzemann mit der Neugestaltung der Privaträume. Dabei wurde unter anderem die Deckenuntersicht mit weißen Gipskartonplatten verkleidet und die Holzoberflächen der Einbauschränke weiß gestrichen. Willy Brandt bezog das Gebäude nicht, sondern nutzte es lediglich für gelegentliche Empfänge und als Gästehaus. Während Bundeskanzler Helmut Schmidt im Innern kaum Veränderungen durchführen ließ, wurde 1977 infolge der terroristischen Ereignisse im „Deutschen Herbst" zum Rhein hin eine schusssichere Wand aus Panzerglas errichtet. Größere Umgestaltungen fanden erst wieder zu Beginn der 1980er-Jahre durch Bundeskanzler Helmut Kohl statt, der die Räume des repräsentativen Teils mit großformatigen Deckenleuchten und Wandbespannungen aus Seide ausstatten ließ und den größten Teil des Mobiliars aus der Herman Miller Collection austauschte. Seit dem Umzug der Bundesregierung nach Berlin im Jahre 1999 stand der Bungalow leer.

Grundriss 1964, mit privatem Teil (links) und repräsentativen Teil (rechts)

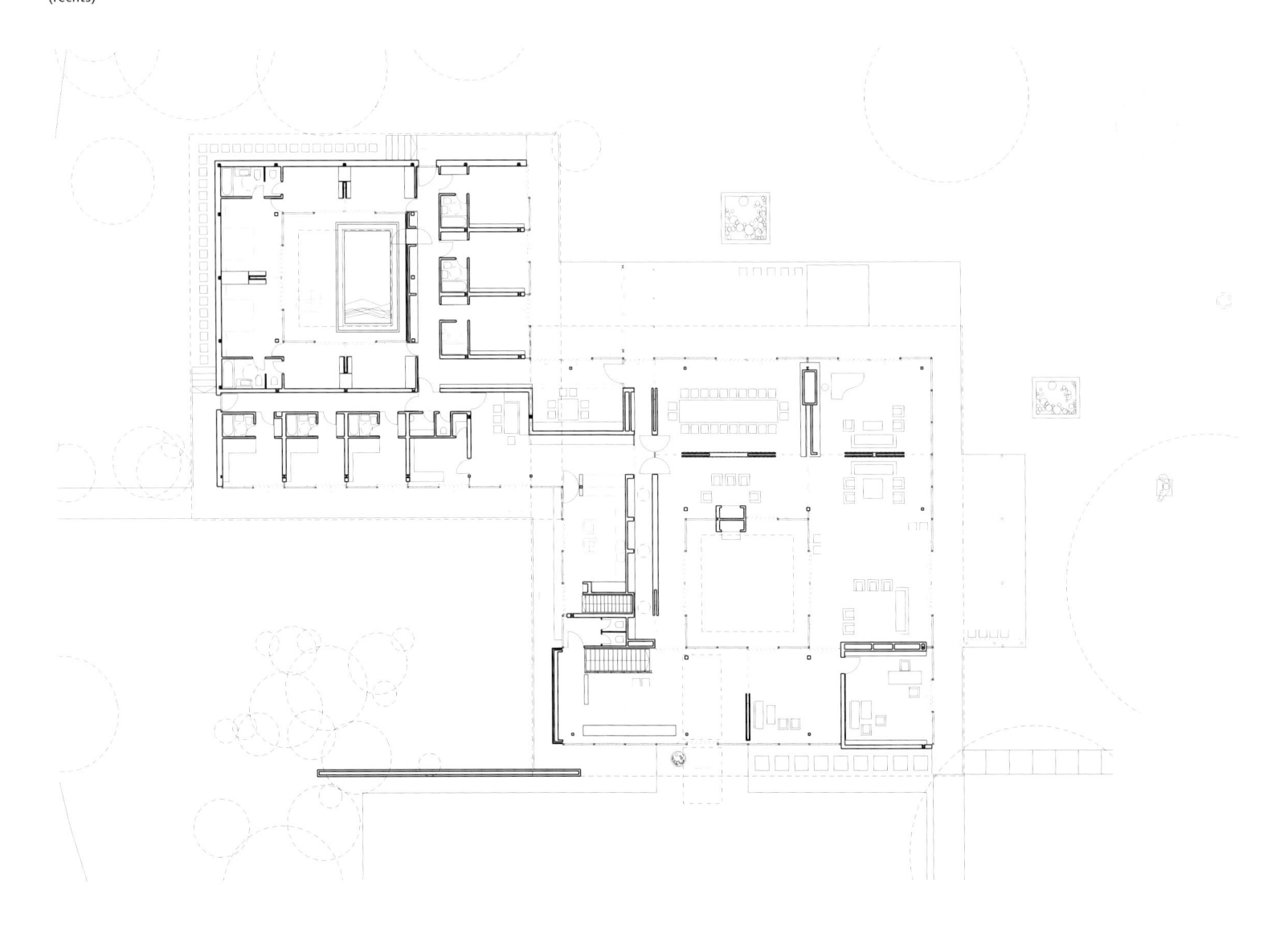

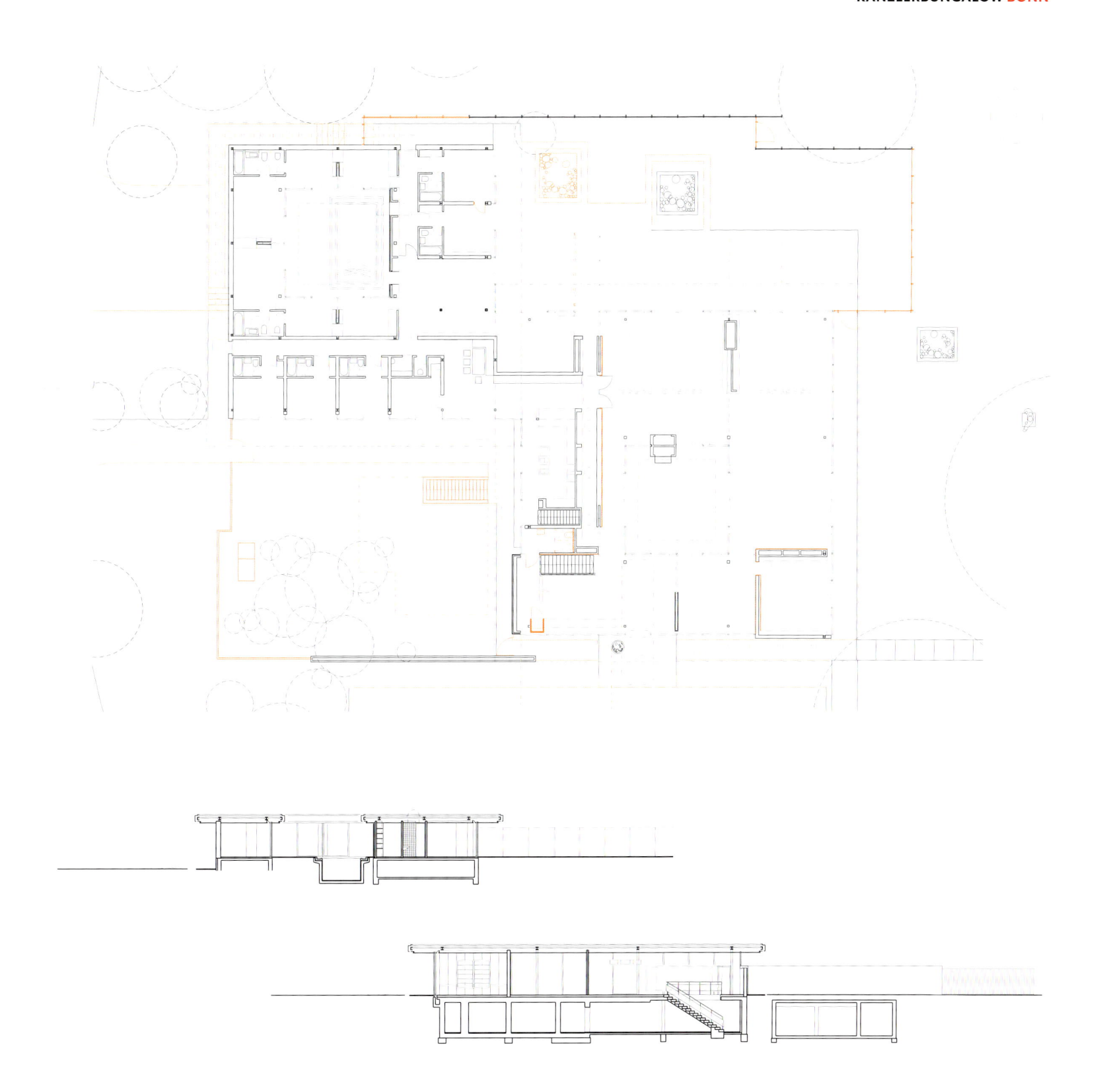

KANZLERBUNGALOW BONN

Oben: Grundriss 1998, mit räumlichen Veränderungen im privaten Teil durch Kanzler Kurt Georg Kiesinger sowie der 1977 unter Kanzler Helmut Schmidt errichteten Panzerglaswand (oben)

Unten: Querschnitte 1998, mit privatem Teil (oben) und repräsentativem Teil (unten)

DENKMALPFLEGE DER MODERNE | 155

KANZLERBUNGALOW BONN

Oben: Empfangsraum in der Amtszeit Erhard

Mitte: Empfangsraum in der Amtszeit Erhard

Unten: Speiseraum in der Amtszeit Erhard

Oben: Empfangsraum in der Amtszeit Kohl

Mitte: Empfangsraum in der Amtszeit Kohl

Unten: Speiseraum in der Amtszeit Kohl

Sanierung

Vor der Konzeption einer denkmalpflegerischen Zielstellung wurde zunächst im Auftrag der Wüstenrot Stiftung eine umfassende Gebäudeanalyse durchgeführt, um Klarheit über den Erhaltungszustand des Gebäudes zu gewinnen. Auf dieser Grundlage wurde die denkmalpflegerische Konzeption erarbeitet, der Umfang der zu leistenden Baumaßnahmen abgeklärt und eine angemessene und denkmalverträgliche Nutzung für das Gebäude entwickelt.

Aufgrund der guten Pflege waren nach über 40 Jahren kaum größere Schäden am Gebäude sichtbar. Erst nach Abschluss der umfangreichen Voruntersuchungen konnte der erforderliche Sanierungsaufwand präzise festgestellt werden. So waren am Dach umfassende Eingriffe notwendig, um die durchfeuchtete Dämmung zu erneuern sowie die teilweise korrodierten Traufbleche am Dachrand aufzuarbeiten und gegebenenfalls auszutauschen. Außerdem wurde die nicht mehr funktionsfähige Lüftungsanlage der repräsentativen Räume modernisiert und die Wasserinstallation erneuert. Zahlreiche technische Details, wie die Heizanlage, die motorbetriebenen Markisen und die ausfahrbaren Wände im repräsentativen Gebäudeteil, mussten instand gesetzt werden. Im Außenbereich wurden die Bodenplatten aus Travertin neu verlegt und ergänzt. Die Deckenuntersicht aus brasilianischer Kiefer wurde innen und außen restauratorisch aufgearbeitet, sodass mit der durchlaufenden Deckenuntersicht ein prägendes Element der ursprünglichen Ästhetik wieder erlebbar ist. Im Konsens darüber, dass die neue Nutzung sich behutsam dem überkommenen Gebäude anpassen sollte, wurde auf eine Wohnnutzung des privaten Bereichs verzichtet und dort die Wasserinstallation trockengelegt. Das kleine Schwimmbad im privaten Bereich wurde ebenfalls stillgelegt, aber mit Wasser gefüllt, welches durch einen Reinigungskreislauf vor Verschmutzung und Verkeimung geschützt ist. Auf die Wiederherstellung der bauzeitlichen Auskleidung des Beckens mit Fliesen wurde verzichtet.

Links: Restaurierung der abgehängten Holzlamellendecke aus brasilianischer Kiefer (2008)

Rechts: Restaurierung der Holzwände und Schrankeinbauten (2008)

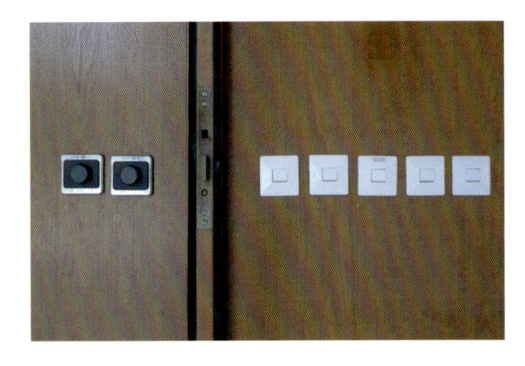

Oben: Die Lichtschalter vom Speiseraum wurden im Zustand der Amtszeit Kohl belassen (links), während für den Empfangsraum bauzeitliche Lichtschalter wiederbeschafft und eingebaut wurden (2009)

Unten: Privater Bereich, Zimmer der Dame. Hier wurden die baulichen Veränderungen (Gipskartonplatten unter der Decke, weißer Anstrich der ehemals holzsichtigen Schrankwände und heller Teppichboden) belassen und instand gesetzt (2009)

Altersspuren und Zeitschichten

Im Vorfeld der Sanierungsmaßnahmen herrschte Einvernehmen darüber, dass aufgrund der architekturgeschichtlichen Bedeutung des Gebäudes eine Rückführung auf den bauzeitlichen Zustand wünschenswert sei, sofern damit keine relevanten Zeitspuren beseitigt oder größere rekonstruierende Maßnahmen notwendig würden. Die gestalterisch zwar stark prägenden, in das Baugefüge jedoch kaum eingreifenden Umbauten machten diese Rückführung recht problemlos möglich. So blieben unter den reversiblen Seidenbespannungen aus der Amtszeit Kohl die Ziegelwände unverändert erhalten und die großformatigen Beleuchtungskörper waren lediglich unter die bestehende Deckenverschalung gesetzt worden. Da die baulichen Veränderungen am Gebäude jedoch nicht nur die persönlichen Wohnvorstellungen der verschiedenen Bundeskanzler reflektieren, sondern darüber hinaus auch zeitgeschichtliche Aussagekraft besitzen, wurde in der denkmalpflegerischen Zielstellung festgelegt, im repräsentativen Bereich mit dem Besprechungs- und Speiseraum einen zentralen Bereich im Zustand der Amtszeit Kohl zu belassen. Auch der gesamte private Bereich des Gebäudes sollte im vorgefundenen Zustand erhalten und instand gesetzt werden, da eine Rekonstruktion des bauzeitlichen Zustandes umfangreiche Eingriffe in das bauliche Gefüge notwendig gemacht hätte.

So umfassten die Sanierungsarbeiten je nach Bewertung der Raumbereiche neben der gebäudetechnischen Instandsetzung und Modernisierung sowohl eine Reparatur des Status quo als auch das behutsame Freilegen und Ergänzen des bauzeitlichen Zustandes. Gerade in dieser simultanen Präsentation unterschiedlicher Zeitschichten wird deutlich, was grundsätzlich für alle denkmalpflegerischen Maßnahmen gilt: Zeit lässt sich nicht anhalten oder gar zurückdrehen. Jede Baumaßnahme, sei es ein Neubau, eine Rekonstruktion oder auch eine denkmalpflegerische Instandsetzung, schafft einen Zustand, der in dieser Form nie zuvor existiert hat. Das Nebeneinander authentischer Zeitspuren ermöglicht die Wahrnehmung des Gebäudes als historisches Dokument in seiner komplexen Vielschichtigkeit dabei sehr viel deutlicher als die Beschränkung auf eine einzige Zeitschicht.

Nach dem Abschluss der von der Wüstenrot Stiftung durchgeführten Sanierungsarbeiten ist der Kanzlerbungalow sowohl in seiner ursprünglichen architektonischen Qualität als auch in seiner Bedeutung als historischer Ort für die bundesdeutsche Nachkriegsgeschichte erlebbar. Er ist über das Haus der Geschichte im Rahmen von organisierten Führungen öffentlich zugänglich; eine alternative Bestuhlung des repräsentativen Bereichs ermöglicht auch Vortragsveranstaltungen und kleine Konzerte. Eine Dauerausstellung über die Bau- und Nutzungsgeschichte informiert über die politische und bauhistorische Bedeutung. Die Öffnung des Hauses für ein architektur- und zeitgeschichtlich interessiertes Publikum schreibt so die von Bundeskanzler Erhard ursprünglich intendierte Bedeutung des Kanzlerbungalows als Ort der Begegnung in einer neuen Weise fort. AS

KANZLERBUNGALOW **BONN**

Oben: Eingangsbereich mit aufgearbeitetem Garderobenschrank, Blick nach außen (2009)

Unten: Der Empfangsraum wurde durch den Ausbau der zwischenzeitlich eingebrachten Beleuchtungskörper und Wandbespannungen wieder in den Zustand der Amtszeit Erhard versetzt. Im Hintergrund rechts befindet sich der Speiseraum (2009)

DENKMALPFLEGE DER MODERNE | 159

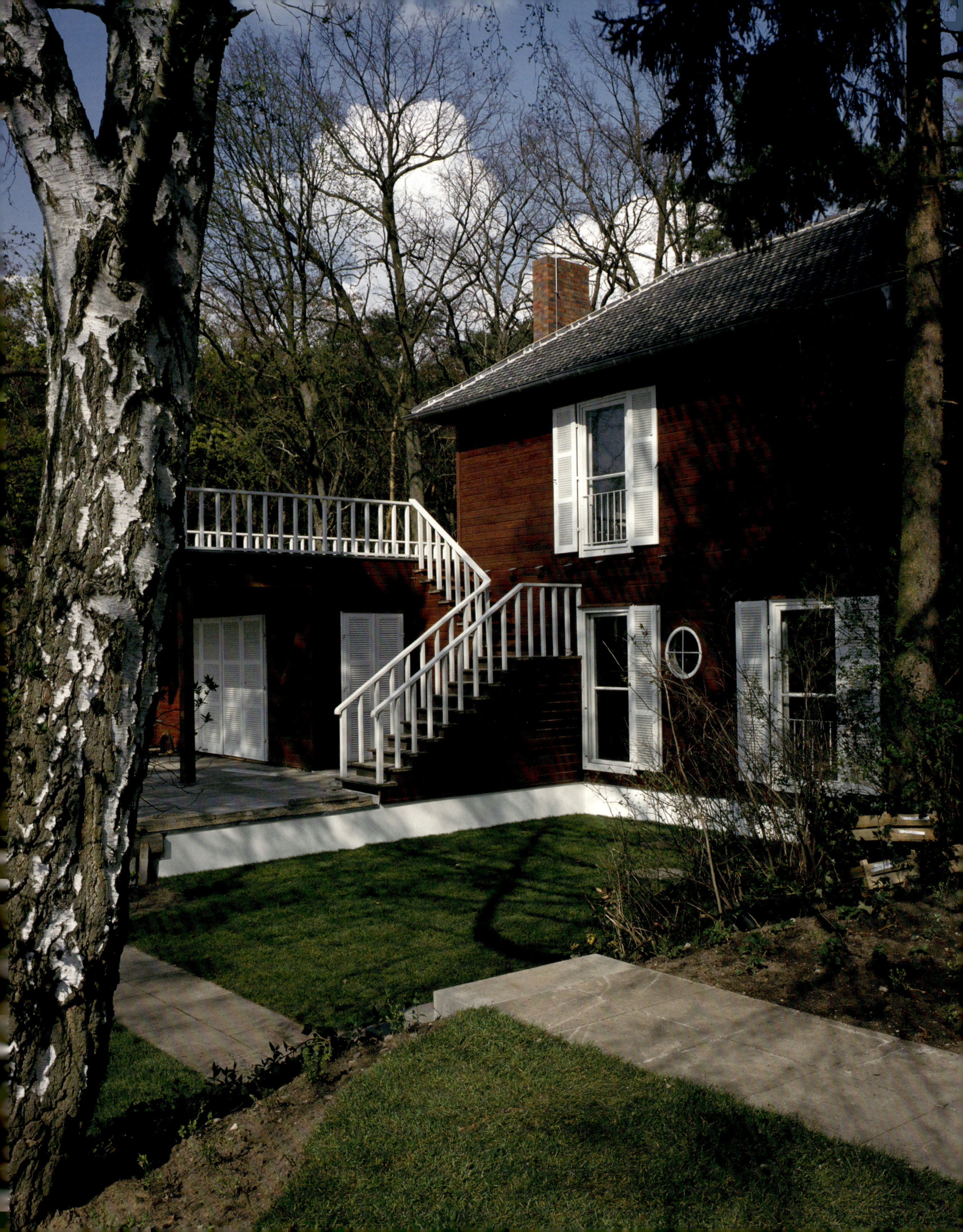

EINSTEINHAUS
CAPUTH

Das Sommerhaus für Albert Einstein in Caputh bei Potsdam gilt als Ikone der modernen industriell gefertigten Holzhausbauten. Sein Architekt, Konrad Wachsmann, hatte die Rationalisierung des Holzhausbaus während seiner Tätigkeit bei der auf Holzbauten spezialisierten Firma Christoph & Unmack aus Niesky beispielhaft vorangetrieben und für die Moderne salonfähig gemacht. Das 1929 errichtete Haus ist zugleich Wachsmanns bedeutendster Holzhausbau, auch wenn der Entwurf durch die starke Einflussnahme Einsteins traditionelle Elemente mit einbezieht, wie zum Beispiel das geneigte Dach. Bei der letzten umfassenden Sanierung des Hauses bildete die Instandsetzung der „Ortsfesten Fachwerkbauweise" einen Schwerpunkt.

EINSTEINHAUS CAPUTH

Konrad Wachsmann und Albert Einstein auf der Terrasse vor dem großen Wohnraum (um 1931)

Rechte Seite: Eingangsbereich nach der Sanierung (2005)

Auftraggeber	Albert Einstein
Architekt	Konrad Wachsmann
Konstruktion	„Ortsfeste Fachwerkbauweise", Walmdach mit Ziegeleindeckung
Nutzfläche	150 Quadratmeter Wohnfläche, 80 Quadratmeter Dachterrasse
Bauzeitliche Nutzung	Sommerhaus
1929	Errichtung durch die Firma Christoph & Unmack aus Niesky
1932/33	Emigration Albert Einsteins in die USA; Übertragung des Hauses auf seine Töchter, Vermietung an ein jüdisches Landschulheim im Auftrag Einsteins
1933–1935	Erste Feuchtigkeitsschäden an der Terrasse und im darunter befindlichen Wohnraum
1935	Beschlagnahme des Hauses durch den preußischen Staat
1936	Erwerb durch die Gemeinde Caputh; Nutzung durch den Bund Deutscher Mädchen (BDM) und die Hitlerjugend (HJ)
1945	Nutzung durch ein Wehrmachtskommando; später Vermietung als Wohnhaus; Scheitern von Bestrebungen zur Rückübertragung an Einstein
1955	Denkmalschutz
1957–1976	Wiederkehrende Durchfeuchtung im großen Wohnraum aufgrund undichter Dachterrasse
1978/79	Umfassende Sanierung des Hauses durch die Akademie der Wissenschaften; Aufbringung eines Zinkdachs auf der Dachterrasse; dennoch weiter auftretende Durchfeuchtungen
2002	Konzept zur Sanierung und Nutzung durch das Architekturbüro Kühn-von Kaehne und Eberhard Lange
2003	Bestätigung dieses Konzeptes im Rahmen eines Fachkolloquiums
2004/05	Sanierung
Eigentümer	Hebräische Universität Jerusalem (seit 2004)
Bauherr der Denkmalmaßnahme	Einstein Forum Potsdam
Architekten Sanierung	Architekturbüro Kühn-von Kaehne und Lange, Potsdam
Aktuelle Nutzung	Tagungshaus und Forschungsstätte (Einstein Forum, Potsdam)

DENKMALPFLEGE DER MODERNE

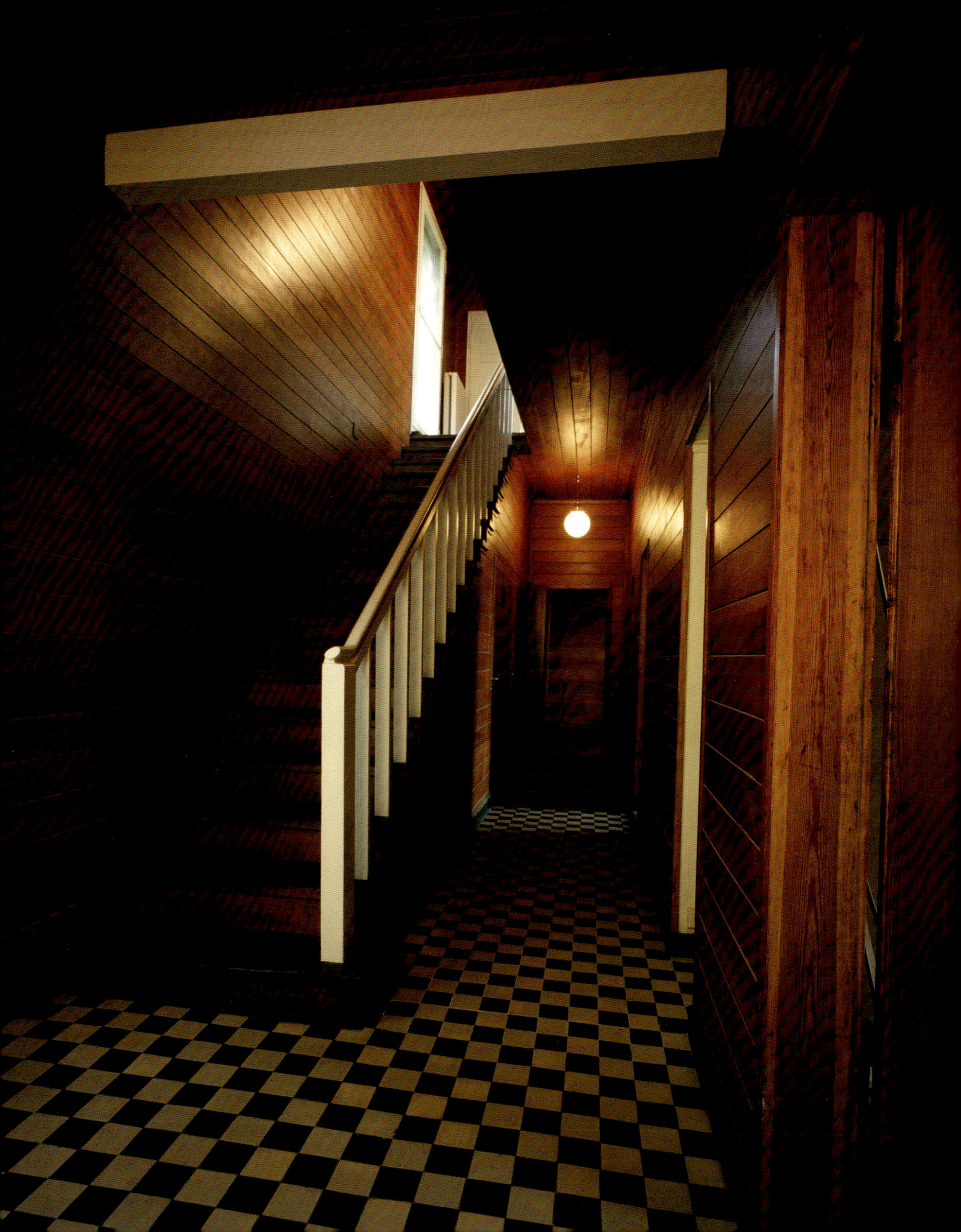

EINSTEINHAUS CAPUTH

Albert Einstein in seinem Arbeitszimmer (1931)

Unten: Ansicht von Südwesten (1930)

Der berühmte Physiker erwarb nach langem Suchen 1929 in Caputh einen hoch gelegenen Bauplatz mit Blick auf den Templiner See, nachdem die Stadt Berlin ihr Grundstücksgeschenk zum 50. Geburtstag von Albert Einstein aus politischen Gründen zurückziehen musste. Der damals erst 28-jährige und noch unbekannte Konrad Wachsmann bot sich dem Nobelpreisträger als Architekt an. Der realisierte Entwurf kombiniert zwei Entwurfsansätze: das von Einstein gewünschte Holzhaus mit Ziegeldach mit einem herangeschobenen Würfel, dessen Flachdach als Terrasse dient. Von Einstein bevorzugte raumhohe französische Fenster mit Fensterläden setzen einen vertikalen Akzent zu der horizontalen Brettverschalung der Fassaden. Der ausdrücklich auf Einsteins Wunsch realisierte Holzhauscharakter wird durch die über das Haus hinausragenden Deckenbalken unterstrichen. Im zweigeschossigen Gebäudeteil sind die Schlafräume, das Gästezimmer, die Bäder und das Arbeitszimmer Einsteins untergebracht, im eingeschossigen Kubus öffnet sich nach Süden das großzügige Wohnzimmer, dahinter liegen die Küche und der Eingangsbereich. Das nur als Sommerhaus geplante Haus wurde bald zum „Paradies" für Einstein und seine Familie. 1930–1932 lebten und empfingen sie dort Gäste das ganze Jahr über, ausgenommen die kalten Wintermonate, die sie im nahe gelegenen Berlin verbrachten. Mit Konrad Wachsmann hatte Einstein einen Architekten gefunden, der 1926–1929 als Chefarchitekt der auf Holzhausbauten spezialisierten Firma Christoph & Unmack in Niesky die Rationalisierung des Holzhausbaus in der Moderne vorangetrieben hatte. Das Sommerhaus wurde nicht mehr in der bis dahin für Holzbauten üblichen Plattenbauweise errichtet, sondern in der von Wachsmann so benannten „Ortsfesten Fachwerkbauweise". Die äußere horizontal durchgehende Holzverkleidung besteht aus der nordamerikanischen Douglasie – „Oregon Pine" – die mit einer Schutzlasur „nordisch rot" gestrichen war.

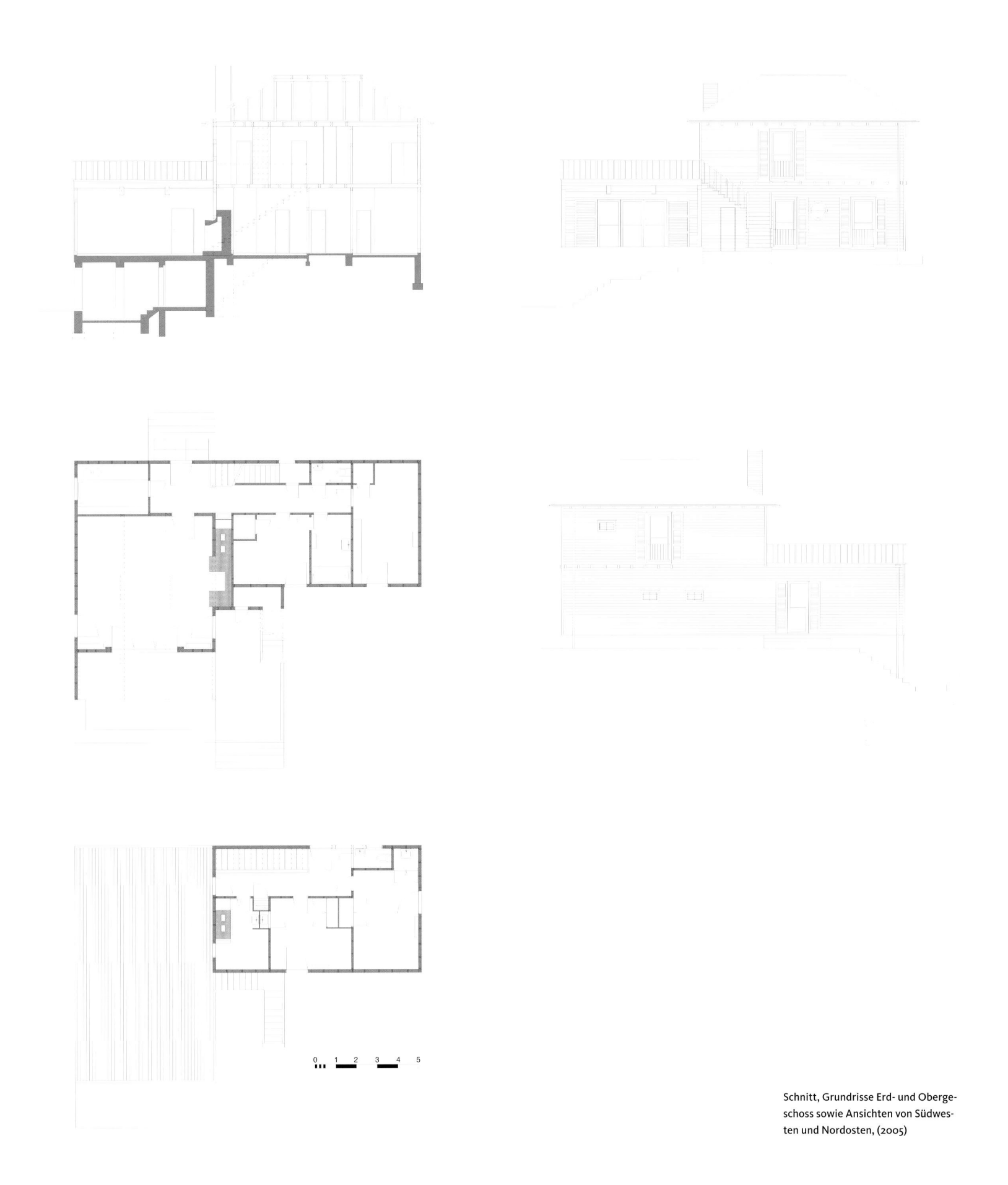

EINSTEINHAUS CAPUTH

Schnitt, Grundrisse Erd- und Obergeschoss sowie Ansichten von Südwesten und Nordosten, (2005)

EINSTEINHAUS CAPUTH

Oben: Detail des Treppenaufgangs vor der Sanierung (2002)

Rechts: Ansicht von Südwesten vor der Sanierung (2002)

Oben: Detail eines Randbalkens der Dachterrasse mit Fäulnisbefall (2002)

Rechts: Ansicht von Nordwesten vor der Sanierung. Die Terrasse ist mit einem Notdach gesichert (2002)

Sanierung

Die denkmalpflegerische Zielstellung legte fest, die im Einsteinhaus vorgefundene Substanz zu erhalten. Auch unter Beachtung der testamentarischen Verfügung Albert Einsteins, aus seinem Wohnhaus kein Museum zu machen, sollte die verlorene Einrichtung nicht rekonstruiert werden. Das Ständerwerk des zweigeschossigen Gebäudes war, bis auf einige wenige Schäden durch echten Hausschwamm, intakt und wurde nur partiell für Installationsarbeiten geöffnet. Die äußeren Bekleidungsbretter und Sperrholztafeln im Flur und auch in Einsteins Arbeitszimmer wurden nur gereinigt. Im Zusammenspiel mit der bauzeitlichen Farbigkeit der Wände, die auf Grundlage der Farbuntersuchungen der Restauratorin Eleonore Löwe aus Potsdam wiederhergestellt werden konnte, ist das Farbkonzept wieder erlebbar. Abgesehen von einer schon 1979 angefertigten Replik des Schreibtischs von Einstein, sind die Räume mit modernen eigens für das Haus vom Designer Jörg Hundertpfund entworfenen Möbeln ausgestattet, die sich deutlich von dem historischen Bestand absetzen.

Der Schwerpunkt der Sanierungsarbeiten lag auf dem eingeschossigen Gebäudeteil mit Dachterrasse und dem darunter liegenden Wohnraum. Hier waren schon kurz nach der Erbauung Feuchtigkeitsschäden aufgetreten, die in der fehlerhaften Fundamentierung und der konstruktiv unzureichenden Deckenkonstruktion begründet waren. Im Rahmen verschiedener Sanierungsmaßnahmen, insbesondere 1978/79, waren die originale Torfdämmung und insbesondere die geschädigte Innenverkleidung des Wohnraumes mit Sperrholztafeln ausgetauscht worden. Aufgrund der notwendigen intensiven baukonstruktiven Instandsetzung der tragenden Wände bestand hier die Möglichkeit, die Baukonstruktion wärmetechnisch auf den heutigen Stand der Technik aufzurüsten. Das bauzeitliche Gefache wurde mit Zellulosedämmstoff ausgeblasen, darüber wurde eine Dampfbremspappe aufgebracht. Dies bildete den Untergrund für die neuen Sperrholzplatten, die nach historischen Fotografien in den alten Formaten und auch wieder aus Kiefernholz-Messerschnittfurnier hergestellt wurden – Vorlage dafür waren bauzeitlich erhaltene Platten hinter den Heizkörpern. Die Deckenkonstruktion des Wohnraums wurde ebenfalls freigelegt und mithilfe von Balkenkopfsanierungen stabilisiert. Das notwendige Gefälle für den Wasserabfluss wurde neu bestimmt und die Terrasse mit einem Kunststoff-Dichtungssystem abgedichtet. Dies ermöglichte auch, die innen liegende Dachrinne nach den historischen Vorlagen wiederherzustellen. Auf Gummischutzmatten wurde erneut der Terrassenbelag aus Holz aufgebracht. Die Fassadenbekleidung war nur an wenigen Stellen repariert worden. Dies lässt sich sowohl auf eine gute Holzqualität als auch eine solide Verarbeitung der zum Teil über sechs Meter langen Bohlen zurückführen. Die zahlreichen Außenanstriche hatten die Holzstruktur mit einer dicken, abblätternden Farbschicht überdeckt. Das darunter befindliche Holz war insgesamt in einem guten Zustand, sodass man sich nach Abwägen verschiedener substanzschonender Methoden für das Abbeizen entschied, wobei die aufgeweichten Farbschichten vorsichtig abgehoben und die Fassade gereinigt werden konnte.

Oben: Wohnraum vor der Sanierung mit Holzvertäfelung der 1970er Jahre (2002)

Unten: Wohnraum mit geöffneter Holzständerkonstruktion (2003)

EINSTEINHAUS CAPUTH

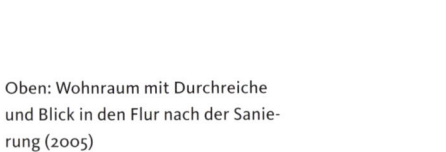

Oben: Wohnraum mit Durchreiche und Blick in den Flur nach der Sanierung (2005)

Unten links: Wohnraum, Schema der bauzeitlichen Wand- und Deckengestaltung mit Holzvertäfelung (2005)

Unten rechts: Schema der „Ortsfesten Fachwerkbauweise", wie sie im Einsteinhaus angewandt wurde

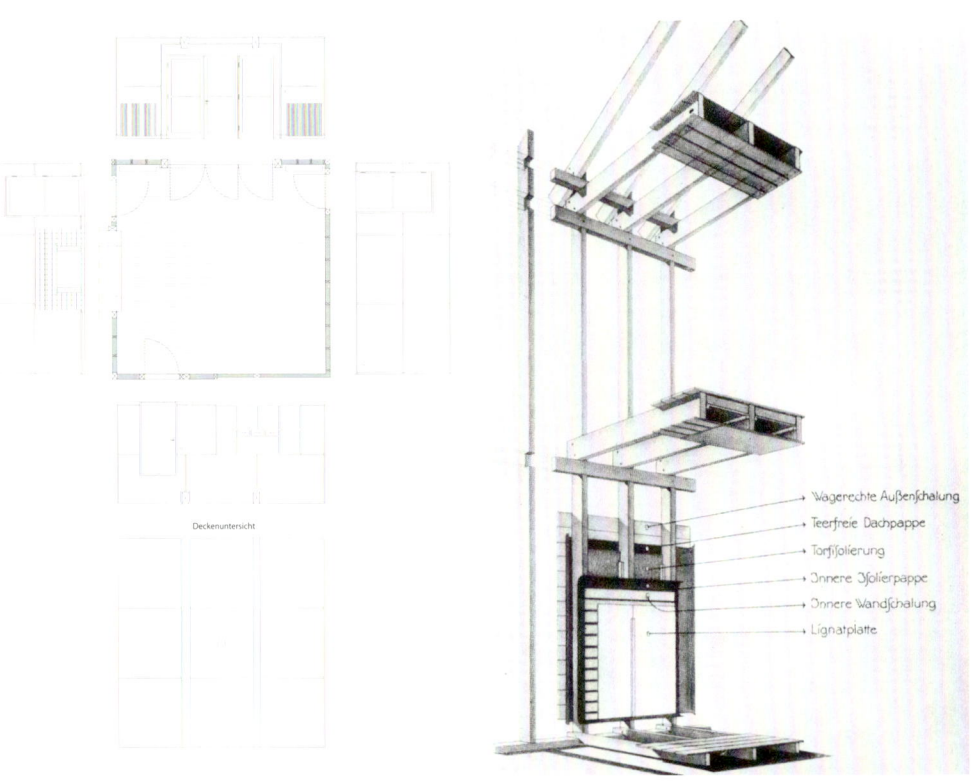

Material und Konstruktion

Dass der Holzhausbau als vollwertige Bauweise neben dem Massivbau auch im 20. Jahrhundert noch Bestand hatte, dazu trug Wachsmann mit seiner Arbeit maßgeblich bei. Während seiner Tätigkeit 1926–1929 bei der auf Holzbauten spezialisierten Firma Christoph & Unmack in Niesky perfektionierte er die Rationalisierung des Holzhausbaus. Dies war ihm durch die Weiterentwicklung der traditionellen Fachwerkbauweise zu der von ihm so bezeichneten „Ortsfesten Fachwerkbauweise" möglich. Das Holzgerüst wurde aus wesentlich dünneren Stielen und Rähmen als bei der traditionellen Fachwerkbauweise zusammengesetzt und auch nicht gezapft, was zu einer Schwächung des Holzes führt, sondern nur vernagelt. Das Fachwerk ruhte auf einem Schwellenkranz, der gegen aufsteigende Feuchtigkeit mit einer Isolierpappe und gegen Fäulnis mit Karbolinieumtränkung versehen wurde. Die Außenwände erhielten eine Lage starke, teerfreie Isolierpappe, hierauf eine 23 Millimeter starke, jalousieartige Bekleidung. Auf die Innenseiten der Stiele kam ebenfalls eine Isolierpappe und dann folgte – den einzelnen Räumen entsprechend – entweder eine gehobelte oder gespundete Fasebrettverkleidung oder eine Lignatplattenbekleidung auf Unterschalung beziehungsweise eine Sperrholzplattenbekleidung. Zwischen den Stielen wurde zur Wärmeisolierung noch eine Lage aus Torfplatten eingebaut. Bei Räumen, die besonders gut gegen Geräusche isoliert werden sollten, wurde ebenfalls eine Torfisolierung eingebracht. Auf die massive Kellerdecke wurden Lagerhölzer aufgebracht, dazwischen kam eine Aufschüttung mit Sand, Schlacke und dergleichen. Die Decke zwischen Erd- und Obergeschoss wurde als reguläre Balkendecke mit einem Zwischenboden auf Latten ausgeführt. Isolierpappe, Lignatplatten oder Sperrholzplatten dienten der weiteren Dämmung des Fußbodens.

Die Konstruktion des Einsteinhauses stellte sich bei der Sanierung als völlig intakt heraus bis auf die Probleme der Feuchteschäden beim Flachdach, die aber mit der Deckensanierung des Wohnraums und den neuen Gefällebegleitbalken sowie der darauf verlegten Holzschalung behoben werden konnten. Die Instandsetzung des Wohnraums wurde dafür genutzt, diesen Gebäudeteil einer erweiterten Nutzung zuzuführen. Der Wohnraum ist wärmetechnisch auf den neuesten Stand der Technik gebracht worden und somit das ganze Jahr zu nutzen. Der zweigeschossige, in seiner Konstruktion unangetastete Gebäudeteil ist nur eingeschränkt beheizbar und bleibt in seiner Nutzung auf die Sommermonate beschränkt. Jedoch bleibt die Dachterrasse mit ihrem zu geringen Entwässerungsgefälle in Verbindung mit der gewählten Zinkblechabdeckung, der innen liegenden Dachentwässerung und den Anschlusspunkten zum Gebäude, immer wiederkehrendes Thema der Schäden und insofern erforderlicher Pflege- und Instandhaltungsaufgaben des Hauses. SO

Werbeblatt der von der Firma Christoph & Unmack entwickelten Lignatplatten

Unten: Eingangsbereich (1930)

EINSTEINHAUS CAPUTH

Oben: Ansicht von Westen nach der Sanierung (2005)

Rechts: Dachterrasse nach der Sanierung (2005)

EINSTEINHAUS CAPUTH

Oben: Obergeschoss mit wiederhergestellter Farbigkeit, Blick aus dem Gästezimmer in den Flur (2005)

Links: Arbeitszimmer von Albert Einstein mit rekonstruiertem Mobiliar aus den 1970er-Jahren nach Plänen von Konrad Wachsmann (2005)

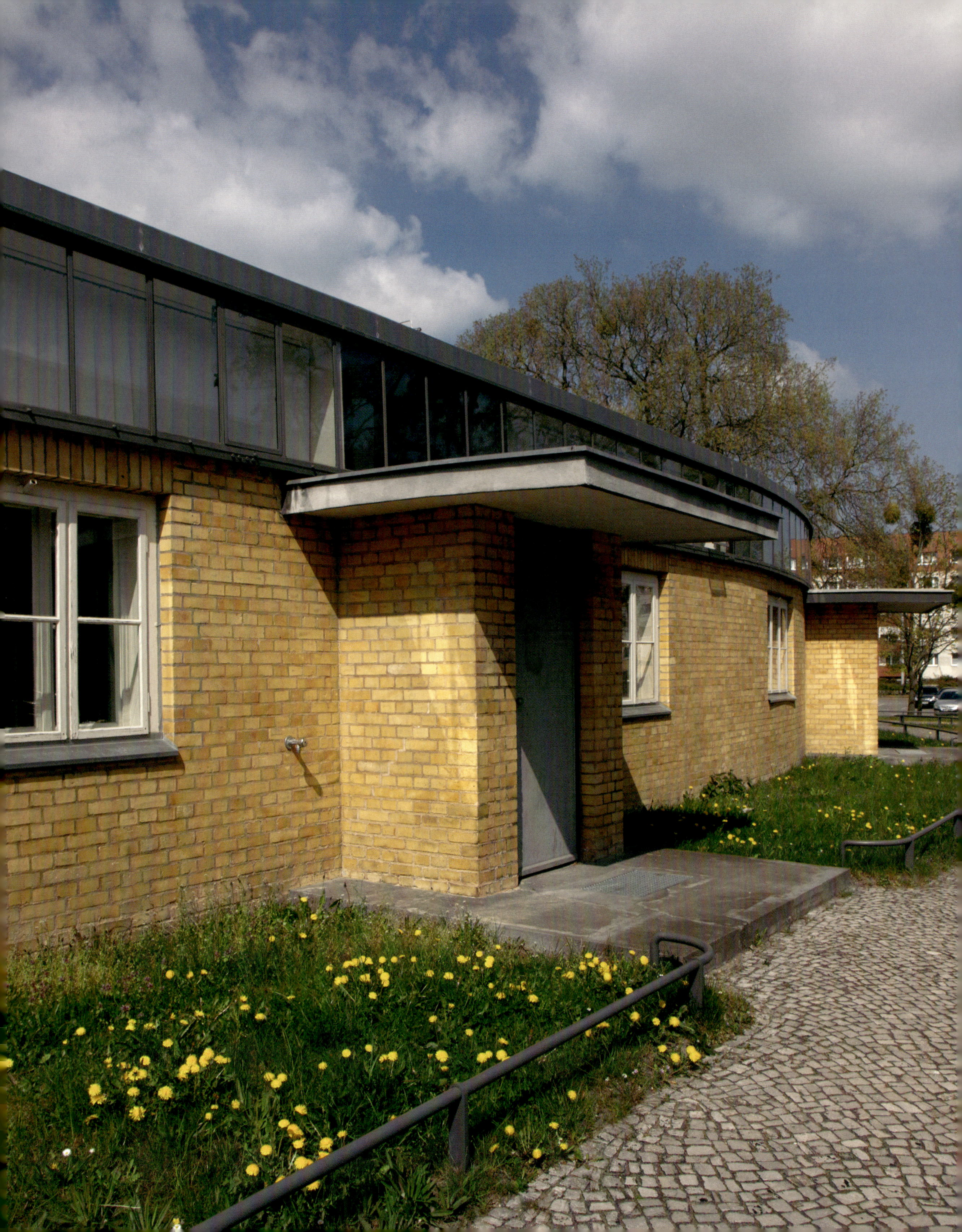

ARBEITSAMT
DESSAU

Selten wurde die in der Moderne geforderte Einheit von Funktion, Konstruktion und Baugestalt in einer so klaren und überzeugenden Form verwirklicht, wie bei dem 1929 fertiggestellten Gebäude des „Arbeitsnachweises" von Walter Gropius in Dessau. Dem grundsätzlich neuen Bautyp entsprach der innovative halbkreisförmige Grundriss, der sich deutlich an den Funktionsabläufen der Arbeitsvermittlung orientiert. Trotz baulicher Veränderungen wie den 1936 eingefügten Holzfenstern, ist das Gebäude mit zahlreichen gebäudetechnischen Details sowie vielen bauzeitlichen Oberflächen erhalten. Für die tragende Stahlkonstruktion wurden bei der Sanierung schonende Methoden der Erhaltung gefunden.

ARBEITSAMT DESSAU

Arbeitszimmer eines Arbeitsvermittlers im Rundbau (1929)

Rechte Seite: Die zentrale Halle (2004)

Auftraggeber	Stadt Dessau und Reichsanstalt für Arbeitsvermittlung und Arbeitslosenunterstützung
Architekt	Walter Gropius
Konstruktion	Stahlskelett mit Ummantelung aus Ziegelmauerwerk, Kleinsche Massivdecke
Nutzfläche	1438 Quadratmeter
Bauzeitliche Nutzung	Arbeitsamt
1928/29	Bau
1936	Umbau der äußeren Warteräume zu Büros und Einbau der zusätzlichen Holzfenster an der Außenfassade
1937	Planungen zum Abriss des Gebäudes
1940	Errichtung einer Luftschutzanlage im Keller
1942	Verkauf des Gebäudes an die Stadt Dessau
1945	Nutzung durch das Amt für Arbeit Dessau, gleichzeitig erst amerikanische, später russische Kommandantur
1957–1989	Nutzung durch den Freien Deutschen Gewerkschaftsbund (FDGB) und die Kreisverwaltung der Sozialversicherung
1974	Denkmalschutz
1990–1998	Nutzung durch eine Filiale der Allgemeinen Ortskrankenkasse (AOK)
1998–1999	Durchführung von Voruntersuchungen; Erstellung einer denkmalpflegerischen Zielstellung
2000–2003	Sanierung
2003	Nutzung durch das Straßenverkehrsamt Dessau
Eigentümer	Stadt Dessau-Rosslau
Bauherr der Denkmalmaßnahme	Stadt Dessau-Rosslau
Architekten Sanierung	Burkhardt + Schumacher Architekten und Ingenieure, Braunschweig
Aktuelle Nutzung	Straßenverkehrsamt der Stadt Dessau-Rosslau

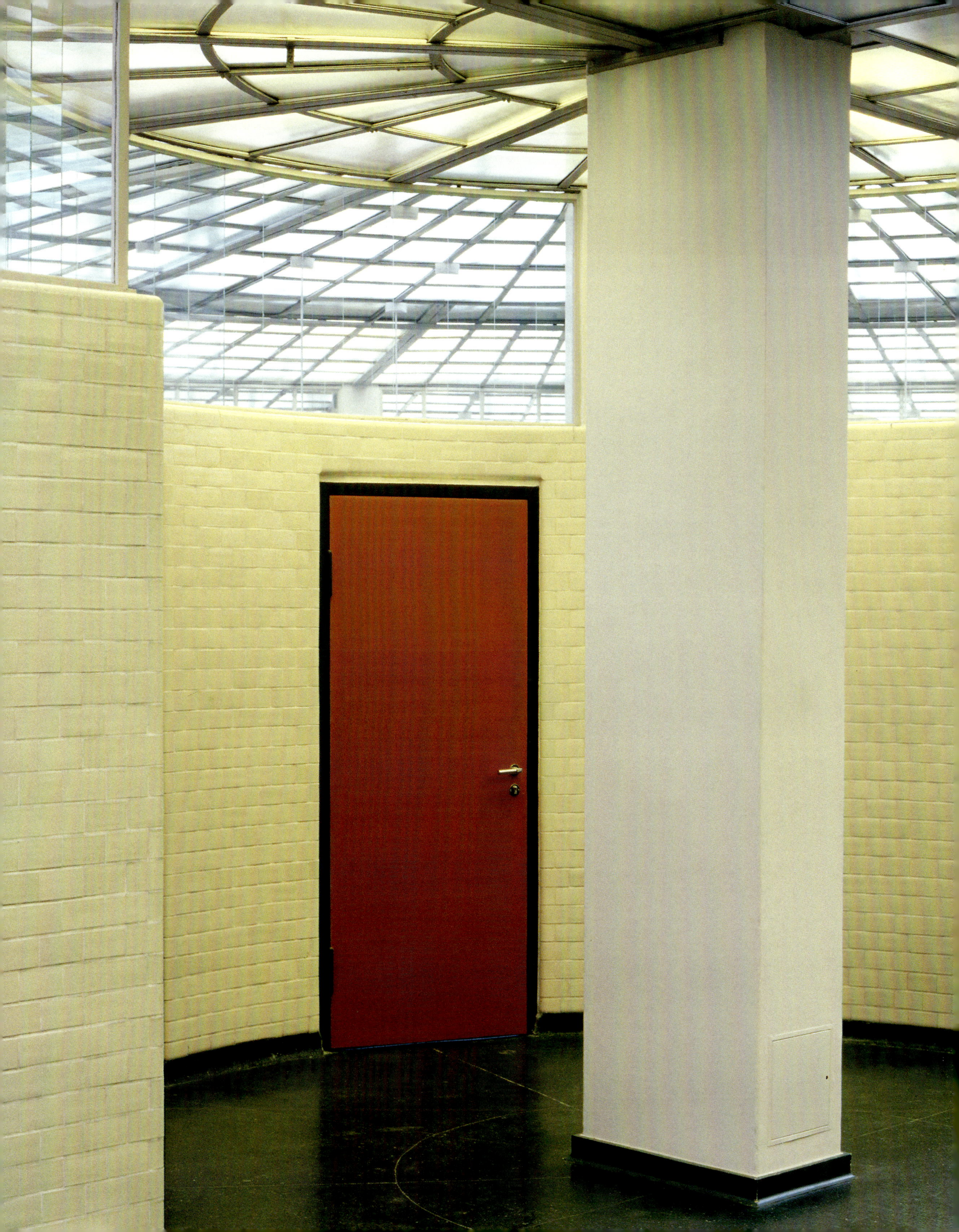

ARBEITSAMT DESSAU

Nicht nur ein Gebäudeentwurf, sondern ein grundsätzlich neuer Bautyp war gefordert, als die Stadt Dessau einen beschränkten Wettbewerb für den Neubau des Arbeitsamts auslobte. Eingeladen waren die Berliner Architekten Hugo Häring und Max Taut sowie der Dessauer Bauhausdirektor Walter Gropius, dessen Entwurf zur Weiterbearbeitung und Ausführung bestimmt wurde. Bereits 1923 wurde dem Magistrat der Stadt Dessau ein Bericht vorgelegt, der die unzumutbaren Zustände des Dessauer „Arbeitsnachweises" in den Räumen eines Wohnhauses beschrieb. Im Zuge der 1924 beschlossenen Neubauplanung wandte sich der Magistrat an den Berliner Stadtbaurat Martin Wagner, um die Anforderungen an einen solchen neuen Bautyp in einem Raumprogramm und Musterentwurf zu definieren. Dessen im „Reichsarbeitsblatt" vom Juli 1925 publizierte Aufsatz „Das Haus der Arbeit" stellte sowohl für den Dessauer Wettbewerb als auch für den Entwurf von Gropius die wesentliche Grundlage dar.

ARBEITSAMT **DESSAU**

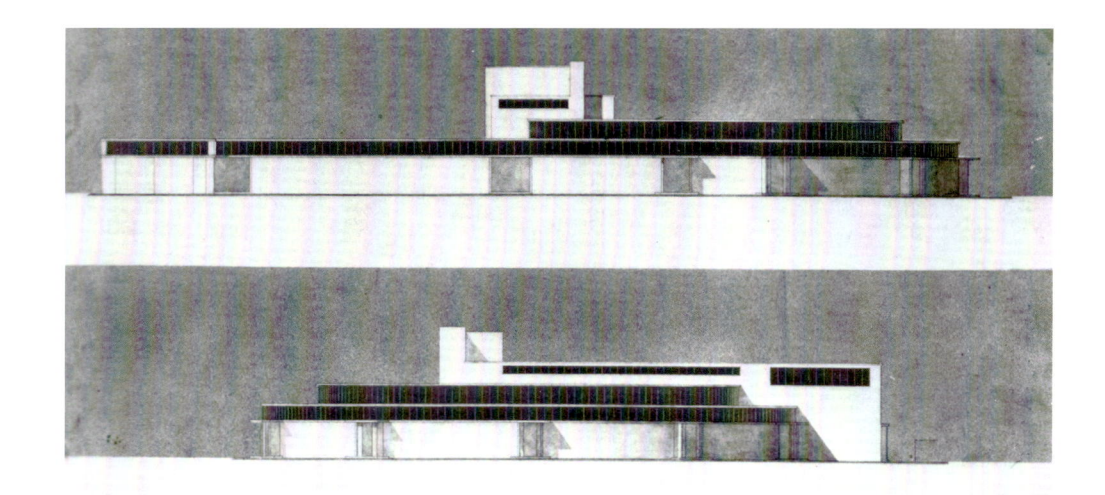

Links: Ansichten von Osten (oben) und Norden (1929)

Unten: Ansicht von Norden (2010)

DENKMALPFLEGE DER MODERNE | 177

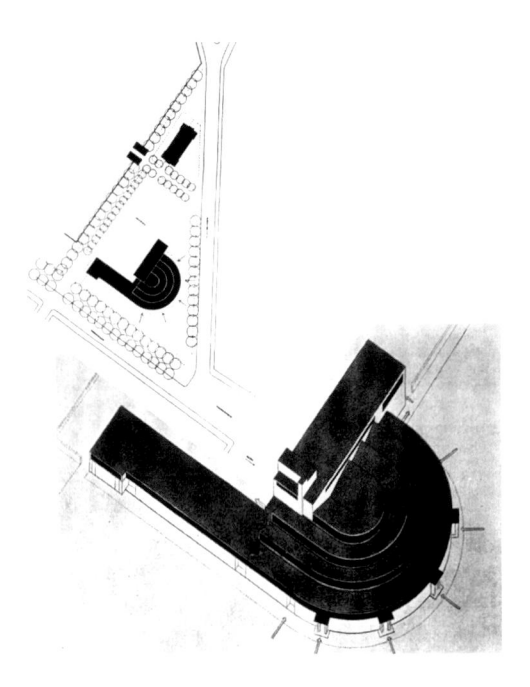

ARBEITSAMT DESSAU

Mit dem im Juni 1929 fertiggestellten Arbeitsamt setzte Gropius die bewusst allgemein gehaltenen Forderungen von Wagner nach einem möglichst flexiblen Flachbau mit eindeutiger Wegeführung in ein räumliches und konstruktives Konzept von geradezu bestechender Klarheit und Selbstverständlichkeit um. Darüber hinaus bildet der Neubau mit seinem halbkreisförmigen Flachbau und angegliedertem zweigeschossigen Verwaltungstrakt eine städtebauliche Figur, die dem damals dreieckigen Askanischen Platz eine markante architektonische Fassung gab. Die Arbeitssuchenden gelangten durch separate, nach Geschlecht und Berufsgruppe getrennte Eingänge am äußeren Ring des Halbrundes in die dahinter liegenden Warteräume. Über die Büros der Arbeitsvermittler und die Räume der Arbeitslosenfürsorge führte der Weg kreuzungsfrei zur zentralen Kasse, von der aus ein direkter Ausgang ins Freie bestand. Das Gebäude war mit seinerzeit modernster Technik ausgestattet. So wurden die Büros über ein zentrales Lüftungssystem mit gereinigter und im Winter angewärmter Frischluft versorgt. Durch die Lichtdecke mit ihrer lichtlenkenden Luxfer-Prismenverglasung waren die Raumfolgen des Flachbaus überraschend hell und gleichmäßig mit Tageslicht ausgeleuchtet.

Lageplan und Dachaufsicht (1929)

Unten: Ansicht von Norden (um 1929)

ARBEITSAMT DESSAU

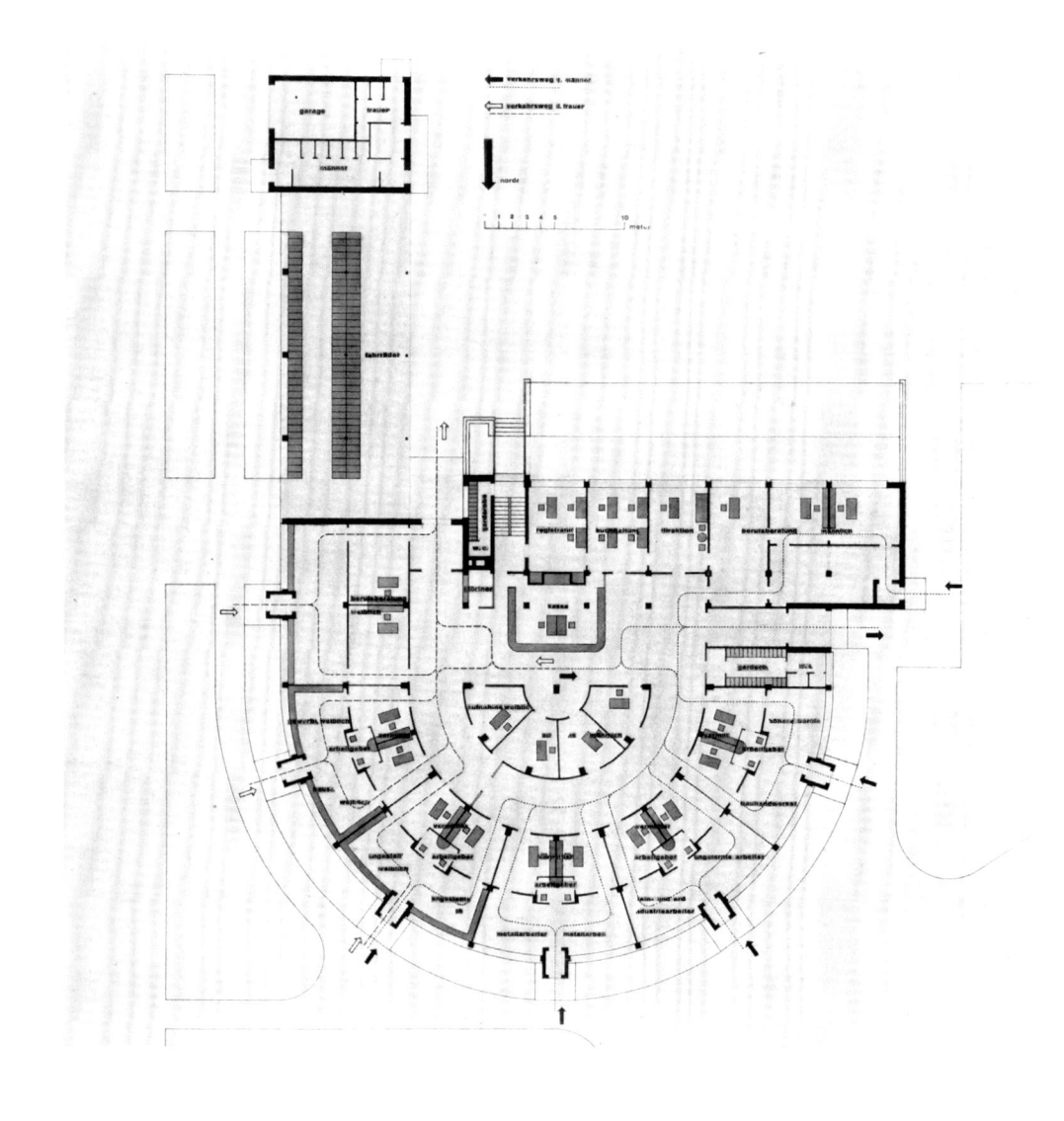

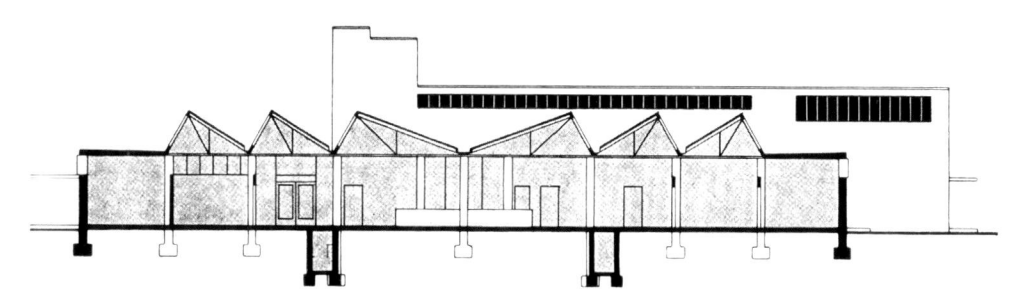

Oben: Grundriss mit Einzeichnung der Wegeführung (1929)

Links: Querschnitt (1929)

DENKMALPFLEGE DER MODERNE

ARBEITSAMT DESSAU

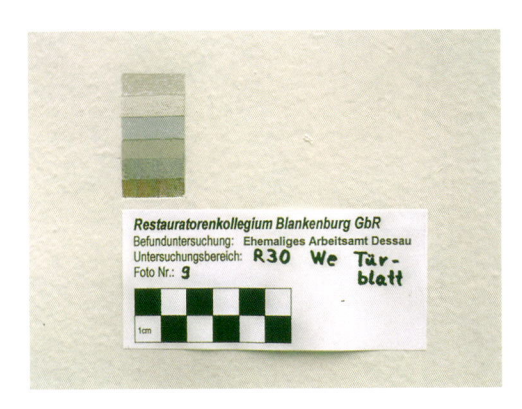

Farbuntersuchung (2004)

Unten: Der in den 1930er-Jahren eingebrachte doppelte Boden wurde erneuert und der Hohlraum für Technik-Installationen genutzt (2001)

Sanierung

Allen ideologischen Anfeindungen sowie konkreten Umbau- und Abbruchplänen im Nationalsozialismus gegen das „zirkusähnliche Gebäude" (Anhalter Anzeiger, 12.7.1933) zum Trotz hat das Gebäude alle baulichen Veränderungen bis heute weitgehend unbeschadet überstanden und weist eine große Fülle an bauzeitlichen Materialien und Baudetails auf. Einen schwerwiegenden Eingriff in die klare Konzeption und strenge geometrische Formensprache des Gebäudes stellen allerdings die Holzfenster im Rundbau dar, die im Zusammenhang mit dem 1936 erfolgten Umbau der Warteräume zu Büros nachträglich eingefügt worden waren.

Die 2003 abgeschlossenen Sanierungsmaßnahmen folgten dem Leitbild der behutsamen Reparatur. Nach kontroverser Diskussion wurden die Holzfenster daher als zeitgeschichtliches Dokument belassen und ermöglichen nun weiterhin eine Büronutzung in den dahinter liegenden Räumen. Auch an anderer Stelle wurden die baulichen Eingriffe möglichst auf ein Minimum begrenzt. Ziel war nicht die Rekonstruktion des bauzeitlichen Zustandes, sondern die Erhaltung des Gebäudes mit seinen unterschiedlichen Zeitspuren und Veränderungen. Den eigentlichen Baumaßnahmen gingen umfangreiche Untersuchungen voraus, zu denen beispielsweise restauratorische Farbprüfungen und bauklimatische Gutachten zählen. Neben der Instandsetzung und Ertüchtigung der Tragkonstruktion wurde die zentrale Halle von später eingezogenen Zwischenwänden befreit, der Kassentresen jedoch nicht rekonstruiert. An Türen und Wänden wurden die historischen Farbtöne wiederhergestellt, sofern sie restauratorisch ermittelbar waren. Dabei kam nicht die zurückhaltende helle Erstfassung in Beigetönen zur Ausführung, sondern die von Gropius nach Beschwerden von Mitarbeitern des Arbeitsamts realisierte Zweitfassung mit kräftigen Farbtönen wie Violett, Grün oder Blau. Die historischen Oberflächen wurden dabei mit Makulaturpapier geschützt, sodass bei Bedarf weitere Untersuchungen durchgeführt werden können. Im Bereich der Büroräume wurde ein bereits früher eingebrachter doppelter Boden erneuert, um die empfindlichen bauzeitlichen Steinholzböden zu schützen. Der so entstandene Zwischenraum bot Platz für die Installation der Elektro- und Informationstechnik.

Ein Problem stellte die Anpassung des Gebäudes mit seiner geringen Wärmedämmung und den ursprünglich einfach verglasten Fensterelementen an heutige energetische und bauphysikalische Anforderungen dar. Um den Einbau zusätzlicher Isolierschichten auf den Dächern zu vermeiden und die bauzeitlichen Shedfenster mit ihren Drahtgläsern erhalten zu können, sah das Konzept des Bauklimatikers Klaus Graupner (Technische Universität Dresden) und der Architekten vor, im Rundbau die isolierende Schicht in die Ebene der Lichtdecke zu legen. Die ursprüngliche gerippte Prismenverglasung wurde daher als Isolierglas nachgefertigt. In den Fluren und im Treppenhaus konnte die Einfachverglasung erhalten werden, da hier nur vergleichsweise geringe Raumtemperaturen erforderlich sind.

Die städtebauliche Situation mit der Einbindung des Rundbaus in den damals dreieckigen Askanischen Platz lässt sich aufgrund der geänderten städtebaulichen Situation mit der Verlegung der Askanischen Straße und dem unmittelbar angrenzendem elfgeschossigen Plattenbau nur noch schwer nachvollziehen. Hier wurde im Bodenbelag unter dem nicht überbauten Bereich der ehemalige Verlauf der Askanischen Straße angedeutet und der Freiraum mit der ursprünglichen Wegeführung vor dem Rundbau wiederhergestellt.

ARBEITSAMT **DESSAU**

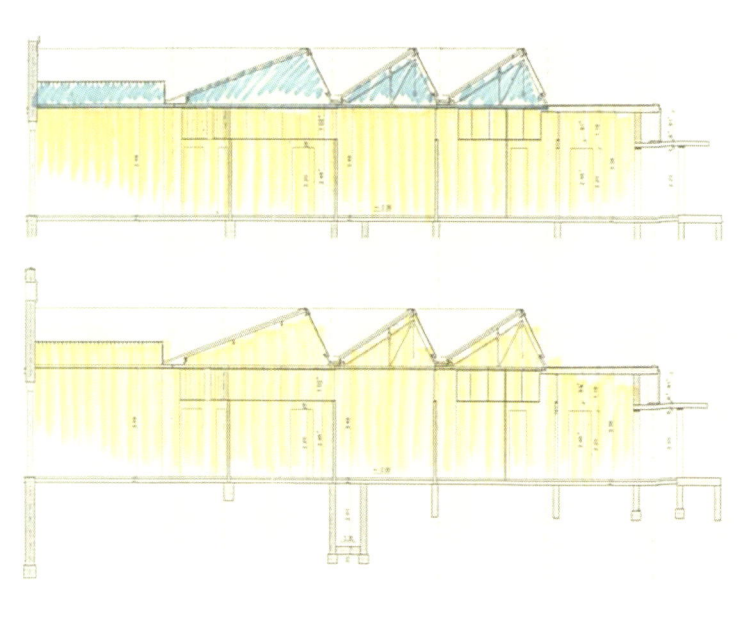

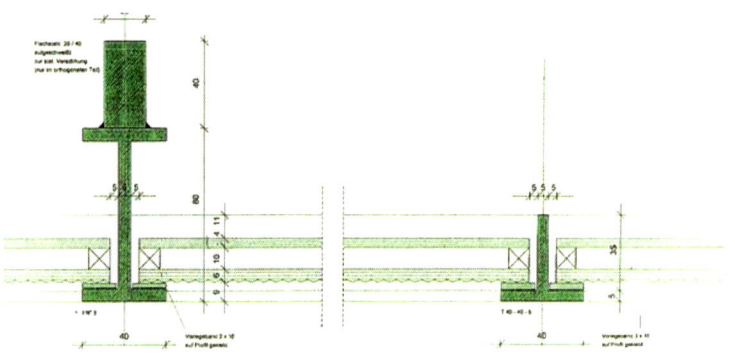

Oben links: Blick in den Zwischenraum zwischen Sheddach und abgehängter Glasdecke (2004)

Oben rechts: Die bauzeitlich erhaltenen Stahlprofile und zum Teil auch die Verglasung der Shedfenster konnten bei der Sanierung erhalten und instand gesetzt werden (2004)

Mitte: Indem die abgehängte Glasdecke bei der Sanierung als isolierende Schicht ausgebildet wurde, konnten die bauzeitlichen Stahlprofile der Shedfenster erhalten werden. (Prinzipskizze mit Zustand vor der Sanierung (unten) und nach der Sanierung (oben) 2000)

Unten: Die ursprünglich einfach mit Prismenscheiben verglaste Lichtdecke wurde bei der Sanierung mit Isolierglas ausgebildet und das tragende Stahlprofil oberhalb der Decke verstärkt (2000)

DENKMALPFLEGE DER MODERNE | 181

ARBEITSAMT DESSAU

Material und Konstruktion

Im Unterschied zu den Bauten der „Weißen Moderne" und den übrigen Dessauer Bauhausbauten von Gropius weist das Arbeitsamtsgebäude mit seiner Stahlskelettkonstruktion mit Ziegelummauerung und einer Verblendung aus gelben Greppiner Klinkern materielle und gestalterische Besonderheiten auf, die auch in konservatorischer Hinsicht zu beachten waren. Die Skelettkonstruktion trug den Erfordernissen nach räumlicher Flexibilität Rechnung und ermöglichte in Verbindung mit dem kleinteiligen Ziegelmauerwerk eine rationelle und zeitsparende Errichtung insbesondere der runden Wände des Flachbaus. Darüber hinaus entsprach die im Vergleich zu einem Putzbau äußerst widerstandsfähige Oberfläche der Klinker wie auch der hellen Wandfliesen und des Terrazzofußbodens im Inneren der hohen Beanspruchung und Nutzerfrequenz des Arbeitsamts.

Die genietete Stahlkonstruktion war jedoch nach 70-jähriger Nutzungsdauer infolge eindringenden Wassers durch undichte Mauerwerksfugen teilweise korrodiert. Durch die daraus folgende Volumenvergrößerung des Stahls waren ganze Ziegelreihen nach außen verschoben worden. Um die bauzeitlichen Klinkeroberflächen so weit als möglich zu erhalten, wurden nur die stark betroffenen Bereiche geöffnet und der dahinterliegende Stahl in situ entrostet und neu gestrichen, da eine Behandlung des gesamten Stahlskeletts den Totalverlust der Klinkerfassade zur Folge gehabt hätte. Die Fehlstellen wurden mit neu gebrannten Klinkern ersetzt und der Fugenmörtel in seiner gelben Farbigkeit dem Original angepasst. Diese zurückhaltende Maßnahme erfordert allerdings in Zukunft eine kontinuierliche Beobachtung und Instandhaltung der Mauerwerksfugen, um weiteren Korrosionsschäden vorzubeugen.

Die auskragenden Betonvordächer konnten trotz Verformungen und Schäden am Beton in ihrer Substanz erhalten werden. Beim Bau war die Stahlbewehrung zu tief eingelegt worden, um die auf der Oberseite auftretende Zugspannung vollständig aufzunehmen. Durch eine zusätzlich auf die Oberseite geklebte Bewehrung aus Glasfasergewebe auf der Oberseite wird ein weiteres Absenken der Dächer verhindert.

Nach der Sanierung präsentiert sich der Bau mit seiner Fülle an bauzeitlichen Materialien und Konstruktionsdetails in seiner eindrucksvollen Authentizität. Durch die gegenwärtige Nutzung als Straßenverkehrsamt der Stadt Dessau-Roßlau bleibt das Gebäude als wichtiges Zeugnis der Moderne weiterhin öffentlich zugänglich. AS

Oben: Die tragende Stahlkonstruktion wurde punktuell freigelegt, entrostet und mit nachgebrannten Ziegeln wieder vermauert (2001)

Rechts: Die Stahlkonstruktion während des Baus (1929)

ARBEITSAMT **DESSAU**

Oben links: Für das Straßenverkehrsamt wurde ein neues Vordach in zurückhaltender Formensprache vor das historische Gebäude gestellt (2008)

Oben rechts: Die nachgebrannten Ziegel mit den farbig ausgefüllten Fugen fügen sich harmonisch in das Gesamtbild der historischen Fassade ein (2010)

Unten links: Innerer Erschließungsflur (2004)

Unten rechts: Zentrale Halle (2004)

DENKMALPFLEGE DER MODERNE | 183

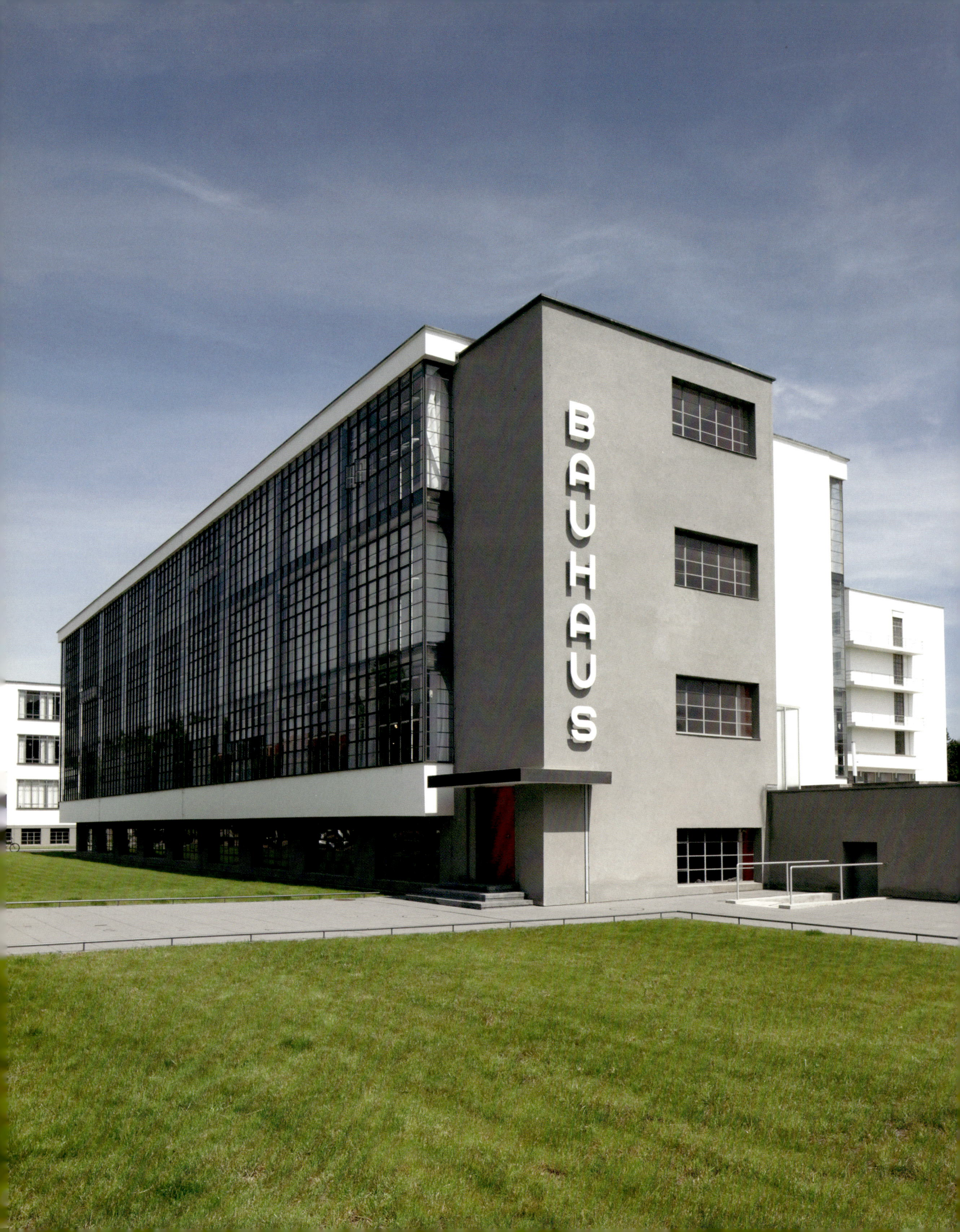
BAUHAUS

BAUHAUSGEBÄUDE
DESSAU

Mit dem Bauhausgebäude ist 1926 nach Plänen von Walter Gropius ein „gebautes Manifest der Bauhaus-Ideen" entstanden, bei dessen Gestaltung Funktionalität und Ästhetik zu einer Einheit verschmelzen. Vom Bauhaus, das heute ein Denkmal sowohl der Kunst- als auch der Ideengeschichte des 20. Jahrhunderts ist, gingen entscheidende Impulse für die Entwicklung von Kunst, Design und Architektur der Klassischen Moderne aus. Bei der Sanierung führte die Entdeckung der differenzierten Farb- und Oberflächengestaltung zu einem erweiterten Verständnis der Architektur.

BAUHAUSGEBÄUDE DESSAU

Drei Bauhäusler vor dem Bauhaus
(1929)

Rechte Seite: Metallischer Farbanstrich in der Festebene (2006)

Auftraggeber	Stadt Dessau
Architekt	Walter Gropius
Konstruktion	Stahlbetonskelett und Ziegelmauerwerk, Steineisendecken und Pilzdecke
Nutzfläche	circa 8550 Quadratmeter
Bauzeitliche Nutzung	Schul- und Werkstattgebäude mit Ateliers
1925/26	Planung und Bau, Eröffnung am 4. Dezember 1926
1932	Schließung der Institution Bauhaus in Dessau
1932–1945	Nutzung unter anderem durch die Landesfrauen-Arbeitsschule
1945	Kriegszerstörungen, insbesondere an der Vorhangfassade
1946	Notreparaturen, Ersatz der Vorhangfassade durch Ziegelmauerwerk mit Lochfenstern; Nutzung durch verschiedene Schulen
1974	Denkmalschutz
1976	Umfassende „Rekonstruktion" mit Wiederherstellung der äußeren Gestaltung, der Festebene und der Einrichtung des Wissenschaftlich-Kulturellen Zentrums mit Sammlung und Archiv zur Bauhausgeschichte in einem Teil des Gebäudes
1994	Gründung der Stiftung Bauhaus Dessau
1996	UNESCO-Welterbe
1996–1999	Bestandserfassung mit Recherchen, Gutachten und Analysen; Ausarbeitung eines denkmalpflegerischen Gesamtkonzepts für die Sanierung; öffentliche Vorstellung und Diskussion des Konzepts
1997–2006	Sanierung des Gebäudes
2006–2009	Sanierung der Freiflächen
Eigentümer	Stiftung Bauhaus Dessau (seit 1994)
Bauherr der Denkmalmaßnahme	Stiftung Bauhaus Dessau (Durchführung: Staatshochbauamt Dessau)
Architekten Sanierung	Brambach und Ebert (Halle an der Saale), Pfister Schiess Tropeano (Zürich), Stiftung Bauhaus Dessau (Monika Markgraf, Johannes Bausch)
Aktuelle Nutzung	Forschungs-, Schul-, Veranstaltungs- und Ausstellungsgebäude (Stiftung Bauhaus Dessau)

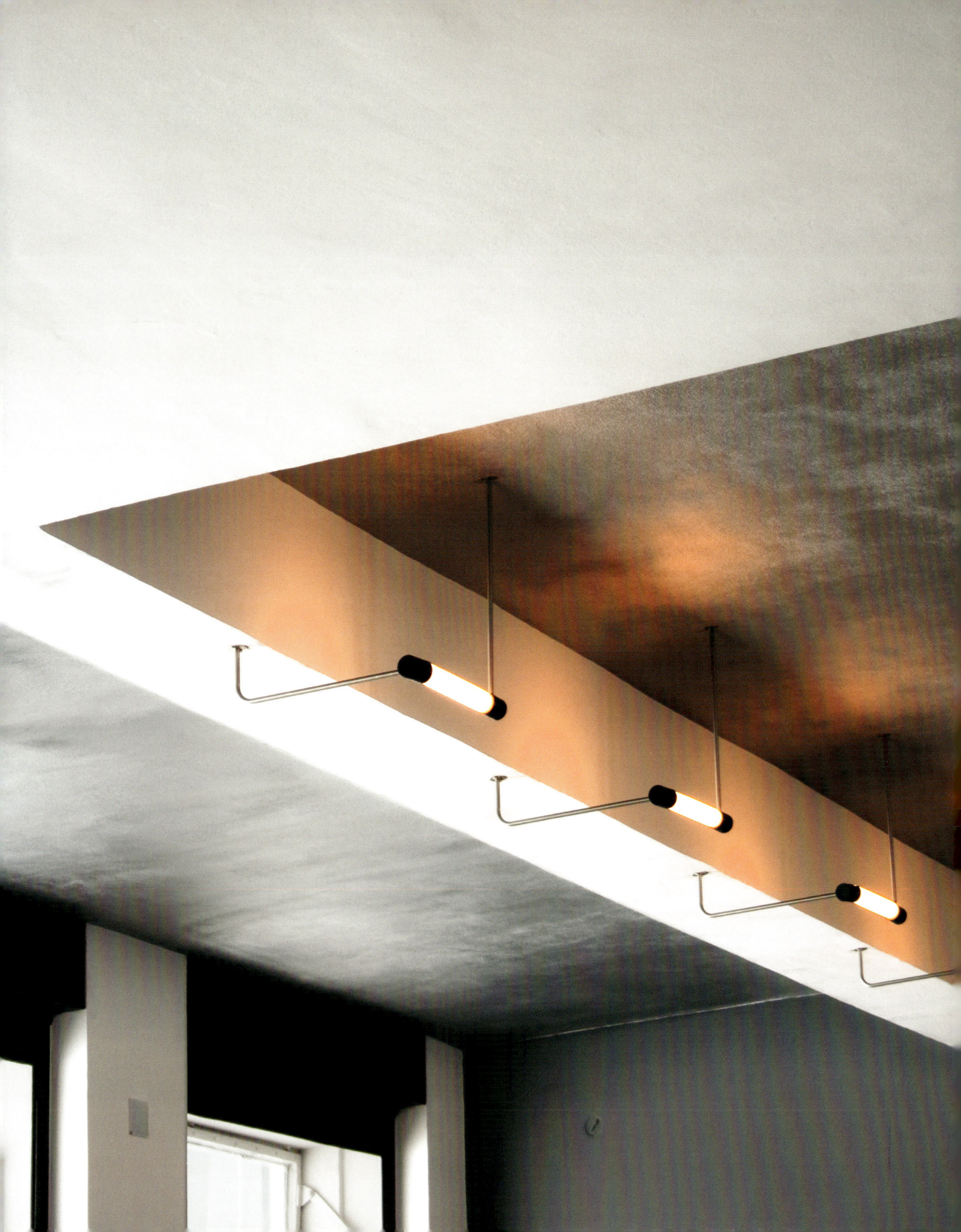

BAUHAUSGEBÄUDE DESSAU

Als Schlüsselwerk der Moderne steht das Bauhausgebäude am Anfang einer Entwicklung, die zur radikalen Erneuerung in Kunst und Architektur führte. Unter dem Schlagwort „Kunst und Technik – eine neue Einheit" entstand ein schöpferischer Funktionalismus unter Verwendung von zeitgenössischen Materialien, der die Architekturentwicklung nachhaltig beeinflusste. Das Gesamtgebäude gliedert sich in den Werkstättenflügel mit der berühmten Glasvorhangfassade, den Nordflügel, in dem die städtische gewerbliche Berufsschule untergebracht war, das Atelierhaus, in dem Studierende und Jungmeister lebten, sowie die Festebene und die Brücke. Große Glasflächen und weiß verputzte Wandflächen prägen die Gestaltung der kubischen Baukörper. Die Ausstattung erfolgte durch die Werkstätten des Bauhauses: Die farbige Gestaltung der Wände wurde von der Werkstatt für Wandmalerei durchgeführt, in der Metallwerkstatt entstanden die Leuchten, die Tischlerei stellte die Möbel her und die Druckerei führte die Beschriftung aus. Die räumliche Gliederung des Bauhausgebäudes schafft eine vielschichtige Verbindung zwischen Innen- und Außenräumen mit öffentlichen, halböffentlichen und nicht öffentlichen Bereichen. Die filigranen Fensterkonstruktionen, unter denen die frei vor das Gebäude gespannte Vorhangfassade des Werkstattflügels eine herausragende Rolle einnimmt, bilden die Schnittstelle und haben damit eine große Bedeutung im räumlichen und ästhetischen Konzept des Bauhauses, das sich dem Besucher insbesondere mit der Bewegung durch das Haus erschließt. Die beiden Treppenhäuser und der verbindende Flur im unteren Geschoss der Brücke bilden die zentrale Erschließung und ermöglichen durch die transparenten und reflektierenden, großflächigen Verglasungen wechselnde Blickverbindungen und neue Sichtweisen.

Nach Schließung des Bauhauses in Dessau 1932 auf Betreiben der NSDAP erfolgten verschiedene Umbauten, anschließend wurde das Gebäude auch unter nationalsozialistischer Herrschaft für Unterrichtszwecke genutzt. Bei einem Luftangriff im Zweiten Weltkrieg wurden Teile des Gebäudes zerstört, insbesondere die Vorhangfassade aus Stahl und Glas. In der Not der unmittelbaren Nachkriegszeit wurde der Werkstattflügel zunächst mit gemauerten Außenwänden, in denen sich kleine Lochfenster befanden, wieder nutzbar gemacht. Erst mit einer umfassenden Sanierung 1976 wurde das Erscheinungsbild des Bauhauses im Wesentlichen wiederhergestellt. Das Haus gehört heute der Stiftung Bauhaus Dessau, die dort ihren Sitz hat. Sie hat die Aufgabe, sowohl das historische Erbe zu schützen, zu pflegen und der Öffentlichkeit zugänglich zu machen als auch vor dem historischen Hintergrund Probleme der Gestaltung der heutigen Zeit zu bearbeiten. Es stehen Räume für Ausstellungen und Konferenzen, ein Buchladen, ein Café, eine Kantine sowie weitere Serviceeinrichtungen zur Verfügung. Das Haus wird kontinuierlich von zahlreichen Gästen aus aller Welt besucht. Die Bedeutung des Bauhauses für die Kunst- und die Ideengeschichte des 20. Jahrhundert führte 1996 zur Aufnahme in die Liste des Welterbes bei der UNESCO. Die Welterbestätte umfasst das Bauhausgebäude und die Meisterhäuser in Dessau sowie die ehemalige Kunstschule, die ehemalige Kunstgewerbeschule und das Haus am Horn in Weimar.

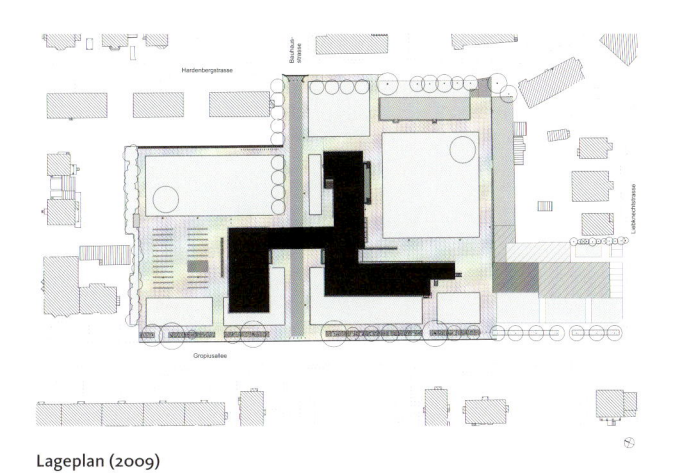

BAUHAUSGEBÄUDE DESSAU

Lageplan (2009)

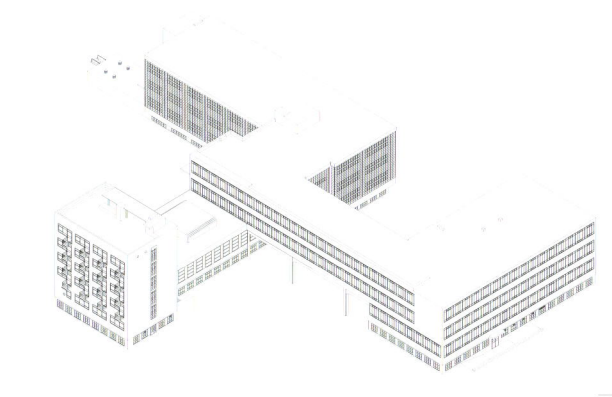

Isometrie von Nordosten (2006)

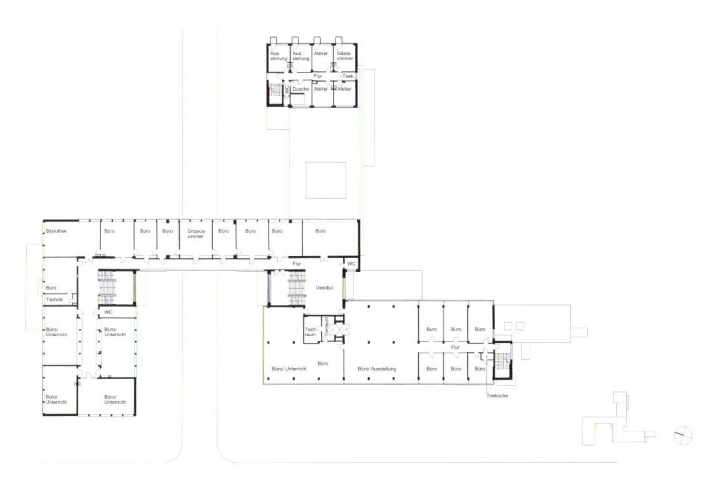

Grundriss 1. Obergeschoss (2006)

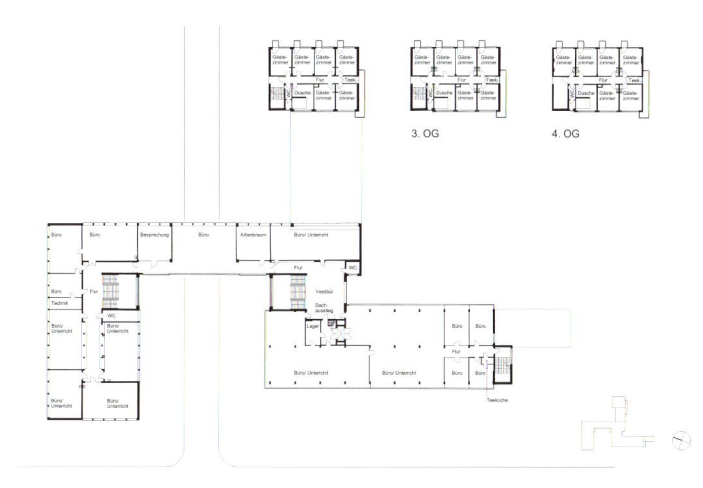

Grundriss 2.–4. Obergeschoss (2006)

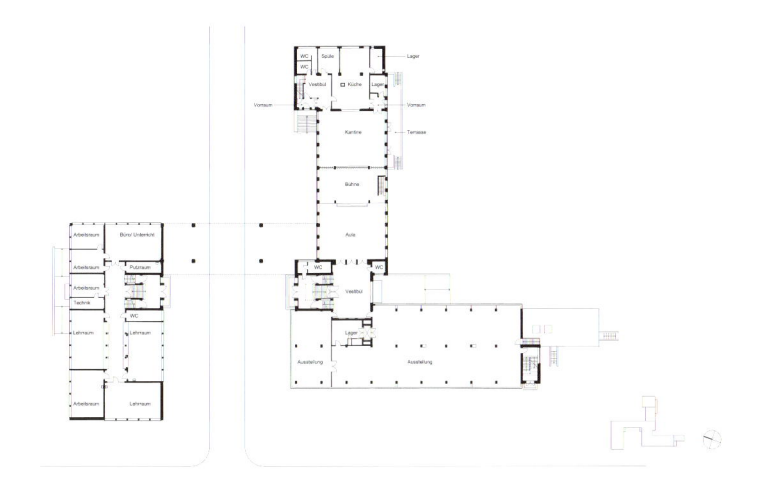

Grundriss Erdgeschoss (2006)

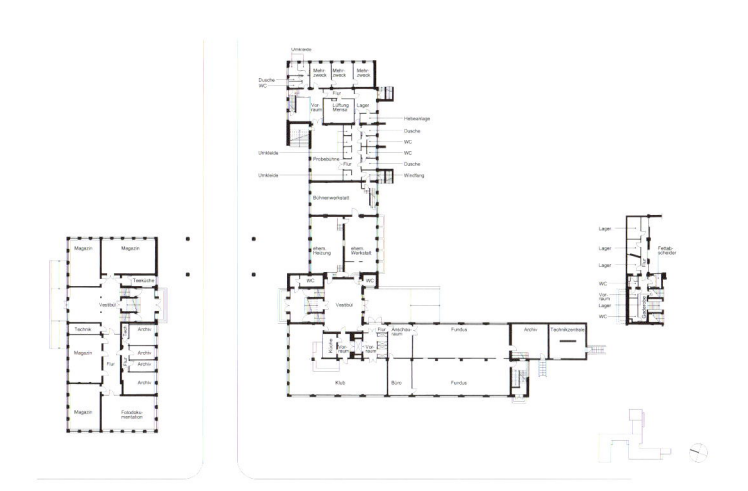

Grundriss Kellergeschoss (2006)

DENKMALPFLEGE DER MODERNE | 189

BAUHAUSGEBÄUDE DESSAU

Ansicht von Südwesten 1926 (oben links), 1938 (oben Mitte, 1945 (oben rechts), 1958 (linke Spalte 2. Bild von oben), 1996 (unten links), 2006 (unten rechts)

Oben: Aula vor der Sanierung (2003)

Rechts: Aula nach Wiederherstellung der bauzeitlichen Farbigkeit (2004)

DENKMALPFLEGE DER MODERNE

Sanierung

Am Anfang der Arbeiten standen Gebäudeaufmaß, Raumbuch und Schadenskartierung, bau- und kunsthistorische Analysen sowie materialtechnologische und bautechnische Untersuchungen, um den Bestand zu erfassen. Auf dieser Grundlage wurde eine Gesamtkonzeption für die Sanierung erstellt, die in der denkmalpflegerischen Zielstellung zusammengefasst ist. Darin sind Leitlinien festgelegt, die bei der Sanierung in allen Abschnitten zu beachten waren. Obwohl die Nutzung des Gebäudes durch die Stiftung Bauhaus Dessau grundsätzlich unverändert blieb, waren Umbauten und Erneuerungen erforderlich. Für diese wurden Lösungen gesucht, die sich an das Gebäude anpassen. Eingriffe in die materielle Substanz und das räumliche Gefüge des Bauhauses wurden auf das absolut notwendige Maß reduziert.

Die Baumaßnahmen umfassten die Sanierung der Flachdächer des Atelierhauses und des Zwischenbaus sowie der Fassaden, die Ertüchtigung der tragenden Stahlbetonkonstruktion, die Verbesserung von funktionellen Mängeln für die Nutzung und die Erneuerung der verschlissenen haustechnischen Anlagen und Installation. Entstellungen an der künstlerischen Gesamtwirkung des Bauhauses wie die Veränderung von wichtigen historischen Raumfolgen wurden beseitigt und die farbige Gestaltung wurde nach historischem Vorbild auf Grundlage der Befunduntersuchungen wieder hergestellt. Nach Abschluss der Arbeiten am Gebäude erfolgte die Bearbeitung der Außenanlagen.

Ziel der Sanierung war nicht die vollständige Rückführung des Gebäudes in den bauzeitlichen Zustand von 1926. Die grundlegende Struktur des Gebäudes mit Raumfolgen, Sichtbarkeit der Konstruktion und die Farbigkeit wurden erhalten beziehungsweise wiederhergestellt. Aber auch die 80-jährige Geschichte des Gebäudes mit Veränderungen und Spuren des Gebrauchs wurde respektiert und nicht komplett ausgelöscht, sofern diese das Gebäude in seinem künstlerischen Ausdruck nicht entstellte. Mit der genauen Kenntnis und dem umfassenden Verständnis des Gebäudes war es möglich, im Haus Bereiche mit unterschiedlichen Prioritäten festzulegen, in denen der Schwerpunkt der Arbeiten auf Restaurierung und Rekonstruktion, Instandhaltung und Instandsetzung oder bei technisch beziehungsweise funktional bedingten Maßnahmen lag. Größte Aufmerksamkeit bei der Sanierung galt den Bereichen, die den Wert des Gebäudes als Kulturdenkmal und Welterbe wesentlich bestimmen und in denen es das Ziel war, den Zustand von 1926 so weit wie möglich wiederherzustellen.

Farbe und Oberflächen

Bei der Auseinandersetzung mit der Architektur der Moderne in den vergangenen Jahren rückte die Bedeutung der Oberflächengestaltung stärker in den Blickpunkt, da sie für diese Bauten mit ihrer Transparenz und Fragilität eine besondere Bedeutung hat. Mit ihrer reduzierten Formensprache erzielt diese Architektur ihre Wirkung wesentlich durch das Zusammenspiel von Farbe und Material, durch die Arbeit mit Licht und Schatten, durch die Verwendung von groben, feinen, matten oder glänzenden Oberflächen. Materialität und Struktur der Oberfläche bestimmen so entscheidend die Wirkung der Farbigkeit. Für die Wirkung des Gebäudes oder des Raums ist es zudem wichtig, nicht nur die farbig gestrichenen Flächen zu betrachten, sondern auch die Flächen, die durch ihre Materialfarbigkeit wirken: Wandbespannungen und Vorhänge, Fußböden, Fensterbänke, metallische Oberflächen von Türbeschlägen oder Leuchtenfassungen.

Oben: Festebene mit Aula, Bühne und Kantine während der Sanierung (2004)

Unten: Aufspritzen der silbernen Farbe auf einen grauen Voranstrich (2004)

BAUHAUSGEBÄUDE DESSAU

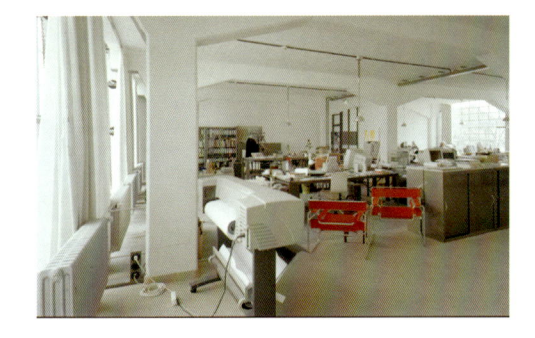

Oben: Blick in den Werkstattflügel vor der Sanierung: verputzte Oberflächen, schwarze Fensterrahmen und Gummibelag auf dem Fußboden (1996)

Mitte: Während der Sanierung (2005)

Unten: Werkstattflügel mit schalungsrauen Oberflächen der Betonkonstruktion und erkennbarem Mauerwerk unter einer Kalkschlemme nach der Sanierung (2006)

Unter der Leitung von Hinnerk Scheper gestaltete die Werkstatt für Wandmalerei 1926 die Farbigkeit des Bauhausgebäudes als integriertes Element des Gesamtentwurfs. Er strebte an, die architektonische Wirkung durch Unterscheidung der tragenden und füllenden Flächen zu unterstreichen, die räumliche Wirkung der Oberflächen durch Material und Struktur zu steigern und die Orientierung im Gebäude zu erleichtern. Besonderheiten der von Scheper eingesetzten Farbigkeit sind außerdem die Verwendung einer Vielzahl von Grautönen, die nicht aus Schwarz und Weiß, sondern aus Farben zusammengemischt wurden, sowie die häufige Anwendung von lasierenden Farbschichten in mehreren Lagen übereinander.

Im Werkstattflügel, der von außen durch die Vorhangfassade und die sichtbare Konstruktion bestimmt wird, blieben die Oberflächen der Betonkonstruktion, der Decken und Wände unverputzt. Dem typischen Charakter einer Werkstatt entspricht auch die sichtbare Leitungsführung und die Behandlung der Oberflächen mit einer einfachen weißen Kalkschlämme. In den anderen Gebäudeteilen sind die Oberflächen verputzt, Wände und Decken sind farbig gefasst. Besonders interessant sind die repräsentativen Bereiche des Gebäudes wie zum Beispiel die Aula in der Festebene, die als Musterbeispiel für die Ziele der Werkstatt für Wandmalerei am Bauhaus gilt. Farbigkeit und Oberflächen unterstreichen die Gliederung der Architektur in tragende und füllende Flächen, indem die Unterzüge von den Deckenfeldern farbig abgesetzt sind und die Struktur der Oberflächen gröbere oder feinere, matte oder hochglänzende Flächen aufweist. Stahlfenster, Türen und Ausstattungselemente wie die vernickelten Leuchtenfassungen oder die Stoffbespannung der Stühle harmonieren als integrierte Bestandteile der Gestaltung mit Decken und Wänden.

Bei der Sanierung des Bauhausgebäudes wurde die ursprüngliche Gestaltung der Oberflächen wiederentdeckt. Das Restaurierungsatelier Peter Schöne aus Halle an der Saale nahm detaillierte restauratorische Befunduntersuchungen vor. In die Bewertung dieser Befunde, die Thomas Danzl vom Landesamt für Denkmalpflege sehr intensiv begleitete, flossen Kenntnisse zu Materialität und Zusammensetzung der Farben, zu Werktechniken, zum Zusammenwirken von Farbe und Architektur, zu Vergleichen mit anderen Bauten und zum Gesamtwerk Schepers ein. Auf dieser Grundlage stellte der Architekt in einem zusammenfassenden Farbprojekt die historische Farbigkeit dar und legte Farbtöne für Flächen ohne restauratorischen Befund fest. Bei der Ausführung wurde mit Kalkfarbe für die Außenwände, modifizierter Leimfarbe für die Innenwände und Alcydharzfarbe für Fenster, Türen und andere Einbauten in alter Werktechnik und Materialität gearbeitet.

Die Entdeckung der Farben und Oberflächenstrukturen führte zu einer neuen, komplexeren Wahrnehmung des Bauhausgebäudes, da die äußerst differenzierte Gliederung und Gestaltung des Gebäudes in ihrer ganzen lebendigen Vielfalt wieder deutlich zu erfahren ist. Die Teile des Bauhausgebäudes sind entsprechend ihren Funktionen nicht nur hinsichtlich Grundfläche, Anzahl der Geschosse und Fassadengestaltung charakterisiert, sondern auch im Inneren durch Raumstruktur, Oberfläche und Farbe unterschiedlich gestaltet. *MM*

BAUHAUSGEBÄUDE **DESSAU**

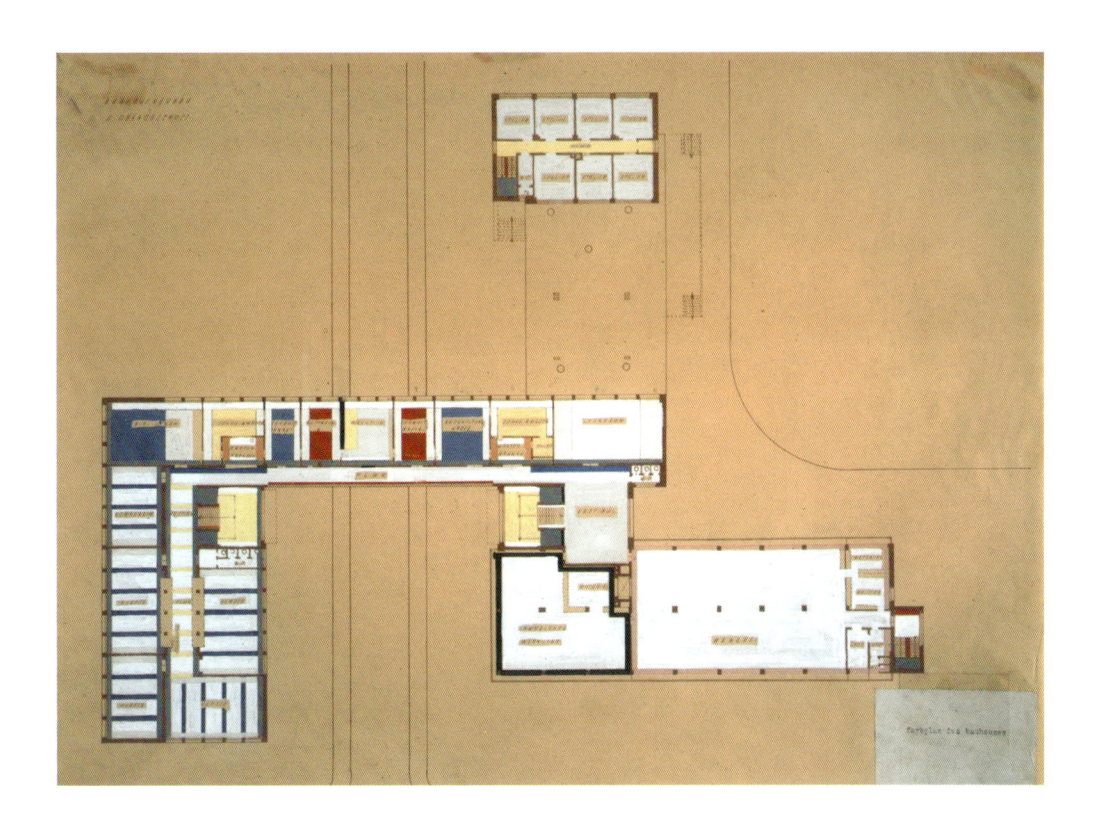

Oben: Farbplan für den Anstrich der Decken und Wände von Hinnerk Scheper (1926)

Unten: Farbige Fassung nach Abschluss der Sanierung 2006

DENKMALPFLEGE DER MODERNE | 193

BAUHAUSGEBÄUDE DESSAU

Ausschnitte aus der restauratorischen Befunduntersuchung des Restaurierungsateliers Schöne (2003)

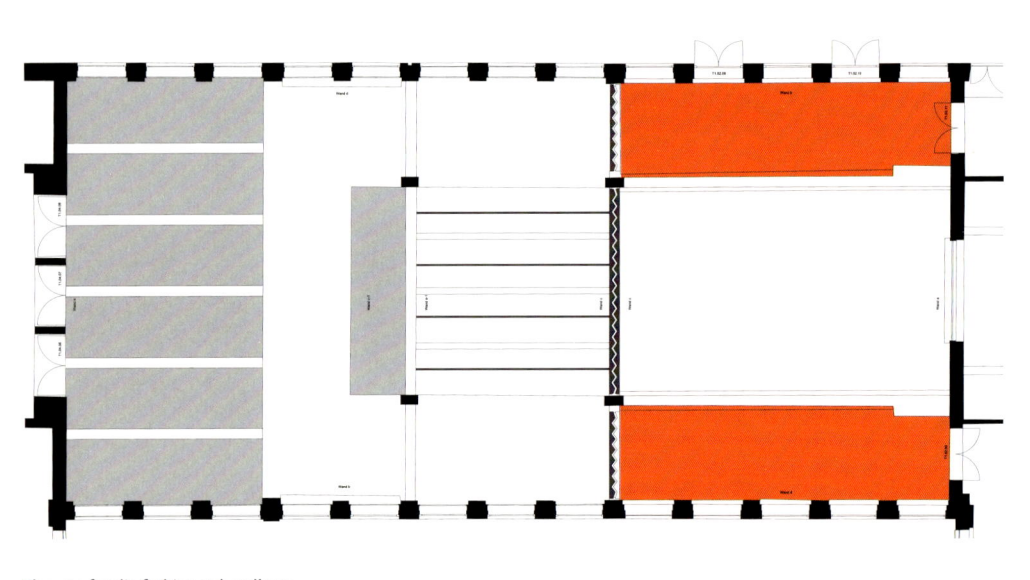

Festlegung der farbigen Fassung im Farbprojekt (2003)

Planung für die farbige Behandlung der Decken in der Festebene (2003)

BAUHAUSGEBÄUDE DESSAU

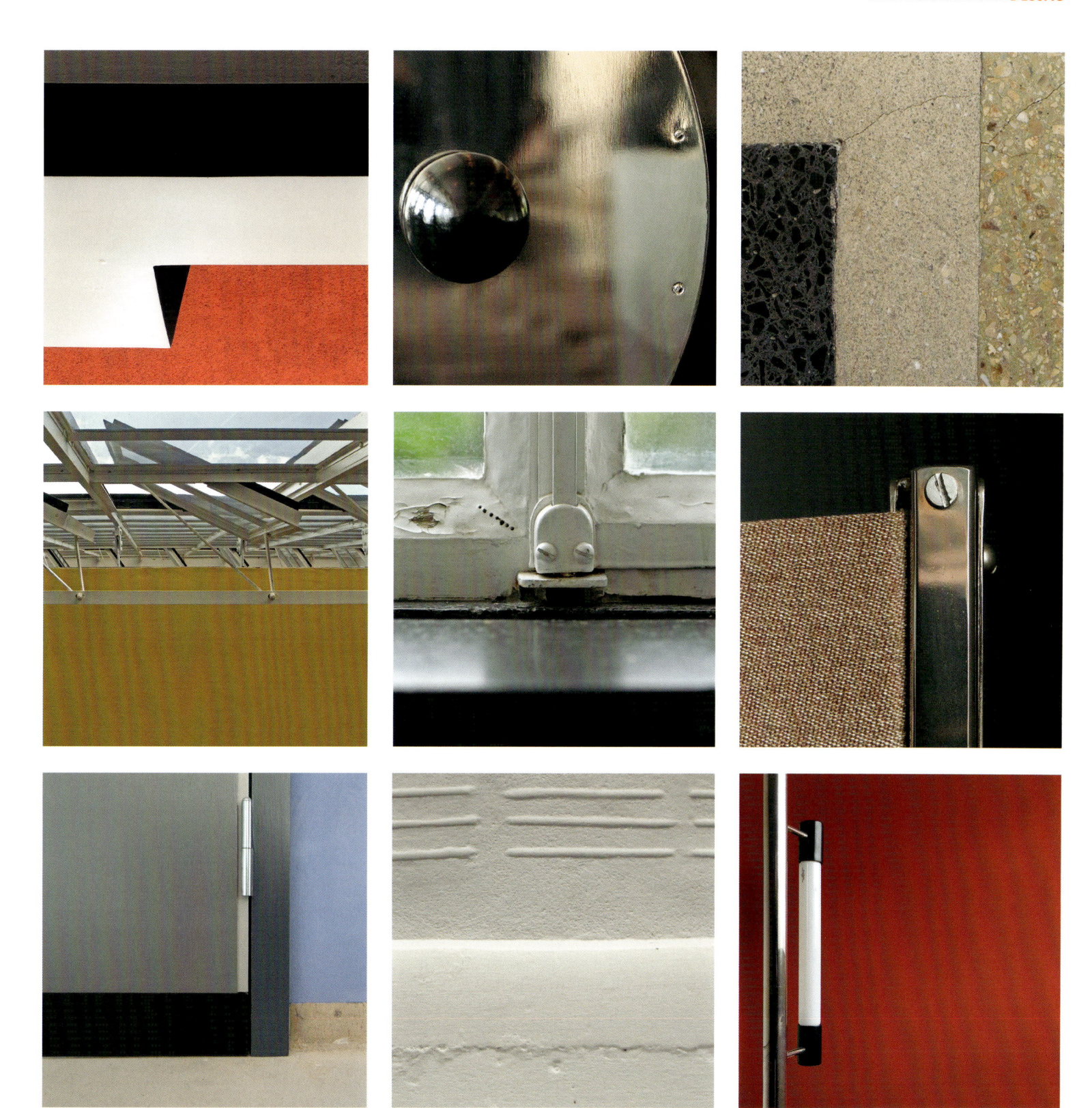

Details von Farben und Oberflächen (2006)

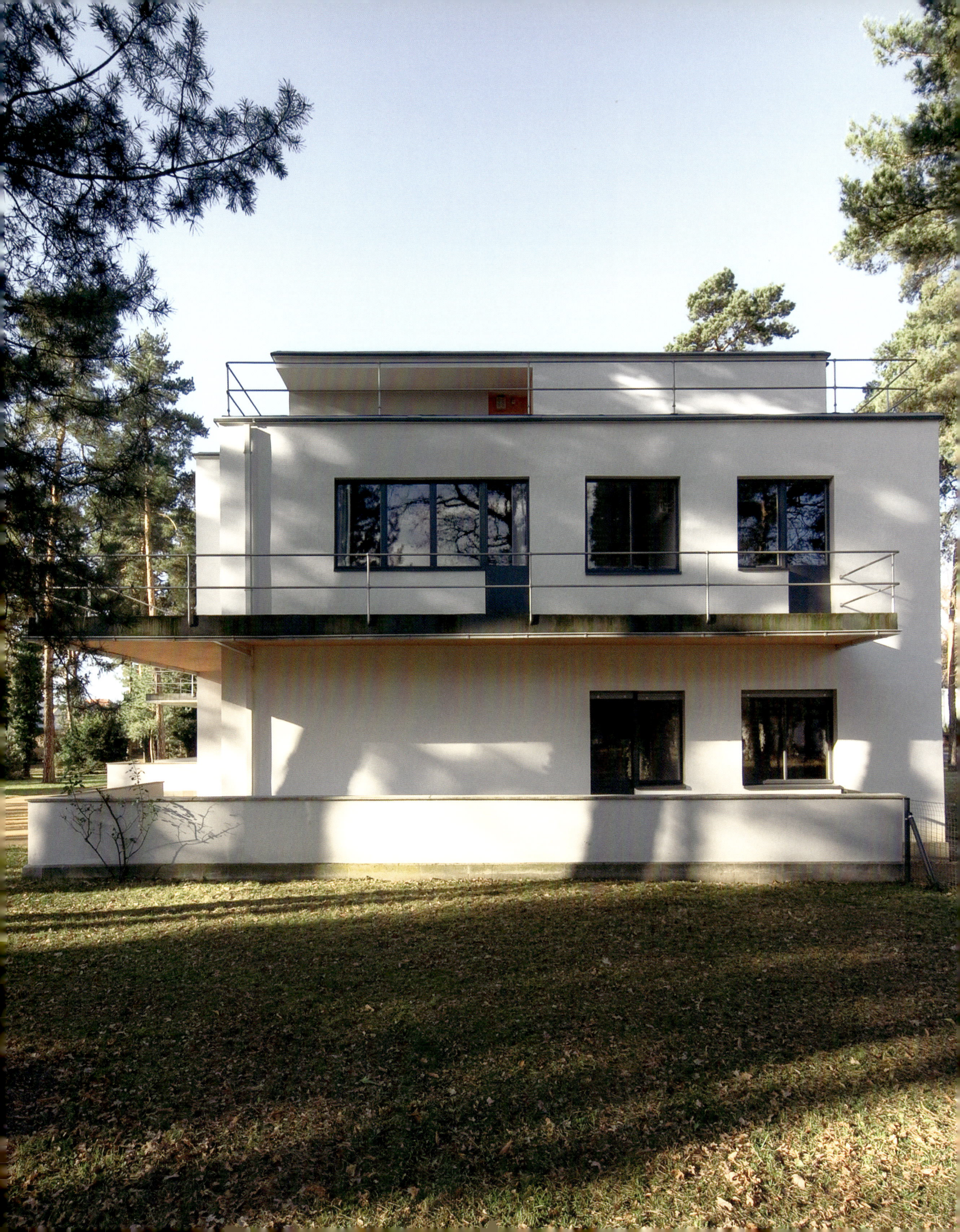

MEISTERHAUS MUCHE/SCHLEMMER
DESSAU

Das 1926 errichtete Doppelhaus Muche/Schlemmer stellt als Teil des Meisterhaus-Ensembles in Dessau eine besondere baukünstlerische Leistung des Bauhauses dar. Die von Walter Gropius geplanten Bauten dokumentieren die Auseinandersetzung um Typisierung im Wohnungsbau und beeinflussten mit ihren weißen kubischen Baukörpern nachhaltig die Architektur der Moderne. Die massive Veränderung der Bauten durch Vernachlässigung und durch Umbauten führte bei der Sanierung zu einer kontroversen Diskussion über die Erhaltung von relevanten Zeitschichten.

MEISTERHAUS MUCHE/SCHLEMMER DESSAU

Richtfest am 15. November 1925

Rechte Seite: Zeitschichten ermöglichen einen Einblick in die Geschichte des Hauses: Raum und Farbigkeit stammen aus der Bauzeit, ein Heizkörper aus der DDR-Zeit und eine Stehleuchte von heute (2009)

Auftraggeber	Stadt Dessau
Architekt	Walter Gropius
Konstruktion	Mauerwerk aus Betonsteinen (Jurkosteine) und Steineisendecken
Nutzfläche	Haus Muche: circa 311 Quadratmeter, Haus Schlemmer: circa 315 Quadratmeter
Bauzeitliche Nutzung	Wohn- und Ateliergebäude
1925/26	Planung und Bau
1927	Auszug Georg Muche, Einzug Hinnerk Scheper
1929	Auszug Oskar Schlemmer, Einzug Alfred Arndt und Joost Schmidt
1933	Auszug der Bauhausmeister
1939	Verkauf der Häuser an die Junkerswerke, Dessau; Umbauten: unter anderem Ersatz der großflächigen Verglasung an Atelier- und Treppenhausfenstern durch Lochfenster, Abtragung der Treppenhausköpfe und Veränderung der Raumaufteilung, Einbau von Luftschutzkellern; Wohnnutzung
1945–1990	Anbau von außen liegenden Schornsteinen, Verputz der Fassaden mit rauem Zementputz in grauer Farbe und weitere Veränderungen
	Wohnnutzung
1974	Denkmalschutz
1996	UNESCO-Welterbe
1998–2002	Vorbereitende Untersuchungen mit Recherchen, Analysen und Gutachten unter bauhistorischen sowie technologischen Aspekten zur Erforschung des Gebäudes; Planung und Ausführung der Sanierung
2002	Eröffnung als Ausstellungs- und Veranstaltungsort
Eigentümer	Stadt Dessau
Bauherr der Denkmalmaßnahme	Wüstenrot Stiftung, Ludwigsburg
Architekten Sanierung	Winfried Brenne Architekten, Berlin
Aktuelle Nutzung	Ausstellungs- und Veranstaltungsgebäude

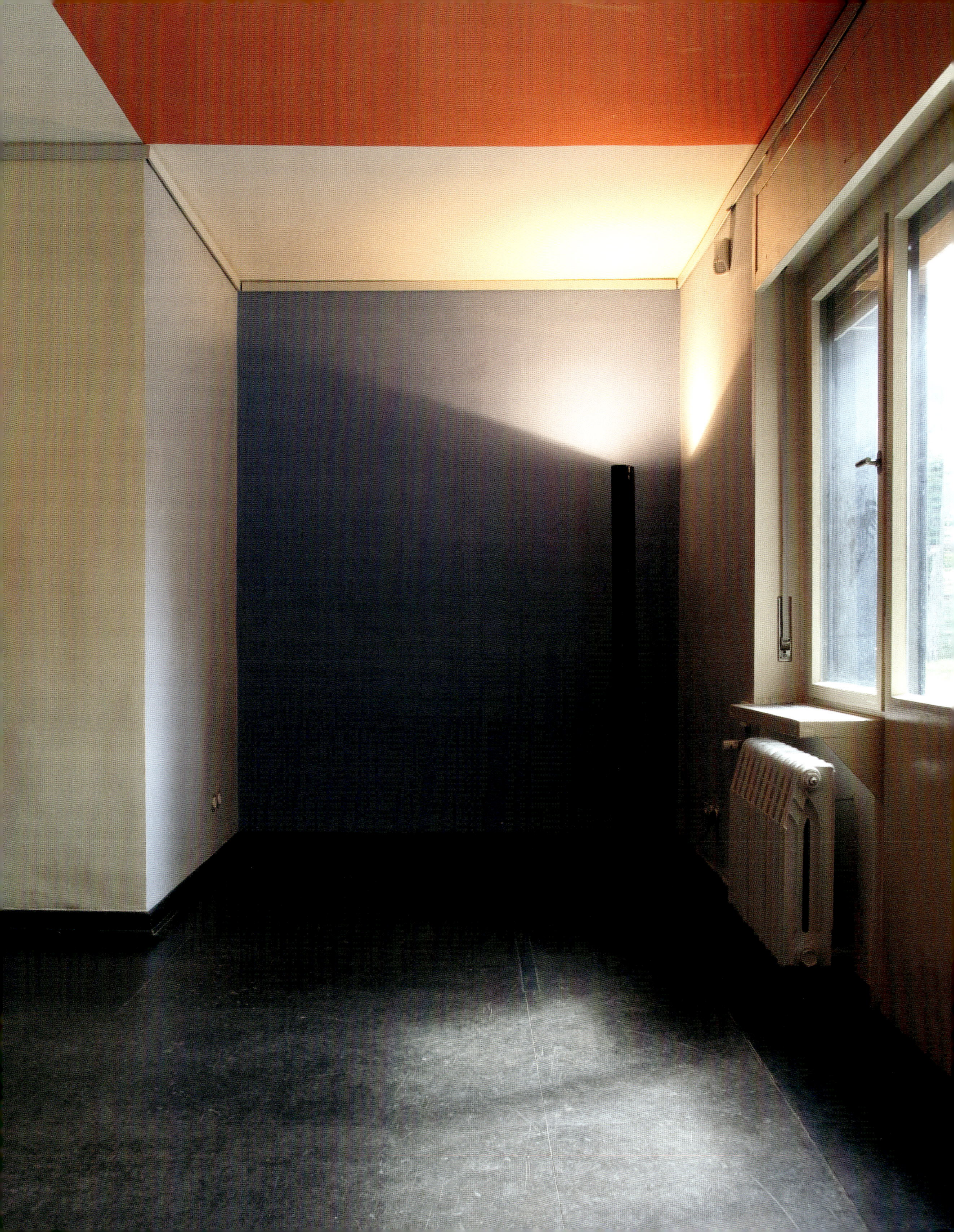

MEISTERHAUS MUCHE/SCHLEMMER DESSAU

Mit dem Umzug des Bauhauses von Weimar nach Dessau ermöglichte die Stadt Dessau auch die Errichtung von Wohnhäusern für die Bauhausmeister. Nach Plänen von Walter Gropius entstanden drei Doppelhäuser, die zunächst von den Meistern László Moholy-Nagy und Lyonel Feininger, Georg Muche und Oskar Schlemmer, Wassily Kandinsky und Paul Klee mit ihren Familien bewohnt wurden. Für den Gropius wurde ein Einzelhaus gebaut, zu dem eine Hausmeisterwohnung im Sockelgeschoss sowie eine Garage gehörten. Das Ensemble liegt in einem kleinen Kiefernwäldchen in der Nähe des Bauhausgebäudes und nimmt durch die Lage entlang einer klassizistischen Sichtachse Bezug auf das Dessau-Wörlitzer Gartenreich. Gropius knüpfte an die in Weimar zusammen mit Adolf Meyer entwickelte Idee des „Baukasten im Großen" an, der auf der Bauhausausstellung 1923 vorgestellt wurde, und plante den Bau der Siedlung durch Verwendung von gleichen Bauelementen. Durch Spiegelung und Drehung der Grundrisse erreichte er eine abwechslungsreiche Gestaltung der Häuser. Die kubischen Baukörper öffnen sich mit großflächigen Verglasungen, Balkonen und Terrassen zum Außenraum und bilden mit ihren weiß verputzten Wandflächen einen reizvollen Kontrast zur weitgehend natürlich belassenen Umgebung. Ausstattung wie Mobiliar und Beleuchtung der Häuser wurden in den Werkstätten des Bauhauses entwickelt. Die farbige Gestaltung ihrer Wohnungen übernahmen die Bewohner im Laufe der Zeit selbst, sodass sehr unterschiedliche Farbgebungen entstanden.

Nach der Schließung des Bauhauses in Dessau 1932 verließen die Meister ihre Wohnhäuser und die Stadt Dessau übergab die Bauten an die Junkers-Werke. Umbauten und Veränderungen entsprachen einerseits der pragmatischen Anpassung an die neue Nutzung mit kleinen Wohnungen, andererseits dokumentieren sie die Polemik gegen das Bauhaus und seine Bauten, die nur aufgrund der herrschenden Wohnungsnot nicht abgerissen wurden. Heute wird die architektonische Qualität des Ensembles wieder gewürdigt. Neben der baukünstlerischen Leistung führten auch der Einfluss auf die Architektur des 20. Jahrhunderts und die Bedeutung als Wohnort der Künstlerpersönlichkeiten 1996 zur Aufnahme der Meisterhäuser in die Liste des Weltkulturerbes bei der UNESCO, die zusammen mit dem Bauhausgebäude in Dessau sowie den Bauten in Weimar erfolgte. Das Meisterhaus Muche/Schlemmer wird heute für Ausstellungen und Veranstaltungen genutzt und ist für die Öffentlichkeit zugänglich.

Oben: Doppelwohnhaus von oben gesehen (Aufnahme von Lucia Moholy 1926)

Rechts: Ansicht von Norden (2008)

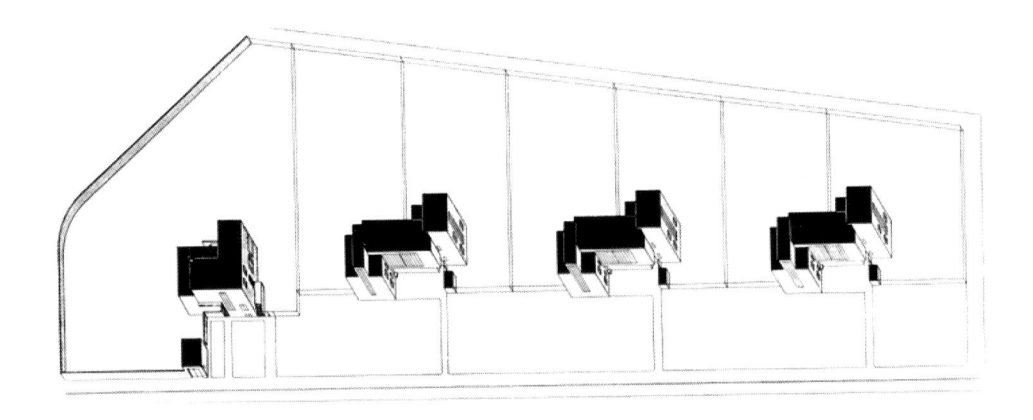

MEISTERHAUS MUCHE/SCHLEMMER DESSAU

Lageplan (1926)

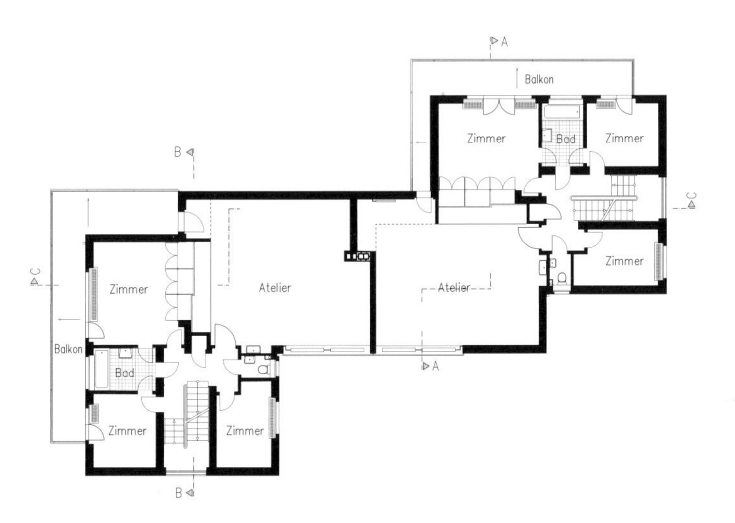

Grundriss 1. Obergeschoss (2002)

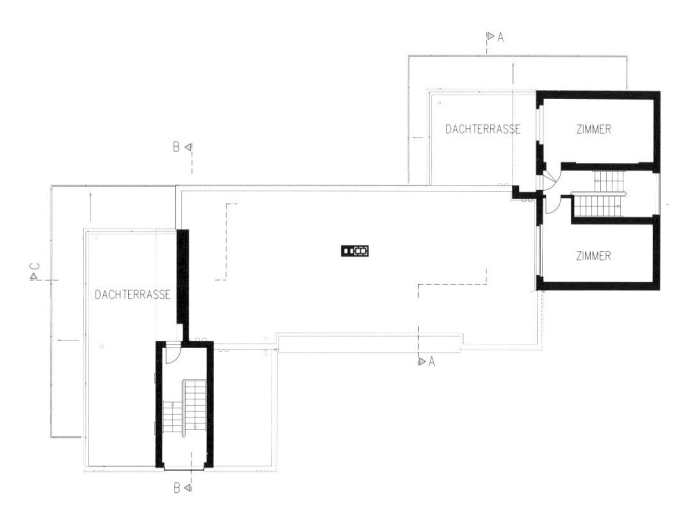

Grundriss 2. Obergeschoss (2002)

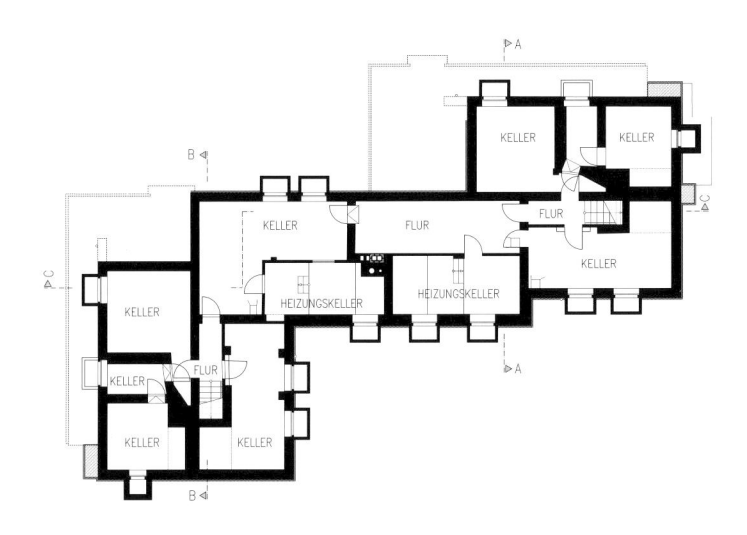

Grundriss Kellergeschoss (2002)

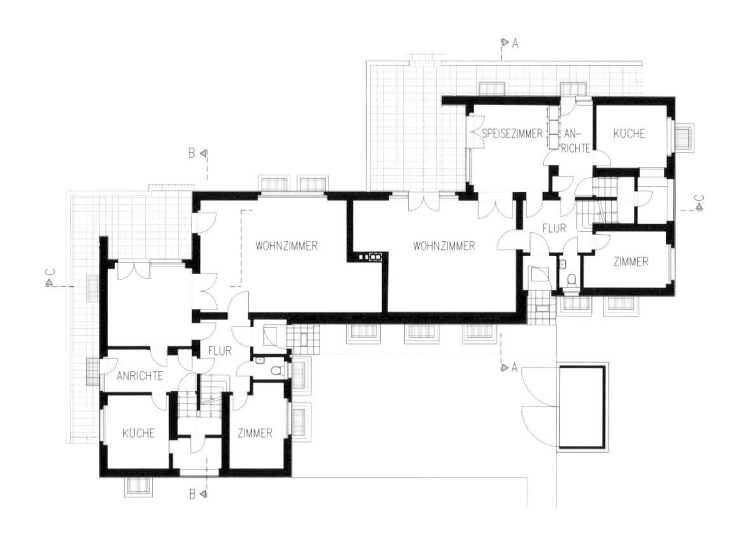

Grundriss Erdgeschoss (2002)

MEISTERHAUS MUCHE/SCHLEMMER DESSAU

Oben: Auszug des Bauhausmeisters Alfred Arndt mit Familie (1933)

Rechts: Meldung in „Die Mitteldeutsche", Dessau, 27. Juli 1939

MEISTERHAUS MUCHE/SCHLEMMER DESSAU

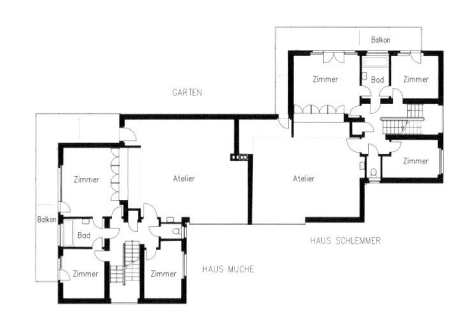

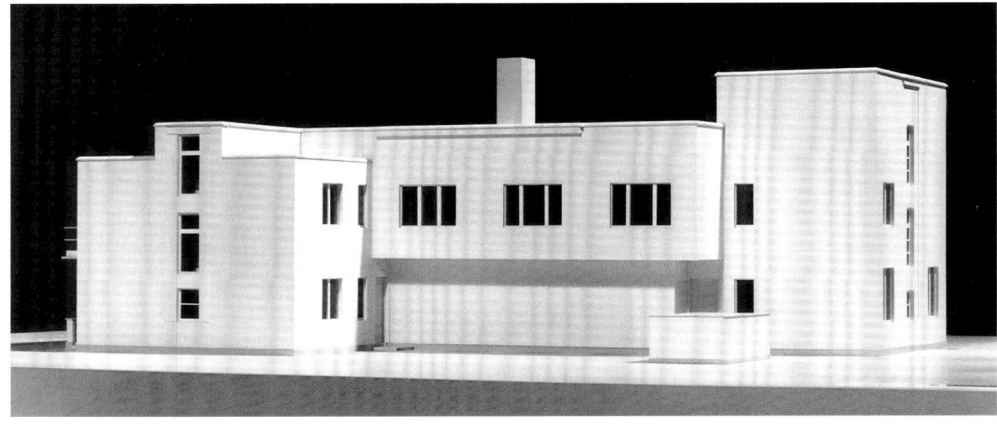

Oben: Veränderungen der Grundrisse:
Obergeschoss 1926, 1939, 1998

Links: Veränderungen der Ansichten:
1926, 1939, 1998

DENKMALPFLEGE DER MODERNE

Sanierung

Vor dem Beginn der Sanierungsarbeiten, die von der Wüstenrot Stiftung und der Stadt Dessau finanziert wurden, erfolgte eine umfassende Bestandsaufnahme, die von der Erfassung der bauzeitlichen Substanz und ihrer Veränderungen bis zu bauphysikalischen, bautechnischen und haustechnischen Gutachten reichte. Auf diesen fachlichen Grundlagen konnte die Leitlinie für die Sanierungsarbeiten entwickelt werden, die die Erhaltung eines Maximums an Originalsubstanz unter Berücksichtigung von Spuren der Bau- und Nutzungsgeschichte forderte.

Neben bautechnischer Ertüchtigung wie dem Anbringen einer Außendämmung an den im Erdreich liegenden Kellerwänden, vorsichtiger Sanierung der auskragenden Balkone aus Stahlbeton oder der Erneuerung der schadhaften Dachdämmung lag ein Schwerpunkt der Arbeiten auf der Wiederherstellung bauzeitlicher Ausbauelemente wie den großflächigen Verglasungen. Infolge veränderter Anforderungen und unzureichender Detailkenntnis der nicht mehr vorhandenen historischen Stahlfenster der Ateliers und Treppenhäuser wurden diese nicht rekonstruiert. Die neuen Fenster orientieren sich in Größe, Aufteilung und Körperausbildung an den Originalen, entsprechen im Detail jedoch heutigen Anforderungen. Anders lag der Fall bei den Holzfenstern. Sofern diese nicht mehr vorhanden waren, konnten sie anhand historischer Unterlagen und im Vergleich mit den erhaltenen Fenstern originalgetreu nachgebaut werden.

Alle Arbeiten nahmen größte Rücksicht auf die bauzeitliche Bausubstanz. Die Verlegung neuer Leitungen für die haustechnische Installation erfolgte auf Trassen, in denen der bauzeitliche Putz bereits gestört war. Wo diese Möglichkeit an den Decken nicht gegeben war, wurde auf Deckenleuchten verzichtet, und die Beleuchtung kann bei Bedarf durch moderne Stehleuchten ergänzt werden. Große Sorgfalt galt auch der Entwicklung einer Konzeption für die Konservierung der bauzeitlichen Putze und Anstriche, die der leitende Restaurator Thomas Danzl vom Landesamt für Denkmalpflege Sachsen-Anhalt maßgeblich begleitete. Da die ursprüngliche Farbigkeit im Inneren nicht vollständig nachweisbar war, wurde sie nur in einigen Räumen rekonstruiert. Hier wurde die Farbe auf eine Pufferschicht gestrichen, die aus Makulaturpapier besteht, das mit einer putzähnlichen Masse beschichtet ist. Die Oberflächen in den übrigen Räumen erhielten direkt auf dem Makulaturpapier einen Leimfarbenanstrich, unter dem die Alterungsspuren der Wand erkennbar blieben. Der Putz an den Außenflächen war unter dem in den 1960er-Jahren aufgebrachten Spritzputz weitgehend erhalten. Er konnte freigelegt und ausgebessert werden.

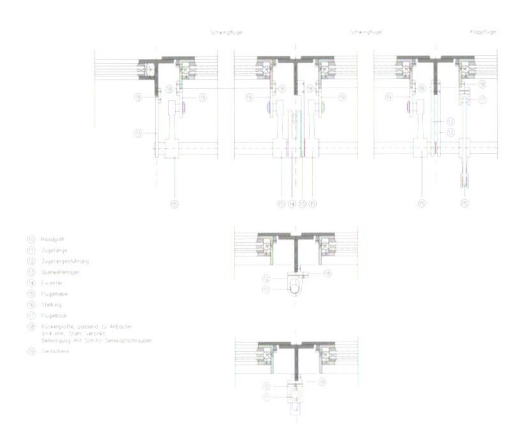

Oben: Neue Atelierfensterverglasung im Atelier Schlemmer (2002)

Unten: Zeichnungen für den Neubau des Atelierfensters (2002)

MEISTERHAUS MUCHE/SCHLEMMER **DESSAU**

Ansicht Haus Muche von Süden 1927, 1998, 2002

Altersspuren und Zeitschichten

Die Diskussion um Wiederherstellung der baukünstlerischen Qualität durch Rückbau auf den bauzeitlichen Zustand oder Erhaltung der Veränderungen als geschichtliche Zeugnisse wurde bei dieser Sanierung besonders ausführlich und kontrovers geführt. Nachdem durch die Umbauten der Meisterhäuser in den 1930er- und 1950er-Jahren die architektonische Qualität der Bauten zerstört war, wirkten die Häuser entstellt und waren zudem schlecht gepflegt. Die 1939 vorgenommen Umbauten zeigen jedoch nicht nur eine pragmatische Anpassung an veränderte Nutzungsbedürfnisse. Sie dokumentieren darüber hinaus die Ablehnung des Bauhauses und seiner Ideen während des „Dritten Reiches". Da der von den Nationalsozialisten immer wieder geforderte Abbruch des Bauhausgebäudes auch nach der Schließung 1932 nicht durchsetzbar war, sollte 1939 mit den Baumaßnahmen an den Meisterhäusern die „wesensfremde Bauart aus dem Stadtbild" verschwinden, wie Akten des Dessauer Magistrats belegen. In diesem Sinne stellen die Umbauten wichtige Dokumente der Bauhausgeschichte dar, die als Bestandteil des Denkmals grundsätzlich erhaltenswert sind. Die nach 1945 vorgenommenen Baumaßnahmen entsprechen dagegen pragmatischen Anforderungen, die von mangelnder Wertschätzung zeugen, aber keine Eingriffe mit gestalterischem oder politischem Konzept darstellen. Dem historischen Zeugniswert der Veränderungen steht die überragende künstlerische und bauhistorische Bedeutung der Meisterhäuser in der von Gropius geschaffenen Form gegenüber, auf die auch die Aufnahme in die Liste des Welterbes bei der UNESCO abzielt.

Bei der Abwägung der Bedeutung dieser Bauten als Kunstwerk oder als historisches Dokument wurde schließlich ein Weg eingeschlagen, der die äußere Erscheinung der Architektur wiederherstellt und damit auch das Bild des Ensembles schließt. Im Inneren wurden dagegen Zeugnisse aus der wechselvollen Geschichte erhalten. So wurde das gestörte Bild eines ausgebesserten Triolinfußbodens von 1926 akzeptiert und lässt die 80-jährige Nutzung des Hauses spürbar werden. Ein Heizkörper aus den 1950er-Jahren erfüllt seine Funktion weiterhin und weist auf Veränderungen in dieser Zeit hin. Auch Beleuchtungskörper wurden nicht nach historischem Vorbild rekonstruiert. Stattdessen zeugen moderne Leuchten, die sich in das historische Gebäude unauffällig einfügen, von der heutigen Nutzung. Die weitere Ausstattung, etwa der Sanitärräume oder die Bestückung mit Mobiliar, erfolgte ebenfalls mit modernen Mitteln und mit Rücksicht auf die Gesamtwirkung des Hauses. Bei allen Maßnahmen galt der Erhaltung und Sicherung der bauzeitlichen Substanz höchste Priorität.

Die Diskussion um Wiederherstellung des bauzeitlichen Erscheinungsbildes oder der Erhaltung von vorhandenen Geschichtszeugnissen ist im Dessauer Meisterhausensemble mit der Sanierung des Hauses Muche/Schlemmer nicht abgeschlossen. Sie wird mit der kontroversen Debatte um die Rekonstruktion des zerstörten Direktorenhauses Gropius, die Errichtung eines zeitgenössischen Neubaus an dieser Stelle oder die Erhaltung des in den 1950er-Jahren auf dessen Sockelgeschoss entstandenen Wohnhauses fortgeführt. *MM*

MEISTERHAUS MUCHE/SCHLEMMER DESSAU

Oben: Ansicht von der Gartenseite nach Abschluss der Sanierungsarbeiten (2002)

Links: Atelier Muche mit bauzeitlichem Fußboden, nachgebauten Fenstern sowie Heizkörpern und Beleuchtung von heute (2009)

Linke Seite: Schlafzimmer in Haus Muche mit bauzeitlicher Farbigkeit der Wände, Decken und Einbauschränke sowie neuem Fußbodenbelag und Beleuchtung von heute (2009)

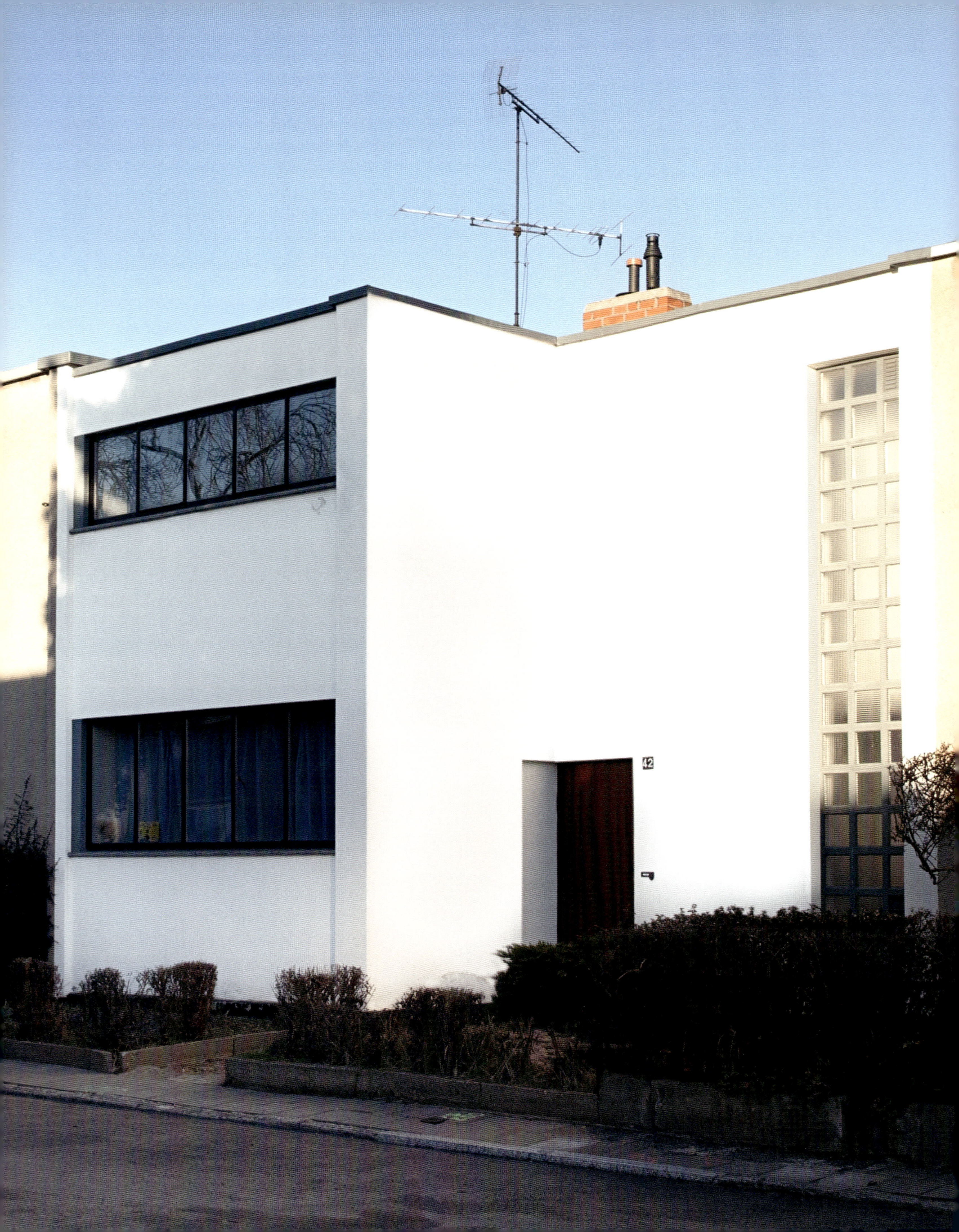
42

SIEDLUNG DESSAU-TÖRTEN, KLEINRING 42
DESSAU

Als Versuchssiedlung für rationelle und kostensparende Bauweisen wurde die ab 1926 errichtete Siedlung Dessau-Törten von Walter Gropius noch in den 1920er-Jahren zu einem der prominentesten und gleichzeitig umstrittensten Musterbeispiele für die Industrialisierung des Bauwesens. Da die Häuser als Reichsheimstätten von Beginn an im Besitz der Bewohner waren, entfaltete sich bereits kurz nach Fertigstellung eine individuelle Umbautätigkeit, die das Erscheinungsbild der Siedlung bis heute tief greifend verändert hat. Bei der Sanierung eines der Reihenhäuser wurde großer Wert auf die behutsame Integration neuer gestalterischer Elemente in den baulichen Kontext des ursprünglich sehr einfach ausgestatteten Hauses gelegt.

SIEDLUNG DESSAU-TÖRTEN, KLEINRING 42 DESSAU

Walter Gropius auf der Baustelle
(1926)

Rechte Seite: Treppenhaus (2010)

Auftraggeber	Stadt Dessau
Architekt	Walter Gropius
Konstruktion	Tragende Querwände aus Schlackenbetonsteinen, Betondecken aus Rapidbalken
Nutzfläche	95 Quadratmeter
Bauzeitliche Nutzung	Wohngebäude

1926	Beschluss des Dessauer Gemeinderats zur Errichtung einer Siedlung durch das Bauatelier Gropius am 24. Juni
1927	Fertigstellung der 58 Häuser des ersten Bauabschnitts im April
1928	Fertigstellung der 100 Häuser des zweiten Bauabschnitts im Februar
1930–1945	Fertigstellung der 156 Häuser des dritten Bauabschnitts im November, darunter auch das Haus Kleinring 42
1945	Umbau der Fassade, Errichtung einer Vormauerschale aus Ziegeln, mit Attika und Austausch der Stahlfensterbänder sowie des Treppenhausfensters durch konventionelle Holzfenster; weitere, nicht genauer datierbare Umbauten: gartenseitige Anbauten, Überbauung des Stallanbaus durch die Vergrößerung des Schlafzimmers; Kriegszerstörungen und Wiederinstandsetzung
1977	Denkmalschutz
1999	Besitzerwechsel
1999–2001	Voruntersuchungen im Rahmen eines Forschungsprojekts zur Baukonstruktion der Bauhausbauten Dessau
2002/03	Sanierung

Eigentümer	Hans-Knud Arndt, Dessau
Bauherr der Denkmalmaßnahme	Hans-Knud Arndt, Dessau
Architekt Sanierung	Johannes Bausch Architekt, Berlin
Aktuelle Nutzung	Wohngebäude

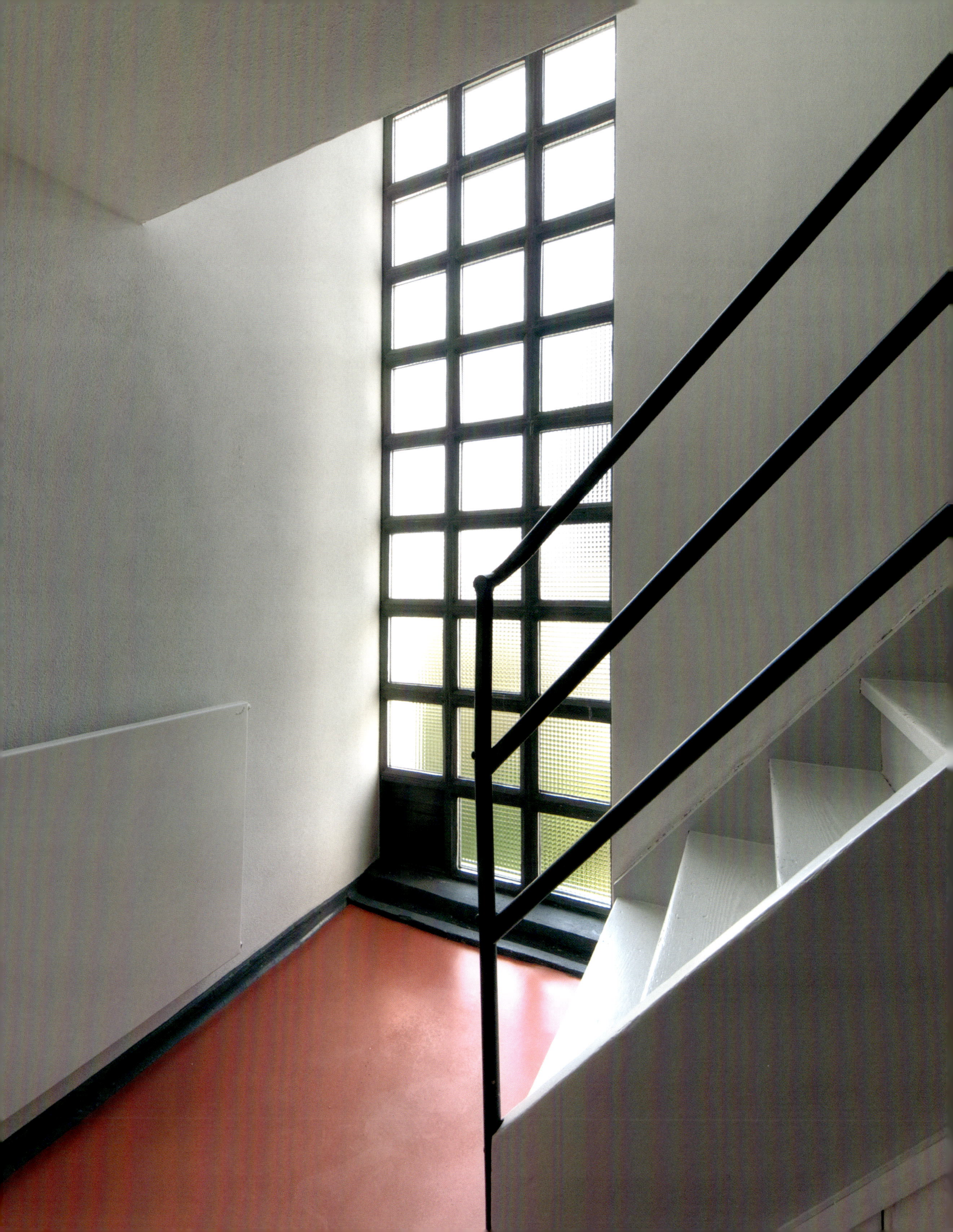

SIEDLUNG DESSAU-TÖRTEN, KLEINRING 42 DESSAU

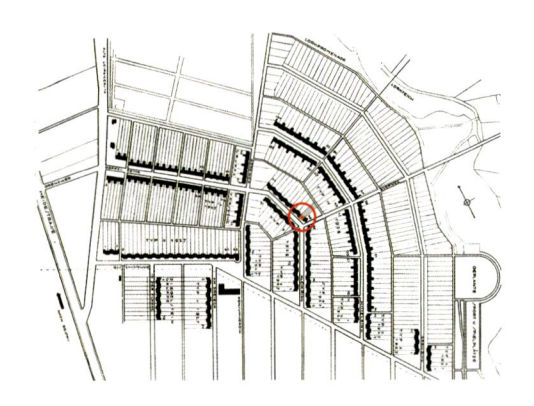

Die in den Jahren 1926–1928 errichtete Reichheimstättensiedlung Dessau-Törten ist mit ihren 314 Reihenhäusern nach Entwürfen von Walter Gropius vom Bauvolumen her das größte realisierte Bauprojekt in Zusammenhang mit dem Bauhaus in Dessau. Vonseiten der Stadt Dessau bestand angesichts der Wohnungsnot in der wirtschaftlich prosperierenden Stadt größtes Interesse an kostengünstigem Wohnraum, während für Gropius das Projekt erstmals die Möglichkeit bot, seine bereits seit 1910 angestellten Überlegungen für einen fabrikmäßig organisierten Wohnungsbau in größerem Maßstab umzusetzen. Ziel der ab 1927 von der Reichsforschungsgesellschaft für Wirtschaftlichkeit im Bau- und Wohnungswesen (RFG) unterstützten Versuchssiedlung war die möglichst weitgehende Rationalisierung des Bauvorgangs. Als Vorbild diente dabei vor allem die industrielle Fertigung von Automobilen am Fließband, wie sie in den Ford-Werken in den USA praktiziert wurde.

Die Konstruktion der Häuser mit tragenden Wänden aus Schlackenbetonsteinen und Betondecken aus sogenannten Rapidbalken orientierte sich sowohl an dem erklärten Ziel der Kosteneinsparung als auch an den örtlichen Gegebenheiten: Auf der Baustelle befand sich Sand und Kies, sodass für die Herstellung der vor Ort im Akkord gefertigten Bauteile nur noch Zement und Schlacke angeliefert werden mussten. Die äußerst sparsam ausgestatteten Häuser wiesen im ersten Bauabschnitt noch kein separates Badezimmer auf und waren mit ihren etwa 400 Quadratmeter großen Nutzgärten für eine Selbstversorgung konzipiert. Als Dünger dienten dabei die Fäkalien aus den Trockentoiletten im externen Stallanbau. Die Haustypen wurden in den folgenden Bauabschnitten abgewandelt, so erhielt der Typ Sietö-II, dem das Haus Kleinring 42 angehört, ein separates Badezimmer im Obergeschoss und eine zusätzliche Abstellkammer. Das Treppenhaus wurde durch ein über zwei Geschosse reichendes Fensterelement aus sogenannten Luxfer-Prismengläsern belichtet.

Bereits kurz nach Fertigstellung wurden die Häuser nach individuellen Bedürfnissen umgebaut, erweitert und modernisiert. Anfang der 1930er-Jahre wurde vor die meisten Straßenfassaden eine Vormauerschale aus Ziegelsteinen gesetzt, die die unzureichende Wärmedämmung der nur rund 15 Zentimeter starken Außenwände verbesserte. Dazu kamen ideologische Anfeindungen gegen die Bauhausmoderne zur Zeit des Nationalsozialismus, als den Bewohnern nahegelegt wurde, die Fensterbänder der Straßenfassaden gegen konventionelle Holzfenster auszutauschen. Auch das Haus Kleinring 42 war in diesem Sinne an der Straßenfassade verändert worden, wies jedoch im Inneren noch die ursprüngliche Raumstruktur und eine Vielzahl bauzeitlicher Bauelemente wie Türen, Türzargen, Einbauschränke und Oberflächen auf.

Oben: Lage des Hauses in der Gesamtsiedlung

Rechts: Straßenansicht Kleinring (um 1929)

SIEDLUNG DESSAU-TÖRTEN, KLEINRING 42 DESSAU

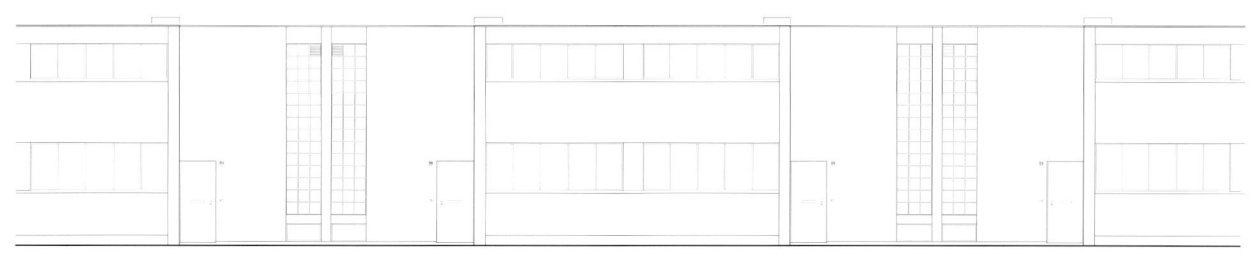

Strasse

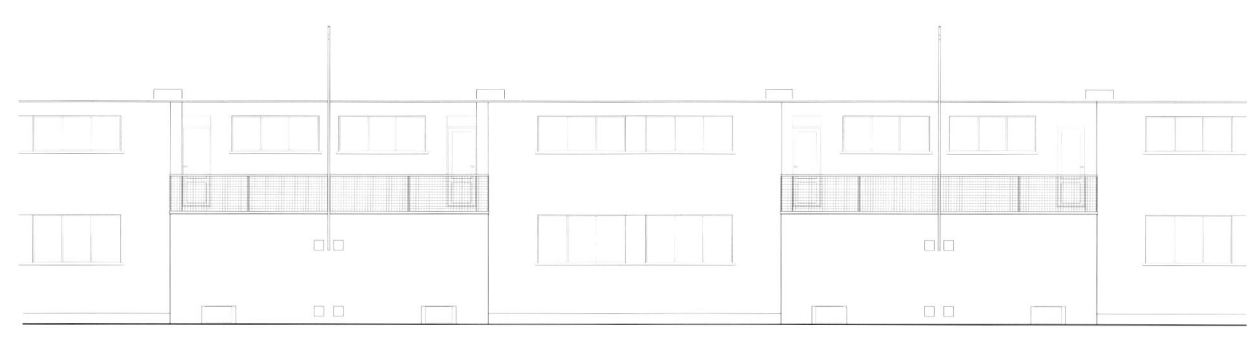

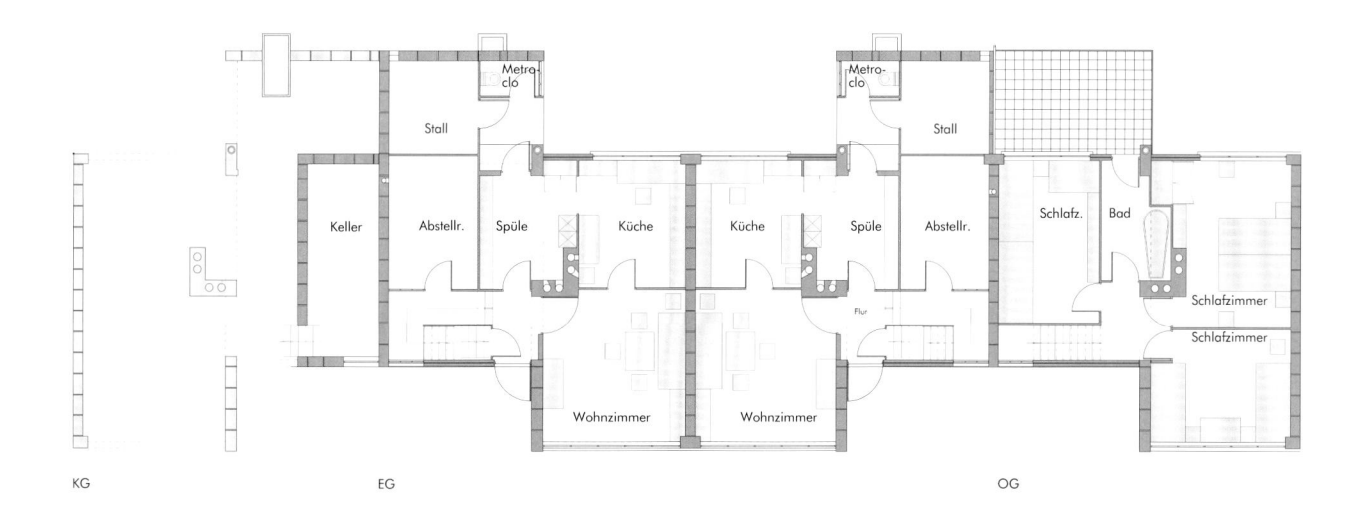

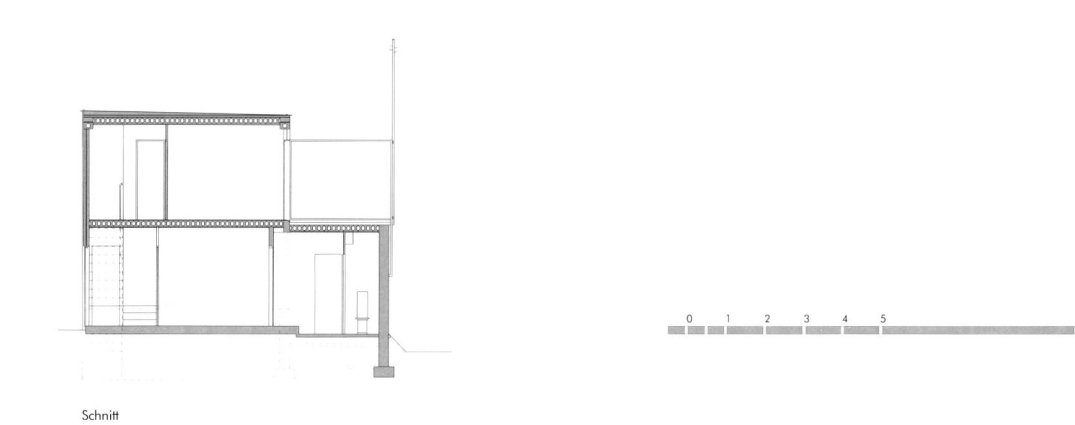

Garten

KG   EG   OG

Schnitt

Ansichten, Grundrisse und Schnitt des Haustyps Sietö II von 1928 (Zeichnung 2008)

SIEDLUNG DESSAU-TÖRTEN, KLEINRING 42 DESSAU

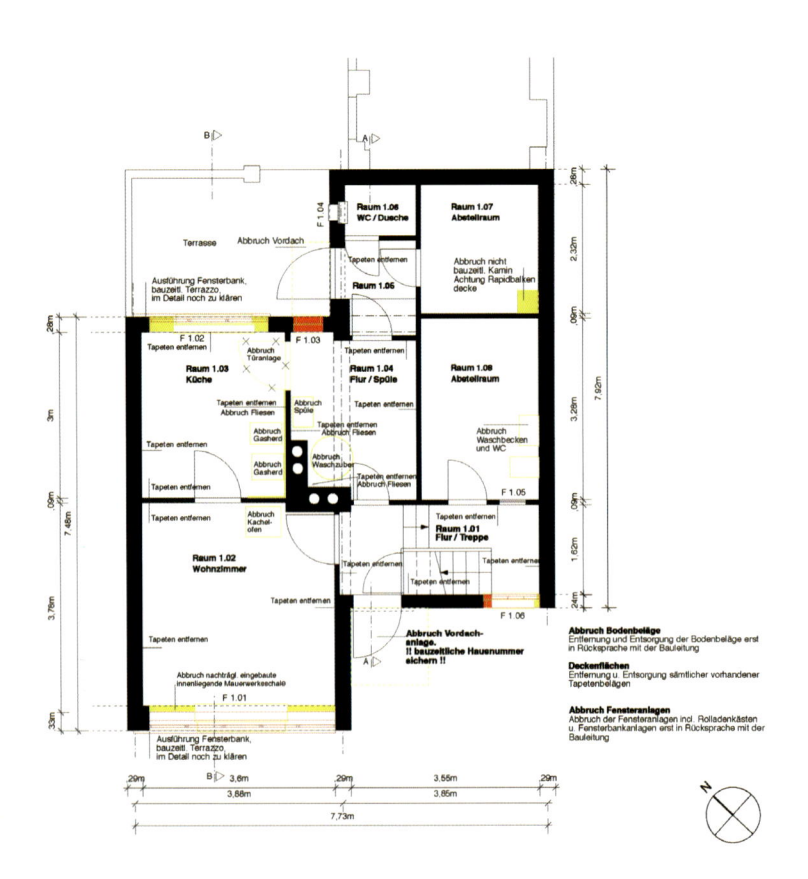

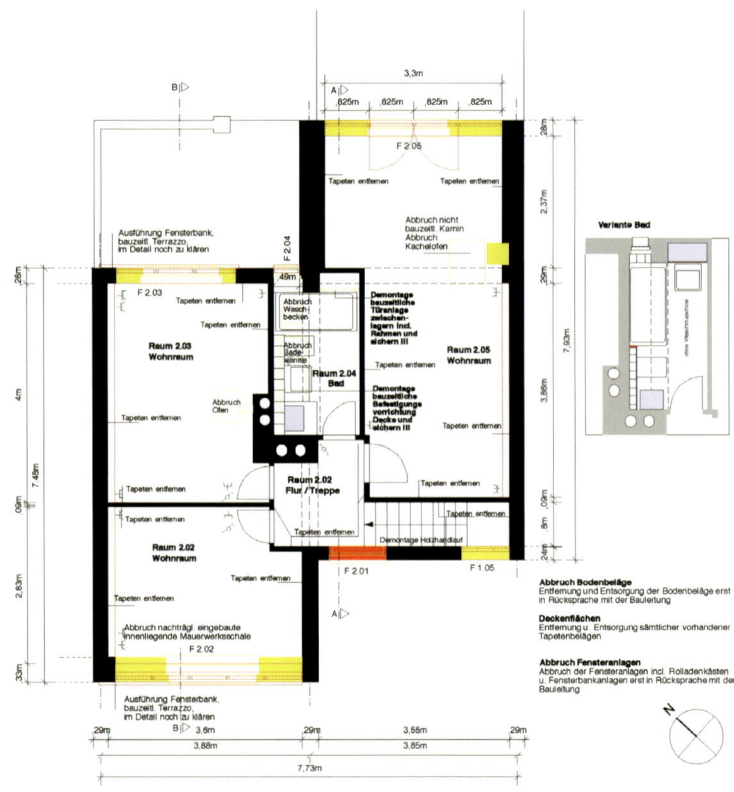

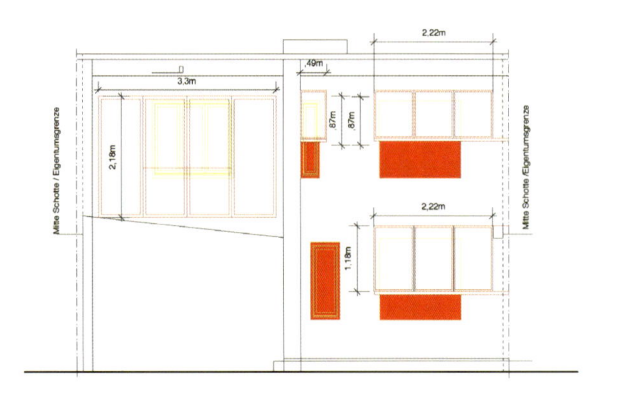

Sanierungsplanung 2003: Erdgeschoss, Obergeschoss, Straßenfassade, Gartenfassade (von links oben nach rechts unten; rot: Neubau, gelb: Abriss)

SIEDLUNG DESSAU-TÖRTEN, KLEINRING 42 DESSAU

Sanierung

Nach einem Besitzerwechsel im Jahr 1999 bot sich die Möglichkeit einer denkmalgerechten Sanierung des Reihenhauses in Privatinitiative. Der eigentlichen Sanierungsplanung ging eine Bestandsaufnahme mit einem verformungsgerechten Bauaufmaß und einer restauratorischen Befunduntersuchung voraus, auf deren Grundlage dann die denkmalpflegerische Zielstellung erarbeitet wurde. Oberste Priorität hatte dabei die bauzeitliche Substanz. Bauliche Veränderungen wurden erhalten, sofern sie die Ästhetik des ursprünglichen Gebäudes nicht entstellten. So wurden beispielsweise später eingebaute Türblätter oder ein Holzfenster zwischen Flur und Bodenraum weiterhin genutzt. Auch andere Veränderungen, die die Benutzbarkeit des Gebäudes entscheidend verbesserten, wurden zum Teil beibehalten. Dies betraf in erster Linie die Erweiterung eines Schlafraums über dem ehemaligen Stallanbau oder den räumlichen Abschluss des ehemals offenen Durchgangs von der Spülküche zum Stallanbau. Ebenso musste der Anschluss an die ebenfalls veränderten Nachbarhäuser bautechnisch und ästhetisch befriedigend gelöst werden. Besonderen Anlass zur Diskussion bot der Umgang mit der veränderten Straßenfassade, die auf Wunsch des Eigentümers rekonstruiert werden sollte, um die architektonischen Qualitäten des ursprünglichen Entwurfs wieder erlebbar zu machen. Hier wurde die in den 1930er-Jahren errichtete Vormauerschale als Zeitdokument und sinnvolle bauphysikalische Ergänzung beibehalten. Die ursprünglichen Fensteröffnungen mit ihren feingliedrigen Stahlfenstern wurden jedoch rekonstruiert und in die Ebene der Vormauerschale gesetzt, um so die äußere Profilierung des Gebäudes wiederherstellen zu können. Für das geschossübergreifende Treppenhausfenster wurden die Betonrahmen nach bauzeitlichem Muster sorgfältig nachgefertigt. Da die bauzeitlichen Luxfer-Prismengläser in dieser Form nicht mehr hergestellt werden, erfolgte die Verglasung mit einem Ornamentglas, das dem ursprünglichen Erscheinungsbild möglichst nahekommt. Durch die Lage des Hauses in der Blickachse des Kleinrings trägt die wiederhergestellte Straßenfassade maßgeblich zur Gesamtwirkung der Siedlung bei.

Oben: Straßenansicht vor der Sanierung mit veränderten Fenstern (2000)

Links: Die wiederhergestellte Treppenhausverglasung mit Betonrahmen und modernem Ornamentglas (2010)

Rechts: Bauzeitlich erhaltene Treppenhausverglasung mit Luxfer-Prismengläsern, Damaschkestraße 9 (2010)

SIEDLUNG DESSAU-TÖRTEN, KLEINRING 42 DESSAU

Rechts: Blick aus dem Kleinring von Süden (2010)

Unten: Der Steinholzestrich im Erdgeschoss musste erneuert werden und wurde mit einem Linoleumbelag abgedeckt (2010)

Im Inneren mussten im Erdgeschoss die bauzeitlichen Bodenbeläge aus Steinholzestrich aufgrund von starken Feuchteschäden ausgebaut werden. Auf dem neuen Fußbodenaufbau wurde wieder ein Steinholzestrich eingebracht und mit einem Linoleumboden abgedeckt, der sich in das Farbkonzept des sanierten Gebäudes harmonisch einfügt. Um das Gebäude entsprechend heutigen Wohnstandards nutzen zu können, erhielt das Badezimmer im Obergeschoss ein WC, am Ort des bauzeitlichen Trockenklosetts wurde ein WC mit Dusche eingebaut.

Raum und Form

Der Charakter der ehemals „halbländlichen" Siedlung hat sich in den letzten Jahrzehnten grundlegend verändert und unterscheidet sich kaum noch von den heutigen Reihenhaussiedlungen mit Erholungsgärten. Damit hat sich auch das funktionale städtebauliche Gefüge gewandelt, dienen die ehemaligen „Mistwege" entlang der Gartenrückseiten doch inzwischen in erster Linie als Garagenzufahrt. Die bauliche Struktur des Hauses Kleinring 42 mit ihren sparsamen Raumzuschnitten und der auf den Nutzgarten hin orientierten Raumorganisation mit Stallanbau sowie Spül- und Kochküche ist jedoch erhalten geblieben und wird so weit als möglich auch weiterhin genutzt. Anders als bei dem bereits 1994 sanierten Haus im Mittelring 38, das von der Moses-Mendelssohn-Gesellschaft als Büro und Ausstellungsraum genutzt wird und für Besichtigungen zur Verfügung steht, galt es hier, den heute üblichen Ausstattungsstandard in Hinblick auf Küchen- und Sanitärräume, aber auch in Hinblick auf Elektroinstallation, Heizung und Wärmeschutz zu realisieren. Die Nutzung als Einfamilienhaus bedingte dabei bauliche Eingriffe, deren gestalterische Ausprägung mit größter Sorgfalt und Behutsamkeit erfolgen musste, um die äußerst reduzierte bauzeitliche Formensprache nicht durch neue Hinzufügungen zu dominieren. Dies betraf nicht nur größere Bauteile wie die neue Fenstertür im Obergeschoss, die entsprechend den bauzeitlichen Fensterelementen aus Stahlprofilen gefertigt wurde, in ihren konstruktiven Details und Beschlägen jedoch eindeutig als heutiger Entwurf erkennbar ist. Auch kleinere, gestalterisch jedoch wirksame Baudetails wie das Schalterprogramm harmonieren in ihren runden Formen mit der bauzeitlichen Ästhetik der Architektur. Die neuen Wandschränke

SIEDLUNG DESSAU-TÖRTEN, KLEINRING 42 **DESSAU**

Oben links: Die Ausstattung des Badezimmers im Obergeschoss entspricht heutigen Wohnstandards (2010)

Oben rechts: ür die Elektroinstallation kam das Schalterprogramm 1930 der Firma Berker zum Einsatz (2010)

Links: Die erhaltenen Türdrücker von Ferdinand Kramer wurden sorgfältig aufgearbeitet und nach Befund schwarz lackiert (2004)

SIEDLUNG DESSAU-TÖRTEN, KLEINRING 42 DESSAU

Oben: Die moderne Einbauküche fügt sich in die zurückhaltende Ästhetik des Hauses ein und greift formale Aspekte der Musterküche von 1926 in der Doppelreihe auf (2010)

Rechts: Vom Bauhaus eingerichtete Musterküche des Hauses Doppelreihe 11 (1926)

Rechte Seite: Die flachen Heizkörper sind in der Raumfarbe lackiert und treten gestalterisch zurück (2010)

und die vom Hausherrn in Absprache mit dem Architekten gestaltete Einbauküche nehmen gestalterische Merkmale der Möblierung einer 1926 eingerichteten Musterwohnung auf: glatte ungeteilte Holzflächen, einfachste Ausprägung der Beschläge und die Differenzierung der Oberflächen zwischen festen und beweglichen Elementen. Als Heizkörper wurden glatte flächige Stahlheizkörper gewählt, die durch den Anstrich in der Raumfarbe gestalterisch zurücktreten.

Die Sanierung wurde mit großer Behutsamkeit im Umgang mit der bauzeitlichen Substanz sowie unter Beachtung der ursprünglichen Funktionsbereiche des Hauses durchgeführt. So blieb die ursprüngliche Nutzung der Räume weitestgehend erhalten. Die wiederhergestellte Raumfolge von Eingang, Treppenhaus und Zimmerflur im Obergeschoss mit ihrer charakteristischen Lichtführung durch das geschossübergreifende Treppenhausfenster lässt die architektonischen Qualitäten des einfachen Siedlungshauses wieder erlebbar werden. Notwendige Anpassungen der Haustechnik und Ausstattung an heutige Wohnbedürfnisse erfolgten zurückhaltend und unter Berücksichtigung der bauzeitlichen Gestaltungsprinzipien. Die neuen Hinzufügungen nehmen dabei Aspekte der bauzeitlichen Ästhetik auf, ohne ihre eigene Entstehungszeit zu verleugnen. Das Haus Kleinring 42 ist damit ein hervorragendes Beispiel dafür, wie die Architektur der Bauhausmoderne aufgrund einer behutsamen und substanzschonenden Sanierungsplanung auch heutigen Wohnvorstellungen gerecht werden kann. AS

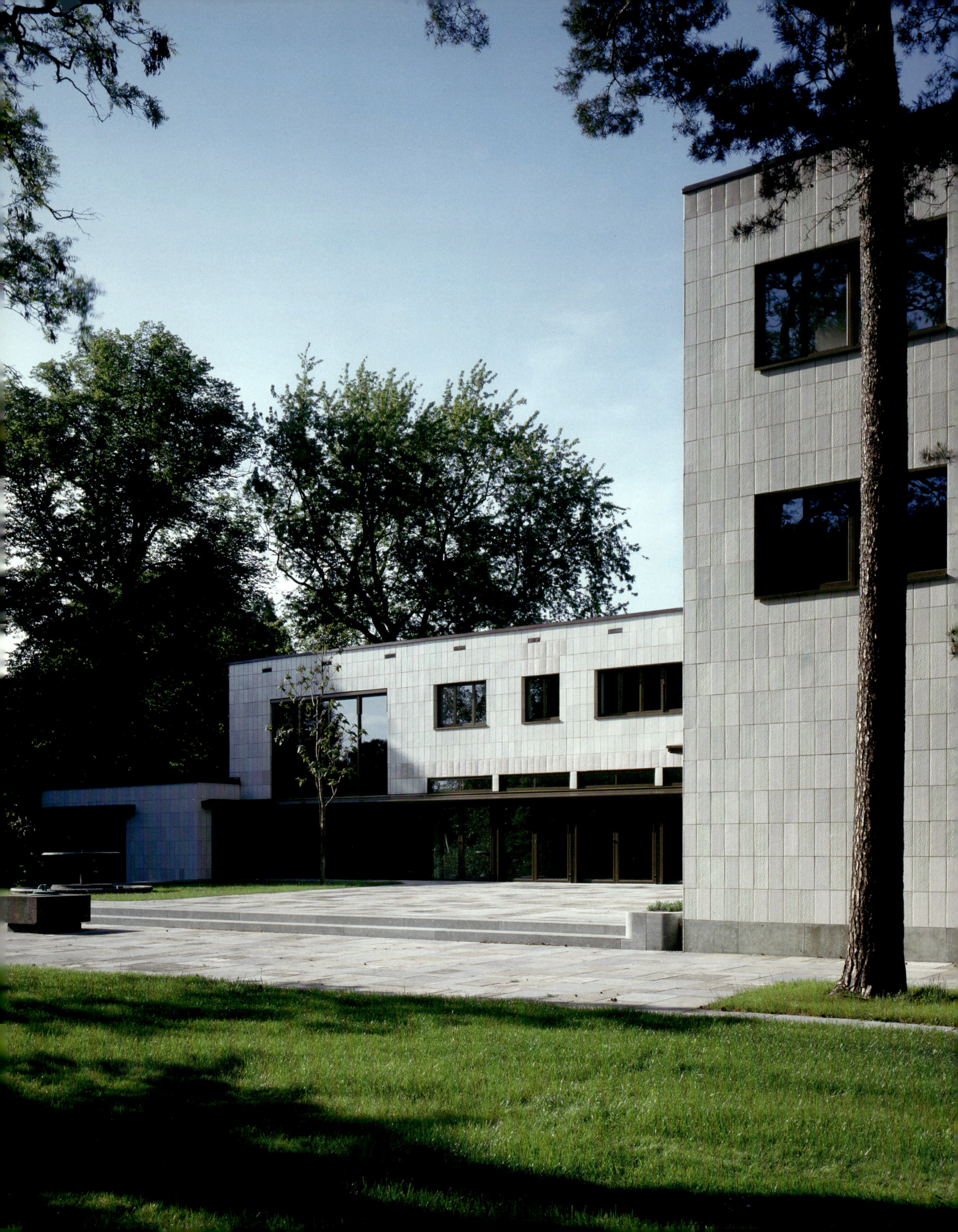

VILLA REEMTSMA
HAMBURG

Eine Villa inmitten eines großzügigen Parkgeländes zu errichten, war die Bauaufgabe für Martin Elsaesser, die er Anfang der 1930er Jahre von dem Unternehmer Philipp Fürchtegott Reemtsma gestellt bekam. In enger Abstimmung mit dem Bauherrn und seiner Frau entstand ein Wohnhaus mit Nebengebäuden inmitten eines von Leberecht Migge gestalteten Gartenareals. Am Ende der Weimarer Republik war dies der größte Villenbau der Moderne Europas. Die Sanierung der 1939 und 1953/54 im Stil der Zeit umgestalteten Villa und ihres Parks zeigt eine behutsame Auseinandersetzung mit diesen Zeitschichten macht sie gleichermaßen zu einem besonderem Zeugnis der ausklingenden Moderne.

VILLA REEMTSMA HAMBURG

Gesellschaftsterrasse vor dem Freizeittrakt (1932)

Rechte Seite: Blick vom Vorraum in die Kaminnische der Halle mit bauzeitlicher Leuchte (2009)

Auftraggeber	Philipp Fürchtegott Reemtsma
Architekt	Martin Elsaesser
Konstruktion	Stahlbeton, Stahlskelett und Mauerwerksausfachung, Eisenbeton-Hohlkörperdecken
Nutzfläche	1780 Quadratmeter
Bauzeitliche Nutzung	Wohngebäude
1930–1932	Errichtung der Villa Reemtsma in Othmarschen (Altona)
1939	Erweiterung des Hauses und Umgestaltung der Innenräume durch Martin Elsaesser
1945–1952	Nutzung durch die englische Besatzungsmacht als Offizierskasino
ab 1953	Umgestaltung der Villa zum Firmensitz des Reemtsma-Tabakkonzerns durch Godber Nissen, Errichtung dreier Verwaltungsgebäude, Abriss des Teepavillons, Nutzung des Obergeschosses der Villa durch die Hermann Reemtsma Stiftung
1972–1974	Umgestaltung des Kantinenbereichs durch Godber Nissen
1992	Erneuerung der keramischen Fassadenverkleidung
2001/02	Abriss des Tennisplatzes und des Wirtschaftshofs; Errichtung eines Verwaltungsneubaus
2002	Verkauf der Reemtsma Cigarettenfabrik GmbH an die britische Imperial Tobacco Group und Aufgabe des Verwaltungsstandorts
2003	Verkauf des Geländes an die GbR Reemtsma Park
2004	Denkmalschutz; Räumung der Villa und der Verwaltungsbauten; Beginn der Bestandsuntersuchungen und der Erstellung eines neuen Nutzungskonzepts für die Verwaltungsbauten von Godber Nissen
2005/06	Beginn der Planung des Umbaus und der Sanierung der Verwaltungsbauten von Godber Nissen zu 35 Wohnungen; Voruntersuchungen und Beginn der Sanierung der Villa
2007	Abriss des 2001 errichteten Verwaltungsneubaus, Neubau von fünf Wohngebäuden
2008/09	Fertigstellung des Gesamtensembles Reemtsma Park mit neu gestaltetem Parkgelände
Eigentümer	GbR Reemtsma Park
Bauherr der Denkmalmaßnahme	GbR Reemtsma Park – GATOR Beteiligungsverwaltungsgesellschaft mbH, Hamburg
Architekten Sanierung	Helmut Riemann Architekten GmbH, Lübeck
Aktuelle Nutzung	Verwaltungsgebäude (Büronutzung)

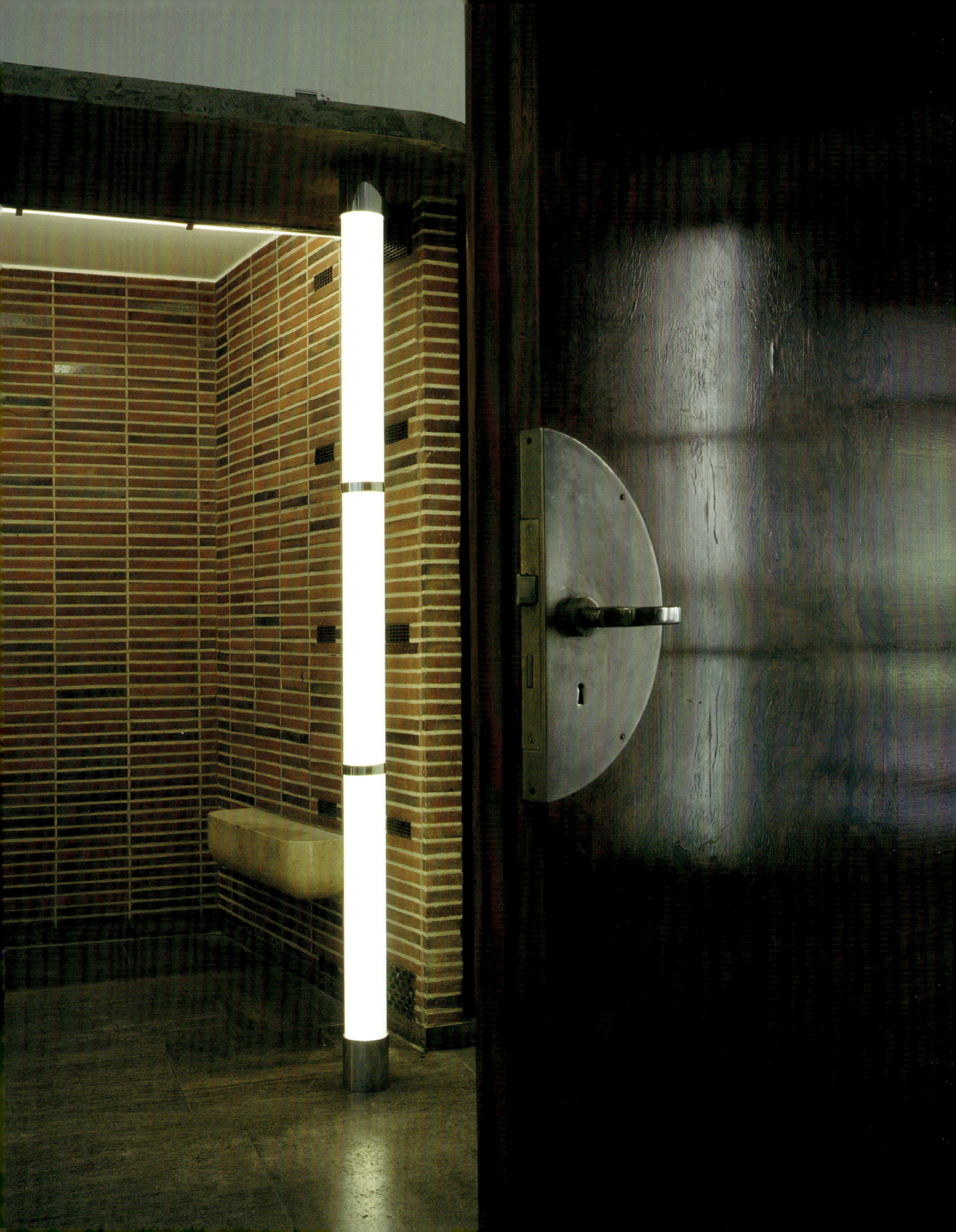

VILLA REEMTSMA HAMBURG

Der erfolgreiche Unternehmer und Zigarettenfabrikant Philipp Fürchtegott Reemtsma erwarb 1929 zwei großflächige Grundstücke in dem damals zu Altona bei Hamburg gehörenden Othmarschen. Die auf einem der Grundstücke stehende repräsentative Gründerzeitvilla ließ er abreißen und sich stattdessen ein repräsentatives Wohnhaus der Moderne errichten. Er beauftragte Martin Elsaesser mit dem Entwurf, der für das parkähnliche Gelände von sieben Hektar ein Bauensemble entwarf, das aus einem Einfahrtsbereich mit Pförtnerwohnhaus, dem in der Tiefe des Grundstücks liegenden eigentlichen Wohnhaus und den benachbarten Wirtschaftsgebäuden besteht. Das Wohnhaus präsentiert sich als ein Gebäudekomplex, der aus ein- bis dreigeschossigen Kuben zusammengefügt ist, die die Wohn- und Schlafräume sowie den Personal- und Freizeitbereich in sich aufnehmen. Die Pultdächer werden durch hohe Attiken kaschiert, so dass im Äußeren der Eindruck eines Flachdachs hervorgerufen wird. Mit zahlreichen großformatigen Fenstern öffnet sich das Gebäude zur umliegenden Parklandschaft. Die Gliederung der Eingangsfront auf der Ostseite wird von den drei querrechteckigen Öffnungen bestimmt, hinter denen sich eine Dachterrasse für ein morgendliches „Luftbad" verbarg. Die grünlich-weißgrauen Keramikplatten, mit der die Fassaden verkleidet waren, sollten die umgebende Farbigkeit der Natur und des Himmels aufnehmen und damit das Gebäude in die umgebende Gartenlandschaft einbetten.

Der Empfangsbereich mit Damen- und Herrengarderobe mündet in einer 90 Quadratmeter großen zweigeschossigen Halle. Diese diente zur Erschließung der nach Süden gelegenen Bibliothek und des Wohnraums. Das Tee- und Bridgezimmer öffnete sich mit dem Esszimmer nach Westen zur Südterrasse. Der an der Südterrasse liegende „Freizeitflügel" umfasste das Kinderspielzimmer, den Turnsaal sowie das Schwimmbad. Alle nach Westen und Süden ausgerichteten Räume waren mit im Boden versenkbaren Fenstern ausgestattet.

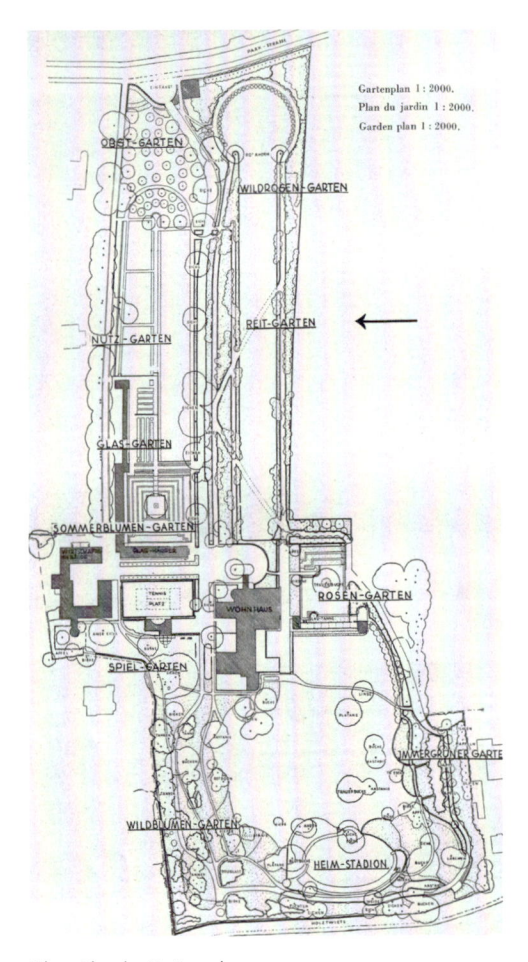

Oben: Plan der Gartenanlagen von Leberecht Migge (1932)

Rechts: Plan Reemtsma Park mit den Bestandsbauten (Villa, Haus A, B, C, Haus 89) und Neubauten (S1, S2, N1, N2a, N4), 2009

224 DENKMALPFLEGE DER MODERNE

VILLA REEMTSMA HAMBURG

Oben: Ansicht von Nordosten mit der Zufahrt und dem Eingang, darüber die Dachterrasse für ein „Luftbad", hinter der Holzlattenkonstruktion der Ziergarten vor der Damengarderobe und der Personaltrakt (um 1932)

Mitte: Wohnzimmer mit Sitzgruppen, dem Flügel und der Kaminnische. Im Hintergrund die Glastür zur Halle (um 1932)

Unten links: Blick von Südwesten auf Freizeittrakt mit dem Schwimmbad links und dem Wohntrakt rechts (um 1932)

Unten Mitte: Ansicht von Nordosten, rechts das Schwimmbad, daneben der architektonisch gerahmte Kinderspiel- und Küchenhof, ganz links der Personaltrakt (um 1932)

Unten rechts: Ansicht von Süden, Blick aus dem Teepavillon auf den Freizeitflügel mit dem Gartensaal (um 1932)

VILLA REEMTSMA HAMBURG

Blick vom Vorraum in die Kaminnische der Halle, Lüster mit Glaskugel und umlaufenden Leuchtröhren und Stableuchte in Kaminnische, Wände aus weißgrauem Stuckmarmor (um 1932)

Blick von der Sonnenterrasse in die Halle und die Glastür zum Wohnzimmer, Wände aus Stuckmarmor, Bekleidungen aus grauem geschliffenem Muschelkalk, Teppiche mit abstrakten Mustern in grauen, blauen und gelben Tönen (um 1932)

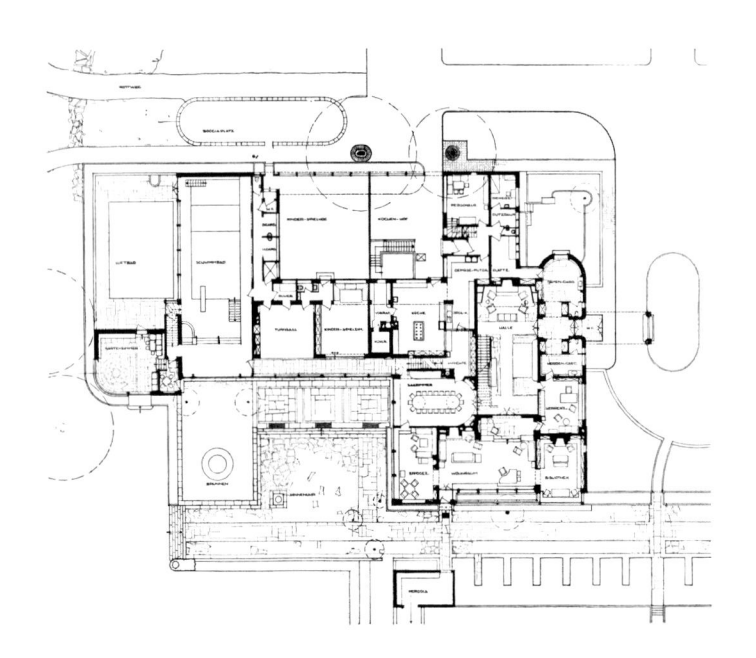

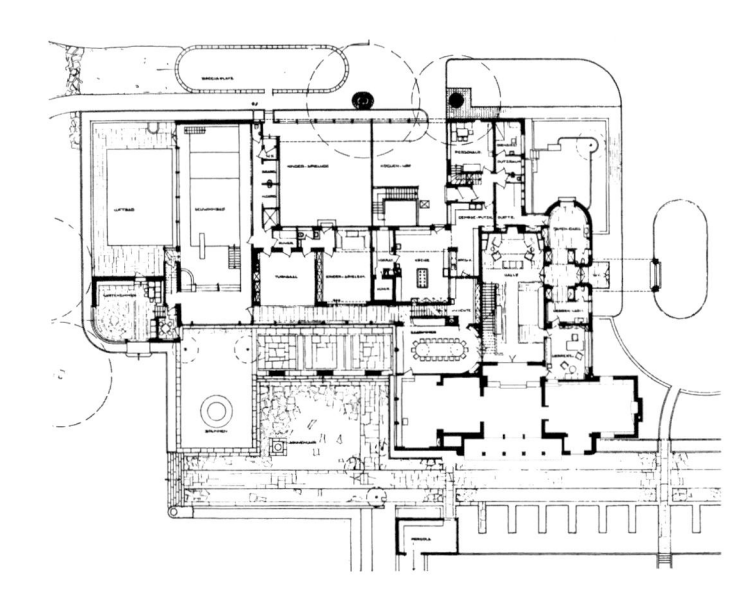

Den Höhepunkt der Verbindung des Innenraums mit der umgebenden Landschaft schaffte Elsaesser mit dem Gartenzimmer in der südwestlichen Ecke des Freizeitflügels. Im Obergeschoss des Wohntrakts befanden sich die Schlafräume der Dame und des Herrn, davon getrennt waren die Kinderschlafräume angeordnet und darüber die Gästezimmer. Die Ausstattung des Hauses zeigte modernstes Design in Form von ausgefallenen Leuchtmitteln, Heizkörpervarianten und abstrakt-farbigen Teppichen, die in spannungsvollem Kontrast zu der eher gediegenen Möblierung stand. Zu dem Wohnhaus gehörte ein Garten, der von Leberecht Migge nach verschiedenen Funktionen gegliedert war.

1939 ließ Reemtsma vermutlich aus persönlichen Gründen die Villa von Elsaesser „zeitgemäß" umgestalten: Der Gesamteindruck der Eingangsseite wurde durch die Überdachung und Schließung des „Luftbades" sehr verändert. Die Südfassade mit den dahinter befindlichen Gesellschaftsräumen wurde durch eine massive Pfeilerkonstruktion aus Sandstein repräsentativ aufgewertet und verlor dadurch ihre Leichtigkeit und Transparenz. Materialschwere und neoklassizistische Prinzipien kennzeichnen auch die Umbauten im Innern. Der Grundriss wurde durch das Einziehen neuer Wände stärker auf eine repräsentative Achse hin ausgerichtet, die Elsaesser bei seiner ersten Umsetzung bewusst vermieden hatte. Die Gesellschaftsräume, mit der Halle beginnend, wurden mit kassettierten Eichenholztäfelungen versehen. Die transparenten, aus glänzenden Messingprofilen konstruierten Flügeltüren wurden durch massive Eichenholztüren mit Schnitzereien ersetzt. Schmiedeeiserne mit Ornamenten geschmückte Gitter, Reliefs und Plastiken prägten die neue Raumausstattung, die ganz dem Thema Jagd gewidmet war. Diese durch den Heimatschutzgedanken der späten 1930er-Jahre geprägte Umgestaltung wurde nach dem Zweiten Weltkrieg in Teilen nochmals verändert, als die Villa für die Verwaltung des Reemtsma-Tabakkonzerns genutzt wurde. Auf der Fläche der Miggeschen Nutzgärten wurden zur gleichen Zeit Neubauten für die Verwaltung des Unternehmens ebenfalls nach den Plänen von Godber Nissen errichtet.

Oben: Halle nach der Umgestaltung von 1939 mit Holzverkleidungen, schmiedeeisernen Gittern, die die Kaminleuchten verbergen und Leuchter aus Muranoglas (um 1939)

Mitte: Besprechungsraum der Firma Reemtsma im ehemaligen Wohnraum und Tee- und Bridgezimmer der Villa (1954)

Unten: Grundrisse Erdgeschoss von 1932, 1939, 1954, 2009

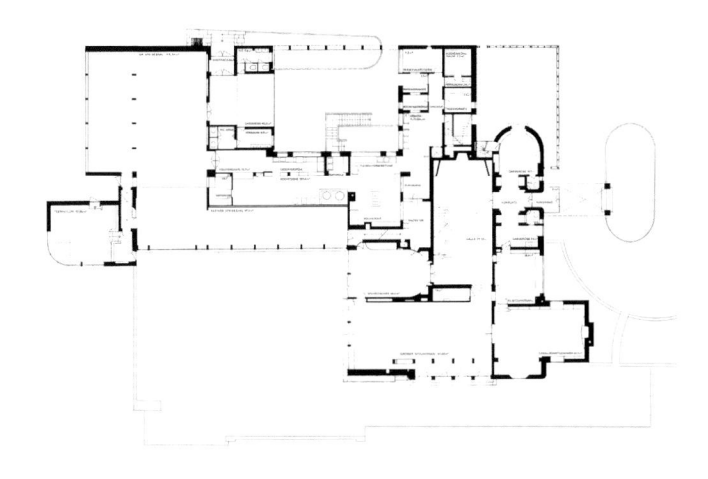

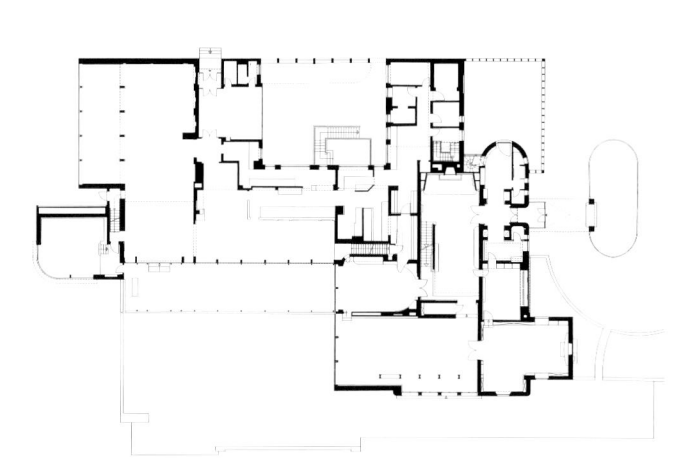

VILLA REEMTSMA HAMBURG

Links: Ansicht von Südwesten mit ehemaliger Gesellschaftsterrasse vor dem Freizeittrakt (2009)

Mitte: Ansicht von Südosten (2009)

Unten: Ansicht von Süden mit neu angelegtem Wasserbecken (2009)

Sanierung

Der 2006 begonnenen Sanierung ging eine umfassende Bestandsuntersuchung voraus. Die auf eine private Initiative zurückgehende Sanierung der Villa Reemtsma und der dazugekommenen Gebäude entstand in enger Abstimmung mit der zuständigen Denkmalbehörde. Es war das Ziel, die Villa in ihrer Originalsubstanz zu erhalten und, wo möglich, die Qualitäten der bauzeitlichen Raumgestalt und ihrer Oberflächen wiederzugewinnen. Es wurden sukzessive nach den Erkenntnissen der Freilegungen und der Befunduntersuchungen die Entscheidungen über den Umgang mit den jeweiligen Zeitschichten getroffen. Am Außenbau wurden die erst 1992 neu aufgebrachten keramischen Platten, obwohl sie in der Oberflächenstruktur und dem Format nicht den bauzeitlichen entsprechen, belassen. Die bauzeitlichen Fenster aus Bronzeprofilen sind nur im Windfang und im Gartensaal erhalten. Für alle anderen wurde eine Sonderkonstruktion aus bronziertem Aluminium mit Isolierverglasung eingebaut, die den bauzeitlichen Profilen recht nahekommt. Weitere energetische Verbesserungen wurden nur im Bereich des Dachs vorgenommen, dessen Flächen gedämmt wurden.

Die ab 1953 errichteten Verwaltungsgebäude von Nissen sind zu Wohngebäuden mit großzügigen Maisonette- und Etagenwohnungen umgestaltet worden. Die differenzierte Gestaltung der Gebäude mit der charakteristischen Gliederung in ein Rahmenwerk aus hellem Kalkstein und gelb verklinkerten Flächen sowie die Fensterfronten aus Kipp- und Drehfenstern wurden erhalten und saniert. Die Gliederung ergibt zusammen mit den neu hinzugekommenen Treppenhäusern und Eingängen, die sich durch eine sensible Materialwahl sehr stimmig in die Gebäudestruktur einfügen, ein gelungenes Ganzes. Zusätzlich wurden auf dem großflächigen Parkgelände insgesamt fünf Wohngebäude mit bis zu vier Wohnungen gehobenen Standards errichtet. Mit diesen zusätzlich auf dem historischen Gelände errichteten Wohnhäusern wurde der endgültige Verlust der historischen Gartenanlagen akzeptiert und die Umgestaltung des „Reemtsma Parks" zu einem „Wohnpark" konsequent zu Ende geführt. Die neue Gartengestaltung des Büros WES Schatz Betz Kaschke Wehberg-Kraft nimmt keinen Bezug auf die historischen Planungen Leberecht Migges oder Heinrich Wiepking-Jürgensmann, sondern setzt stattdessen andere künstlerische Akzente. Ein neues Wegenetz erschließt die bauzeitlichen und neu errichteten Gebäude.

Oben: Ehemaliger Wohnraum mit Tee- und Bridgezimmer, zwischenzeitlich als Besprechungsraum des Reemtsma-Tabakkonzerns genutzt, für künftige Büronutzung vorgesehen (2009)

Unten: Ehemalige Verwaltungsgebäude von Godber Nissen von 1954, für Wohnnutzung umgebaut (2009)

VILLA REEMTSMA HAMBURG

Oben: Ehemalige Schwimmhalle aus den 1950er-Jahren, zwischenzeitlich als Kantine genutzt, mit bauzeitlicher roter Wandverkleidung, für künftige Büronutzung vorgesehen (2009)

Unten: Bauzeitliche Tür zum Haupteingang (oben), Blick durch den Haupteingang zum Windfang und zur Vorfahrt (unten) (2009)

Alterspuren und Zeitschichten

Bei der Sanierung der Villa Reemtsma haben sich Eigentümer und Architekten in Abstimmung mit der Denkmalpflege von Raum zu Raum erneut die Frage gestellt, wie mit den Zeitschichten zu verfahren sei, die durch Umbauten und Nutzungsänderungen entstanden sind. Konsens bestand darüber, dass das Gesamterscheinungsbild der Villa dem bauzeitlichen möglichst angenähert werden, Veränderungen aber belassen werden sollten, wenn sie wichtige Dokumente der Geschichte des Hauses darstellen. Die Überdachung des „Luftbades" auf der Eingangsseite, das nicht zurückgebaut wurde, ist solch ein Beispiel: Die Fläche der ehemaligen Dachterrasse wurde ab 1939 für die Unterbringung der ostasiatischen Sammlung von Philipp Reemtsma genutzt und nach 1954 war es der Ort für die tabakgeschichtliche Sammlung der Firma. In den Gesellschaftsräumen sind verschiedene Zeitschichten eindrucksvoll nebeneinander erlebbar: Durch die originalgetreu wiederhergestellten Damen- und Herrengarderobe betreten heutige Besucher durch eine schwere Eichentür mit Furnier und Schnitzarbeiten aus dem Jahr 1939 die Halle. Auf den Wänden ist wieder der bauzeitliche weißgraue Stuckmarmor zu sehen, der unter der Holzvertäfelung in wesentlichen Teilen erhalten geblieben war und in den schadhaften Flächen ausgebessert und wiederhergestellt wurde. Die lichte Halle präsentiert sich mit rekonstruierten Leuchten und Handläufen und nach Entfernen der schmiedeeisernen Gitter somit nahezu in bauzeitlichem Zustand, obwohl die belassenen schweren Eichentüren zum Eingangsbereich und zum Esszimmer die spätere Zeitschicht nicht ausblenden. Das Esszimmer ist mit seiner Holzvertäfelung und der mit plastischen Figuren ausgestatteten Tür als intaktes Raumensemble des Jahres 1939 erlebbar. Beim ehemaligen Freizeitflügel, der ab 1954 mit einem Wintergartenvorbau als Kantine genutzt wurde und durch den Umbau und die Nutzungsänderung zu einer Entstellung des Gebäudes geführt hatte, wurden diese Veränderungen entfernt. Von einer Rekonstruktion des bauzeitlichen Zustands wurde abgesehen und der Bereich für eine neue Nutzung freigegeben. Unter Gipskartonverkleidungen fand man im Schwimmbad die originale keramische Wandverkleidung mit einem Relief von Richard Scheibe an der Stirnwand. Die restaurierten Oberflächen mit ihrer intensiven roten Farbigkeit und die wiederhergestellte Voutendecke prägen diesen besonderen Raum in seiner zukünftigen Bestimmung als Büroraum. Auch andere noch erhaltene Innenausstattungen, wie zum Beispiel die verkleideten Wandmalereien im Gartensaal, wurden freigelegt – in diesem Raum ist auch der Fenstermechanismus wieder instand gesetzt worden, sodass sich die Fenster komplett in den Boden versenken lassen. Eine behutsame Abwägung zwischen den einzelnen Zeitschichten kennzeichnet den sensiblen Umgang mit dem Gebäude, der Primat lag dabei auf der Originalsubstanz: Wo sie erhalten war, wurde sie freigelegt. Die so gegensätzlichen Zeitschichten der Wohnkultur der Moderne und der des „Dritten Reichs" können nun in einem Gebäude erlebt werden, welches durch sorgfältig konzipierte und gestaltete Hinzufügungen auch heutigen Nutzungen gerecht wird. SO

VILLA REEMTSMA **HAMBURG**

Oben: Ansicht von Nordosten (2009)

Unten: Neu errichtete Wohnbauten im nördlichen Teil des „Reemtsma Parks" (2009)

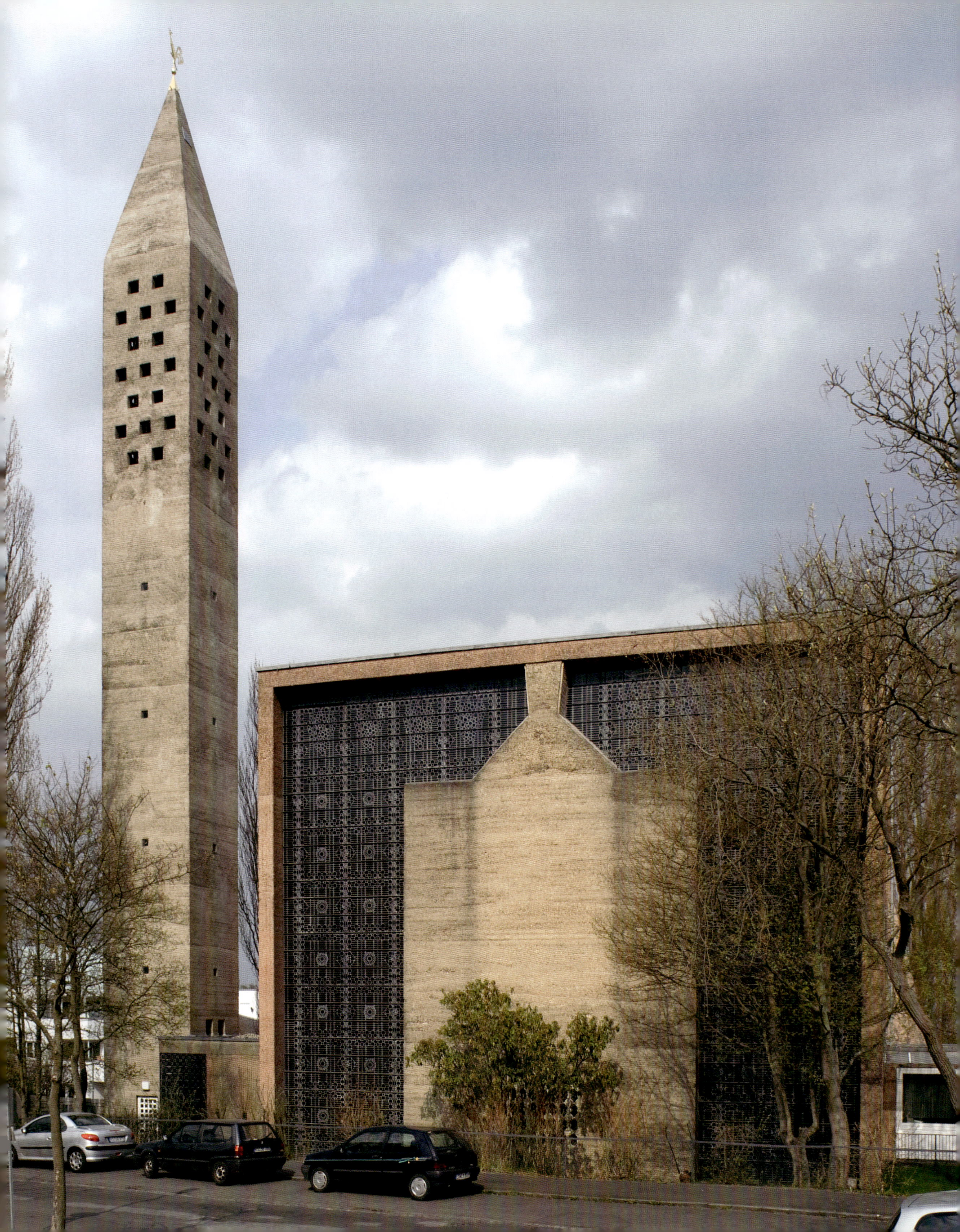

FATIMAKIRCHE
KASSEL

Die 1959 geweihte Kirche Maria Königin des Friedens (Fatimakirche) in Kassel-Wilhelmshöhe beeindruckt durch ihre klare Form und besondere Materialität. Der Architekt Gottfried Böhm plante einen kubischen Baukörper von archaischer Strenge, dessen Wände aus Schüttbeton durch die Beimischung von Ziegelsplitt eine rote Färbung erhielten und an den Oberflächen handwerklich bearbeitet wurden. Durch die Verwendung von Trümmerschutt aus dem Zweiten Weltkrieg hat dieses Material über seine ästhetische Wirkung hinaus auch symbolische Bedeutung. Ein wichtiges Ziel bei der Sanierung war deshalb die Erhaltung der Oberflächen sowie der Substanz in ihrer besonderen Stofflichkeit.

FATIMAKIRCHE KASSEL

Vorbereitungen für die Einweihung der Kirche (1959)

Rechte Seite: Oberflächen aus Beton und Glas (2010)

Auftraggeber	Katholische Kirchengemeinde Maria Königin des Friedens
Architekt	Gottfried Böhm
Konstruktion	Wände aus Schüttbeton; Betondecke durch einen Betonträger gestützt
Nutzfläche	circa 1065 Quadratmeter
Bauzeitliche Nutzung	Kirche
1956–1959	Planung und Bau, Einweihung am 14. Juni 1959; Reparaturen an Dach und Eingangstreppe
1995	Denkmalschutz
1995–1998	Reparaturen, Pflege- und Instandhaltungsmaßnahmen
1998	Reparatur und Sicherung der Bleiverglasung Westfassade und Ostfassade; weitere Instandhaltungs- und Erneuerungsmaßnahmen in den untergeordneten Bereichen
2008/09	Neugestaltung des kleinen Pfarrsaals
2005–2008	Substanzschonende Betoninstandsetzung nach dem Prinzip der punktuellen Reparatur im Rahmen eines Forschungsprojekts der Deutschen Bundesstiftung Umwelt
Eigentümer	Katholische Kirchengemeinde Maria Königin des Friedens
Bauherr der Denkmalmaßnahme	Katholische Kirchengemeinde Maria Königin des Friedens
Architekten Sanierung	Kluthe und Schaumburg, Kassel
Aktuelle Nutzung	Kirche

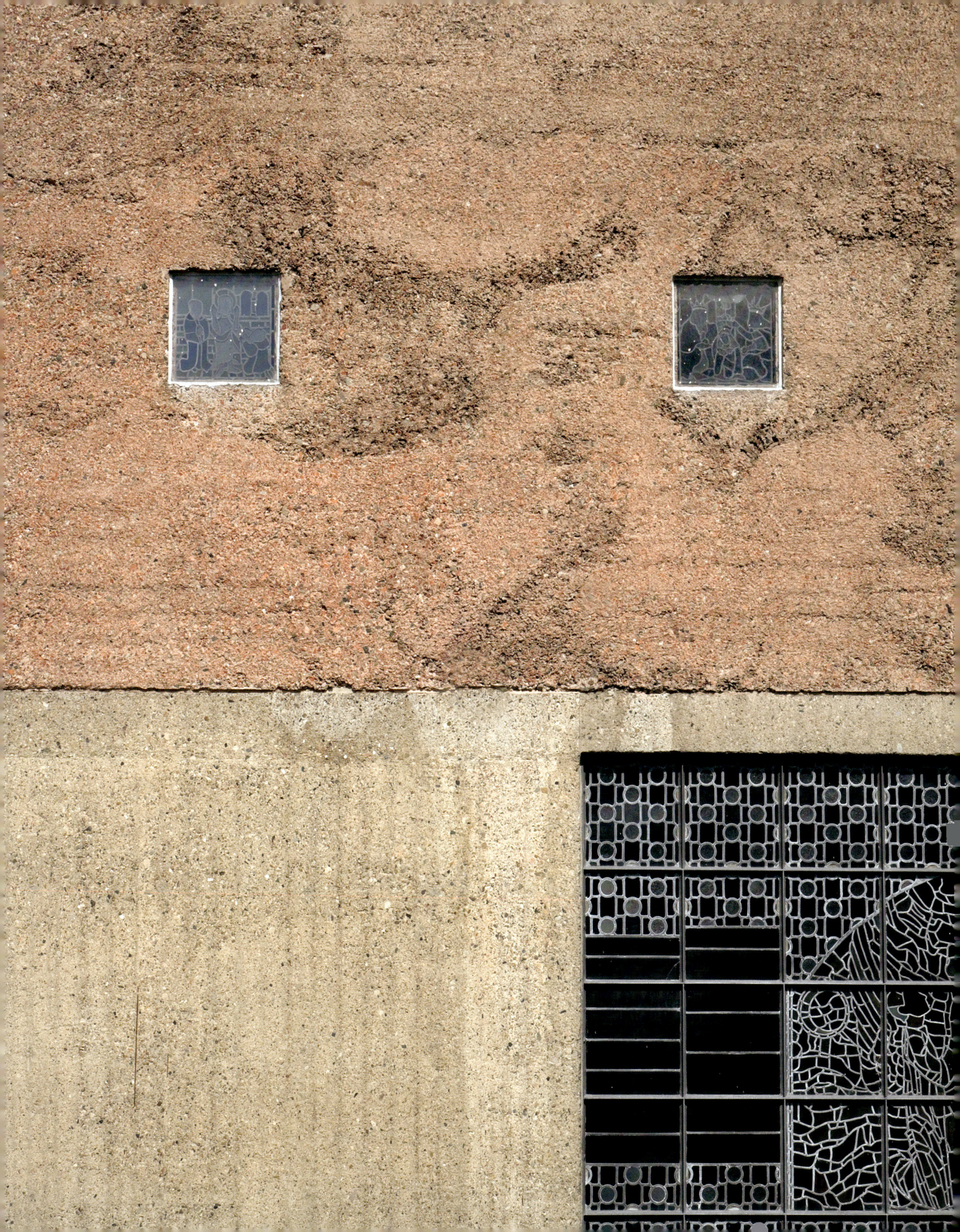

FATIMAKIRCHE KASSEL

Oben: Ansicht der Kirche von Osten (1959)

Unten: Skizze des Grundrisses von Gottfried Böhm

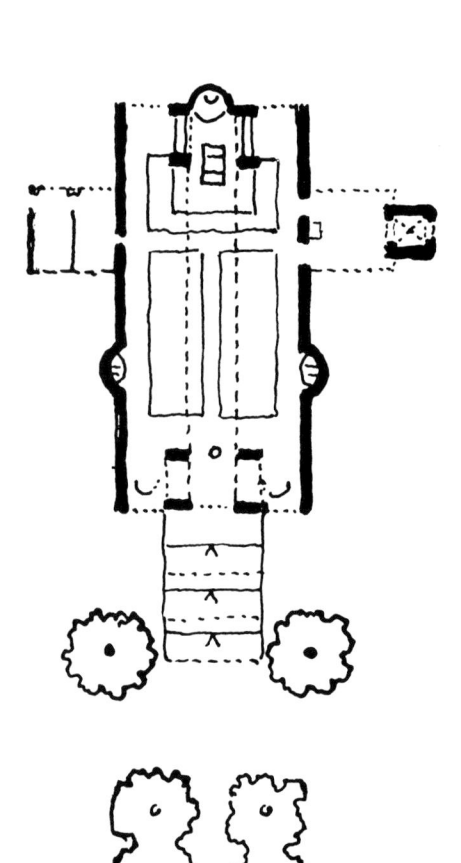

Der monumentale kubische Baukörper der Kirche wird durch die Sichtbetonoberflächen geprägt. Die massiven Seitenwände sind in Schüttbeton ausgeführt, dem Ziegelsplitt beigemischt ist. Deren strukturierte Oberflächen bestimmen entscheidend die Wirkung der Kirche. Die Giebelseiten öffnen sich mit großen Glasflächen (14 Meter breit, 17 Meter hoch), die den sakralen Charakter des Raums bestimmen und ebenfalls von Gottfried Böhm gestaltet sind. Je ein flächiges Portal aus grauem Beton markiert im Osten den Zugang und umfasst im Westen das Tabernakel. Zwei weitere Portale im Inneren gliedern den Raum. Die Decke aus Stahlbeton wird durch einen einzigen großen Träger von 26 Metern Spannweite gestützt, der auf den Betonportalen aufliegt. Er strukturiert durch seine dachartige, gefaltete Form den Raum und deutet eine Gliederung in Mittelschiff und Seitenschiffe an. In Augenhöhe sind in den Längswänden kleine Fenster, ebenfalls nach Entwurf von Böhm, angebracht, die die sieben Freuden und die sieben Leiden Mariens darstellen. Die konchenförmigen Nischen in den Außenwänden für die Beichtstühle heben sich außen an den Fassaden hervor. Ein frei stehender schlanker Glockenturm (vier mal vier mal 45 Meter) und eine Werktagskapelle ergänzen die Anlage. Im Süden angrenzende Nebenräume treten kaum in Erscheinung, dort entstand außerdem ein Pfarrhaus.

Als Entwurfsgedanken der streng axial angelegten Kirche nannte Böhm den „Weg". Der Weg von der Stadt führt bergauf durch ein nach dem Krieg für Flüchtlinge und Vertriebene entstandenes Neubaugebiet. Die monumentale Wirkung der Kirche wird durch ihre erhöhte Lage auf dem Berg und die vor ihr liegende freie Grünfläche gesteigert und erfährt eine weitere Betonung durch ihre Lage auf einem hohen Sockel, der durch die Hanglage entsteht. Diese städtebauliche Situation bedingt auch die Ausrichtung der Kirche nach Westen und den Zugang von Osten über eine breite Treppenanlage. Der Weg setzt sich durch einen Vorraum, unter dem sich die Taufkirche und über dem sich die Orgelempore befindet, im Inneren fort. Im Raum der Gläubigen wird der Weg von dem mächtigen Deckenträger und den massiven Wänden begleitet und führt weiter zum Altarraum. Er führt vom Profanen zum Heiligen sechs Marmorstufen zum Altar hinauf und nach Böhms Worten „über den Altar hinweg einem fernen Ziele zu".

Im Werk Böhms steht die Kirche an einem Wendepunkt. Während in früheren Bauten die Gliederung der Funktionen als Einzelbaukörper in Erscheinung trat oder kleine Kirchen mit flachen Decken überspannt wurden, dominiert nun der Einheitsraum mit „gefaltetem" (Böhm) A-förmigem Träger. Die Fatimakirche gilt deshalb auch als Vorläufer späterer Kirchen, die mit kristallinen Faltdächern gestaltet wurden. In der Materialität begann mit der Fatimakirche die Hinwendung der Architektur zum schalungsrauen Sichtbeton der 1960er-Jahre.

FATIMAKIRCHE KASSEL

Links: Blick in den Innenraum zum Altar (1959)

Unten links: Ansicht der Kirche von Nordosten (1959)

Unten rechts: Weg zur Kirche, Zeichnung von Gottfried Böhm

DENKMALPFLEGE DER MODERNE

FATIMAKIRCHE KASSEL

Oben: Städtebauliche Lage (2010)

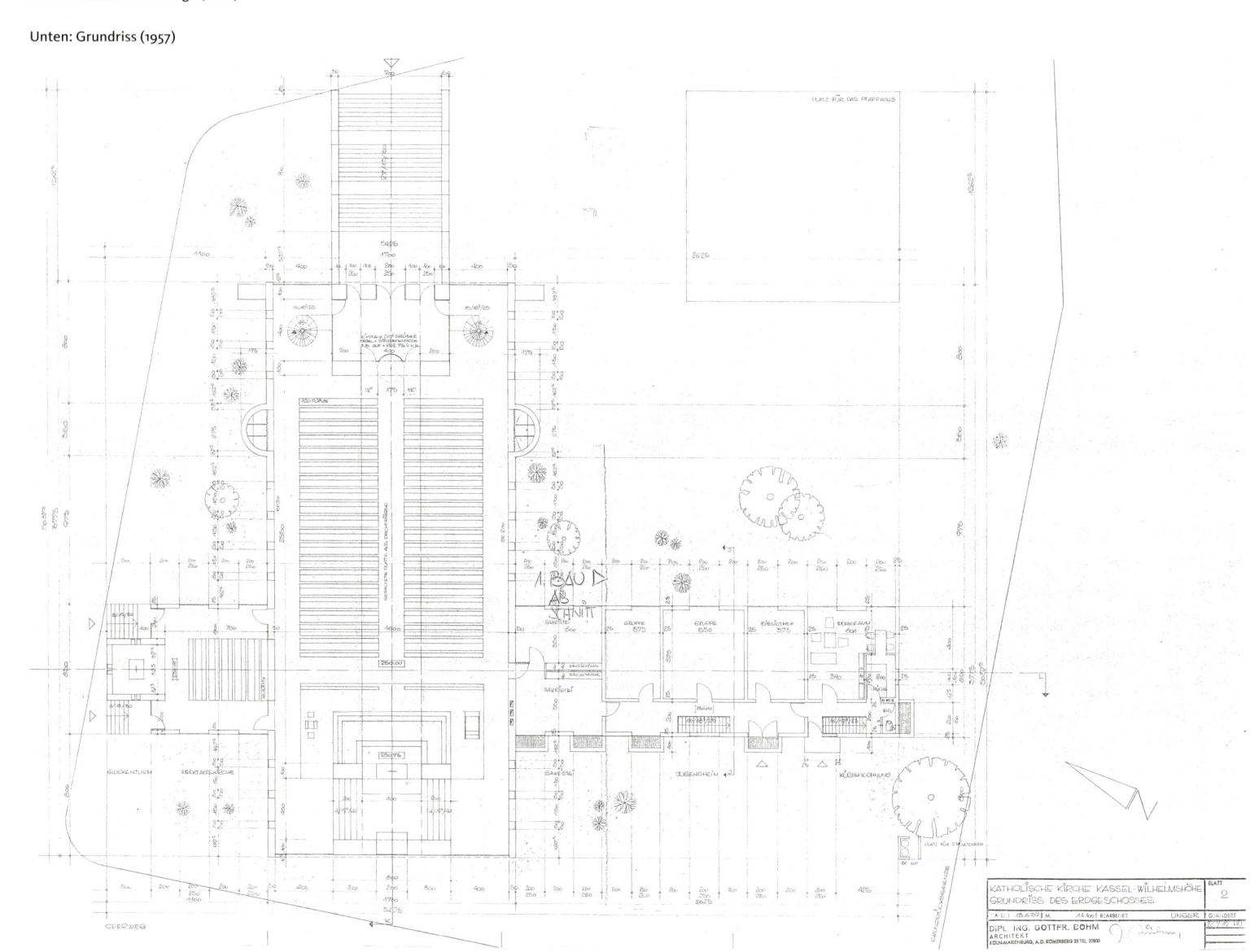

Unten: Grundriss (1957)

238 | DENKMALPFLEGE DER MODERNE

Sanierung

40 Jahre nach Errichtung der Kirche war eine Reihe von Reparaturen und Instandhaltungsmaßnahmen erforderlich, die in den Jahren 1998–2008 in kleinen Schritten ausgeführt wurden. Diese Arbeiten umfassten unter anderem die Sanierung der Glockenstube im Turm und der Heizungsanlage. Weitere Maßnahmen betrafen die Erneuerung der Einrichtung in der Werktagskapelle nach bauzeitlichem Vorbild und die Sanierung der Treppenanlage, die Erneuerung von Gehwegplatten im Außenbereich, den Austausch von Fenstern sowie weitere Arbeiten in den untergeordneten Räumen. Die größte Aufmerksamkeit galt der Pflege des zentralen Kirchenschiffs und der Werktagskapelle, die durch zurückhaltende Maßnahmen in ihrer besonderen Wirkung erhalten blieb. Hier wurde die behutsame Reinigung der grauen Betonoberflächen ausgeführt. Die Glaselemente der Werktagskapelle wurden repariert und instand gesetzt. Die verformten und einsturzgefährdeten Bleiverglasungen an der West- und der Ostfassade wurden repariert und erhielten eine statische Aussteifung. Durch Verzicht auf den Einbau einer zusätzlichen Glasebene zur Verbesserung der Wärmedämmung konnte die starke Wirkung der Glasfassaden ohne Beeinträchtigung erhalten werden. Eine besondere Herausforderung stellte die Sanierung der Schäden am Beton dar.

Oben: Goldener Wetterhahn auf dem Glockenturm (2010)

Unten: Blick in den Innenraum (2010)

FATIMAKIRCHE KASSEL

Oben: Ansicht von Norden (2010)

Mitte: Detailansicht des bauzeitlichen Ziegelsplittbetons mit deutlich erkennbaren farbig variierenden Ziegelsplittanteilen und Kieszuschlägen (2007) und Detailansicht des bauzeitlichen Ziegelsplittbetons mit steinmetzmäßiger Oberflächenbearbeitung nach dem Ausschalen (2007)

Unten: Beton des Turms: grau, vertikale Schalung, gestockt. Beton der Kirchenwände: rot, horizontale Schalung, gespitzt (2008)

Farbe und Oberflächen

Bei der Gestaltung der Kirche legte Böhm großen Wert auf die Ausbildung der Materialität und der Oberflächen. Man habe sich Mühe gegeben, die Arbeitsvorgänge beim Schütten des Betons mit Trümmerschuttbeimischung für die 50 Zentimeter dicken Wände so auszuführen, dass eine lebendige und edle Oberflächenstruktur entstehe, „die die Halle wie einen großen kostbaren Schrein wirken lässt", erläutert der Architekt, der die Auswahl und Mischung des Materials sowie die Art von Schalung und Oberflächenbearbeitung sorgfältig plante. Auch partielle Entmischung der Zuschläge, sichtbare Schüttlinien und Kiesnester tragen zur Wirkung dieser Architektur bei. Man verwendete eine waagerechte Schalung und anschließend bearbeitete ein Steinmetz die Oberflächen mit einem zwei Zentimeter breiten Flacheisen. Die aus grauem Normalbeton mit senkrechter Schalung hergestellten Giebelwände sowie Sockel und Turm wurden dagegen mit dem Stockhammer bearbeitet.

Die bewusst geplanten, unregelmäßigen Setzungen führen zu einer gewissen Durchlässigkeit der Wand, da Wasser durch Kiesnester eindringt und sich unkontrolliert seinen Weg sucht. Daher rostet die Bewehrung, was zur Vergrößerung des Volumens der Stahleinlagen führt. In den Schüttbetonwänden führt die Korrosion der Bewehrung nicht zu sehr großen Problemen, da nur wenig Stahl verwendet wurde und die Hohlräume in der Wand die Veränderungen des Volumens auffangen können. Die seitlichen Konchen sind dagegen so stark bewehrt, dass es infolge der Korrosion zu Abplatzungen am Beton kam, die weitere Schäden nach sich zogen. Für die Behebung dieser Probleme wurde eine sensible und differenzierte Konzeption gesucht.

Bei einer Sanierung nach herkömmlichen Methoden wären die Oberflächen unter kunststoffvergüteten Beschichtungen und Spachtelungen verschwunden, die zudem oft weder alterungsfähig noch dauerhaft sind. Da der denkmalgerechten Sanierung von Betonoberflächen an Bauten der Moderne generell zunehmende Bedeutung zukommt, wurde 2005–2008 ein Forschungsprojekt von der Deutschen Bundesstiftung Umwelt (DBU) gefördert, in dem am Beispiel der Fatimakirche die „Substanzschonende Betoninstandsetzung" untersucht wurde. Die Projektleitung lag beim Institut für Steinkonservierung Mainz e.V., weitere Projektpartner waren die Katholische Kirchengemeinde, die Bauabteilung des Bischöflichen Generalvikariates Fulda, das Landesamt für Denkmalpflege Hessen, die Universität Kassel, der Restauratorenbetrieb Hangleiter in Otzberg-Lengfeld sowie die Architekten Kluthe und Schaumburg in Kassel. Es wurden Möglichkeiten der behutsamen Sanierung nach dem Prinzip der punktuellen Reparatur entwickelt, die die materielle Substanz des Bauwerks und die Wirkung der Oberfläche erhalten. Die Entwicklung von Systemen für die kontinuierliche und langfristige Beobachtung des Bauwerks war ebenfalls Bestandteil des Programms, um zukünftige Schäden frühzeitig zu entdecken.

Oben: Verglasung an der Ostseite (2010)

Unten: Detail der Verglasung (2010)

FATIMAKIRCHE KASSEL

Oben: Installation für die Bauwerksüberwachung (2009)

Unten links: Schadensbild: Abplatzungen infolge korrodierter Bewehrung (2007)

Unten rechts: Schadenskartierung der Nordfassade mit Kennzeichnung der geplanten Injektionsbereiche

Zunächst erfolgte die detaillierte Aufnahme des Schadensbildes, das von Abwitterungen an den Schüttbetonwänden bis zu Abplatzungen am steilen Konchendach, von korrodierender freiliegender Bewehrung an den Konchen bis zu Durchfeuchtungen und Aussinterungen im Kirchenschiff reichte. Die Analyse von Proben des Originalmaterials im Labor bildete die Grundlage, um geeignetes Material für die notwendigen Ausbesserungen zu entwickeln. Dabei spielte neben der optischen Anpassung (Größe und Farbe der Körnung, Farbtöne von Zement und Ziegelsplitt et cetera) auch das Verformungsverhalten des Materials eine Rolle. So fiel beispielsweise eine Entscheidung für Hochofenzement anstelle von Portlandzement, da nicht nur die Farbe besser passt, sondern auch die langsamere Festigkeitsentwicklung für das Gefüge verträglicher ist. Für nicht mehr zugängliche Materialien wie Fuldakies, der nicht mehr abgebaut wird, wurde geeigneter Ersatz gefunden. Versuche zur optimalen Materialzusammensetzung und Oberflächenbearbeitung wurden auf Musterflächen ausgeführt. Diese wurden auf Platten herstellt, um das Bauwerk zu schonen.

An den Kegelflächen der Konchen wurde durch Sandstrahlen der marode Beton abgearbeitet und die Bewehrung freigelegt. Die Stahleinlagen erhielten nach sorgfältiger Reinigung eine Beschichtung als Schutz gegen weitere Korrosion und abschließend wurde die äußere Schale der Halbkegel in mehreren Lagen neu aufgespritzt. An kleineren Fehlstellen der Konchen waren örtlich begrenzte Maßnahmen möglich, indem die Dichtigkeit der Längswände durch lokal begrenzte Injektionen verbessert wurde. Verbleibende Abweichungen im Farbton der Reparaturen werden sich mit der verwitterungsbedingten Veränderung des neuen Materials allmählich noch besser anpassen. Nach Abschluss der Arbeiten wurden Überwachungssysteme im Gebäude angebracht, mit denen PH-Wert, Korrosionszustand, Bauteiltemperatur und Bauteilfeuchte gemessen werden. Diese helfen, zukünftige Schäden frühzeitig zu erkennen und mit geringen Eingriffen zu beseitigen.

Die wissenschaftliche Erforschung der bautechnischen und bauphysikalischen Zusammenhänge bildete die Grundlage, auf der nach dem Prinzip der punktuellen Reparatur verträgliche Lösungen für die Sanierung der Fatimakirche realisiert wurden. So war es möglich, die besondere Materialität und die prägenden Architekturoberflächen zu erhalten. MM

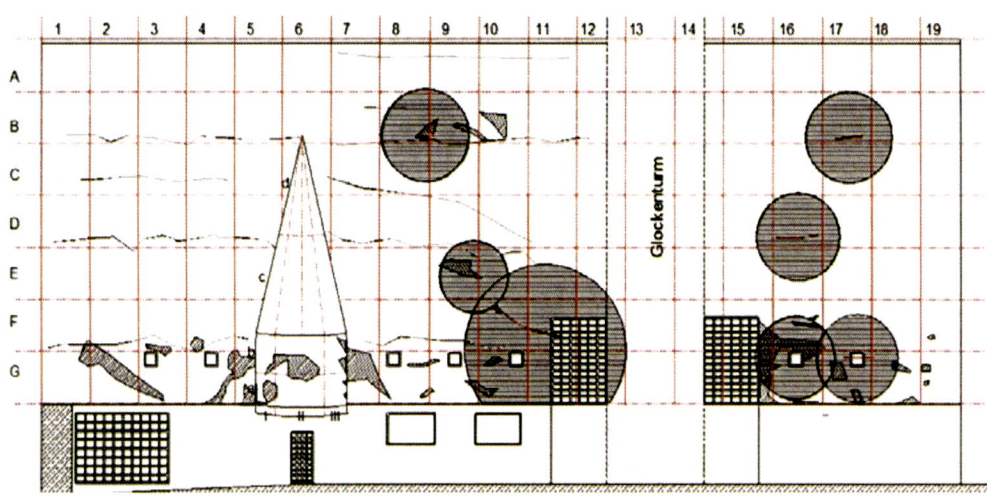

FATIMAKIRCHE KASSEL

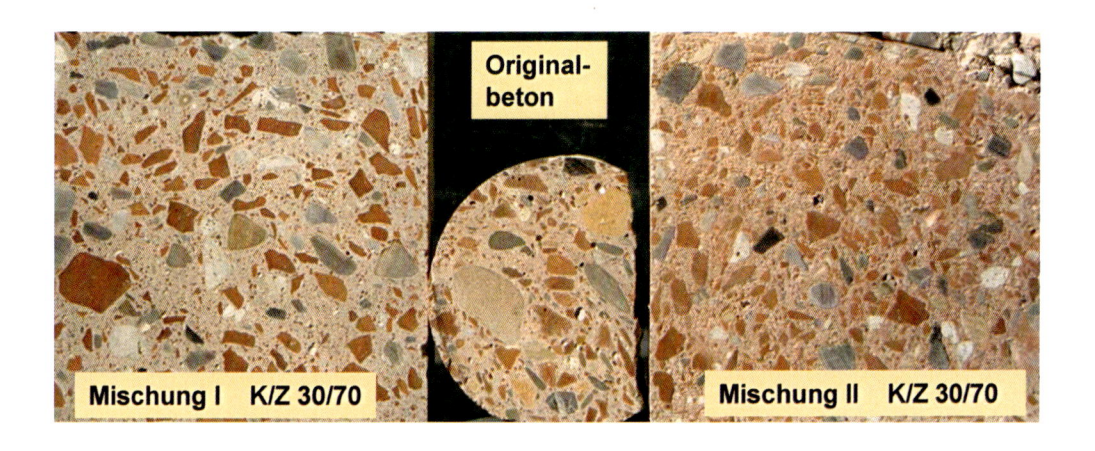

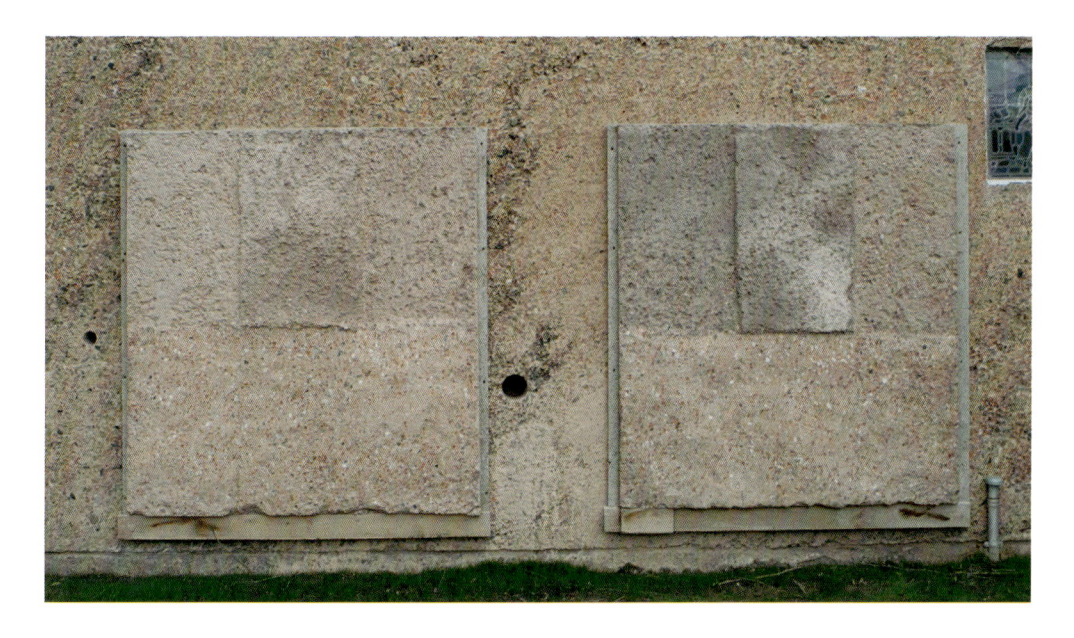

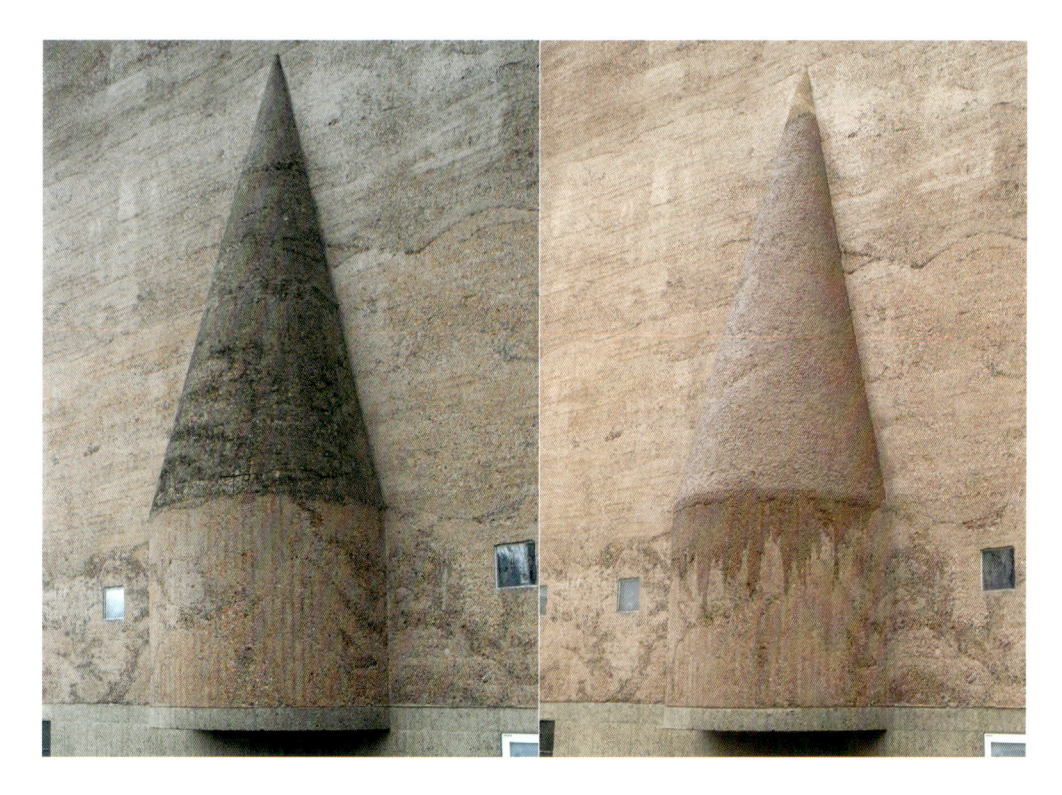

Oben: Materialprobe zur Kornverteilung und Farbigkeit

Mitte: Musterplatten zur Beprobung von Oberflächenwirkung durch Oberflächenbearbeitungen: Partikelstrahlen, Wasserstrahlen, steinmetzmäßiges Überarbeiten mit Meißel (2007)

Unten: Dach der nördlichen Konchen vor (links) und nach (rechts) der Sanierung im Spritzbetonverfahren (2008)

DENKMALPFLEGE DER MODERNE

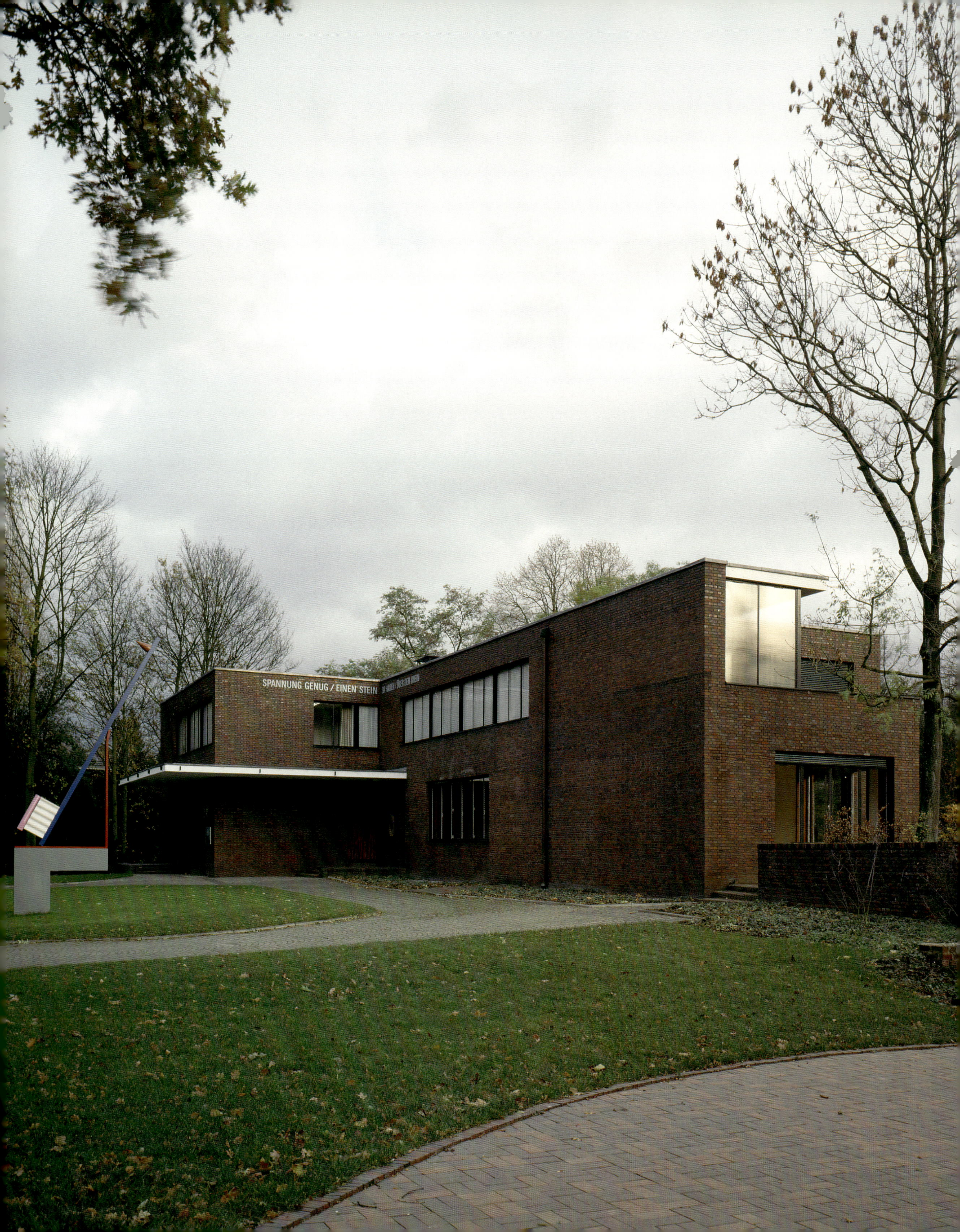
SPANNUNG GENUG / EINEN STEIN

HÄUSER LANGE UND ESTERS
KREFELD

Die von Ludwig Mies van der Rohe als Ensemble geplanten Backsteinvillen für die Fabrikanten Hermann Lange und Josef Esters entstanden 1928–1930 auf nebeneinander liegenden Grundstücken in Krefeld. Sie dokumentieren den Wandel von der traditionellen Gestaltung hin zu einem neuen Raumverständnis, das durch eine enge Verbindung von Innen- und Außenräumen geprägt ist. Die Verzahnung von Architektur und Landschaft erforderte daher mit der Sanierung der Häuser auch die Sanierung der Gärten. Auf der Grundlage einer Gesamtkonzeption werden die Maßnahmen in den Freianlagen schrittweise realisiert.

HÄUSER LANGE UND ESTERS KREFELD

Mies van der Rohe während der Arbeit an einem Entwurf für Haus Esters (um 1927)

Rechte Seite: Häuser Lange und Esters: Verbindung von Haus und Garten

Auftraggeber	Josef Esters und Hermann Lange, Seidenfabrikanten
Architekt	Ludwig Mies van der Rohe
Konstruktion	Mischbauweise aus Stahlskelett und Ziegelmauerwerk
Nutzfläche	Haus Esters: circa 1080 Quadratmeter, Haus Lange: circa 1 100 Quadratmeter
Bauzeitliche Nutzung	Wohngebäude
1927–1930	Planung und Bau, Einzug der Familien Esters und Lange
1945–1956	Nutzung durch die britischen Besatzung, Wohnung der Familie Esters im Gartenhaus auf dem Grundstück
1948	Auszug der Familie Lange
1955–1966	Übernahme des Hauses Lange durch die Stadt Krefeld; Nutzung von Haus und Garten für zeitgenössische Kunstausstellungen
1956–1976	Wohnung der Familie Esters im Haupthaus
1966	Übertragung von Haus Lange in das Eigentum der Stadt und Nutzung als Kunstmuseum
1976	Verkauf von Haus Esters an die Stadt Krefeld; Nutzung von Haus und Garten als Kunstmuseum
1981	Eröffnung beider Häuser mit einer Mies-van-der-Rohe-Ausstellung nach Umbau und Renovierung
1984	Denkmalschutz
1992	Gartendenkmalpflegerische Konzeption für die Gärten der Häuser Lange und Esters
1998–2000	Sanierung der Häuser Lange und Esters
Seit 2000	Planung und Ausführung von Maßnahmen in den Gärten
Eigentümer	Stadt Krefeld
Bauherr der Denkmalmaßnahme	Stadt Krefeld
Architekt Sanierung	Klaus Reymann, Krefeld
Aktuelle Nutzung	Museum (Kunstmuseum Krefeld)

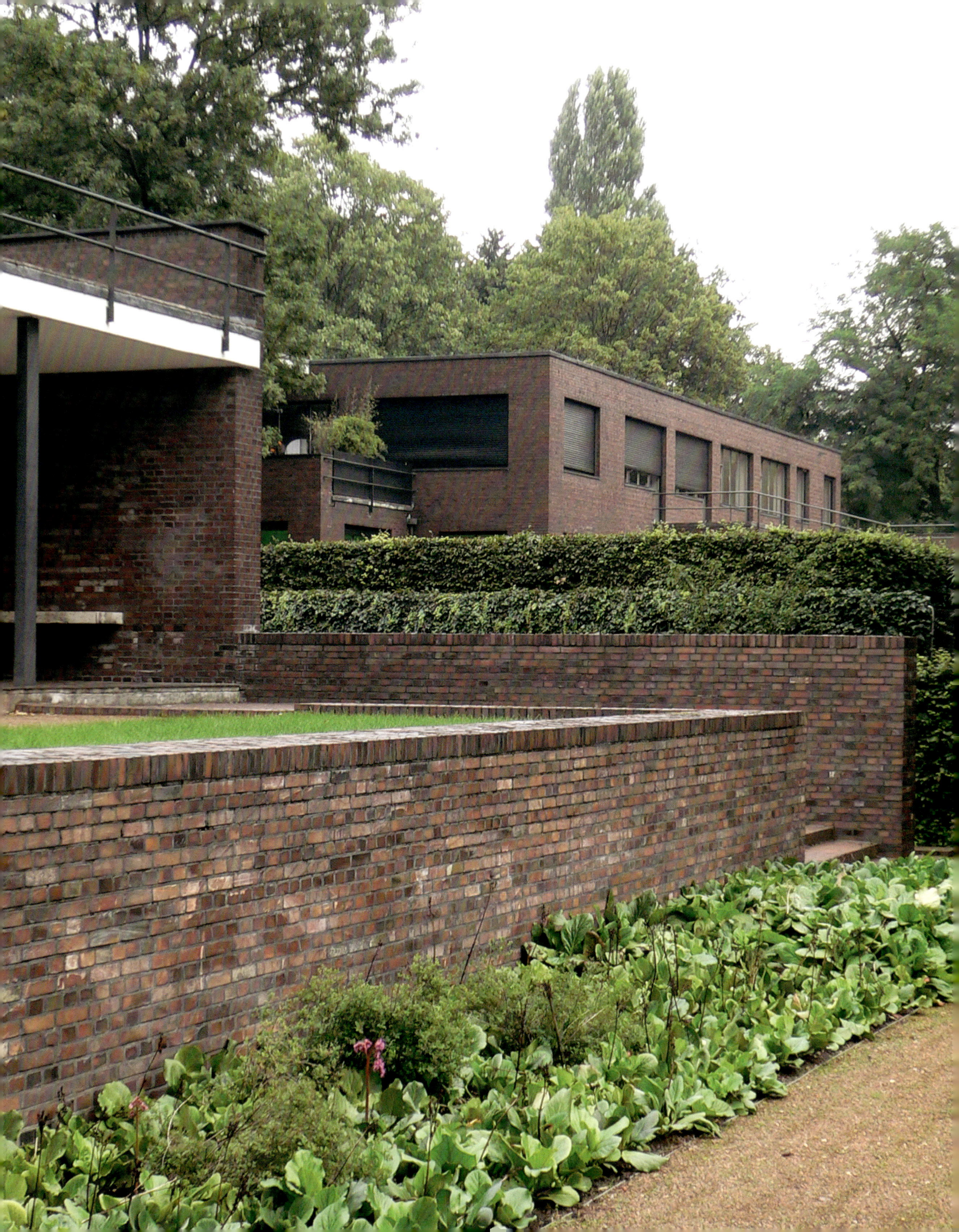

HÄUSER LANGE UND ESTERS KREFELD

Luftbild (1930er-Jahre)

Erste Entwurfszeichnungen für Haus Esters zeigen ein repräsentatives, breit gelagertes Gebäude, dessen Gartenfassade sich fast vollständig verglast zum Garten öffnet, während die Nordseite zur Straße geschlossen und horizontal gegliedert ist. Balkone, überdachte Sitzplätze und Terrassen bilden den Übergang zum Garten. Sowohl Haus Lange als auch Haus Esters wurden, wohl auf Wunsch der Bauherren, mit kleineren Glasflächen realisiert. Die Konstruktion der Bauten erfolgte in einer Mischbauweise aus Stahlskelett und tragendem, dunkelrot gebranntem Ziegelmauerwerk. Die relativ großen Fensteröffnungen wurden durch die tragende Stahlkonstruktion ermöglicht. Sie brechen die Schwere des traditionellen Mauerwerks, dessen tragende Funktionen nicht gezeigt werden, sodass dieses den Charakter einer hüllenden Membran erhält. Mit den Entwürfen für den Deutschen Pavillon in Barcelona auf der Weltausstellung 1929 und für die 1928–1930 entstandene Villa Tugendhat in Brünn entwickelte Mies van der Rohe die Trennung von tragenden und raumabschließenden Funktionen sowie die Verbindung von Innen- und Außenraum weiter.

Die repräsentativen Häuser für die beiden Direktoren der Krefelder Seidenfabriken (Verseidag) liegen in einem Gebiet, das durch Vorgaben aus dem Bebauungsplan, wie tiefen Vorgartenzonen und niedrigen Einfriedungen, einen gartenstadtähnlichen Charakter besaß. Der Zugang zu den Häusern erfolgt an der Straßen- aber auch an der Gartenseite nicht frontal, sondern von der Seite, sodass der Besucher das Gebäude in der Bewegung über die Diagonale wahrnimmt. Insbesondere die Südseite der Bauten erhält so einen „dynamischen" Charakter. Im Inneren der Häuser erschließt sich durch die Staffelung der Räume in den Diagonalen ein fließendes Raumkontinuum. Haus Lange war ursprünglich für die Präsentation von Kunstobjekten vorgesehen. Nach dem Auszug der Familien Lange und Esters wurden dann beide Bauten als Museum für zeitgenössische Kunst genutzt und auch die Gärten wurden in die Ausstellungen einbezogen. Die Häuser wurden die meiste Zeit gut gepflegt, sodass die Sanierung in den Jahren 1998–2000 mit relativ geringen Eingriffen durchgeführt werden konnte. Ab 2000 erfolgte eine beispielhafte Gartensanierung. Die Gärten sind Teil des Europäischen Gartennetzwerks (EGHN).

Sanierung

Eine private Initiative der Krefelder Baudenkmal-Stiftung gab den Anstoß für die Sanierung von Haus Lange und Haus Esters. Auf Grundlage umfassender Untersuchungen sowohl in technologischer wie auch in bauhistorischer Hinsicht wurde die Planung unter kontinuierlicher Mitwirkung der Denkmalbehörden erarbeitet. Die Baumaßnahmen erfolgten jeweils nach sorgfältiger Abwägung jedes Einzelfalls mit dem Ziel, die bauzeitliche Substanz weitgehend zu erhalten und notwendige Reparaturen möglichst dauerhaft auszuführen. An wenigen Orten wurden entstellende Veränderungen zurückgebaut. Die erforderlichen Anpassungen an die Museumsnutzung, beispielsweise hinsichtlich Sicherheit und Beleuchtung, wurden schonend für die Substanz und unauffällig für die Ästhetik eingebaut.

Die Maßnahmen umfassten Arbeiten an den Stützmauern, die je nach vorgefundenem Zustand komplett neu errichtet, repariert oder mit kleinen Mängeln vollständig erhalten wurden. Einige Stahlfenster mussten einer umfassenden Reparatur unterzogen werden, die zum Verlust der Farbfassungen führte. Die überwiegende Zahl der Fenster wurde jedoch im Sinne einer Pflegemaßnahme gängig gemacht und mit Rostschutz auf Leinölbasis und Ölfarbe gestrichen. Die Verglasung wurde erhalten und mittels Glasbruchmeldern an die Sicherheitsvorschriften des Museum angepasst. Auch an Fensterbänken, Rollläden und Fensterstürzen wurden Reparaturen vorgenommen. Durch Wartungspläne soll zukünftig die kontinuierliche Pflege fortgeführt werden.

HÄUSER LANGE UND ESTERS KREFELD

Oben: Perspektivische Zeichnung von Mies van der Rohe: Haus Esters von der Gartenseite (Vorprojekt, um 1927)

Unten: Ausstellung mit Werken von Alexander Calder in Haus Lange und Garten (1959)

HÄUSER LANGE UND ESTERS KREFELD

Oben: Haus Lange Straßenseite
(2000)

Unten: Haus Lange Gartenseite
(2000)

HÄUSER LANGE UND ESTERS KREFELD

Oben: Haus Esters Straßenseite (2000)

Unten: Haus Esters Gartenseite (2000)

DENKMALPFLEGE DER MODERNE

HÄUSER LANGE UND ESTERS KREFELD

Architektur und Landschaft

Die Gestaltung der Gärten von Haus Lange und Haus Esters wurde von Mies van der Rohe stark beeinflusst und hat ihre Wurzeln in der Tradition der Gartenreform zu Beginn des 19. Jahrhunderts, die den Garten als Erweiterung des Wohnraums betrachtete und architektonische Elemente einsetzte. Mies van der Rohe plante räumlich differenzierte Gartenbereiche, die ineinandergreifen und eine starke räumliche Dynamik entfalten. Durch die enge Verbindung von Innen- und Außenraum entwickelte er die Konzeption der ineinanderfließenden Räume im Garten weiter.

Da das Gelände für die Gärten etwa 1,40 Meter unter dem Straßenniveau liegt, wurden die Terrassen und hausnahen Rosengärten mit Stützmauern gesichert. Durch die Anhebung des Geländeniveaus wurde die direkte ebenerdige Verbindung vom Wohnraum zum Garten möglich. Der Garten wird durch große, im Haus Lange auch versenkbare Fenster und verglaste Türen Teil des Innenraums. Balkone, überdachte Sitzplätze und Terrassen bilden Übergänge vom Haus zum Garten. Mit Ein- und Ausblicken, Transparenz und Reflektion wird das Gebäude Teil der Umgebung, und die Umgebung wird Teil des Gebäudes. Kennzeichen des Gartenraums sind die in Hausnähe befestigten Flächen und die auf die Architektur bezogene Gliederung.

Mauern und Treppen aus Backsteinen schaffen die Verbindung von Architektur und Landschaft. Geschnittene Hecken bilden „grüne Wände", mit denen die Architektur fortgesetzt wird. Im Gegensatz dazu rahmt eine Randbepflanzung aus frei wachsenden Bäumen und Sträuchern den Blick auf die Gebäude. Mit ihrer natürlichen Wuchsform mildern sie die Strenge der Architektur ebenso wie Rosen, Stauden und Rankpflanzen, die die geraden Gebäude- und Mauerkanten überspielen.

Die offene und funktionale Gestaltung der Vorgartenbereiche entspricht der Nutzung als Auffahrt für Automobile. Die Garagenhöfe waren durch die Verwendung des gleichen Ziegelsteins gestalterisch mit den Häusern verbunden. Mit der schräg auf das Haus zulaufenden Erschließung wurde die plastische Gestaltung der Häuser inszeniert. Im Laufe der Jahrzehnte veränderten sich die Gärten durch das natürliche Wachstum der Pflanzen und Bäume, aber auch durch Vernachlässigung sowie durch Veränderungen der Nutzung.

Garten von Haus Lange mit Staudenpflanzungen, Rosenbeeten und Balkonbepflanzung (1930er-Jahre)

HÄUSER LANGE UND ESTERS KREFELD

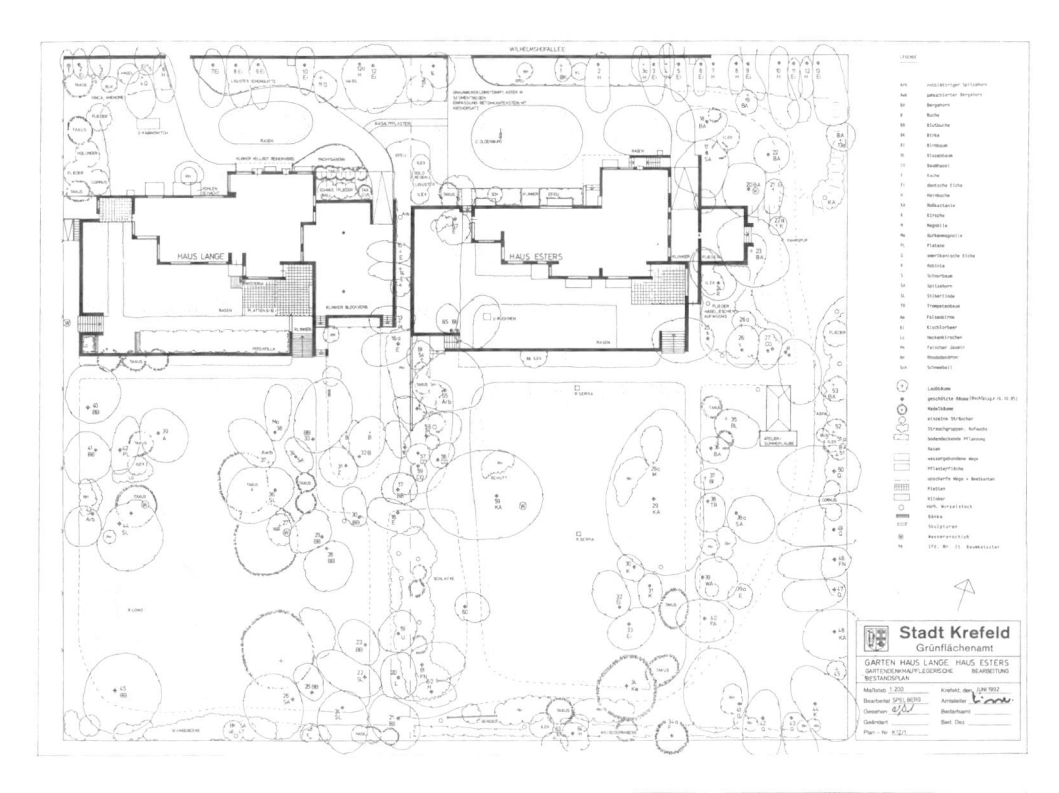

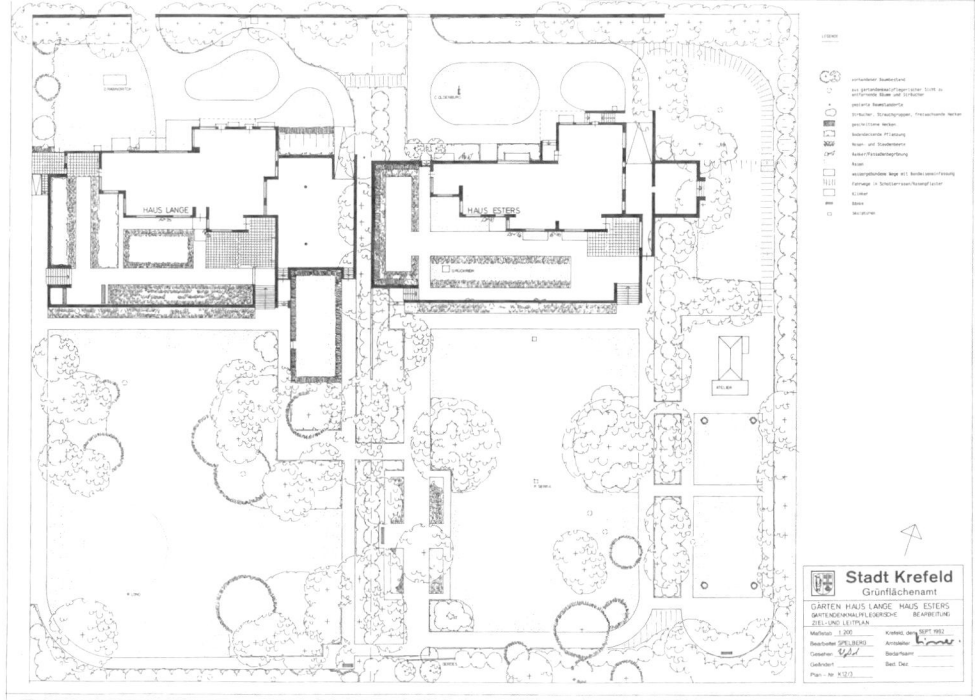

Oben: Bestandsplan der Gärten (1992)

Unten: Ziel- und Leitplan für die Gärten (1992)

Die ursprüngliche Qualität der Gärten war unter diesen teilweise entstellenden Veränderungen kaum noch zu erkennen. Durch die Umgestaltungen von Wegeführung und Wegebelag, durch den Verlust der geschnittenen Hecken, der Rosenbeete und Staudenpflanzungen wurde der ursprünglich geplante Übergang zwischen den Häusern und den Gärten unkenntlich, zumal ein starker Zuwachs von Gehölzen und auch Wildwuchs stattfand. Zudem wurde durch die Abtrennung und Bebauung des ehemaligen Obst- und Gemüsegartens von Haus Lange die Funktion und Fläche des Gartens reduziert.

Mit einer gartendenkmalpflegerischen Analyse, die Almuth Spelberg vom Grünflächenamt der Stadt Krefeld durchführte, wurden zunächst die historischen Unterlagen zu Entstehung und Veränderungen der Gärten erfasst und analysiert und mit dem aktuellen Zustand verglichen. Auf dieser Grundlage wurde ein Ziel- und Leitplan entwickelt, der den Rahmen für die Arbeiten schuf, die im Laufe der Jahre schrittweise realisiert werden sollen. Die Planung umfasst die Rekonstruktion der von Mies van der Rohe entworfenen Rosengärten und Staudenbeete, die Wiederherstellung differenzierter Raumeindrücke, die Wiederherstellung und Erhaltung eines ausgewogenen Verhältnisses zwischen raumbildender Pflanzung und offener Fläche. Dies erfolgt durch Rodung und Auslichtungsmaßnahmen einerseits sowie durch gezielte Nachpflanzungen, möglichst unter Berücksichtigung gartenhistorischer Pflanzenverwendung und die Wiederherstellung des geradlinigen Wegesystems andererseits. So soll auch die Aufenthaltsqualität im Garten verbessert und durch Erleichterung der Gartenpflege ein besserer Pflegezustand erreicht werden.

Bei der Realisierung der Maßnahmen wurden bisher einige Bereiche rekonstruiert, die für das Verständnis von Haus und Garten unverzichtbar sind. Andere Bereiche wurden an die veränderte Nutzung als öffentliches Museum mit der Präsentation von Skulpturen im Garten angepasst. Deshalb wurden bisher die Bepflanzung und kleinteilige Weg- und Beetaufteilung der ehemaligen Rosengärten nicht wiederhergestellt. Der natürliche Wandel im Garten erfordert auch neue Gestaltungen. Zum Beispiel schafft das Wachstum der Bäume größere Schattenbereiche, in denen die ursprünglichen Pflanzengesellschaften nicht überleben können und durch neue Bepflanzung ersetzt werden.

Seit 2001 wurden Tore, Vorfahrt, Wegeführung und Bodenbeläge nach historischem Vorbild hergestellt. Eingriffe in den gewachsenen Baumbestand erfolgten zurückhaltend, sodass das Verbindende der beiden Gärten wieder deutlich wurde und die Gartenwege an den Grundstücksrändern verlaufen konnten. Die Raumbildung im Garten ist mit freigelegten Sichten aus dem Garten auf das Haus und vom Haus in den Garten sowie mit den geschnittenen Hecken und Staudenbeeten erlebbar. Die von Mies van der Rohe geplante Verschränkung von Architektur und Landschaft kommt so zur Geltung. Die Restaurierung der Gärten wurde 2007 durch den Landesverband Rheinland mit der Plakette des Europäischen Gartennetzwerks EGHN (www.eghn.eu) ausgezeichnet. *MM*

HÄUSER LANGE UND ESTERS KREFELD

Oben links: Übergang von Architektur und Garten durch geschnittene Hecken

Oben rechts: Verbindung von Haus und Garten (2009)

Unten links: Zugewachsene Wege im Garten von Haus Esters (2000)

Unten rechts: Wiederherstellung der Wegeführung im Garten von Haus Esters (2009)

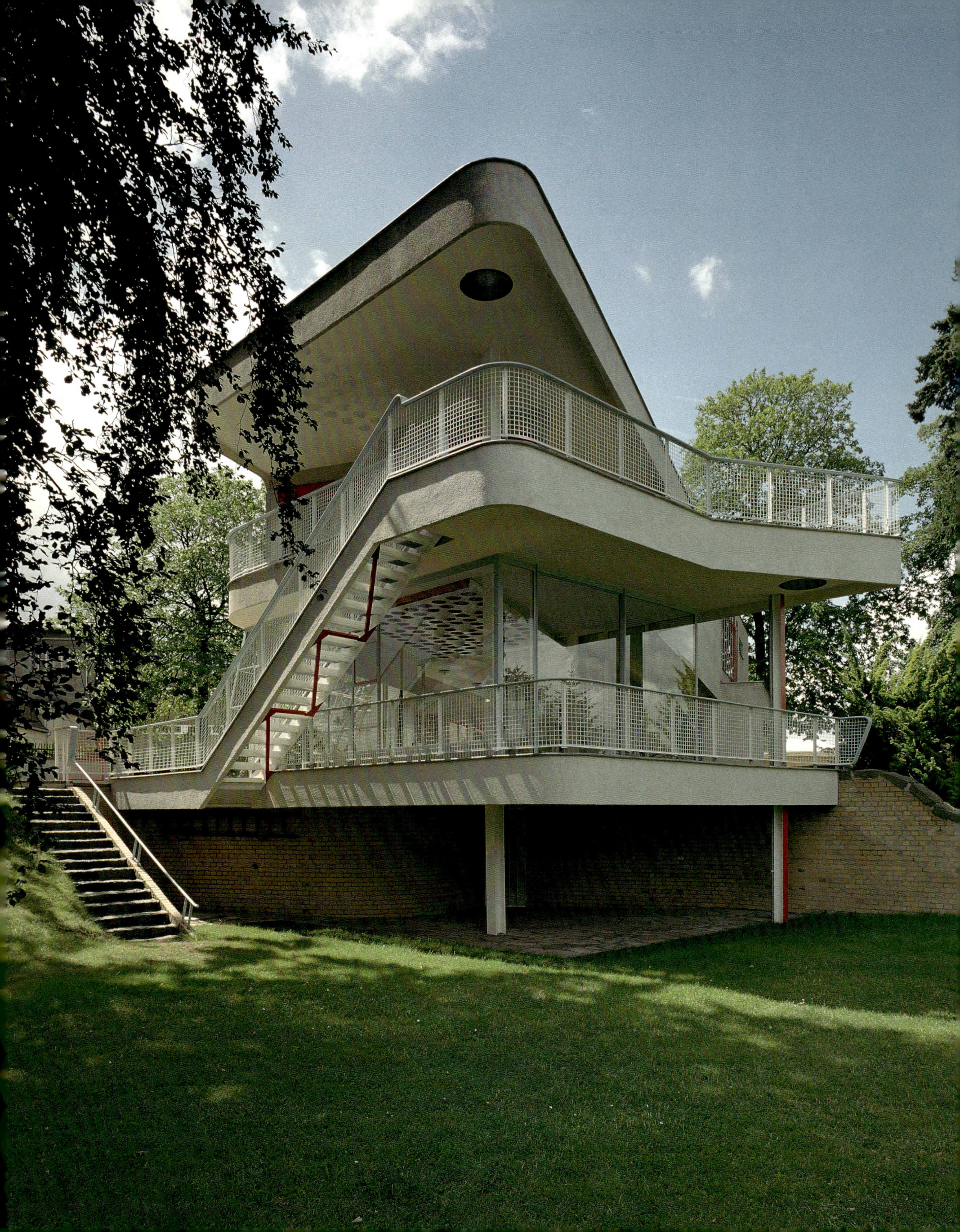

HAUS SCHMINKE
LÖBAU

Das 1933 fertiggestellte Haus Schminke von Hans Scharoun ist ein herausragendes Beispiel für die Landhausarchitektur der Zwischenkriegszeit und steht programmatisch für ein neues Verständnis vom Wohnen. Die seit den 1920er-Jahren beliebte Ästhetik des Hochseedampfers bildet den gestalterischen Rahmen für eine hoch differenzierte und vielschichtige Raumstruktur, die im Spannungsfeld von Enge und Weite, Ruhe und Dynamik sowie Durchdringung und Abgrenzung faszinierende Wirkungen entfaltet. Bei der Sanierung wurde darüber hinaus deutlich, dass dem Gebäude eine durchdachte und wirkungsvolle Haustechnik zugrunde lag, die nach fast 70 Jahren erfolgreich reaktiviert werden konnte.

HAUS SCHMINKE LÖBAU

Familie Schminke vor dem Haus im Sommer 1934

Rechte Seite: Blick in den Wintergarten (2001)

Auftraggeber	Fritz Schminke
Architekt	Hans Scharoun
Konstruktion	Stahlskelettkonstruktion mit Betonsteinausfachung, Deckenkonstruktion aus Bimsdielen zwischen Eisenträgern
Nutzfläche	581 Quadratmeter
Bauzeitliche Nutzung	Wohngebäude
1930–1933	Planung und Bau des Hauses, Bezug am 31. Mai 1933
1945	Beschlagnahme des Hauses durch die Rote Armee
1946–1951	Einrichtung eines Erholungsheims für Kinder bombengeschädigter Familien durch Charlotte Schminke
1951–1963	Klubhaus der Freien Deutschen Jugend (FDJ)
1963–1990	Haus der Jungen Pioniere
1978	Denkmalschutz
1990–1997	Freizeitzentrum der Stadt Löbau für Kinder und Jugendliche, seit 1993 Nutzung durch den Förderverein Freizeitzentrum e.V.
1997	Vertrag zwischen der Stadt Löbau und der Wüstenrot Stiftung zur Sanierung des Gebäudes
1998	Bauhistorische Bestandsaufnahme, Schadensermittlung und Entwicklung des Sanierungskonzepts
1999–2000	Sanierung
2000	Rückübergabe des sanierten Gebäudes an die Stadt Löbau am 14. Dezember
2001–2006	Nutzung durch den Verein Haus Schminke e.V. als Freizeitzentrum
2006	Nutzung durch die Stadt Löbau als öffentlich zugängliches Denkmal
2009	Übernahme der Trägerschaft durch die Stiftung Haus Schminke
Eigentümer	Stiftung Haus Schminke
Bauherr der Denkmalmaßnahme	Wüstenrot Stiftung, Ludwigsburg
Architekten Sanierung	Pitz & Hoh, Architektur und Denkmalpflege GmbH, Berlin
Aktuelle Nutzung	Ausstellungs- und Veranstaltungsgebäude

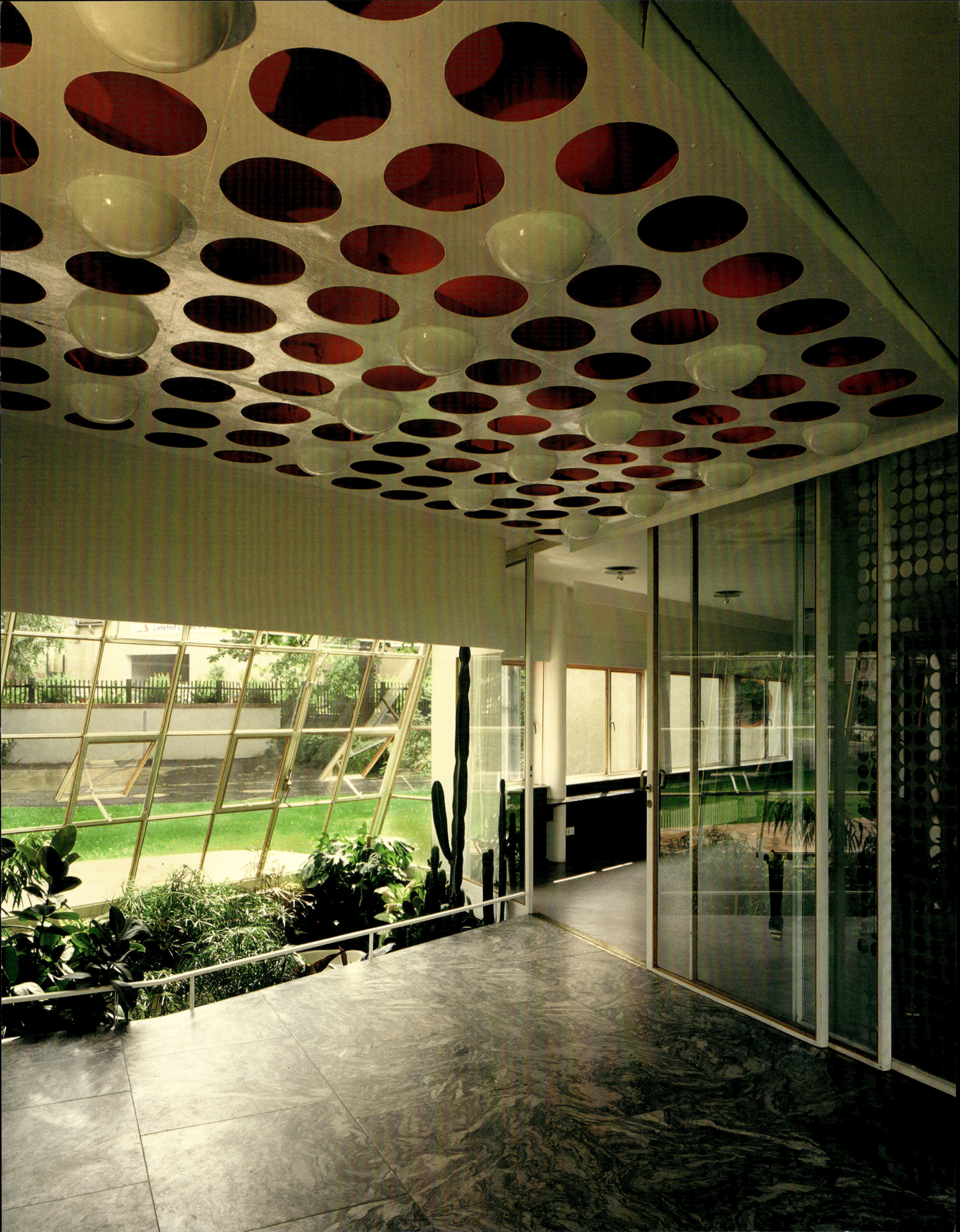

HAUS SCHMINKE LÖBAU

Der Architekturhistoriker Julius Posener beschrieb bereits 1935 in der Zeitschrift „L'architecture d'aujourd'hui" das Haus Schminke in Löbau „als eine der subtilsten Schöpfungen unserer Epoche". Wie bei der Villa Savoye von Le Corbusier, der Villa Tugendhat von Ludwig Mies van der Rohe oder der Villa Müller von Adolf Loos kommt in dem Gebäude ein neues Verständnis von Raum und ein neues Ideal vom Wohnen zum Ausdruck. Doch ungeachtet seines ausgesprochen programmatischen Charakters ist der Entwurf von Hans Scharoun das Ergebnis einer langjährigen intensiven und freundschaftlichen Zusammenarbeit mit dem Auftraggeber Fritz Schminke und orientierte sich sehr genau an den Wünschen der Familie Schminke. Darüber hinaus musste das Gebäude in den bereits existierenden Garten des Baugrundstücks eingefügt werden. Die Metaphorik der Schiffsarchitektur mit auskragenden Sonnendecks, offenen Stahltreppen und runden Bullaugenfenstern klingt auch in der Raumorganisation mit großzügigen offenen Raumfolgen im Erdgeschoss und in den kleinen Schlafräumen entlang eines Erschließungsganges im Obergeschoss an. Dennoch ist sie weit mehr als ästhetischer Selbstzweck und formales Spiel – sie bildet den räumlichen Rahmen für die Funktionszusammenhänge und Bewegungsabläufe im Haus und steht für die Dynamik eines neuen Raumverständnisses.

    Die Familie Schminke bewohnte das Haus nur zwölf Jahre lang. Seit 1945 wird das Gebäude öffentlich genutzt, zunächst als Erholungsheim für Kinder, später als Klubhaus der Freien Deutschen Jugend (FDJ) und als Haus der Jungen Pioniere. Das Gebäude befindet sich im Eigentum der Stiftung Haus Schminke und ist für Besichtigungen öffentlich zugänglich. Es kann für Tagungen, Ausstellungen und Konzerte sowie für private Zwecke angemietet werden.

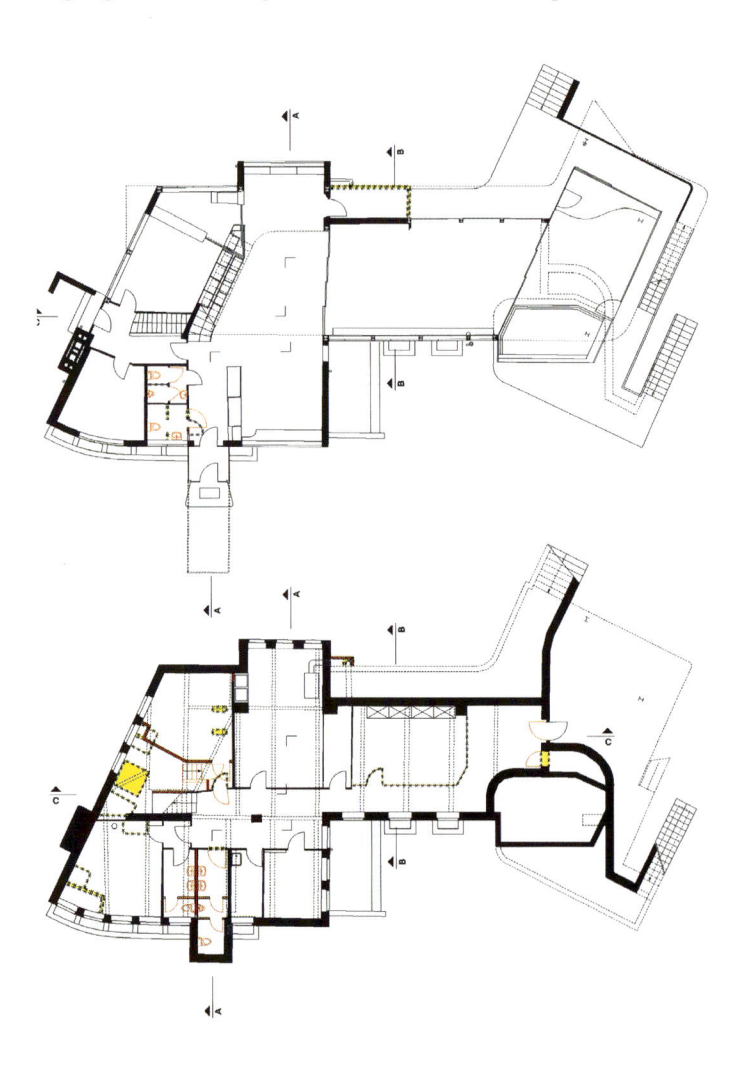

Grundriss Keller- und Erdgeschoss
(2000)

DENKMALPFLEGE DER MODERNE

HAUS SCHMINKE LÖBAU

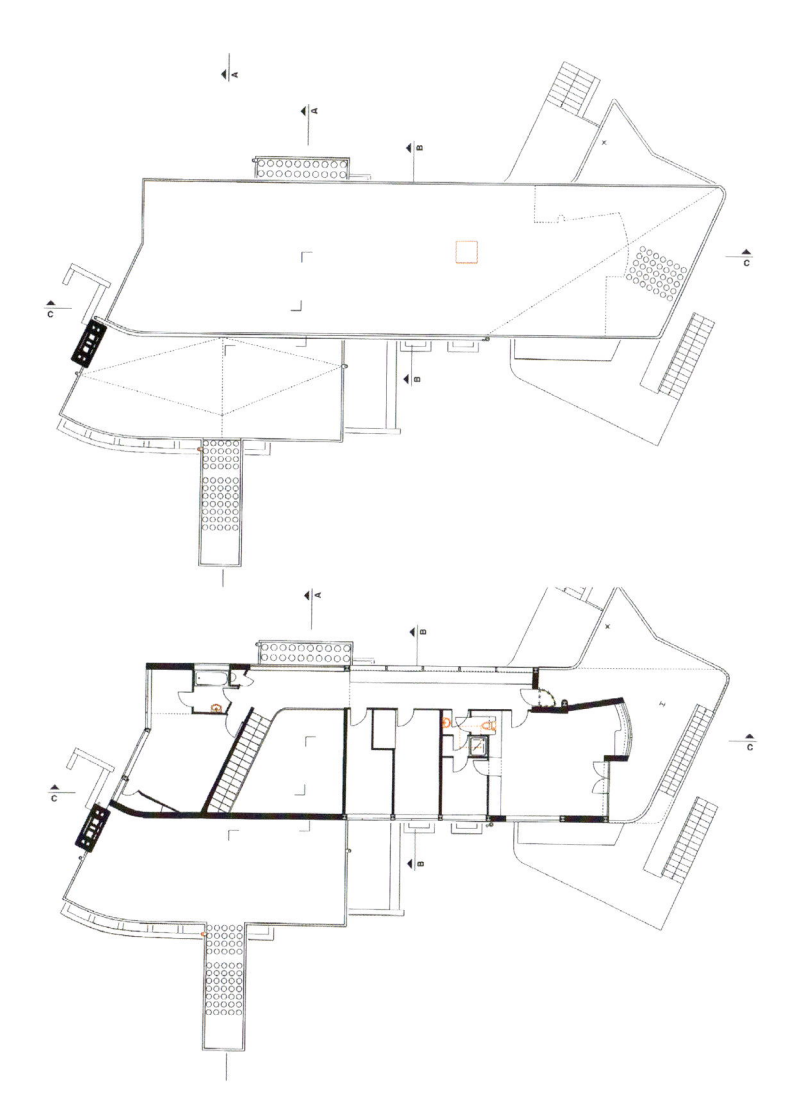

Oben: Montage der tragenden Stahlkonstruktion (1932)

Links: Grundriss Obergeschoss und Dachaufsicht (2000)

HAUS SCHMINKE LÖBAU

Sanierung

Trotz seiner wechselhaften Geschichte war das Haus zu Beginn der Instandsetzungsarbeiten 1999 in seiner tragenden Stahlkonstruktion, seiner räumlichen Struktur und zahlreichen baulichen Details wie Fenstern, Türen, Beschlägen und Einbaumöbeln überraschend gut erhalten. Die Umnutzung als Haus der Jugend und der Begegnung hatte für das Gebäude keine gravierenden Umbauten oder weitere gestaltgebende Schichten zur Folge gehabt, sondern eher zum Erhalt des Bestandes beigetragen. Dennoch führte der Wandel vom privaten Wohnhaus zur öffentlichen Nutzung insgesamt zu einer Reduktion der ursprünglich reich differenzierten architektonischen Qualitäten und der Einheit von Raum und Ausstattung. So gingen nicht nur die meisten beweglichen Teile der Ausstattung verloren, sondern auch fast die gesamte bauzeitliche Farbigkeit, die auf zwischenzeitlich entfernten „Salubra"-, Glanz- und Blasentapeten basierte. Daraus ergab sich auch die Leitlinie der denkmalpflegerischen Maßnahmen, die im Rahmen eines von der Wüstenrot Stiftung finanzierten Gesamtkonzepts durchgeführt werden konnten. Aufgrund der unzureichenden Befunde, beispielsweise in Hinblick auf die bauzeitliche Farbigkeit, wurde keine Rekonstruktion der raumkünstlerischen Qualitäten im Inneren angestrebt, sondern vielmehr eine möglichst weitgehende Erhaltung und Reparatur des vorgefundenen Bestandes. Die nun gewählten, farblich wie im Material äußerst zurückhaltende Raumfassungen besitzen zwar nicht mehr die künstlerische Aussagekraft des ursprünglichen Zustandes, lassen aber die authentisch erhaltenen und sorgfältig aufgearbeiteten Bauteile und Oberflächen umso wirksamer hervortreten und bieten für die weiterhin öffentliche Nutzung des Gebäudes einen angemessenen Rahmen.

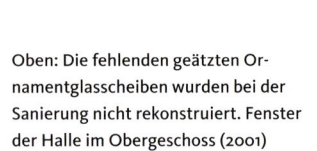

Oben: Die fehlenden geätzten Ornamentglasscheiben wurden bei der Sanierung nicht rekonstruiert. Fenster der Halle im Obergeschoss (2001)

Rechts: Grundriss 1933 (Zeichnung 1974)

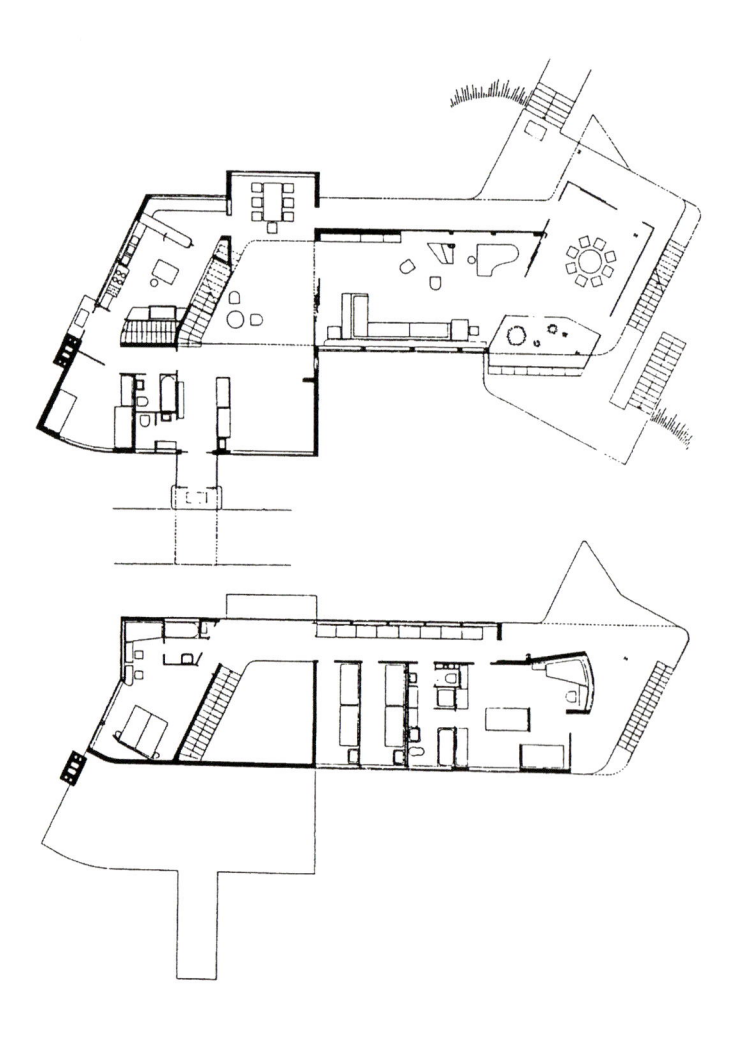

HAUS SCHMINKE LÖBAU

Links: Wohnraum (1933)

Rechts: Ehemaliger Wohnraum (2002)

Links: Halle (1933)

Mitte: Flur im Obergeschoss (1933)

Rechts: Flur im Obergeschoss (2002)

HAUS SCHMINKE LÖBAU

Die hohe Bedeutung, die der bauzeitlichen Substanz im Zuge der Instandsetzung zukam, wird auch im Umgang mit dem Außenputz deutlich. Der durchgefärbte Edelkratzputz mit hohem Glimmeranteil, der als homogene Haut das gesamte Gebäude mit seiner Stahlskelettkonstruktion, den Betonsteinmauern und auskragenden Balkonen überzieht, war unter einer starken Schmutzschicht trotz zahlreicher Schadstellen und Ausflickungen erhalten geblieben. Da der insgesamt gute Erhaltungszustand keine vollständige Entfernung und Rekonstruktion des Putzes rechtfertigte, wurde nur die Oberfläche in einem schonenden Pulverstrahlverfahren gereinigt und die Fehlstellen mit nachgestelltem Putz ausgebessert. Als Ergebnis präsentiert sich das Haus zwar nicht im bauzeitlichen strahlenden Weiß, jedoch ist die faszinierende Lebendigkeit des Materials trotz aller sichtbaren Altersspuren wieder deutlich erlebbar.

Um die Qualität der Sanierung und den langfristigen Erhalt des Gebäudes zu sichern, wurde ein Pflegeplan erstellt, der die verwendeten Materialien, Verfahrensweisen und die bei der Sanierung beteiligten Baufirmen auflistet. Als „Gebrauchsanweisung" für das Haus enthält er darüber hinaus eine Checkliste der laufenden Bedienungsvorgänge und der in regelmäßigen Abständen durchzuführenden Wartungsarbeiten.

Normen und Standards

Die Abstimmung von heutigen Nutzungsansprüchen und baulichen Gegebenheiten ist grundsätzlich bei allen denkmalpflegerischen Maßnahmen an historischen Gebäuden ein wichtiges Thema. Bei Gebäuden der Klassischen Moderne mit ihren großen, häufig einfach verglasten Fensterflächen und knapp bemessenen Wand- und Dachquerschnitten stellt sich das Problem in besonderer Weise dar: Zum einen genügt angesichts steigender Energieko-

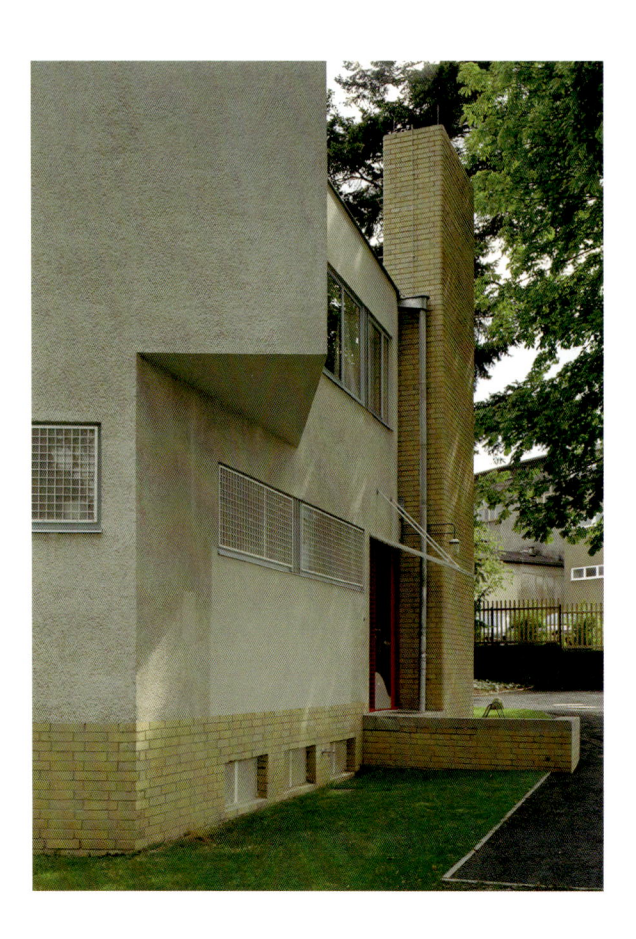

Oben: Versuche mit unterschiedlichen Reinigungsmethoden am bauzeitlichen Edelkratzputz (1999)

Rechts: Bauzeitlicher gereinigter Putz und neu ergänzter Bereich (2001)

HAUS SCHMINKE LÖBAU

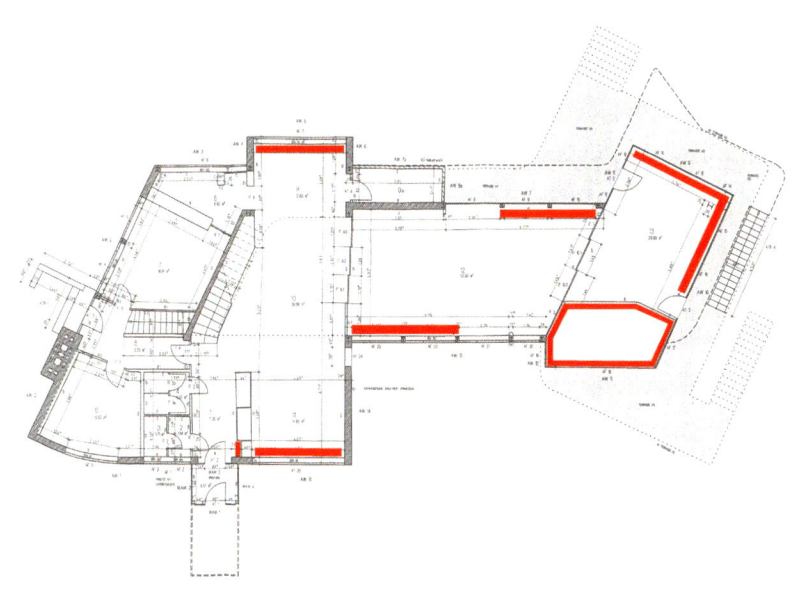

Oben: Ansicht von Osten (1999)

Links: Grundriss Erdgeschoss mit Eintragung der Heizkörper und Heizflächen (Zeichnung 1999)

DENKMALPFLEGE DER MODERNE | 265

Gitterrost mit darunter liegender
Heizung im Wintergarten (1998)

sten der bauzeitliche Wärmeschutz in aller Regel nicht den heutigen Anforderungen an ein behagliches Raumklima. Zum anderen führen heutige Nutzungsgewohnheiten mit ihren vergleichsweise hohen Raumtemperaturen und einer weitaus höheren Feuchtebelastung zu Schäden durch Tauwasser an den raumseitigen Wandoberflächen. Im Rahmen der Instandsetzungsmaßnahmen für Haus Schminke galt es daher, in einer ganzheitlichen Betrachtung aller bauklimatischer Komponenten – Wärmeschutz, Heizung, Lüftung und geplante Nutzung – ein tragfähiges Konzept zu entwickeln, welches heutige Nutzungsstandards und historische Bausubstanz in Einklang bringt. Die Planung aller bauklimatischen Maßnahmen lag dabei in den Händen des Bauklimatikers Klaus Graupner von der Technischen Universität Dresden.

Bei der sorgfältigen Bestandsaufnahme stellte sich heraus, dass trotz der nach heutigen Gesichtspunkten völlig unzureichenden Wärmedämmung und trotz intensiver öffentlicher Nutzung während der letzten Jahrzehnte keinerlei Feuchteschäden oder Schimmelbefall zu beklagen waren. Neben einer Grundlüftung, die überschüssige Feuchtigkeit etwa durch kleine Fensterundichtigkeiten wirkungsvoll abtransportiert, ist es vor allem die Wirkung der Glasscheiben als „Sollbruchstelle", an deren kalter Oberfläche die Hauptlast der Kondensation stattfindet und dort am einfachsten – beispielsweise mit einer Wassersammelrinne – kontrolliert werden kann. Eine Analyse der bauzeitlichen Heizung und Lüftung zeigte darüber hinaus, dass dem Gebäude eine Art „thermische Zonierung" zugrunde liegt. Die Räume wurden ihren Funktionen entsprechend unterschiedlich temperiert, also beispielsweise die Schlafräume kühler als die Aufenthaltsräume. Auch innerhalb der Räume wurde in den Bereichen, die vorwiegend längere Zeit und sitzend genutzt wurden, für einen höheren Wärmeeintrag gesorgt. So befindet sich entlang des Fensters am Essplatz ein langer Heizkörper, der die negativen Wirkungen des einfach verglasten Fensters (Zugerscheinungen, Strahlungskälte) kompensiert. Der Boden unter dem Sitzplatz im Wintergarten ist als Gitterrost ausgebildet, unter dem sich ebenfalls ein Heizkörper befindet. In den Kinderschlafzimmern sind direkt neben dem Arbeitstisch kleine Heizkörper angeordnet. Durch raumhohe Vorhänge und Rollläden kann der Wärmeschutz beispielsweise abends weiter verbessert werden und entspricht dann etwa dem Wirkungsgrad einer modernen Wärmeschutzverglasung.

Dem Gebäude liegt also ein durchdachtes und robustes Heizungs- und Lüftungskonzept zugrunde, zu dem beispielsweise auch die zahlreichen und individuell regelbaren Lüftungsöffnungen der Fenster gehören. Um klimabedingte Schäden nach der Instandsetzung zu vermeiden, wurde die zu erwartende Nutzung analysiert und das bauklimatische Konzept darauf abgestimmt. Trotz zeitweiliger Spitzenlasten durch große Personenzahlen war keine größere Feuchtebelastung als bei einer reinen Wohnnutzung zu erwarten, entfiel doch das regelmäßige Kochen, Duschen und Waschen. Vor diesem Hintergrund wurde in einem längeren Abstimmungsprozess entschieden, das bauzeitliche Konzept grundsätzlich beizubehalten und nur in Teilen behutsam zu modernisieren. So wurde auf dem Dach die Dämmung erneuert und verbessert, die Schwerkraft-Warmwasserheizung mit Kohlekessel auf eine Pumpen-Warmwasserheizung mit Gaskessel umgestellt und die Regelungstechnik verbessert. Sowohl die bauzeitlichen Rohrleitungen als auch die gusseisernen Rippenheizkörper mit ihren erhaltenen Ventilen sind nach einer umfassenden Reinigung und Prüfung weiterhin in Betrieb.

Die eingehende Beschäftigung mit dem bauzeitlichen Heizungs- und Lüftungskonzept brachte hier eine eindrucksvolle Ingenieursleistung mit zahlreichen raffinierten Detaillösungen zutage, die zwar speziell auf die Bedürfnisse der Familie Schminke ausgerichtet war, die aber mit geringfügigen Modifikationen bei veränderter Nutzung auch noch nach 70 Jahren funktionstüchtig ist und heutigen Anforderungen gerecht werden kann. AS

HAUS SCHMINKE **LÖBAU**

Oben links: Die bauzeitlichen Heizkörperventile wurden gereinigt, überprüft und sind weiterhin in Betrieb (2002)

Oben rechts: Bauzeitliche und neue Installation im Kellergeschoss (2001)

Unten links: Das Oberlichtfenster im Bad lässt sich mit einem Gestänge bequem bedienen (2001)

DENKMALPFLEGE DER MODERNE

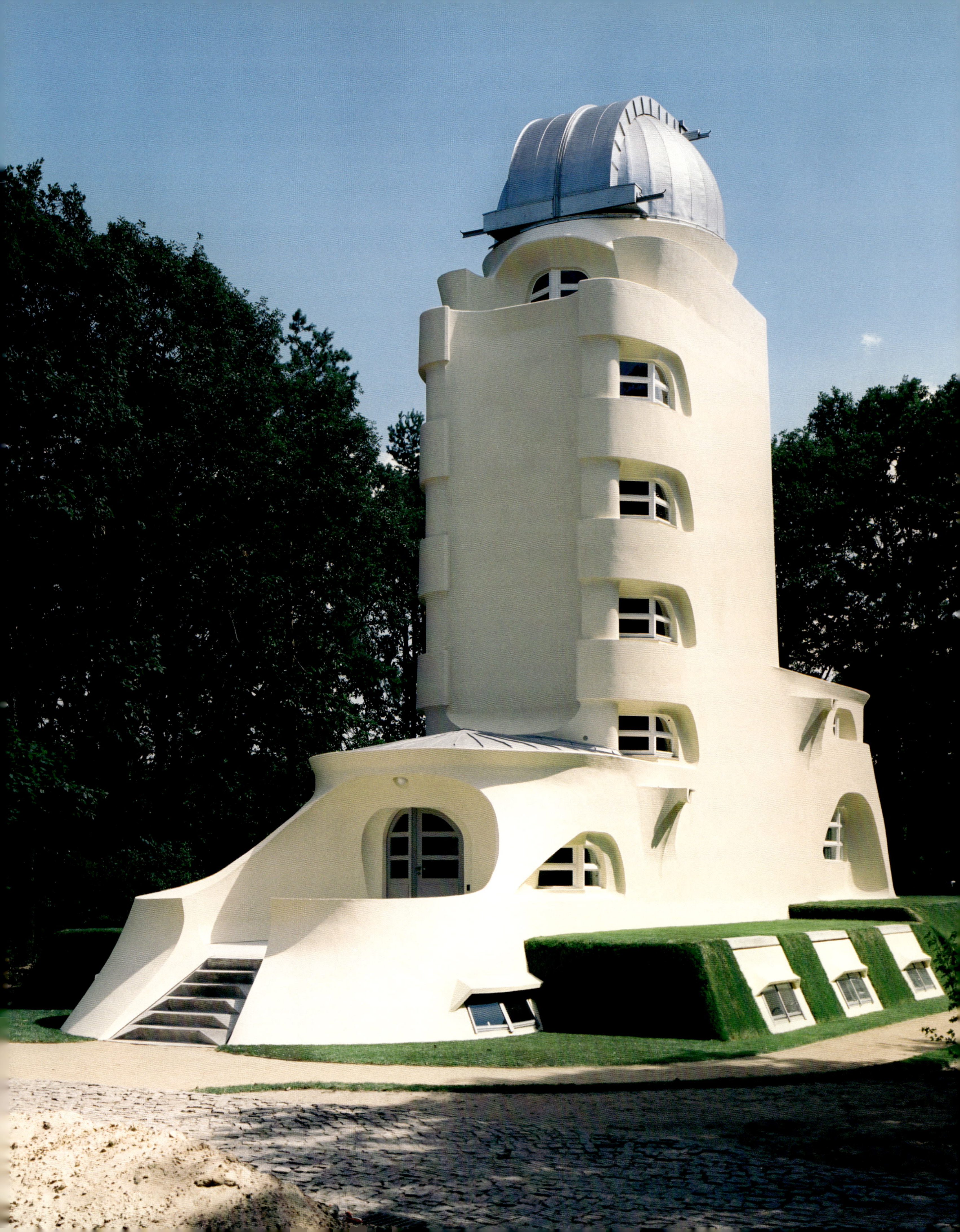

EINSTEINTURM
POTSDAM

Erich Mendelsohn entwarf als Hülle für ein Sonnenteleskop eine der wenigen gebauten Architekturutopien der frühen Moderne. Der 1920–1922 errichtete Turm stellte als expressionistische „Plastik" bauphysikalisch eine besondere Herausforderung dar. Wenige Jahre nach der Fertigstellung musste er bereits saniert werden. Nach zahlreichen Eingriffen erfolgte eine grundlegende Sanierung, die in vergleichbarer Intensität für kein anderes Baudenkmal der Moderne durchgeführt wurde. Die Arbeiten zeigten, dass eine fachgerechte und kontinuierliche Pflege des sanierten Bauwerks unumgänglich ist.

EINSTEINTURM POTSDAM

Albert Einstein auf der Terrasse des Einsteinturms (1921)

Rechte Seite: Treppenläufe in das Untergeschoss und in den Turm

Auftraggeber	Astrophysikalisches Institut Potsdam/Staat Preußen
Architekt	Erich Mendelsohn
Konstruktion	Mischkonstruktion aus Ziegelmauerwerk mit an- und aufgesetzten Betonwänden sowie überglätteter Putz, Kleinesche Decke
Nutzfläche	449 Quadratmeter
Bauzeitliche Nutzung	Forschungsgebäude (Sonnenobservatorium)
1920–1922	Errichtung des Turms
1924	Inbetriebnahme des Turmteleskops am 6. Dezember
1926–1928	Feststellung umfangreicher Schäden und erste große Reparatur
1930–1932	Neue Risse und Durchfeuchtungen
1941	Isolierung der äußeren Kellerwände, Trockenlegung des Spektrografenraums
1945	Kriegsschäden, behelfsmäßige Wiederherstellung der Kuppel
1950	Umfassende Instandsetzung anlässlich des 250-jährigen Jubiläums der Akademie der Wissenschaften
1958	Zweite Nachkriegsinstandsetzung
1964	Neuerliche Putz- und Feuchtigkeitsschäden, Renovierungsarbeiten
1974–1978	Instandsetzung der Dächer und der Außenwandflächen, circa 30 Prozent Putzerneuerung
1979	Denkmalschutz
1984	Instandsetzung der Putze
1995/96	Voruntersuchung mit bauhistorischer Bestandsaufnahme, Schadensbildermittlung, Sanierungskonzept durch die Wüstenrot Stiftung
1997–1999	Instandsetzungsarbeiten
1999	Wiedereröffnung des Turms
Eigentümer	Astrophysikalisches Institut Potsdam/Land Brandenburg
Bauherr der Denkmalmaßnahme	Wüstenrot Stiftung, Ludwigsburg
Architekten Sanierung	Pitz & Hoh, Werkstatt für Architektur und Denkmalpflege GmbH, Berlin
Aktuelle Nutzung	Forschungs- und Ausbildungsstätte (Sonnenobservatorium)

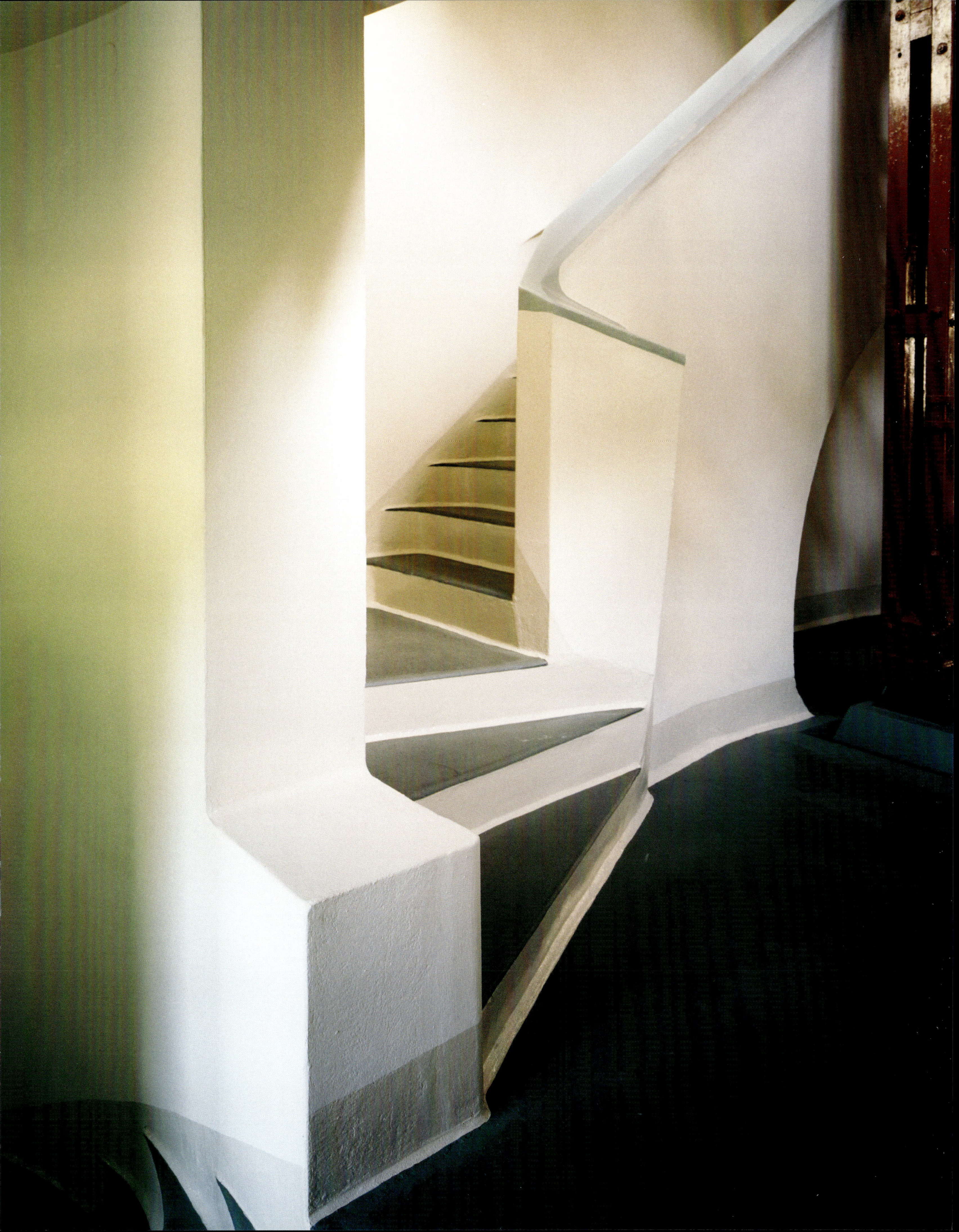

EINSTEINTURM POTSDAM

In seinen weltberühmten Entwurfsskizzen vereinigte Erich Mendelsohn alle charakteristischen Entwurfselemente des Gebäudes: Wie aus einem Guss erscheint diese aus wenigen dynamischen Strichen zusammengesetzte „Skulptur". Das Äußere verrät nichts über die im Innern verborgene Nutzung: ein Sonnenobservatorium, mit dem die Relativitätstheorie Albert Einsteins empirisch bewiesen werden sollte. Die Strahlen der Sonne werden mithilfe eines Spiegel- und Linsensystems in ein unterirdisches Laboratorium geleitet, wo sie über einen Umlenkspiegel zu den Instrumenten für Spektralanalyse gelangen. Diese Vorgabe für das Observatorium erklärt die Längenerstreckung des Gebäudes, das eigentlich nur die Hülle für ein Teleskop bildet.

Diese skulptural wirkende Hülle besteht im ausgeführten Entwurf aus einem breit gelagerten Sockelbau und einem sich darüber erhebenden Turmschaft. Durch die Vermeidung des rechten Winkels bleibt der dynamische fließende Schwung des Gebäudes auch im realisierten Entwurf erhalten. Die Fensteröffnungen treten aus dem Gebäude hervor und werden durch die scharfkantigen Fensterlaibungen gerahmt und prägen das äußere Erscheinungsbild des Gebäudes maßgeblich. Die Wasserspeier scheinen aus dem Gebäude herausmodelliert zu sein und setzen damit einen weiteren plastischen Akzent. Über eine Freitreppe auf der Nordseite erreicht der Besucher den Terrassenvorplatz des Eingangs, der von der Gebäudehülle mit umschlossen wird. Auf der Südseite sind auf zwei Stockwerken ein Arbeits- und ein Übernachtungsraum angeordnet. Der Arbeitsraum ist mit Möbeln nach Plänen von Mendelsohn ausgestattet. Im mittig darüber platzierten Turmschaft führt eine Treppe zu den unterirdischen Laboratoriumsräumen und eine weitere führt um den Coelostatenturm bis zum Kuppelraum. Dort sind zwei Coelostatenspiegel, zwei bewegliche Planspiegel, um ein fest stehendes astronomisches Gerät angeordnet. Die Planspiegel dienen dazu, dass unabhängig von der Drehung der Erde das Licht von einem Himmelsobjekt so

Oben: Skizzen von Erich Mendelsohn (1920)

Rechts: Ansicht von Nordwesten (1927)

EINSTEINTURM POTSDAM

Von links oben nach rechts unten: Ansicht von Nordwesten (1926–1928 erste große Reparatur, 1945 Kriegszerstörungen, 1978 Sanierung, 1998 vor der Sanierung)

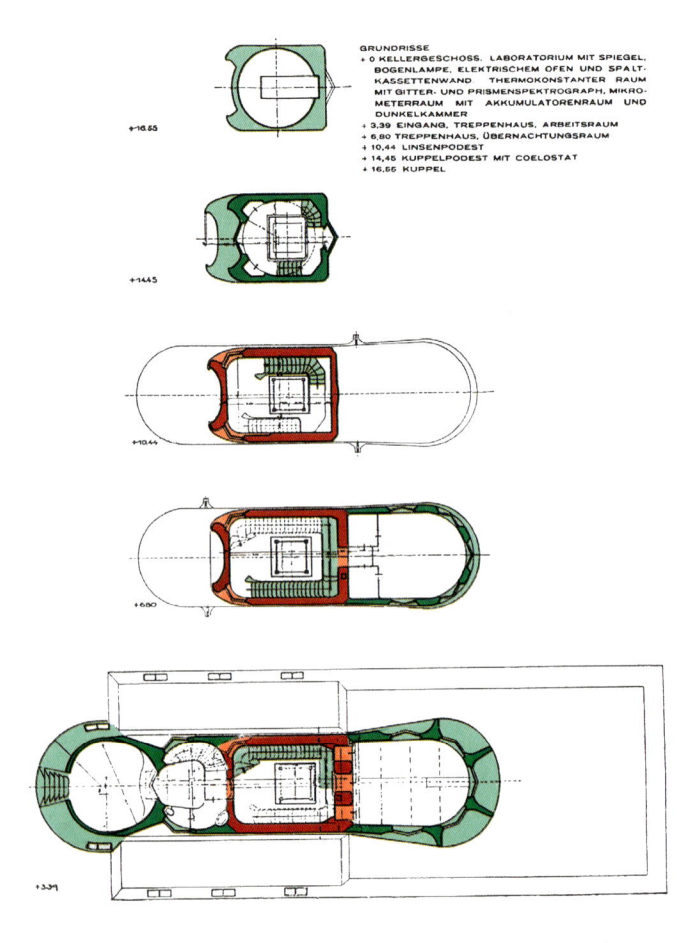

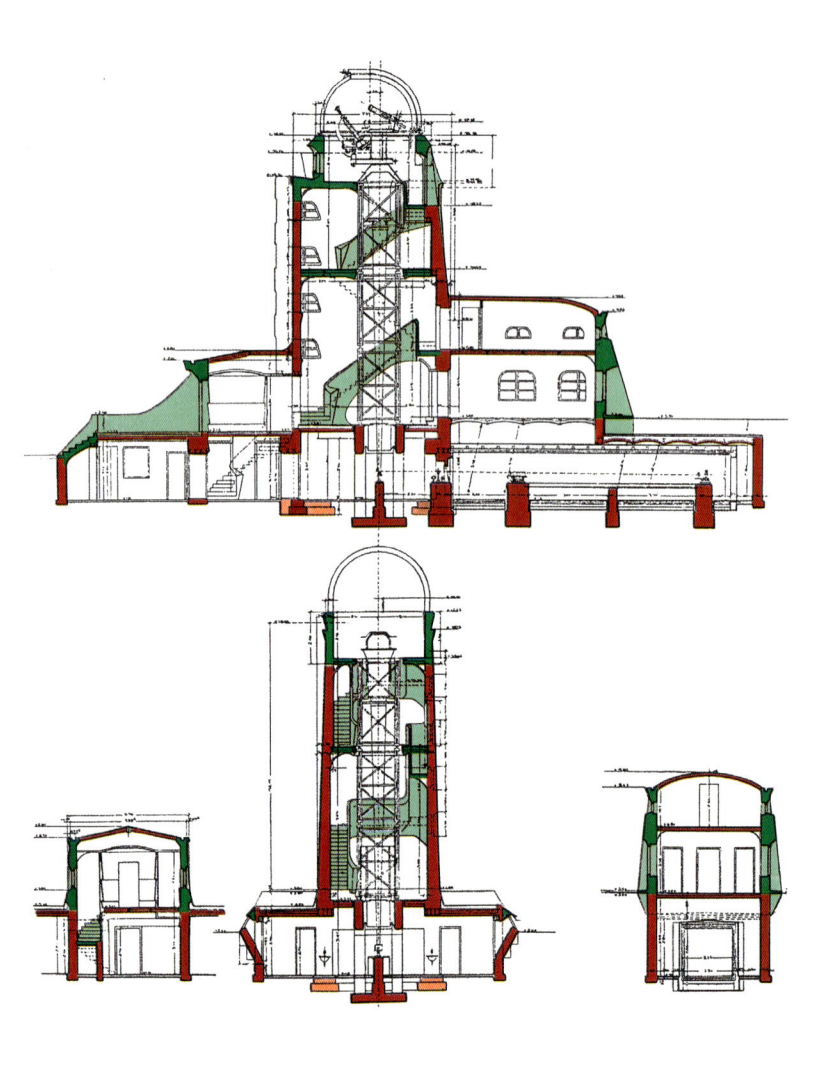

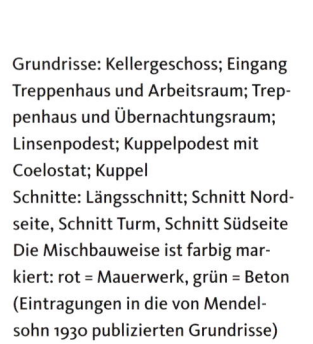

EINSTEINTURM POTSDAM

GRUNDRISSE
+ 0 KELLERGESCHOSS. LABORATORIUM MIT SPIEGEL, BOGENLAMPE, ELEKTRISCHEM OFEN UND SPALT-KASSETTENWAND. THERMOKONSTANTER RAUM MIT GITTER- UND PRISMENSPEKTROGRAPH, MIKROMETERRAUM MIT AKKUMULATORENRAUM UND DUNKELKAMMER
+ 3,39 EINGANG, TREPPENHAUS, ARBEITSRAUM
+ 6,80 TREPPENHAUS, ÜBERNACHTUNGSRAUM
+ 10,44 LINSENPODEST
+ 14,45 KUPPELPODEST MIT COELOSTAT
+ 16,55 KUPPEL

Grundrisse: Kellergeschoss; Eingang Treppenhaus und Arbeitsraum; Treppenhaus und Übernachtungsraum; Linsenpodest; Kuppelpodest mit Coelostat; Kuppel
Schnitte: Längsschnitt; Schnitt Nordseite, Schnitt Turm, Schnitt Südseite
Die Mischbauweise ist farbig markiert: rot = Mauerwerk, grün = Beton (Eintragungen in die von Mendelsohn 1930 publizierten Grundrisse)
(Zustand 2000)

DENKMALPFLEGE DER MODERNE

in das Instrument gespiegelt werden kann, dass das in dessen Bildebene abgebildete Stück Himmel sich nicht relativ zum Instrument dreht.

Auch im Innern des Gebäudes finden sich kaum rechte Winkel. Dies unterstreicht den Gesamteindruck einer plastisch modellierten Skulptur aus einem Guss. Mendelsohn hat dieser These nie widersprochen, in Wirklichkeit ist der Turm aber in Mischbauweise aus Ziegelmauerwerk und Eisenbeton errichtet und war mit einem körnigen Spritzputz überzogen.

Sanierung

Die Konstruktion des Einsteinturms machte es unvermeidlich, dass er schon kurz nach seiner Erbauung zum Sanierungsfall wurde. Der in unterschiedlicher Stärke bauzeitlich auf dem Mauerwerk und Betonuntergrund aufgebrachte Spritzputz zeigte bereits unmittelbar nach der Fertigstellung erste Schäden. Risse, die durch Wärmespannungen entstanden waren, zogen Durchfeuchtungen und die Korrosion von Bewehrungseisen nach sich und machten schon nach fünf Jahren die erste Sanierung notwendig. Risse wurden mit Biberschwanzziegeln und Beton ausgefüllt und alle waagerechten Flächen mit Verblechungen versehen. Dies geschah mit Zustimmung Mendelsohns. Beide Eingriffe verursachten aber zusätzlich entstehendes Schwitzwasser, Wasserkanten und Abfrierungen im Winter weitere Risse und Abplatzungen. Jedes Jahrzehnt erfolgten neue Ausbesserungen und Sanierungseingriffe; Kriegsschäden machten weitere Reparaturen notwendig. Der umfassenden Sanierung 1995–1999 ging eine aufwendige Bestandsuntersuchung voraus, die die Bauherrengemeinschaft der Wüstenrot Stiftung gemeinsam mit dem Astrophysikalischen Institut Potsdam beauftragte. Als Voraussetzung jeder baulichen Maßnahme wurde gefordert, dass der tatsächliche Zustand des Gebäudes und die Ursache seiner Schäden erkannt werden müssten. Die Ursachenforschung und die Reparatur gingen bei den Sanierungsschritten Hand in Hand und wurden schrittweise vollzogen. Bei der Sanierung von Beton

Unten links: Detail der Nordostfassade (1924)

Unten Mitte: Detail der Nordostfassade mit Reparaturstellen (1946–1950)

Unten rechts: Westseite des Turms, durch Aufrostung abgefallene Putzfläche einer Fensterbrüstung (1995)

EINSTEINTURM POTSDAM

Rechts: Ostfassade mit Schäden (1996)

Ostseite: Risskartierung, die das Rissbild des Putzes mit den unterschiedlichen Reparaturmethoden und den aufgetragenen neuen Putzen wiedergibt (April/Mai 1998). Die Schadenskartierung führten David Hoolly (Bauforschung Berlin) und Dr.-Ing. Gert Th. Mader (TU München) durch

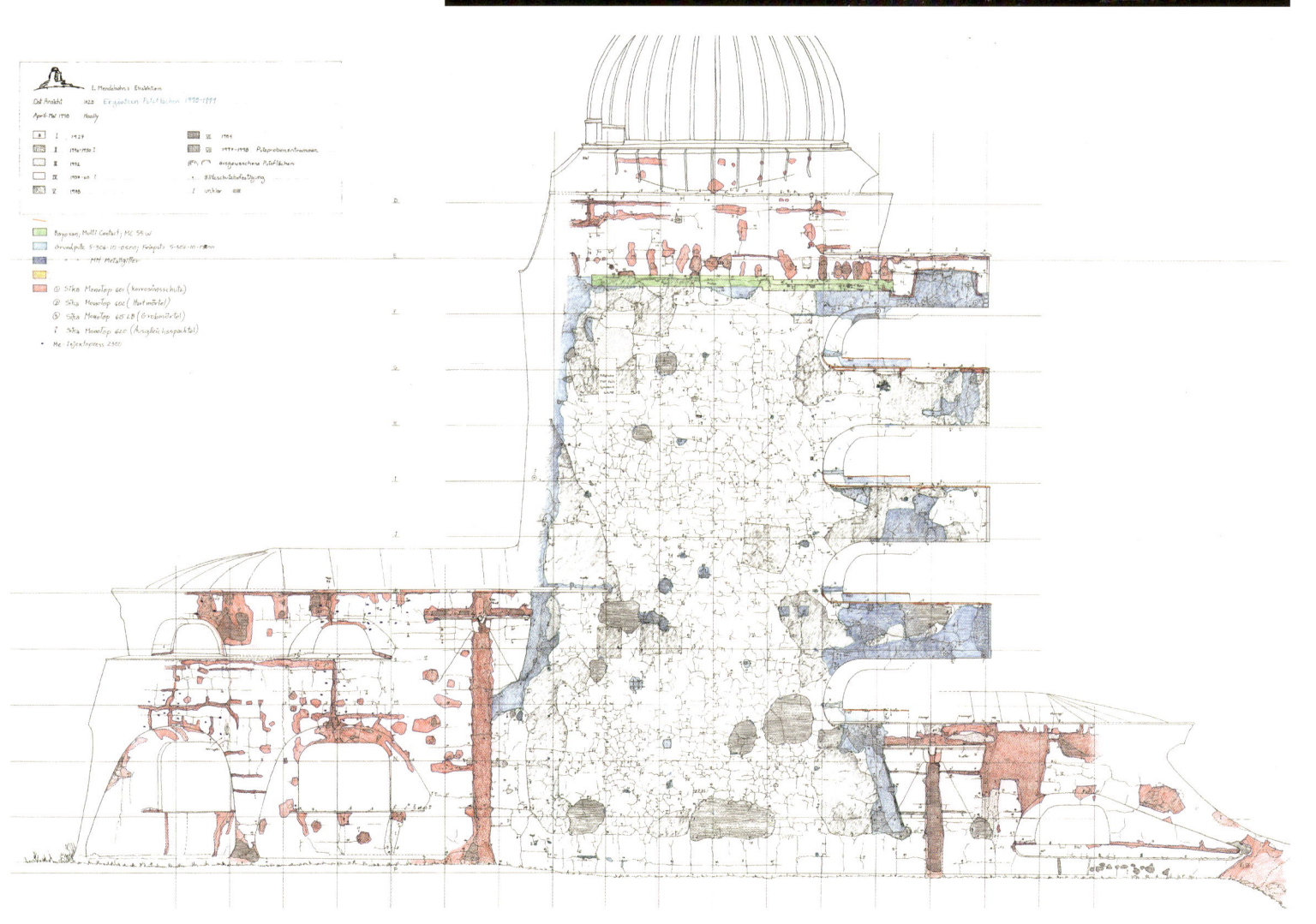

EINSTEINTURM **POTSDAM**

und Putz, für dessen Analyse und Sanierungskonzept das Institut für Bautenschutz und Bausanierung GmbH (IBB) aus Welden bei Augsburg verantwortlich war, hat man sich dazu entschlossen, die in die Risse eingefügten Füllziegel zu entfernen und die Löcher mit Grob- und Feinbeton zu schließen. Die nachträglich aufgebrachten Fensterverblechungen wurden abgenommen. Nach behutsamer Reinigung der Putzoberflächen konnte der stabile „Putzteppich" aus Erstputzen und mit zahlreichen Ausbesserungen erhalten und die Fehlstellen mit einem dem historischen Putz angeglichenen Material geschlossen werden. Nur so war es möglich, die komplexe Form des Gebäudes präzise zu erhalten. Die Untersuchung der Fassadenfarbigkeit am Außenbau brachte erst nach Entfernung der Fensterverblechungen eine Sensation ans Tageslicht: Der scheinbar immer weiß getünchte Turm war ursprünglich mit einem ocker eingefärbten Spritzputz versehen, der aber schon bei der ersten Reparatur 1926–1928 entfernt wurde. Diese bauzeitliche Farbigkeit wurde wiederhergestellt.

Oben links: Westfassade, Planquadrat N 11: unten Putz von 1952, oben links letzte Putzreparatur, oben rechts Putz von 1978 (1998)

Oben rechts: Reste des ursprünglichen Spritzputzes an der Nordwestseite des Turms unterhalb der Kuppel (1998)

Unten links: Durch thermische Spannungen entstandene Risse am südlichen Anbau, die aufgerosteten Eisen sprengten den Beton ab (1999)

Unten rechts: Die bei einer Reparatur eingebrachten Biberschwanzdachziegel zerstörten durch Auffrieren die Betonoberflächen (1998)

DENKMALPFLEGE DER MODERNE | 277

EINSTEINTURM POTSDAM

Erhaltung und Pflege

Nach Abschluss der Sanierungsarbeiten ist die kontinuierliche, fachgerechte Pflege und Instandhaltung eines Gebäudes nötig. Erst mit Systemen, die einen raschen und systematischen Zugriff auf Anforderungen an die planvolle Pflege und auf Ergebnisse der Sanierungen gestatten, wird die langfristige Erhaltung der Bausubstanz sowie die bei der Sanierung erreichte Qualität der Bearbeitung gesichert; zudem spart man so aufwendige Reparaturen und Erneuerungen.

Der Einsteinturm war bauphysikalisch von Anfang an ein Problemfall und wird es aufgrund seiner Konstruktion weiterhin bleiben. Als „Patient" bedarf er auch infolge der nachhaltigen Sanierung und einer auf das Denkmal abgestimmten Nutzung einer besonders intensiven Betreuung. Die Vorgaben für die Betreuung und Nutzung werden in einem Pflegeplan festgehalten. Dazu zählen jährliche Befahrungen des Turms, bei denen die besonders kritischen Stellen beobachtet und die Langlebigkeit der bei der Sanierung eingesetzten Materialien überprüft werden. Mit der Beobachtung der immer wieder auftretenden Spannungsrisse im Beton und Putz können so rechtzeitig Schutzmaßnahmen ergriffen werden. Trotzdem treten Prozesse auf, die nicht verhindert werden können, wie die Ablagerung von Mikroorganismen aus den umliegenden Wäldern auf den Oberflächen.

In dem Pflegeplan wurde nicht nur der Umgang mit den Schadensstellen festgelegt, sondern auch Vorgaben für eine dem Denkmal entsprechende Nutzung gemacht. Dazu zählt eine Beheizung des Gebäudes nicht über 15 Grad Celsius – mit Ausnahme der Arbeitsräume im Unter- und Erdgeschoss – und eine gute Belüftung der Räume. Außerdem ist in diesem Plan für jeden Benutzer nachlesbar, welche Materialien und Ansprechpartner für die alltägliche Pflege, Reparatur und Instandhaltung empfohlen werden. So wird mit einem Pflegeplan die Nachhaltigkeit der Sanierung gesichert; darüber hinaus können weitere Maßnahmen rechtzeitig geplant und auf ein Minimum reduziert werden. SO

Oben: Pflegeplan des Büros Pitz & Hoh, Werkstatt für Architektur und Denkmalpflege, Berlin (2006)

Unten links: Arbeitsraum im Erdgeschoss mit Inneneinrichtung nach Entwürfen von Erich Mendelsohn (1999)

Unten rechts: Coelostatenspiegel im Kuppelraum (1999)

Linke Seite: Baustelle im Sommer (1998)

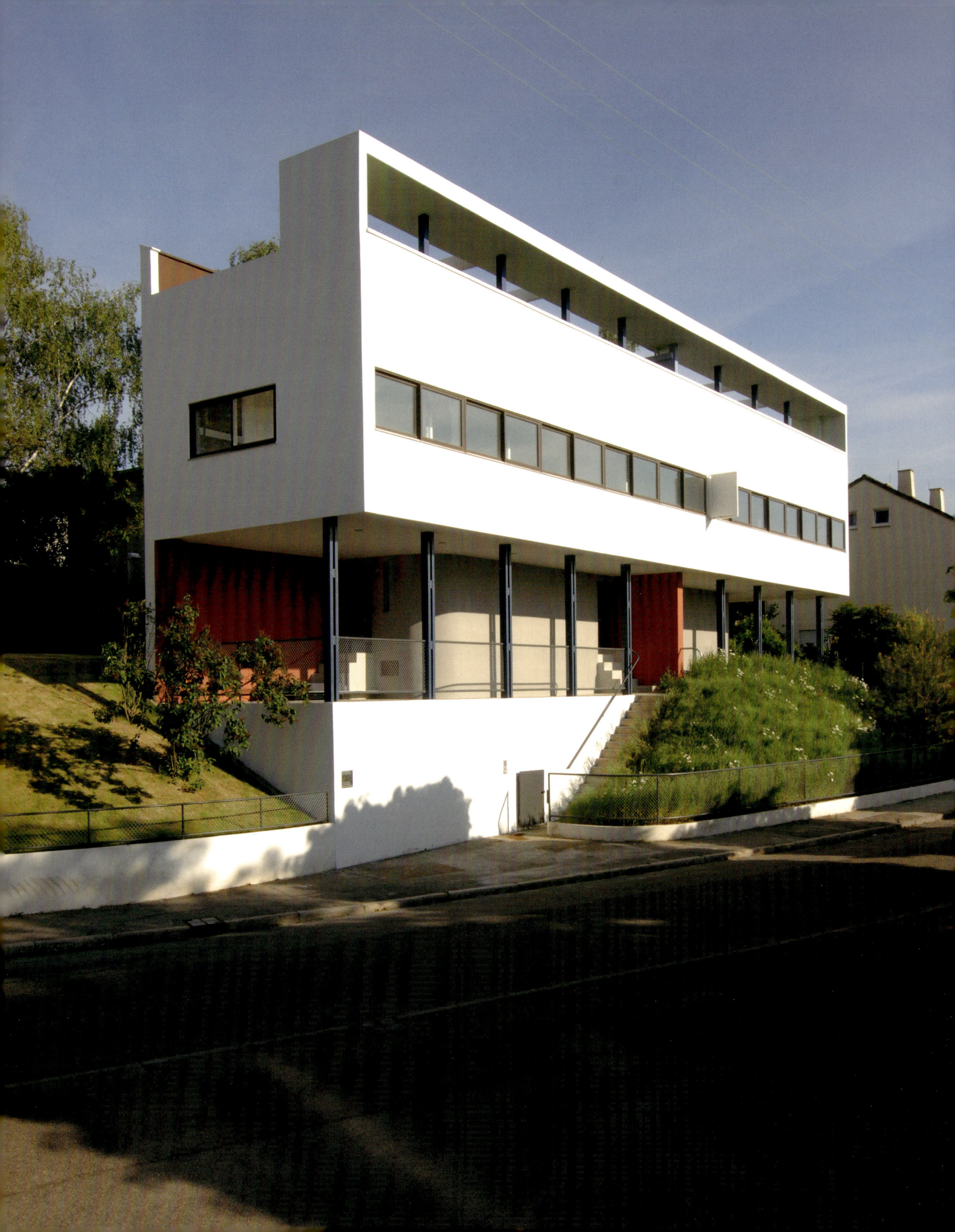

DOPPELHAUS IN DER WEISSENHOFSIEDLUNG
STUTTGART

In bestechender Klarheit konnte Le Corbusier 1927 an diesem Gebäude die Prinzipien seiner neuen Architektur demonstrieren: freier Grundriss und freie Fassadengestaltung mit Fensterbändern, die Positionierung des Gebäudes auf Stützen und die Dachterrasse als erweiterter Wohnraum. Nach mehreren Umbauten, Modernisierungen und denkmalpflegerischen Maßnahmen wurde bei der jüngsten Sanierung das Ziel verfolgt, das Gebäude als Geschichtszeugnis so zu bewahren und zu präsentieren, dass bei behutsamer Wiederherstellung der äußeren Gestalt die baulichen Eingriffe der vergangenen Jahrzehnte sichtbar bleiben.

DOPPELHAUS IN DER WEISSENHOFSIEDLUNG STUTTGART

Le Corbusier und Ludwig Mies van der Rohe am Weißenhof (1926)

Rechte Seite: Treppenhaus der rechten Haushälfte (2005)

Auftraggeber	Deutscher Werkbund
Architekten	Le Corbusier und Pierre Jeanneret
Konstruktion	Stahlskelettbau mit Bimsbeton-Hohlblocksteinen ausgefacht, Stahlbetonrippendecken
Nutzfläche	290 Quadratmeter (Innenräume), 130 Quadratmeter (Dachterrasse)
Bauzeitliche Nutzung	Ausstellungsgebäude, später Wohngebäude
1927	Errichtung, Eröffnung des Hauses als Teil der Werkbundausstellung „Die Wohnung" in Stuttgart-Weißenhof am 23. Juli
1928	Nutzung des Hauses für eine Ausstellung über den Architekten Adolf G. Schneck
1929–1931	Vermietung des gesamten Hauses an Anton Kolig, Professor an der Kunstakademie in Stuttgart
1932–1933	Umbauarbeiten am Haus, unter anderem Aufgabe der Erdgeschossterrasse und Aufbau eines zweiten Obergeschosses statt der Dachterrasse, Errichtung eines Kellers
1938	Verkauf der gesamten Weißenhofsiedlung an das Deutsche Reich mit dem Ziel des Abrisses und Neubaus für das Wehrbereichskommando V.
1957	Umbau der linken Haushälfte und deren Teilung in zwei Wohnungen
1958	Denkmalschutz
1964	Umbau der rechten Haushälfte
1981–1987	Sanierung der Weißenhofsiedlung durch die Staatliche Hochbauverwaltung Stuttgart
2002	Erwerb des Hauses durch die Stadt Stuttgart vom Bund; Bauherrenvertrag zwischen der Wüstenrot Stiftung und der Stadt Stuttgart
2003–2005	Sanierung durch die Wüstenrot Stiftung
2005	Rückübergabe des sanierten Hauses an die Stadt Stuttgart im November
2006	Eröffnung des Informationszentrums zur Weißenhofsiedlung
Eigentümer	Stadt Stuttgart
Bauherr der Denkmalmaßnahme	Wüstenrot Stiftung, Ludwigsburg
Architekten Sanierung	Architektur 109, Stuttgart (Mark Arnold und Arne Fentzloff)
Aktuelle Nutzung	Museum

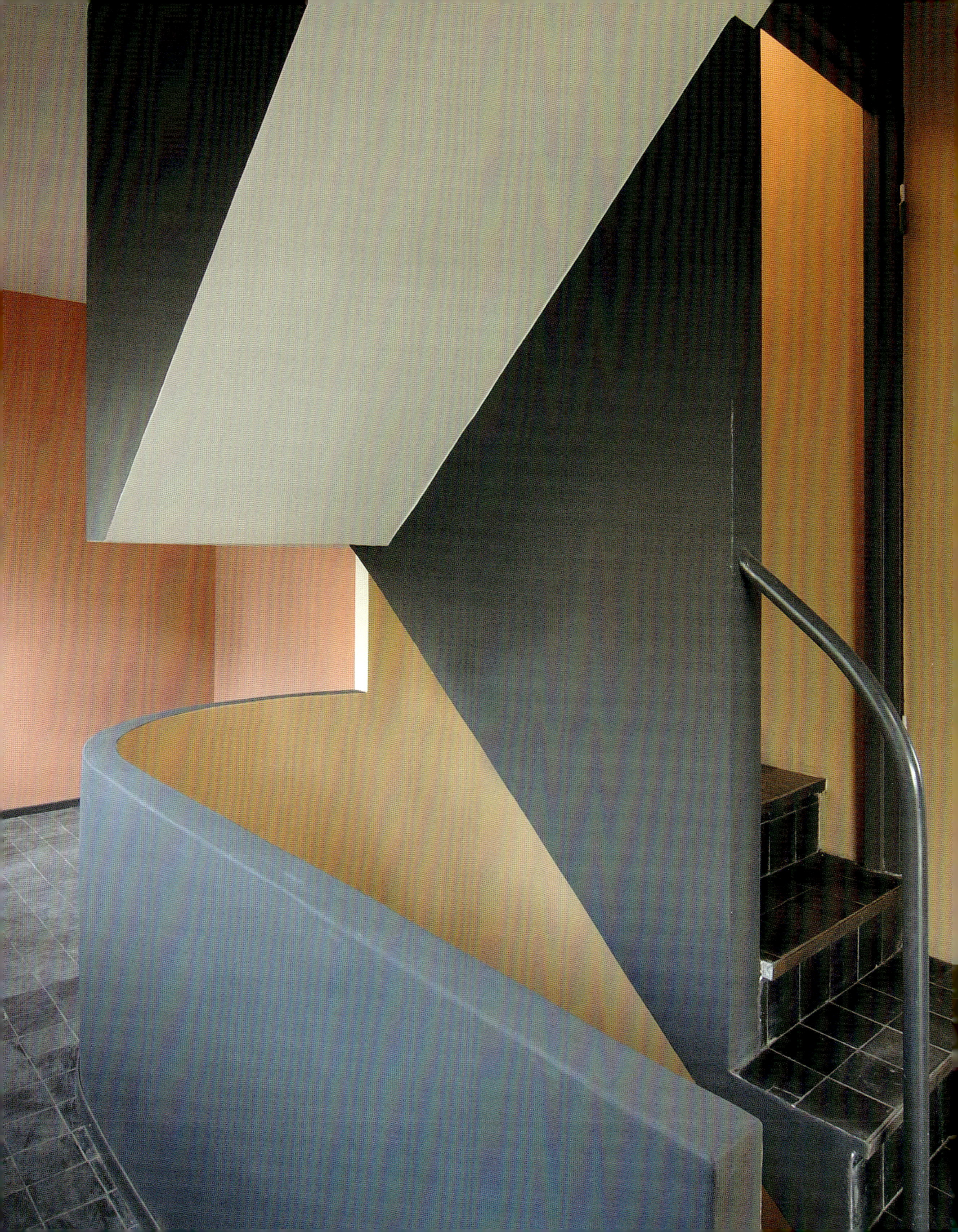

DOPPELHAUS IN DER WEISSENHOFSIEDLUNG STUTTGART

Oben: Luftbild der Weißenhofsiedlung (1927)

Unten: Wohnung in der rechten Haushälfte, Wohnraum im Obergeschoss mit herausgezogenen Betten (1927)

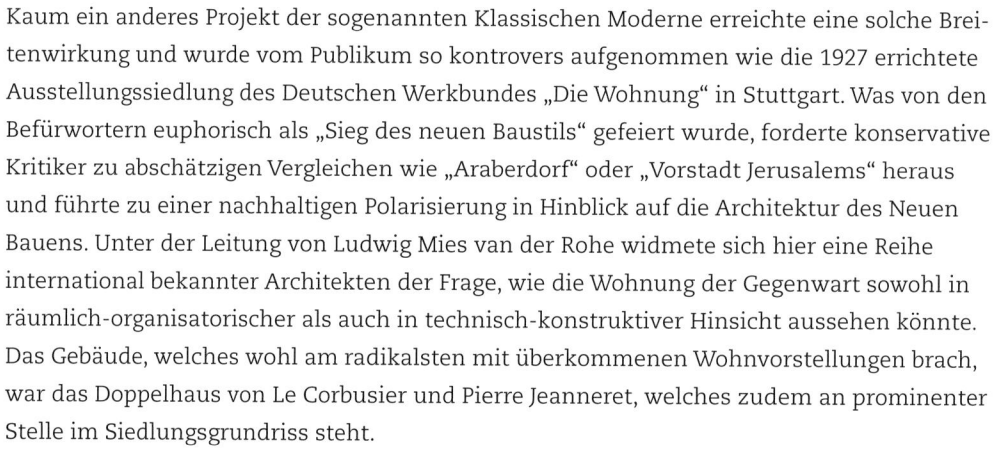

Kaum ein anderes Projekt der sogenannten Klassischen Moderne erreichte eine solche Breitenwirkung und wurde vom Publikum so kontrovers aufgenommen wie die 1927 errichtete Ausstellungssiedlung des Deutschen Werkbundes „Die Wohnung" in Stuttgart. Was von den Befürwortern euphorisch als „Sieg des neuen Baustils" gefeiert wurde, forderte konservative Kritiker zu abschätzigen Vergleichen wie „Araberdorf" oder „Vorstadt Jerusalems" heraus und führte zu einer nachhaltigen Polarisierung in Hinblick auf die Architektur des Neuen Bauens. Unter der Leitung von Ludwig Mies van der Rohe widmete sich hier eine Reihe international bekannter Architekten der Frage, wie die Wohnung der Gegenwart sowohl in räumlich-organisatorischer als auch in technisch-konstruktiver Hinsicht aussehen könnte. Das Gebäude, welches wohl am radikalsten mit überkommenen Wohnvorstellungen brach, war das Doppelhaus von Le Corbusier und Pierre Jeanneret, welches zudem an prominenter Stelle im Siedlungsgrundriss steht.

Das Haus wurde in nur zweieinhalb Monaten Bauzeit errichtet und stellt eine bauliche Manifestation der „Fünf Punkte zu einer neuen Architektur" dar, die Le Corbusier und Jeanneret zeitgleich zur Ausstellung 1927 publizierten. Die Trennung von tragenden und nicht tragenden Elementen bedinge eine Konstruktion auf Stützen („pilotis"), die ein Hindurchführen des Gartens unter dem Gebäude ermögliche. Auf dem Dachgarten als „bevorzugtestem Ort des Hauses" entstehe die gleiche Fläche Garten noch einmal. Der freie Grundriss folge ausschließlich den räumlichen Bedürfnissen und nicht mehr den statischen Notwendigkeiten. Die Langfenster von Stütze zu Stütze ermöglichten eine gleichmäßige Ausleuchtung aller Räume und die Unabhängigkeit der raumabschließenden Wände von der tragenden Konstruktion eine freie Fassadengestaltung. Besonders anschaulich wurde die freie Grundrissgestaltung in Stuttgart durch eine transformierbare Raumstruktur mit einer Tag- und Nachtnutzung: Der relativ große, ungeteilte Wohnraum konnte für die Nacht durch Schiebewände und mobile Betten in Schlafkabinette unterteilt werden. Die Konzeption eines Doppelhauses entsprach dabei der Möglichkeit, im Rahmen der Ausstellung simultan die unterschiedlichen Tag- und Nachtzustände in je einer Wohneinheit zu präsentieren. Inspiriert war diese Grundrisslösung mit ihren in Wandschränken zu verstauenden Betten und dem äußerst schmalen Erschließungsgang hinter den Schlafräumen von den Eisenbahn-Schlafwagen und damit von der Welt der Technik und Bewegung, die vielen Architekten der Moderne als Inspirationsquelle diente.

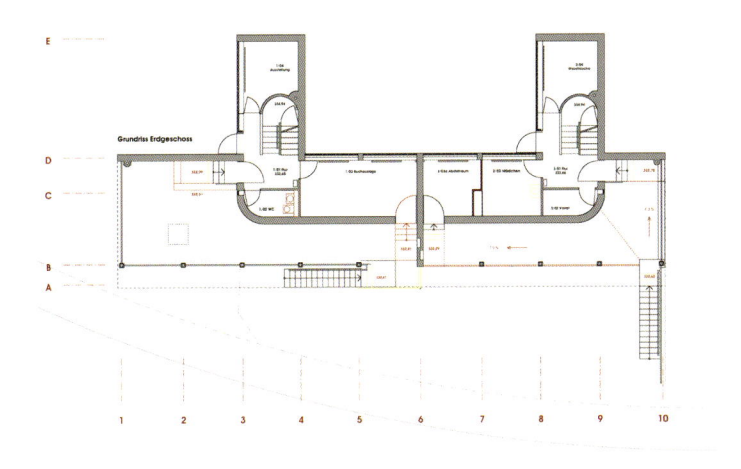

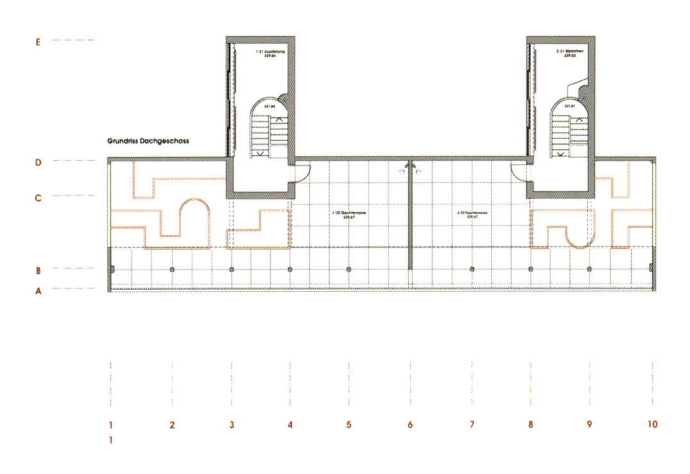

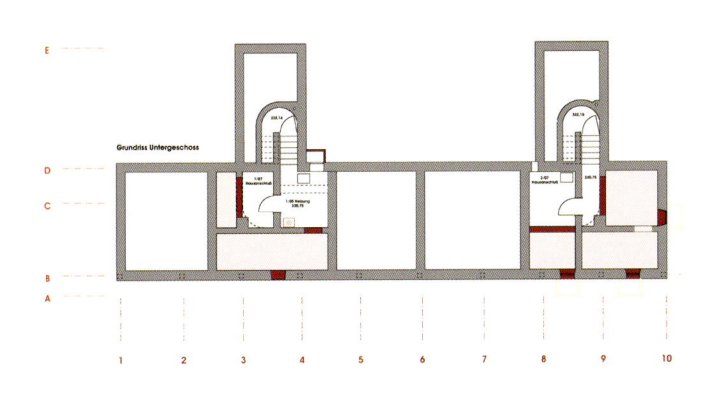

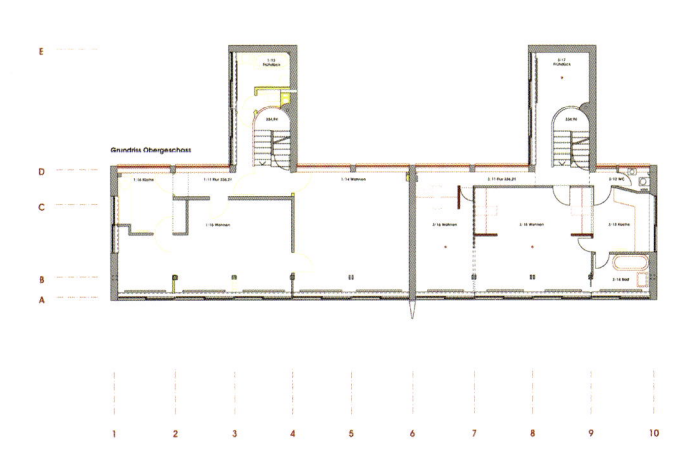

DOPPELHAUS IN DER WEISSENHOFSIEDLUNG STUTTGART

Grundrisse Untergeschoss, Erdgeschoss, Obergeschoss und Dachgeschoss, Querschnitte sowie Ansichten von Süden und Osten mit Eintragung von Rückbau (gelb) und Neubau (rot) (2003)

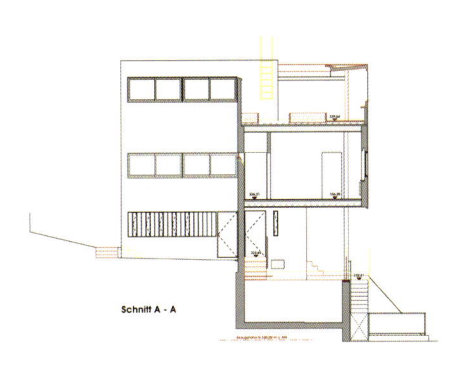

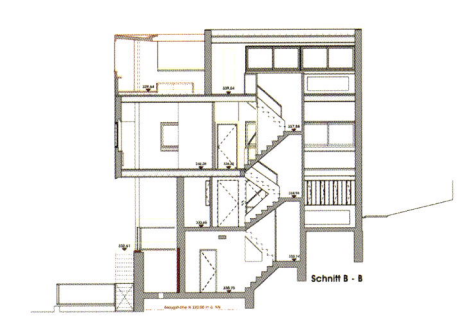

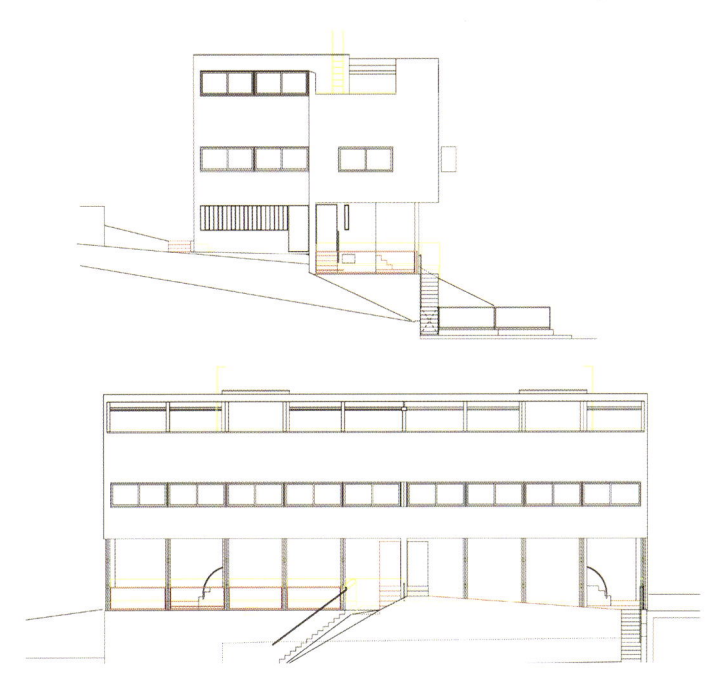

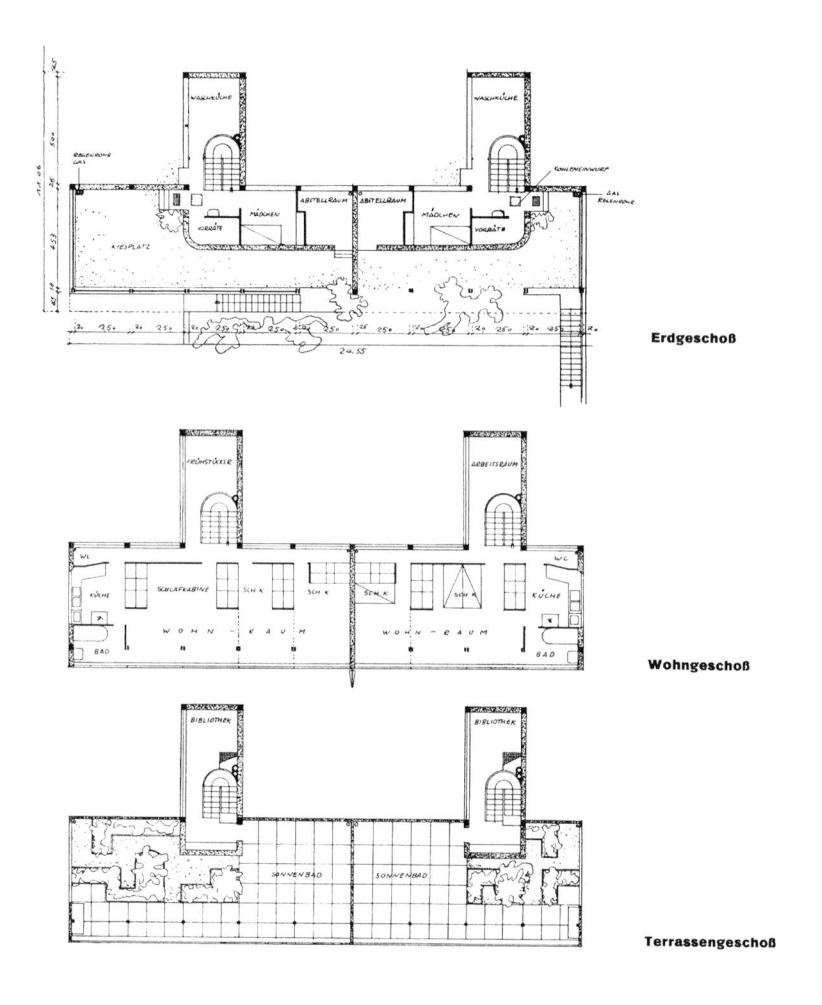

DOPPELHAUS IN DER WEISSENHOFSIEDLUNG STUTTGART

Oben: Grundrisse, Zeichnung von Alfred Roth (1927)

Rechts: Bereits 1932/33 wurde auf der Dachterrasse zusätzlicher Wohnraum geschaffen, ein zusätzlicher Keller eingerichtet und die Fenster ausgetauscht (1935)

DOPPELHAUS IN DER WEISSENHOFSIEDLUNG STUTTGART

Das Gebäude präsentierte sich vor Beginn der letzten Sanierung im Jahr 2003 in einem Zustand, der durch mehrere tief greifende Umbauten in den 1930er- und 1950er-Jahren, aber auch durch die Sanierungsmaßnahmen ab 1981 geprägt war. So wurden bereits fünf Jahre nach Fertigstellung im Inneren die Schiebewände durch feste Raumtrennwände ersetzt, ein zusätzliches Wohngeschosses auf dem mittleren Teil der Dachterrasse aufgesetzt und ein Keller unter der Erdgeschossterrasse eingebaut. Dieser Keller bedingte eine Anhebung der Stützmauer und der Erdgeschossterrasse um mehr als 30 Zentimeter, wodurch sich die Proportionen des Gebäudes deutlich veränderten. Die Sanierungsmaßnahmen der 1980er-Jahre, die nach umfangreichen Protesten gegen den schleichenden Verfall und die unkontrollierten Veränderungen an der Bausubstanz eingeleitet wurden, führten zwar durch aufwendige Recherchen und restauratorische Untersuchungen zu einer genaueren Kenntnis der bauzeitlichen Architektur und zu einer Annäherung an das bauzeitliche Erscheinungsbild. Aufgrund der Forderung nach Anpassung an geltende Wohnstandards gab es jedoch weitere Verluste an historischer Substanz. Während die rechte Seite in ihrem räumlichen Gefüge und ihrer Ausstattung auf das Erscheinungsbild von 1927 zurückgeführt wurde, beließ man auf der linken Seite – nicht zuletzt aus Kostengründen – die nachträglichen Veränderungen im Grundriss.

Oben: 1957 wurde in der linken Haushälfte der Flur mit einer Glasbausteinwand geschlossen (2002)

Unten: Bauphasenpläne 1927–2005

Sanierung

Auf der Grundlage dieses Zustandes wurde im Rahmen der durch die Wüstenrot Stiftung durchgeführten Sanierung die Leitlinie entwickelt, „das geschichtliche Bauzeugnis auch in seiner Überlieferung zu akzeptieren" und damit die historisch bedingte Zweiteilung des Hauses beizubehalten. Während sich beim rechten Hausteil die Gelegenheit bot, die Rekonstruktion der Ausstellungswohnung in einigen Details aufgrund neuer Befunde und Erkenntnisse dem ursprünglichen Zustand in seiner Konstruktion, Farbigkeit und Oberflächenqualität weiter anzunähern, sollte der linke Hausteil in seinem veränderten Zustand erhalten bleiben und als Dokumentationszentrum zur Siedlung museal genutzt werden.

Grundsätzlich galt es, das Gebäude technisch und konstruktiv instand zu setzen, Schäden zu beseitigen und zukünftigen Schäden vorzubeugen. So musste die unzureichende Gründung des Gebäudes frostsicher unterfangen und mit einer aufwendigen Drainage gegen Hangwasser geschützt werden. Das Flugdach auf der Dachterrasse ließ sich trotz aller Bemühungen nicht erhalten und musste zwischen den bauzeitlich erhaltenen seitlichen Flanken vollständig erneuert werden. Die stählerne Tragkonstruktion des Hauses war im Wesentlichen gut erhalten geblieben, verfügte allerdings über keine statischen Reserven. Alle neuen Bauteile, die sich auf die Deckenlast auswirken würden, mussten daher so leicht wie möglich konstruiert werden. Dies betraf insbesondere die ursprünglich in Beton ausgeführten Bauteile wie die Wandschränke im Wohngeschoss sowie die Pflanztröge und großen Bodenplatten auf der Dachterrasse. Während für die wiederhergestellten Wandschränke im rechten Hausteil eine Trockenkonstruktion aus Stahlprofilen mit Gipsbauplatten zur Anwendung kam, wurden die Pflanztröge auf der Dachterrasse in Kunstfaserbeton rekonstruiert und für die Bodenplatten eine spezielle Betonstegplatte als Sandwich-Konstruktion mit einer 25 Millimeter starken Styrodurschicht entworfen. Um Gewicht einzusparen, wurde nur der obere Teil der Pflanztröge mit Erde befüllt.

Ein Schwerpunkt der Sanierung ergab sich durch die besondere Einbindung des Gebäudes in den Außenraum. Als eines von wenigen Gebäuden der Weißenhofsiedlung wies das Doppelhaus von Le Corbusier und Jeanneret eine im Zusammenhang mit dem Haus entworfene Freiraumgestaltung auf. Anhand bauhistorischer Recherchen und archäologischer Befunde

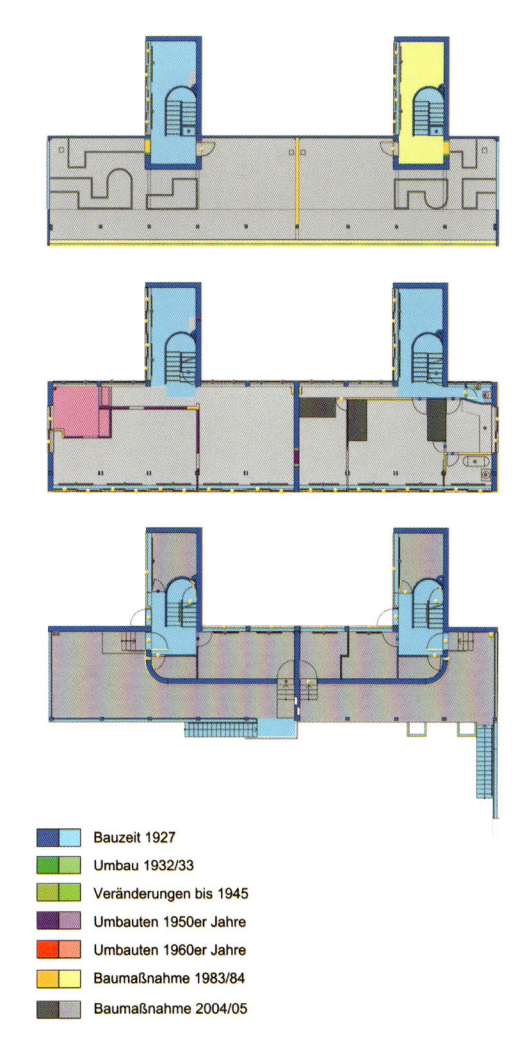

- Bauzeit 1927
- Umbau 1932/33
- Veränderungen bis 1945
- Umbauten 1950er Jahre
- Umbauten 1960er Jahre
- Baumaßnahme 1983/84
- Baumaßnahme 2004/05

DENKMALPFLEGE DER MODERNE | 287

DOPPELHAUS IN DER WEISSENHOFSIEDLUNG STUTTGART

konnte der Garten des Hauses als Bild der Natur und Antithese zur präzise geplanten Architektur in wesentlichen Teilen rekonstruiert werden. Die Gestaltung der Dachterrasse als erweiterter Wohnraum mit ihrem durch das Flugdach „gerahmten Blick" auf die Stadt verdeutlicht die für die Architekten so wichtige Verbindung zwischen Innen- und Außenraum.

Altersspuren und Zeitschichten

Gemäß der Leitlinie, das Denkmal als geschichtliches Zeugnis zu respektieren und dennoch „ohne weitere Substanzeinbußen die größtmögliche Annäherung an den bauzeitlichen Gesamteindruck" zu erreichen, entschied man sich an einigen Punkten für einen Rückbau zwischenzeitlicher Veränderungen und für eine erneute Rekonstruktion auf der Basis gesicherter bauhistorischer und restauratorischer beziehungsweise konstruktiver Befunde. Dies galt nicht nur für die sehr ausdrucksstarke Farbgestaltung im Außenbau und im rechten Teil des Gebäudes. Insbesondere wenn die ursprünglichen, exakt kalkulierten Proportionen des Gebäudes aufgrund baulicher Veränderungen empfindlich gestört waren, wie etwa durch den 1932/33 erfolgten Einbau des Kellers oder durch das Heraufsetzen der Brüstungselemente der Dachterrasse, wurde nach Möglichkeiten der substanzschonenden Wiederherstellung der ursprünglichen architektonischen Qualitäten gesucht. Gleichzeitig wurden aber die baulichen Maßnahmen der 1980er-Jahre als historische Schicht belassen oder instand gesetzt, soweit sie sich bautechnisch bewährt hatten und die ursprüngliche Architektur nicht entstellten. So musste der vier Zentimeter starke Wärmedämmputz lediglich an der Sockelzone und in einigen problematischen Bereichen erneuert werden, die Schiebefenster aus Mahagoni ließen sich weitgehend problemlos instand setzen und die haustechnische Installation erwies sich nach rund 20 Jahren noch als funktionsfähig.

Der nun erreichte Zustand des Gebäudes stellt jedoch nicht den Versuch einer „stilreinen Rekonstruktion" des Zustands von 1927 dar und repräsentiert auch keine andere vergangene Zeitschicht. Im Wechselspiel zwischen Rekonstruktion, Reparatur und Ertüchtigung ist etwas Neues entstanden, das sowohl die architektonischen Qualitäten als auch die spezifische Gebäudegeschichte eindrucksvoll zur Geltung bringen vermag. Nach rund 80 Jahren präsentiert sich das Gebäude wiederum als zweigeteilter Ausstellungsbau. Anders als bei der von Le Corbusier ursprünglich intendierten, jedoch nicht ausgeführten simultanen Darstellung des Tag- und Nachtzustandes wird heute auf der einen Seite die Baugeschichte des Hauses mit seinen unterschiedlichen Zeitschichten präsentiert, während auf der anderen Seite die Architektur von 1927 in ihrer Konstruktion, ihren Materialien und Oberflächen und ihrer architektonischen Aussage erfahrbar wird. Das Hauptexponat ist jedoch in beiden Teilen das Gebäude selbst, dessen Geschichte durch die denkmalpflegerischen Maßnahmen in zahlreichen Details anschaulich wird. AS

Oben: Dachterrasse mit neuem Flugdach und Neuaufbau des Plattenbelags (2005)

Unten: Die Betonelemente der Pflanztrogkonstruktion wurden aus glatt geschalten Kunstfaserbeton-Fertigteilen hergestellt (2005)

DOPPELHAUS IN DER WEISSENHOFSIEDLUNG STUTTGART

Oben: Dachterrasse (2006)

Links: Schadenskartierung des Flugdaches (2003)

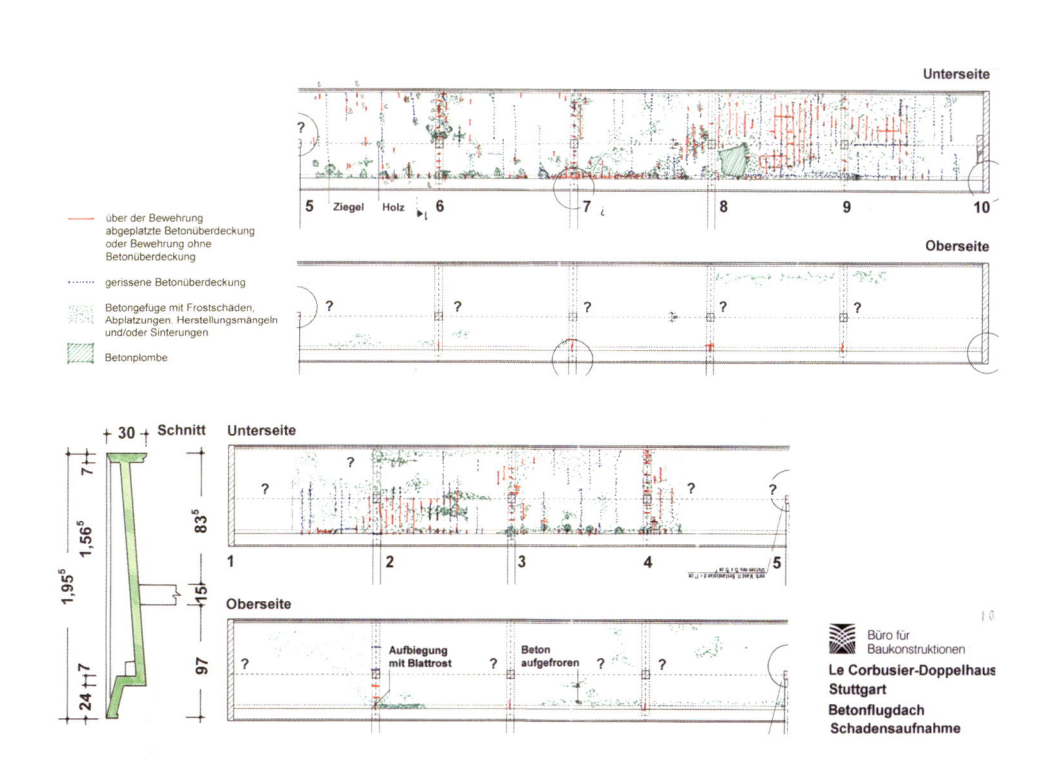

Unterseite

— über der Bewehrung abgeplatzte Betonüberdeckung oder Bewehrung ohne Betonüberdeckung

··· gerissene Betonüberdeckung

Betongefüge mit Frostschäden, Abplatzungen, Herstellungsmängeln und/oder Sinterungen

Betonplombe

Büro für Baukonstruktionen
Le Corbusier-Doppelhaus
Stuttgart
Betonflugdach
Schadensaufnahme

DENKMALPFLEGE DER MODERNE | 289

DOPPELHAUS IN DER WEISSENHOFSIEDLUNG STUTTGART

Oben: Blick in den wiederhergestellten Wohnraum der rechten Haushälfte (2006)

Unten links: Blick in den Flur der linken Haushälfte, die für eine Ausstellung zur Weißenhofsiedlung genutzt wird (2007)

Unten rechts: Ehemaliger Wohnraum der linken Haushälfte mit Exponaten der Ausstellung (2007)

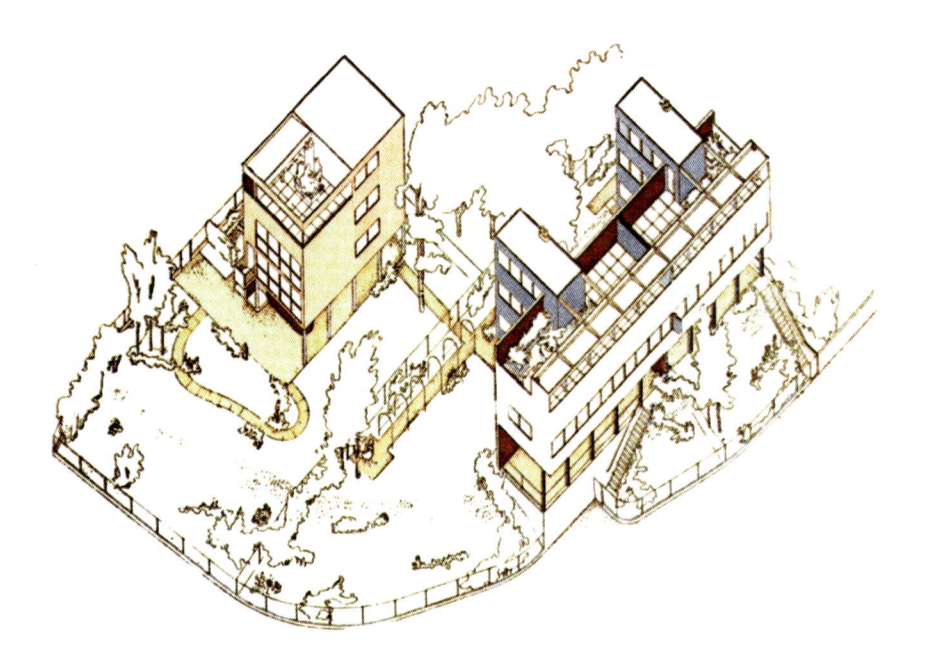

DOPPELHAUS IN DER WEISSENHOFSIEDLUNG STUTTGART

Oben: Le Corbusier und Pierre Jeanneret: Isometrisches Schaubild des Einzel- und Doppelhauses in der Weißenhofsiedlung mit der Gartenplanung (1927)

Links: Der Garten konnte nach bauzeitlichen Befunden wiederhergestellt werden (2006)

DENKMALPFLEGE DER MODERNE | 291

INTERNATIONALER AUSBLICK

Maristella Casciato
Andrea Canziani
Docomomo International

Ein großer Teil des baulichen Erbes des 20. Jahrhunderts, das zur Sanierung sowie für weitergehende Erhaltungsmaßnahmen ansteht, birgt aufgrund seiner Besonderheiten reichlichen Konfliktstoff für Architekten und Historiker. Welcher Widerspruch zwischen dem Werk an sich und seinem geschichtlichen Wert besteht, davon zeugt schon der Begriff „Denkmal der Moderne" – viele Jahrzehnte nach Alois Riegls Standardwerk „Der moderne Denkmalkultus". In der 1903 erschienenen Publikation geht es darum, die besondere Bedeutung der modernen Architektur aufzuzeigen. Hier bedarf es noch viel Aufklärungsarbeit. Dazu gehört auch, die lange Zeit geltenden Denkmuster der modernen Architektur, die aus ihrer eigenen Geschichtsschreibung heraus entstanden sind, zu hinterfragen; es wurden Ikonen geschaffen, die man in ihrem Mythos erstarren ließ, indem ihr Status als unveränderbar verklärt wurde. Angesichts der globalen Entwicklung, die zu einem immer schnelleren Wandel unserer Gesellschaft führt, muss die Zukunft des modernen baulichen Erbes in der Abwägung zwischen Bewahrung und Fortschreibung liegen. Bewahren bedeutet in diesem Fall, die Veränderungen anzuerkennen und zu lernen, damit umzugehen, statt zu versuchen, am vermuteten Originalzustand festzuhalten.

Einige Fragen stellen sich, die den Kern der derzeitigen Debatte wiedergeben. Steht die Denkmalpflege vor neuen Grenzen? Sind wir bei der Erhaltung des kulturellen Erbes des 20. Jahrhunderts bereit, uns den Widersprüchen zu stellen? Fühlen wir uns durch diese neuen Hürden bedroht oder sehen wir darin neue Möglichkeiten? Diesen Fragen müssen sich alle Protagonisten in der Denkmalpflege stellen und sich bewusst werden, dass – mit den Worten des britischen Architekten und Denkmalschützers John Allan – „moderne Bauten niemals einfach nur intakt und authentisch vorgefunden werden, so wie Tutanchamuns Grab; sie sind längst schon zu etwas anderem geworden". Die Folge davon ist, dass die Sanierung oder Erhaltung des baulichen Erbes der Moderne sehr viel komplexer gesehen werden muss und nicht auf einzelne technische Probleme reduziert werden kann. Viel zu selten wird das beim Umgang mit moderner Architektur und Kunst berücksichtigt. Immer noch wird die Frage, „wie" restauriert werden soll, häufiger gestellt als: „Warum" wollen wir erhalten? Dabei wird vergessen, dass technische Maßnahmen nie unabhängig von der Zielsetzung beschlossen werden können. So wie die Moderne nicht auf die weißen „Meisterwerke des Modern Movement" des Westens reduziert werden kann, sondern mittlerweile als eine sehr viel komplexere Sammlung aus einzelnen Fragmenten verstanden wird, müssen Fragen des Bewahrens auch im Zusammenhang mit den sich ändernden politischen, sozialen und ökonomischen Bedingungen gesehen werden.

In den letzten zwei Jahrzehnten hat Docomomo International auf diesem Gebiet eine fruchtbare Debatte in Gang gesetzt, die zeigt, dass sich der denkmalpflegerische Umgang mit der Architektur des 20. Jahrhunderts verändert hat – hin zu einem neu artikulierten, interdisziplinären Diskurs. Docomomo wurde aus der Überzeugung heraus gegründet, dass die Erhaltung der modernen Architektur ein weltweites, dringendes Anliegen ist, das der unmittelbaren Kooperation über Grenzen hinweg und des gegenseitigen Austauschs bedarf. Die Architekten der Moderne haben neuartige, ermutigende und innovative Gebäude geschaffen, die weltweite mediale Aufmerksamkeit erregten. Das Moderne in der Kultur und insbesondere in der modernen Architektur hat viele Gesichter. In der traditionellen (und konservativen) Lehre wird sie von vielen Architekturhistorikern als ein abgeschlossenes

INTERNATIONALER AUSBLICK

Rückbau zum Originalzustand und Nutzung als Museum: Haus Sonneveld in Rotterdam (J. A. Brinkmann und L.C. van der Vlugt 1933, Restaurierung 2001)

INTERNATIONALER AUSBLICK

Rekonstruktion und Musealisierung:
Siedlung De Kiefhoek in Rotterdam
(J. J. P. Oud 1925–29, Rekonstruktion
und Umnutzung 1987–95)

Kapitel der Architekturgeschichte betrachtet, als eine vergangene Periode, die in verschiedene Stile, Schulen und Bezeichnungen unterteilt wird – international, rationalistisch, formalistisch, konstruktivistisch –, die kategorisiert und (bestenfalls) dokumentiert werden muss. Im Unterschied zu dieser historischen Einordnung weist Docomomo International darauf hin, dass nicht der Stil, sondern der innovative Charakter, die sozialen, technischen und ästhetischen Dimensionen eines Gebäudes des 20. Jahrhunderts seine Einzigartigkeit ausmachen. Völlig neue Werkzeuge sind nötig, wenn es um das Untersuchen und Erforschen moderner Artefakte geht, denn die Auswahl- und Identifikationskriterien weichen von den bisher verwendeten stark ab: Wir brauchen eine Methodologie, die die Moderne zeitlich, geschichtlich und stilistisch neu bewertet. Die traditionellen Kriterien Einzigartigkeit, Authentizität und historischer Wert, die bei einer Aufnahme von Gebäuden oder Ensembles in die Welterbeliste der UNESCO angewandt werden, mussten bei der Beurteilung von Gebäuden der Moderne völlig neu interpretiert werden. Für ein Zeitalter, in dem Massenproduktion, Vorfertigung und technisierte Bauweisen zur Erfüllung von sozialen und bildungspolitischen Programmen im Vordergrund standen, muss es andere Auswahlkriterien für die denkmalpflegerische Unterschutzstellung geben. Neben einer geeigneten Definition, was zum baulichen Erbe der Moderne gehören soll, ist es daher dringend erforderlich, die Anstrengungen auf eine internationale „Vision" zu richten, die entsprechende Bewertungs-, Auswahl- und Schutzkriterien anbietet, um das Einzigartige wie auch das Alltägliche zu bewahren. Es lohnt sich, dabei festzuhalten, welches Interesse an solchen Ausdrucksformen der Moderne besteht, die von vielen Historikern bislang ausgeschlossen wurden, wie zum Beispiel an eigenständigen regionalen oder nationalen Ansätzen.

Wir möchten nun zu einigen Besonderheiten beim denkmalpflegerischen Umgang mit der Architektur des 20. Jahrhunderts kommen. Eine der anspruchsvollsten Aufgaben ist sicherlich die Behandlung der Materialität, bei der es aufgrund der neuen, experimentell eingesetzten fragilen Materialien und der bahnbrechenden Technologien zu unvorhersehbaren Problemen kommen kann, sowohl hinsichtlich des theoretischen Umgangs mit ihnen als auch in der Ausführung. Die Ideen der Moderne von Flexibilität, Funktionalität und Vergänglichkeit sind für den Denkmalschutz ein Dilemma, weil sie im Widerspruch zur angestrebten Dauerhaftigkeit beim Erhalt des baulichen Erbes stehen. Was einst den Fortschritt ermöglichte, stellt heute ein schwer zu lösendes konzeptionelles Problem dar. Auch die Erhaltung von Konstruktionen, die aus experimentellen Details und neuen Materialien entstanden sind oder nur für eine relativ kurze Lebensdauer gedacht waren, bringt Probleme mit sich:

INTERNATIONALER AUSBLICK

Ein Artefakt, das für eine kurze Lebensdauer entworfen wurde, ist zum Zeugnis der Vergangenheit geworden und soll nun für die Zukunft erhalten werden. Konstruktionen und Materialien wie Leichtbetongewölbe, synthetische Farben oder große Glasflächen veraltern schnell. Es ist bekannt, dass der innovative Charakter moderner Bauten die Ursache für ihre Kurzlebigkeit ist, manchmal sogar kürzer als vom Entwerfer selbst erwartet. Probleme bei der Sanierung ergeben sich durch die damals üblichen, wohlbekannten Materialien – dem modernen Dreiklang aus Beton, Glas und Stahl – wie auch durch die unorthodoxe Anwendung traditioneller Materialien wie Holz, Ziegeln oder Naturstein. Auf der Suche nach minimalistischen und einfachen Lösungen verwendete man gerne Konstruktionsdetails, die zwar schon bekannt waren, die aber in der vor-modernen Architektur nur selten zur Anwendung gekommen, und die schon zur Zeit ihrer Entstehung technisch mangelhaft waren. Sie zu erhalten, ist kaum möglich; manches Mal könnte die einzige Lösung sein, sie zu dokumentieren und den von Anfang an vorhandenen Fehler zu korrigieren. Diese Korrektur wiederum macht deutlich, dass bei jedem Eingriff in ein bestehendes Bauwerk entschieden werden muss, ob der ursprüngliche Entwurf verändert oder durch eine sorgfältige Rekonstruktion ersetzt werden soll, die im Interesse des reinen Bildes die Wahrheit verfälscht. Dazwischen bleibt Raum für Eingriffe, die in ihrem Aussehen nach der Moderne entsprechen, ohne diese mit einer anderen Entwurfssprache zu überlagern. Viel zu oft ist die Baufälligkeit das Ergebnis einer jahrelangen Vernachlässigung, was einen weiteren Widerspruch in der Moderne offenbart: Vergänglichkeit und Ewigkeit. Das Problem der Wartung und Pflege erübrigte sich, indem man für einzelne Bauteile oder das ganze Gebäude eine begrenzte Lebensdauer annahm. Das tayloristische Ziel einer möglichst effizienten und ökonomischen dauerhaften Bauweise war in der Moderne weder geplant noch gewollt. Die Architekturhistorikerin Françoise Choay weist in ihrem sehr schönen Essay über „Abriss" nach, dass genau darin das Selbstverständnis von Architektur liegt. Dachten die Architekten der Moderne nicht auch an Abbruch, als sie ihre urbanen Landschaften als Wiege einer besseren Gesellschaft planten? Sie waren die Ersten, die auf das Dilemma zwischen Kontinuität und Wandel aufmerksam machten. Trotzdem ist die Vergänglichkeit, abgesehen von einigen wenigen Ausnahmen – wie zum Beispiel Ausstellungsbauten –, meist nur ein theoretischer Standpunkt gewesen. Der größte Teil der modernen Architektur wird von neuen, langlebigen Materialien getragen, und unsere gegenwärtige Gesellschaft hat ein Bedürfnis nach Bestand und Identität. Eine derartige Herangehensweise bedeutet, dass man den Architekten und Sanierer ebenso benötigt wie den Historiker, denn notwendige Veränderungen müssen sowohl den architektonischen wie auch den historischen Anforderungen genügen. Wir stehen erst am Anfang dieser

Anpassung der Nutzung als Chance für unveränderte Erhaltung: Haus für einen Künstler auf der Isola Comacina (P. Lingeri 1937–40, Restaurierung 2009/10)

INTERNATIONALER AUSBLICK

Zusammenarbeit, während die Zahl der denkmalpflegerisch zu behandelnden Gebäude – die weit über die Meisterwerke der Moderne hinausgeht – immer größer wird.

Aber was fangen wir mit unserem theoretischen Wissen in der Praxis der Denkmalpflege an? Es gibt sehr unterschiedliche Vorstellungen, wie mit dem baulichen Erbe der Moderne umgegangen werden soll. Musealisieren, erhalten, schützen oder rekonstruieren gehören zum Katalog der unterschiedlichen Maßnahmen, wobei sich Ersteres und Letzteres deutlich überlagern. Immer noch kommt es häufig vor, dass die ursprünglichen Funktionen aufgegeben werden zugunsten einer Rückkehr zur originalen Gestalt, das Gebäude also in seinen vermeintlichen Originalzustand zurückversetzt wird bei gleichzeitiger Beseitigung aller zwischenzeitlichen Änderungen. Die Beispiele von Gerrit T. Rietvelds Haus Schröder in Utrecht (1924/25 und 1986/87), Leendert C. Van der Vlugts Haus Sonneveld in Rotterdam (1933 und 2001), Frank L. Wrights privates Wohnhaus Fallingwater in Mill Run, Pennsylvania, (1936/37 und 1964–2002) oder Le Corbusiers Villa la Roche (Paris, 1925 und 2008/09) sind vermutlich die berühmtesten und erfolgreichsten Bauwerke der Moderne. Mittlerweile wird dieser Ansatz aber immer häufiger infrage gestellt. Die Unmöglichkeit einer Rückkehr zum Originalzustand führt – wie Marieke Kuipers ausgeführt hat – dazu, dass eine Ikone wiederhergestellt, jedoch durch die Tilgung aller Anbauten und Veränderungen zu einem sterilen Museumsobjekt wird. Das Zurückgreifen auf konzeptionelle oder ikonische Authentizität als Leitmotiv anstelle einer materiellen Authentizität führt unweigerlich zur Rekonstruktion und damit zur Musealisierung, wie bei Ludwig Mies van der Rohes Barcelona-Pavillon (1929 und 1983–1986) oder einer Umnutzung wie bei Jacobus J. P. Ouds De Kiefhoek-Siedlung in Rotterdam (1926–1930 und 1987–1995).

Erhaltung ist im Gegensatz zur Rekonstruktion mit der Möglichkeit verbunden, das Gebäude unverändert zu belassen, mit Funktionen, die unserem heutigen Lebensstandard entsprechen. Dazu gehört auch der Gedanke, dass fehlende Funktionen durch gemeinsame kulturelle Errungenschaften ersetzt werden. Als einige wenige Beispiele dazu seien hier genannt: Pierre Chareaus and Bernard Bijvoets Maison de Verre in Paris (1928–1931 und 2006) und Piero Lingeris Haus für Künstler auf der Insel Comacina (1937–1940 und 2009/10). Die Gebäudeerhaltung führt automatisch zum Denkmalschutz, wenn langfristige Perspektiven, Pflege und Wartung berücksichtigt werden, wenn Veränderungen als Notwendigkeit und als Chance für behutsame Eingriffe akzeptiert werden. Eines der bekanntesten Beispiele dürfte die Van Nelle-Fabrik von Johannes A. Brinkmann und Leendert C. Van der Vlugt in Rotterda (1926–1931 und 1999–2004) sein, die zu einer „Designfabrik" umgenutzt wurde, mit völlig neuen Funktionen, ohne dass das umgebaute und erweiterte Gebäude seine Authentizität

Veränderung der Nutzung als Chance für die Erhaltung: Van Nelle Fabrik in Rotterdam (J. A. Brinkmann und L. C. Van der Vlugt 1926–31, Sanierung und Umnutzung 1999–2004)

INTERNATIONALER AUSBLICK

Behutsame Eingriffe als Chance für die Erhaltung: Rotach Häuser in Zürich (M. E. Häfeli 1928, Sanierung 1993)

verloren hat. Ebenso genannt werden könnten Max E. Haefelis Rotach-Häuser in Zürich (1928–1993) und teilweise Olivettis ICO-Fabrik von Luigi Figini und Gino Pollini in Ivrea (1938–1949 und 2005/06) sowie das Pirelli-Hochhaus von Gio Ponti in Mailand (1951–1961 und 2003/04), Louis I. Kahns Yale Art Gallery (1953 und 2004–2006) und das Solomon R. Guggenheim Museum von Frank L. Wright in New York (1959 und 2004–2008); wobei es sich bei den letztgenannten um Kompromisslösungen handelt.

Die Effizienz einer jeden Denkmalschutzpolitik kann nur durch eine kohärente, koordinierte und geplante Forschung sichergestellt werden, die zu qualitätvollen Maßnahmen führt. Für die Qualität der Erhaltungs-, Überwachungs- und Pflegemaßnahmen bedarf es eines Wissensmanagements, das auf den Ergebnissen einer interdisziplinären Erforschung der Bauwerke aufbaut und von langfristigen Visionen getragen wird. Darüber hinaus ist die allgemeine Wertschätzung wichtig für einen integrativen, erhaltenden Denkmalschutz. Die Einbeziehung von Eigentümern und Bürgern ist sowohl in Bezug auf die nicht klar umrissenen kulturellen Werte als auch die technischen und sozioökonomischen Bedingungen von großer Bedeutung. Die Denkmalpflege muss Brücken schlagen zu den Kognitions- und Sozialwissenschaften sowie zum Kunst- und Kulturmarkt. Für jede Strategie, die den Schutz unseres Kulturerbes, oder genauer: des in unserer heutigen Zeit so empfindlichen modernen Erbes, zum Ziel hat, ist die Vermehrung des intellektuellen (und sozialen) Kapitals oberste Aufgabe. Der Schutz der vielen „unvollkommenen Fragmente" unseres modernen Erbes ist für unsere gesamte Gesellschaft von höchstem Wert.

Maristella Casciato ist Architektin und Architekturhistorikerin. Sie hatte von 2002 bis 2009 den Vorsitz von Docomomo International inne und ist Chefredakteurin des „Docomomo Journals". Ihre wissenschaftlichen Studien zur Geschichte der europäischen Architektur des 20. Jahrhunderts und zum Denkmalschutz der Moderne sind in zahlreichen Sprachen erschienen.

Andrea Canziani ist Architekt. Als Lehrbeauftragter an der Architektur- und Gesellschaftsschule Politecnico di Milano und Architekt des Ministeriums für Kulturangelegenheiten und kulturelles Erbe ist er der Sekretär von Docomomo Italien. 2009 publizierte er den Titel „Conserving Architecture. Planned Conservation of XX. Century Architectural Heritage".

LITERATUR

Fagus-Werk, Alfeld

Jürgen Götz: Das Fagus-Werk als Pflegefall, in: Annemarie Jaeggi: Fagus. Industriekultur zwischen Werkbund und Bauhaus, Berlin 1998

Annemarie Jaeggi: Fagus. Industriekultur zwischen Werkbund und Bauhaus, Berlin 1998

Dieter Rentschler-Weißmann, Jörn Behnsen: Zur Restaurierung des Fagus-Werkes in Alfeld (Leine), in: Berichte zur Denkmalpflege in Niedersachsen 1986, Heft 1, S. 2–11

Andreas Tönnesmann: Konservierung. Das Faguswerk wird restauriert, in: Kunstchronik, 1987, 40. Jahrgang, Nr. 6, S. 261–264

Helmut Weber: Walter Gropius und das Faguswerk, München 1961

Karin Wilhelm: Walter Gropius – Industriearchitekt, Braunschweig, Wiesbaden 1983

Kongresshalle, Berlin

Nikolaus Bernau: Haus der Kulturen der Welt Berlin. Denkmalgerechte Sanierung und Erneuerung, in: Bau und Raum. Bundesamt für Bauwesen und Raumordnung, Jahrbuch 2007/08, S. 122–126

Florian Heilmeyer: Schaustelle Nachkriegsmoderne. Die Neuen Architekturführer, Nr. 107, Berlin 2007

Wolfgang von Herder, Jeanette Baranowsky, Jolanta Miskowiec: Die Kongresshalle/Haus der Kulturen der Welt, John-Foster-Dulles-Allee 10. Entstehungsgeschichte und Bedeutung, Teilinstandsetzung und Teilmodernisierung 2005–2007, in: Das Hansaviertel in Berlin, Berlin 2007, S. 105–109

Bernd Krüger: Die Kongresshalle/Haus der Kulturen der Welt, John-Foster-Dulles-Allee 10. Eine Neuschöpfung der Nachkriegsmoderne bewahrt die Kontinuität der Berliner Gartenkunst: Das gartendenkmalpflegerische Konzept für die Außenanlagen der Kongresshalle, in: Das Hansaviertel in Berlin, Berlin 2007, S. 110–114

Steffen de Rudder: Der Architekt Hugh Stubbins. Amerikanische Moderne der fünfziger Jahre in Berlin, Berlin 2007

Siedlung Schillerpark, Berlin

Architekturwerkstatt Helge Pitz, Winfried Brenne mit Franz Jaschke: Bestandsuntersuchung Siedlung Schillerpark. Dokumentation und Rekonstruktion des Originalzustandes der Siedlung. Grundlage für die zukünftige Erneuerungs- und Instandhaltungsmaßnahme im Rahmen des Denkmalschutzes, 2 Bände, Berlin 1990

Rolf Bothe: Bruno Tauts Siedlung Schillerpark, „eine bewusste Scheußlichkeit"?, in: Festschrift für Martin Sperlich zum 60. Geburtstag, Tübingen 1980

Gabi Dolff-Bonekämper: Die Siedlung Schillerpark in Berlin-Wedding – ein Beitrag zum Wohnungsbau der 20er Jahre, in: Denkmalschutz- und Denkmalpflege in Berlin, Jahrbuch 1994, Beiträge zur Denkmalpflege in Berlin, Heft 7, Berlin 1996, S. 57–60.

Landesdenkmalamt Berlin im Auftrag der Senatsverwaltung für Stadtentwicklung (Hg.): Siedlungen der Berliner Moderne. Nominierung für die Welterbeliste der UNESCO, Berlin 2007

Winfried Nerdinger, Kristina Hartmann, Matthias Schirren (Hg.): Bruno Taut 1880–1938. Architekt zwischen Moderne und Avantgarde, Stuttgart, München 2001

Klaus Novy, Barbara von Neumann-Cosel (Hg.): Zwischen Tradition und Innovation. 100 Jahre Berliner Bau- und Wohnungsgenossenschaft von 1892, Berlin 1992

Staatsratsgebäude, Berlin

Harald Bodenschatz: Zwischen Stadtschloss und Staatsratsgebäude: Berlins zentraler Platz in den 50er und frühen 60er Jahren, in: Stalinistische Architektur unter Denkmalschutz? Eine Tagung des Deutschen Nationalkomitees von ICOMOS und der Senatsverwaltung für Stadtentwicklung und Umweltschutz in der Architektenkammer Berlin 6.–9.9.1995, S. 31–33

Wilhelm Klauser: Baujahr 1964. Umbau des ehemaligen Staatsratsgebäudes in Berlin, in: Bauwelt, 2006, Nr. 4, S. 28–35

Kroos & Marx (Berlin): Denkmalpflegerische Voruntersuchung. Staatsratsgebäude. Schlossplatz 1. Berlin-Mitte, Juli 1997

Philipp Meuser: Schlossplatz Eins. European School of Management and Technology, Berlin 2006

Thomas Topfstedt: Städtebau in der DDR 1955–1971, Leipzig 1988

Studentendorf Schlachtensee, Berlin

Peter Gruss, Gunnar Klack, Matthias Seidel (Hg.): Die Max-Planck-Gesellschaft als Bauherr der Architekten Hermann Fehling und Daniel Gogel, Berlin 2009

Hermann Mattern 1902–1971. Gärten, Gartenlandschaften, Häuser, Katalog der Ausstellung in der Akademie der Künste Berlin 1982

Florian Heilmeyer: Schaustelle Nachkriegsmoderne. Die Neuen Architekturführer, Nr. 107, Berlin 2007

Uwe Neumann: Studentendorf Schlachtensee. Nationales Kulturerbe. Parkpflegewerk, Berlin 2008

Peter Rumpf: Sanierung des Studentendorfs Berlin-Schlachtensee. Architekten: Autzen & Reimers, in: Baumeister, 2008, Nr. 6, S. 86–91

Studentendorf der Freien Universität in Nikolassee, in: Berliner Bauwirtschaft, 1959, Nr. 15, S. 326–327

Bundesschule des ADGB, Bernau

Jonas Geist, Dieter Rausch: Die Bundesschule des ADGB, in: Brandenburgisches Landesamt für Denkmalpflege (Hg.): Die Bundesschule des ADGB in Bernau bei Berlin 1930–1993, Potsdam 1993

Bauhausarchiv Berlin, Deutsches Architekturmuseum, ETH Zürich (Hg.): Hannes Meyer 1889–1954 – Architekt, Urbanist, Lehrer, Frankfurt am Main, Zürich 1989

Ulrich Brinkmann: Zurück auf Meyer und Wittwer, in: Bauwelt 2008, Nr. 8

Verein Baudenkmal Bundesschule Bernau (Hg.): Schriftenreihe zur Erforschung der Bundesschule, Bernau bei Berlin 1992–2007

Klaus-Jürgen Winkler: Der Architekt Hannes Meyer – Anschauungen und Werk, Berlin 1989

Kanzlerbungalow, Bonn

Georg Adlbert: Der Kanzlerbungalow. Erhaltung, Instandsetzung, Neunutzung, Stuttgart 2009

Burkhard Körner: Der Kanzlerbungalow von Sep Ruf in Bonn, in: Bonner Geschichtsblätter, Band 49/59, 1999/2000, S. 507–613

Erich Steingräber, Paul Swiridoff: Der Bungalow, Pfullingen 1967

Winfried Nerdinger, Irene Meissner (Hg.): Sep Ruf 1908–1982 – Moderne mit Tradition, Katalog zur Ausstellung der Pinakothek der Moderne, München 2008

Hans Wichmann: Sep Ruf. Bauten und Projekte, Stuttgart 1986

Wüstenrot Stiftung, Stiftung Haus der Geschichte Bonn (Hg.): Kanzlerbungalow, München 2009

Einsteinhaus, Caputh

Architekturbüro Kühn-von Kähne und Lange (Hg.): Einstein Haus, in: Caputh. Dokumentation der Bau- und Restaurierungsmaßnahmen 2001–2005, Potsdam 2005

Holzbauten der Moderne. Architekturführer Holzbauten in Niesky, Museum Niesky, Niesky 2007

Kurt Junghans: Das Haus für alle. Zur Geschichte der Vorfertigung in Deutschland, Berlin 1994

Eberhard Lange: Das Einsteinhaus in Caputh bei Potsdam, herausgegeben vom Landesbeirat Holz Berlin/Brandenburg, 2007

Susan Neiman, Inga Wellmann: Paradies auf Zeit. Albert Einstein Haus in Caputh, Potsdam 2005

Konrad Wachsmann: Holzhaus. Technik und Gestaltung (Originalausgabe 1930), Neuausgabe mit Beiträgen von Michael Grüning und Christian Sumi, Basel 1995

Arbeitsamt, Dessau

Berthold Burkhardt, Christiane Weber: Das Arbeitsamtsgebäude von Walter Gropius in Dessau (1929–1999), in: Dessauer Kalender 2000, S. 2–17

Berthold Burkhardt: Sanierung Arbeitsamt Dessau, in: Stiftung Bauhaus Dessau (Hg.): Umgang mit Bauten der Klassischen Moderne. Kolloquium am Bauhaus Dessau, Dessau 1999, S. 34–39

Walter Gropius: Bauhausbauten Dessau, (Erstauflage München 1930), Berlin 1997, S. 201–216

Christine Engelmann, Christian Schädlich: Die Bauhausbauten Dessau, Berlin 1991, S. 97–104

Robin Krause: Das Arbeitsamt von Walter Gropius in Dessau, in: Zeitschrift für Kunstgeschichte 63, 2000, Heft 2, S. 242–268

Christiane Weber: Das Arbeitsamt in Dessau von Walter Gropius, (unveröffentlichte Magisterarbeit, Universität Karlsruhe), Karlsruhe 1998

Bauhausgebäude, Dessau

Thomas Danzl: Farbe und Form. Die materialtechnischen Grundlagen der Architekturfarbigkeit an den Bauhausbauten in Dessau und ihre Folgen für die restauratorische Praxis, in: Landesamt für Denkmalpflege (Hg.): Denkmalpflege in Sachsen-Anhalt 9, 2001, S. 7–19

Monika Markgraf (Hg.): Archäologie der Moderne. Sanierung Bauhaus Dessau, Berlin 2006

Walter Prigge (Hg.): Ikone der Moderne. Das Bauhausgebäude in Dessau, Berlin 2006

Robin Rehm: Das Bauhausgebäude in Dessau. Die ästhetischen Kategorien Zweck, Form, Inhalt, Berlin 2005

Renate Scheper (Hg.): Farbenfroh! Colourful! Die Werkstatt für Wandmalerei am Bauhaus. The Wallpainting Workshop at the Bauhaus, Berlin 2005

Peter Schöne, Henry Krampitz: Das Bauhaus-Gebäude in Dessau. Zur Konservierung von Putzen und Anstrichen der Fassaden, in: *Landesamt für Denkmalpflege (Hg.)*: Denkmalpflege in Sachsen Anhalt 9, 2001, S. 20–27

Meisterhaus Muche/Schlemmer, Dessau

Christine Engelmann, Christian Schädlich: Die Bauhausbauten in Dessau, Berlin 1998

August Gebeßler: Gropius. Meisterhaus Muche/Schlemmer. Die Geschichte einer Instandsetzung, Stuttgart 2003

LITERATUR

Reginald Isaac: Walter Gropius. Der Mensch und sein Werk, Berlin 1983
Winfried Nerdinger: Der Architekt Walter Gropius, Berlin 1996
Wolfgang Thöner, Ute Ackermann: Das Bauhaus lebt, Leipzig 2009

Siedlung Dessau-Törten, Haus Kleinring 42, Dessau
Reichsforschungsgesellschaft für Wirtschaftlichkeit im Bau- und Wohnungswesen e.V. (Hg.): Bericht über die Versuchssiedlung in Dessau, Sonderheft Nr. 7, Berlin 1929
Andreas Schwarting: Die Siedlung Dessau-Törten. Rationalität als ästhetisches Programm, Dresden 2010
Andreas Schwarting: Das Ungewohnte bewohnbar machen. Bauliche Veränderungen in der Siedlung Dessau-Törten zwischen individuellen Bedürfnissen und gestalterische Reglements, in: Dessauer Kalender 2007, S. 54–63
Christine Engelmann, Christian Schädlich: Die Bauhausbauten in Dessau, Berlin 1998

Villa Reemtsma, Hamburg
Thomas Elsässer, Christian Gräwe, Jörg Schilling, Peter Cachola Schmal (Hg.): Martin Elsaesser und das Neue Frankfurt, Katalog zur Ausstellung, Tübingen, Berlin 2009
Hermann Hipp, Roland Jaeger, Johannes Weckerle (Hg.): Haus K. in O. 1930–1932. Eine Villa von Martin Elsaesser für Philipp F. Reemtsma, Berlin 2005
Ulrich Höhns: Moderne im Park. Der Architekt Helmut Riemann und die Häuser im Reemtsma Park in Hamburg, München 2009
Martin Elsaesser: Bauten und Entwürfe aus den Jahren 1924–1932, Berlin 1933
Jörg Schilling: Die Gärten der Villa Reemtsma Teil 1. Die Gartenanlage von Leberecht Migge, 1932/33, in: Stadt + Grün, 2006, Nr. 6, S. 41–45
Jörg Schilling: Die Gärten der Villa Reemtsma Teil 2. Die Gartenanlage von Wiepking-Jürgensmann 1953/54, in: Stadt + Grün, 2006, Nr. 7, S. 24–28

Fatimakirche, Kassel
Institut für Steinkonservierung e.V. (Hg.): Substanzschonende Betoninstandsetzung denkmalgeschützter Bauwerke. IFS-Bericht Nr. 30/2008, Mainz 2008
Kirchengemeinde Maria Königin des Friedens (Hg.): 50 Jahre Fatima-Kirche. Maria Königin des Friedens 1959–2009, Kassel 2009
Hugo Schnell: Der Kirchenbau des 20. Jahrhunderts in Deutschland, München, Zürich 1973
Raev Svetlozas (Hg.): Gottfried Böhm – Vorträge, Bauten, Projekte, Stuttgart 1988
Wolfgang Voigt (Hg.): Gottfried Böhm, Berlin 2006

Häuser Lange und Esters, Krefeld
Ulrich Müller: Raum, Bewegung und Zeit im Werk von Walter Gropius und Mies van der Rohe, Berlin 2004
Klaus Reymann: Sanierung Haus Lange und Esters in Krefeld, in: Stiftung Bauhaus Dessau (Hg.): Umgang mit Bauten der klassischen Moderne, Dessau 1999.
Almuth Spelberg: Die Gärten an Haus Lange und Haus Esters, in: Die Heimat 64, 1993

Terence Riley (Hg.): Mies in Berlin. Ludwig Mies van der Rohe. Die Berliner Jahre 1907–1938, München 2001
Wolf Tegethoff: Mies van der Rohe. Die Villen und Landhausprojekte, Essen 1981

Haus Schminke, Löbau
Berthold Burkhardt (Hg.): Scharoun. Haus Schminke. Die Geschichte einer Instandsetzung, Stuttgart 2002
Peter Pfankuch: Hans Scharoun. Bauten, Entwürfe, Texte, Berlin 1974, Schriftenreihe der Akademie der Künste Berlin. Band 10, 2. überarbeitete Auflage 1993
Eberhard Syring, Jörg C. Kirschenmann: Scharoun 1893–1972. Außenseiter der Moderne, Köln 2007
Adolf Behne: Haus Schminke in Löbau, in: Innendekoration 14, 1934, S. 82–91
Klaus Kürvers: Entschlüsselung eines Bildes – Das Landhaus Schminke von Hans Scharoun (Dissertation an der Hochschule der Künste), Berlin 1996

Einsteinturm, Potsdam
Astrophysikalisches Institut Potsdam (Hg.): Der Einsteinturm in Potsdam. Architektur und Astrophysik, Berlin 1995
Sigrid Achenbach: Erich Mendelsohn. 1887–1963. Ideen. Bauten. Projekte, Katalog zur Ausstellung zum 100. Geburtstag aus den Beständen der Kunstbibliothek Sammlung Museen Preußischer Kulturbesitz, Berlin 1987
Norbert Huse (Hg.): Mendelsohn. Der Einsteinturm. Die Geschichte einer Instandsetzung, Stuttgart, Zürich 2000
Jörg Limberg: Entwürfe, Ausführung und Erweiterungsbau, in: Erich Mendelsohns Einsteinturm in Potsdam, Arbeitsheft des Brandenburgisches Landesamtes für Denkmalpflege, Potsdam 1994, S. 4–73
Hans Wilderotter (Hg.): Ein Turm für Albert Einstein. Potsdam, das Licht und die Erforschung des Himmels, Katalog zur Ausstellung im Haus der Brandenburgisch-Preußischen Geschichte Potsdam, Hamburg 2005

Doppelhaus in der Weißenhofsiedlung, Stuttgart
Georg Adlbert (Hg.): Le Corbusier/Pierre Jeanneret. Doppelhaus in der Weißenhofsiedlung Stuttgart. Die Geschichte einer Instandsetzung, Stuttgart 2006
Friedemann Gschwind, Kathrin Groke: Weissenhofmuseum im Haus Le Corbusier, Stuttgart 2008
Karin Kirsch: Die Weißenhofsiedlung, Stuttgart 1999
Reichsforschungsgesellschaft für Wirtschaftlichkeit im Bau- und Wohnungswesen (Hg.): Bericht über die Versuchssiedlung in Stuttgart am Weissenhof, Sonderheft Nr. 6, Berlin 1928
Alfred Roth: Zwei Wohnhäuser von Le Corbusier und Pierre Jeanneret, Stuttgart 1927 (Nachdruck Stuttgart 1991)
Werkbundausstellung „Die Wohnung", 23. Juli–9. Oktober 1927, Amtlicher Katalog, Stuttgart 1927 (Nachdruck Stuttgart 1999)
Hermann Nägele: Die Restaurierung der Weißenhofsiedlung 1981–87, Stuttgart 1992

BILDNACHWEIS

Titel: Carsten Janssen, Alfeld; Tomas Riehle, Bergisch-Gladbach; Wolfgang Reuss, Berlin (2); Mila Hacke, Berlin; Sabine Wenzel, Berlin; Doreen Ritzau, Dessau (2); Stefan Meyer, Berlin; Pia Malmus, Kassel; Barlofotografik, Berlin; Klaus Frahm/artur, Hamburg; Winfried Brenne Architekten, Berlin; Volker Döhne, Krefeld; Hans Bach, Potsdam; Thomas Wolf, Gotha; Stiftung Bauhaus Dessau, Foto: Roland Zschuppe; Stiftung Bauhaus Dessau; Foto: Tadashi Okochi © Pen Magazine, 2010
S. 13: Wolfgang Reuss, Berlin
S. 30: ICOMOS, Deutsches Nationalkomitee
S. 31 oben: Stiftung Bauhaus Dessau
S. 31 unten: Doreen Ritzau, Dessau
S. 32 oben: Eduard Jobst Siedler 1932
S. 32 unten: Institut für Stadtgeschichte Frankfurt am Main
S. 33: Stiftung Bauhaus Dessau, Roland Zschuppe
S. 34 oben: Bauwelt Katalog 1930
S. 34 unten: Stiftung Bauhaus Dessau, Roland Zschuppe
S. 36: Lazlo Moholy-Nagy, „von material zu architektur", Passau 1929, Reprint Mainz 1968, Gebr. Mann Verlag, Berlin
S. 37: Bauwelt 18, September 1919, Deutsche Nationalbibliothek Leipzig
S. 38 oben: Winfried Brenne Architekten, Berlin
S. 38 Mitte: Arthur Rüegg/Birkhäuser Verlag, Foto: Ruedi Walti, Basel
S. 38 unten: Stiftung Bauhaus Dessau, Martin Brück
S. 39: Winfried Brenne Architekten, Berlin
S. 40 oben: Stiftung Bauhaus Dessau, Doreen Ritzau
S. 40 Mitte oben: Köln-Rottweil AG Berlin: Was spricht für Triolin? Broschüre Berlin 1925
S. 40 Mitte unten: Stiftung Bauhaus Dessau, Bettina Lietz
S. 40 unten: Stiftung Bauhaus Dessau, Martin Brück
S. 42: Karl Arnold 1928
S. 43 links: Siegfried Gideon: Space, Time and Architecture, Cambridge/Mass., 1941, Einband
S. 43 Mitte: Siegfried Ebeling: Der Raum als Membranm Leipzig 1926, Einband
S. 43 Walter Curt Behrendt: Der Sieg des neuen Baustils, Stuttgart 1927
S. 44 oben: Doreen Ritzau, Dessau
S. 44 unten: Andreas Schwarting, Dresden
S. 46 oben: Doreen Ritzau, Dessau
S. 46 unten: Andreas Schwarting, Dresden
S. 47: Mila Hacke, Berlin
S. 48 oben: Kay Fingerle, Berlin
S. 48 unten: Albert Esch, Hermann John Hagemann, Haus und Garten als Einheit, Das Wüstenroter Eigenheim, Jg. 1931, S. 353
S. 49: Privatarchiv Lesser, Berlin
S. 50: FLC/VG Bild-Kunst, Bonn 2011
S. 51 oben: Gartenschönheit (9) 1928, 2, S. 48-51, Deutsche Nationalbibliothek Leipzig
S. 51 Mitte: Nachlass Carl Fieger, Archiv der Stiftung Bauhaus Dessau
S. 51 unten: entnommen aus: Wolf Tegethoff, Mies van der Rohe. Die Villen und Landhausprojekte, Essen 1981, Tafel 7.10, Museum of Modern Art
S. 52 oben: Interbau GmbH (Hg.): die stadt von morgen, Berlin 1957 (1959?), herausgegeben. von Karl Otto, Archiv Stiftung Bauhaus Dessau
S. 52 unten: Reinhold Lingner, aus: Günter Mader: Gartenkunst des 20. Jahrhunderts. Dort belegt mit: Aus Dissertation Kerstin Nowak, Reinhold Lingner, HBK Hamburg, 1995
S. 53: Hermann Mattern, 1955, Architekturmuseum der TU München, Inventar Nr. 25913
S. 54: Walter Gropius: bauhausbauten dessau 1930
S. 55: Neufert-Stiftung, Weimar-Gelmeroda
S. 56: DIN-Blatt zum Reichsnormenfenster DIN 1248
S. 57 oben: Reichsbund. Organ des Reichsbundes der Kriegsbeschädigten, Kriegsteilnehmer und Kriegshinterbliebenen, Beilage „Heim und Garten" 1927, Heft 4, S. 25
S. 57 unten: Bauhaus Archiv Berlin
S. 58 oben: Andreas Schwarting, Dresden
S. 58 unten links und rechts: Doreen Ritzau, Dessau
S. 59: Daimler Chrysler Konzernarchiv Stuttgart
S. 60 oben: MAK
S. 60 unten: Kunstbibliothek Berlin SMPK
S. 61: Bauhaus Archiv Berlin
S. 62 oben: Carsten Janssen, Alfeld
S. 63 unten: Dirk Demel, Berlin
S. 63: Sabine Wenzel, Berlin
S. 64: Barlo Fotografik, Berlin
S. 65: Brigida González, Stuttgart
S. 66: Simone Oelker, Potsdam
S. 67, oberer Reihe links: Andreas Schwarting, Dresden
S. 67, obere Reihe Mitte: Andreas Schwarting, Dresden
S. 67, obere Reihe rechts: Klaus Frahm, Hamburg
S. 67, mittlere Reihe links: Barlo Fotografik, Berlin
S. 67, mittlere Reihe Mitte; Tomas Riehle, Bergisch-Gladbach
S. 67, mittlere Reihe rechts: Doreen Ritzau, Dessau
S. 67, untere Reihe links: Doreen Ritzau, Dessau
S. 67, untere Reihe Mitte: Doreen Ritzau, Dessau
S. 67, untere Reihe rechts: Doreen Ritzau, Dessau
S. 68 oben: Kunstbibliothek Berlin SMPK
S. 68 unten: Doreen Ritzau, Dessau
S. 69 oben: Peter Thul, Stuttgart
S. 69 unten: Doreen Ritzau, Dessau
S. 70: Tomas Riehle, Bergisch-Gladbach
S. 71: Andreas Schwarting, Dresden
S. 72: Stiftung Bauhaus Dessau, Martin Brück
S. 73: Deutsche Linoleumwerke: Linoleum, Unterböden, legen, Behandlung, Bietigheim um 1958
S. 74 oben: Stiftung Bauhaus Dessau, Daniela Krause
S. 74 Mitte: Stiftung Bauhaus Dessau, Daniela Krause
S. 74 unten: Oswald di Michiel: Hinweise zur Pflege von Steinholzestrich, Bamberg 1847
S. 75 oben: Doreen Ritzau, Dessau
S. 75 unten: Doreen Ritzau, Dessau
S. 76: Europa Nostra in Kooperation mit Deutsche Stiftung Denkmalschutz, deutsche Burgenvereinigung und exponatec cologne: Denkmal-TÜV Deutschland – Vorsorgende Bauunterhaltung als Zukunftsmodell? Kolloquium Oktober 2007, Flyer aus dem Internet
S. 77: Brigitta Ringbeck: Managementpläne für Welterbestätten, Bonn 2008
S. 78: Carsten Janssen, Alfeld
S. 80: Fagus-Werksfoto, Bauhaus Archiv Berlin
S. 81: Carsten Janssen, Alfeld
S. 82 oben: Fagus-Werksfoto, Bauhaus Archiv Berlin
S. 82 Mitte: Carsten Janssen, Alfeld
S. 82 unten links: Repro aus „Der Industriebau", IV 1913, Heft 1, Bauhaus Archiv Berlin
S. 82 unten rechts: Carsten Janssen, Alfeld
S. 83 oben: Edmund Lill, Bauhaus Archiv Berlin
S. 83 unten: Carsten Janssen, Alfeld
S. 84 oben: Wüstenrot Stiftung, Ludwigsburg; Stefan Baumeier
S. 84 unten: Fagus GreCon, Alfeld
S. 85 oben: Edmund Lill, Bauhaus Archiv Berlin
S. 85 unten: Carsten Janssen, Alfeld
S. 86 oben: Karl Schünemann, Alfeld
S. 86 unten links: Karl Schünemann, Alfeld
S. 86 unten rechts: Karl Schünemann, Alfeld
S. 87 links: Karl Schünemann, Alfeld
S. 87 rechts: Carsten Janssen, Alfeld
S. 88 oben: Carsten Janssen, Alfeld
S. 88 Mitte: Carsten Janssen, Alfeld
S. 88 unten: Carsten Janssen, Alfeld
S. 89 oben: Carsten Janssen, Alfeld
S. 89 unten: Carsten Janssen, Alfeld
S. 90: Sabine Wenzel, Berlin
S. 92: Landesarchiv Berlin
S. 93: Mila Hacke, Berlin
S. 94 oben: Landeshauptarchiv Berlin, Fotograf: Willy Keil
S. 94 unten: Landesdenkmalamt Berlin
S. 95 oben: aus der Broschüre „Kongresshalle Berlin" entnommen, Fotograf unbekannt, GAP, Gesellschaft für Architektur und Projektmanagement mbH, Berlin
S. 95 Mitte: GAP, Gesellschaft für Architektur und Projektmanagement mbH, Berlin
S. 95 unten: GAP, Gesellschaft für Architektur und Projektmanagement mbH, Berlin
S. 96 oben: Mila Hacke, Berlin
S. 96 Mitte links: aus der Broschüre „Kongresshalle Berlin" entnommen, Fotograf unbekannt, GAP, Gesellschaft für Architektur und Projektmanagement mbH, Berlin
S. 96 Mitte rechts: Mila Hacke, Berlin
S. 96 unten links: aus der Broschüre „Kongresshalle Berlin" entnommen, Fotograf unbekannt, GAP, Gesellschaft für Architektur und Projektmanagement mbH, Berlin
S. 96 unten rechts: Mila Hacke, Berlin
S. 97 oben: GAP, Gesellschaft für Architektur und Projektmanagement mbH, Berlin
S. 97 Mitte links: Mila Hacke, Berlin
S. 97 Mitte rechts: Mila Hacke, Berlin
S. 97 unten links: aus der Broschüre „Kongresshalle Berlin" entnommen, Fotograf unbekannt, GAP, Gesellschaft für Architektur und Projektmanagement mbH, Berlin
S. 97 unten rechts: Mila Hacke, Berlin
S. 98 oben: aus der Broschüre „Kongresshalle Berlin" entnommen, Fotograf unbekannt, GAP, Gesellschaft für Architektur und Projektmanagement mbH, Berlin
S. 98 unten: Mila Hacke, Berlin
S. 99 oben: GAP, Gesellschaft für Architektur und Projektmanagement mbH, Berlin
S. 99 Mitte: GAP, Gesellschaft für Architektur und Projektmanagement mbH, Berlin
S. 99 unten: GAP, Gesellschaft für Architektur und Projektmanagement mbH, Berlin
S. 100 oben: Mila Hacke, Berlin
S. 100 unten: Mila Hacke, Berlin
S. 101 oben: GAP, Gesellschaft für Architektur und Projektmanagement mbH, Berlin
S. 101 unten: Bernd Krüger, Berlin
S. 102: Stefan Meyer, Berlin/Nürnberg
S. 104: Akademie der Künste Berlin, Archiv, Sammlung Arthur Köster
S. 105: Stefan Meyer, Berlin/Nürnberg
S. 106 oben: Winfried Brenne Architekten, Berlin

BILDNACHWEIS

S. 106 unten links: Akademie der Künste Berlin, Sammlung Arthur Köster
S. 106 unten rechts: Akademie der Künste Berlin, Sammlung Arthur Köster
S. 107 oben: Akademie der Künste Berlin, Sammlung Arthur Köster
S. 107 unten: Akademie der Künste Berlin, Sammlung Arthur Köster
S. 108 oben: Stefan Meyer, Berlin/Nürnberg
S. 108 Mitte: Stefan Meyer, Berlin/Nürnberg
S. 108 unten: Stefan Meyer, Berlin/Nürnberg
S. 109: Stefan Meyer, Berlin/Nürnberg
S. 110 oben: Stefan Meyer, Berlin/Nürnberg
S. 110 Mitte: Stefan Meyer, Berlin/Nürnberg
S. 110 unten: Stefan Meyer, Berlin/Nürnberg
S. 111 oben: Winfried Brenne Architekten, Berlin
S. 111 unten: Winfried Brenne Architekten, Berlin
S. 112: Barlo Fotografik, Berlin
S. 114: Archiv Roland Korn
S. 115: Barlo Fotografik, Berlin
S. 116 oben: SLUB Dresden/ Deutsche Fotothek/Gerhard Döring
S. 116 Mitte: Barlo Fotografik, Berlin
S. 116 unten: Barlo Fotografik, Berlin
S. 117 oben: SLUB Dresden/ Deutsche Fotothek/ Ulbricht
S. 117 unten: Barlo Fotografik, Berlin
S. 118 links oben: Büro hg merz/Fotograf: Jens Achtermann, Berlin
S. 118 links Mitte oben: Barlo Fotografik, Berlin
S. 118 links Mitte unten: Erich Bogatzky
S. 118 links unten: Udo Meinel, Berlin
S. 118 rechts: Büro hg merz
S. 119 oben links: SLUB Dresden/Deutsche Fotothek/Gerhard Döring
S. 119 oben Mitte: Büro hg merz/Fotograf: Jens Achtermann, Berlin
S. 119 oben rechts: Barlo Fotografik, Berlin
S. 119 unten: Büro hg merz, Berlin
S. 120 oben links: SLUB Dresden/Deutsche Fotothek/ Gerhard Döring
S. 120 oben rechts: Udo Meinel, Berlin
S. 120 unten: Udo Meinel, Berlin
S. 121 oben: Barlo Fotografik, Berlin
S. 121 unten: Barlo Fotografik, Berlin
S. 122 oben: Büro hg merz/Fotograf: Jens Achtermann, Berlin
S. 122 unten: Büro hg merz/Fotograf: Jens Achtermann, Berlin
S. 123: Barlo Fotografik, Berlin
S. 124: Mila Hacke, Berlin
S. 126: Landesarchiv Berlin
S. 127: Mila Hacke, Berlin
S. 128 oben: Archiv der Freien Universität Berlin, Fotograf: Reinhardt Friedrich
S. 128 unten: Büro Autzen und Reimers, Berlin
S. 129 oben links: Landesarchiv Berlin
S. 129 oben rechts: Landesarchiv Berlin
S. 129 Mitte oben: Landesarchiv Berlin
S. 129 Mitte unten: Landesarchiv Berlin
S. 129 unten: Landesarchiv Berlin
S. 130 oben: Büro Autzen und Reimers, Berlin
S. 130 Mitte: Büro Autzen und Reimers, Berlin
S. 130 unten links: Büro Autzen und Reimers, Berlin
S. 130 unten rechts: Büro Autzen und Reimers, Berlin
S. 131 oben: Alfred Englert, Berlin
S. 131 unten: Mila Hacke, Berlin

S. 132 oben: Mila Hacke, Berlin
S. 132 Mitte: Mila Hacke, Berlin
S. 132 unten: Büro Autzen und Reimers, Berlin
S. 133: Mila Hacke, Berlin
S. 134 oben: Landesarchiv Berlin
S. 134 Mitte: Mila Hacke, Berlin
S. 134 unten: Mila Hacke, Berlin
S. 135 oben: Dr.-Ing. Uwe Neumann, Garten- und Landschaftsarchitekt, Berlin
S. 135 unten: Mila Hacke, Berlin
S. 136: Winfried Brenne Architekten, Berlin
S. 138: Sammlung Kieren, Berlin; Fotograf unbekannt
S. 139: Winfried Brenne Architekten, Berlin
S. 140 oben: Hauptstaatsarchiv Düsseldorf, RW 229-28938
S. 140 unten: Sammlung Stiftung Bauhaus Dessau/© Livia Klee, Bern/gta-Archiv, Zürich
S. 141 oben: Winfried Brenne Architekten, Berlin
S. 141 Mitte: Bernauer Stadtarchiv, Signatur: 2631 IV
S. 141 unten: Winfried Brenne Architekten, Berlin
S. 142 oben links: Winfried Brenne Architekten, Berlin
S. 142 oben rechts: Winfried Brenne Architekten, Berlin
S. 142 unten: Winfried Brenne Architekten, Berlin
S. 143 links: Winfried Brenne Architekten, Berlin
S. 143 rechts: Winfried Brenne Architekten, Berlin
S. 144 oben: Winfried Brenne Architekten, Berlin
S. 144 unten: Stiftung Bauhauhaus Dessau, Foto: Wolfgang Thöner
S. 145 links: Winfried Brenne Architekten, Berlin
S. 145 rechts oben: Bauhaus Archiv Berlin, Foto: Arthur Redecker
S. 145 rechts Mitte oben: Winfried Brenne Architekten, Berlin, Foto: Holger Herschel
S. 145 rechts Mitte unten: Winfried Brenne Architekten, Berlin
S. 145 rechts unten: Winfried Brenne Architekten, Berlin
S. 146 oben: Bauwelt-Katalog 1929/30
S. 146 unten links: Winfried Brenne Architekten, Berlin
S. 146 unten Mitte: Winfried Brenne Architekten, Berlin
S. 146 unten rechts: Winfried Brenne Architekten, Berlin
S. 147 oben: Winfried Brenne Architekten, Berlin
S. 147 unten: Winfried Brenne Architekten, Berlin
S. 148: Tomas Riehle, Bergisch-Gladbach
S. 150: Deutsches Historisches Museum, Berlin; Foto: G. Gronefeld
S. 151: Tomas Riehle, Bergisch-Gladbach
S. 152 oben: Berthold Burkhardt, Braunschweig
S. 152/153: Tomas Riehle, Bergisch-Gladbach
S. 153 oben: Bundesregierung/Ludwig Wegmann
S. 154: Berthold Burkhardt, Braunschweig
S. 154 oben: Berthold Burkhardt, Braunschweig
S. 154 Mitte: Berthold Burkhardt, Braunschweig
S. 154 unten: Berthold Burkhardt, Braunschweig
S. 156 oben links: Paul Swiridoff, Copyright by Archiv/Museum Würth, Künzelsau
S. 156 oben rechts: Berthold Burkhardt, Braunschweig
S. 156 Mitte links: Paul Swiridoff, Copyright by Archiv/Museum Würth, Künzelsau
S. 156 Mitte rechts: Berthold Burkhardt, Braunschweig
S. 156 unten links: Paul Swiridoff, Copyright by Archiv/ Museum Würth, Künzelsau
S. 156 unten rechts: Burkhard Körner, München
S. 157 links: Berthold Burkhardt, Braunschweig
S. 157 rechts: Berthold Burkhardt, Braunschweig
S. 158 oben: Andreas Schwarting, Dresden
S. 158 unten: Tomas Riehle, Bergisch-Gladbach

S. 159 oben: Tomas Riehle, Bergisch-Gladbach
S. 159 unten: Tomas Riehle, Bergisch-Gladbach
S. 160: Hans Bach, Potsdam
S. 162: Akademie der Künste, Berlin; Konrad-Wachsmann-Archiv, Fotograf unbekannt
S. 163: Hans Bach, Potsdam
S. 164 oben: Akademie der Künste, Berlin; Foto: Edda Reinhard
S. 164 unten: Akademie der Künste, Berlin; Konrad-Wachsmann-Archiv, Fotograf unbekannt
S. 165 alle: Architekturbüro Kühn-von Kaehne und Lange, Potsdam
S. 166 oben links: Architekturbüro Kühn-von Kaehne und Lange, Potsdam
S. 166 oben rechts: Architekturbüro Kühn-von Kaehne und Lange, Potsdam
S. 166 unten links: Architekturbüro Kühn-von Kaehne und Lange, Potsdam
S. 166 unten rechts: Architekturbüro Kühn-von Kaehne und Lange, Potsdam
S. 167 oben: Architekturbüro Kühn-von Kaehne und Lange, Potsdam
S. 167 unten: Architekturbüro Kühn-von Kaehne und Lange, Potsdam
S. 168 oben: Hans Bach, Potsdam
S. 168 unten links: Architekturbüro Kühn-von Kaehne und Lange, Potsdam
S. 168 unten rechts: Kunstbibliothek Berlin SMPK
S. 169 oben: unbekannt
S. 169 unten: Akademie der Künste, Berlin; Konrad-Wachsmann-Archiv, Fotograf unbekannt
S. 170 oben: Hans Bach, Potsdam
S. 170 unten: Hans Bach, Potsdam
S. 171 oben: Hans Bach, Potsdam
S. 171 unten: Hans Bach, Potsdam
S. 172: Doreen Ritzau, Dessau
S. 174: Stadtarchiv Dessau, aus: Die Heimat 23.5.1929; Stadtarchiv Dessau, abgedruckt im Dessauer Kalender 2000, S. 14
S. 175: Stiftung Bauhaus Dessau, Foto: Roland Zschuppe
S. 176/177: Doreen Ritzau, Dessau
S. 177 oben: Bauhaus Archiv Berlin
S. 178 oben: Bauhaus Archiv Berlin
S. 178 unten: Bauhaus Archiv Berlin
S. 179 oben: Bauhaus Archiv Berlin
S. 179 unten: Bauhaus Archiv Berlin
S. 180 oben: Stiftung Bauhaus Dessau
S. 180 unten: Andreas Schwarting, Dresden
S. 181 oben links: Burkhardt + Schumacher Architekten und Ingenieure, Braunschweig
S. 181 oben rechts: Andreas Schwarting, Dresden
S. 181 Mitte: Burkhardt + Schumacher Architekten und Ingenieure, Braunschweig
S. 181 unten: Burkhardt + Schumacher Architekten und Ingenieure, Braunschweig
S. 182 oben: Burkhardt + Schumacher Architekten und Ingenieure, Braunschweig
S. 182 unten: Bauhaus Archiv Berlin
S. 183 oben links: Stiftung Bauhaus Dessau
S. 183 oben rechts: Doreen Ritzau, Dessau
S. 183 unten links: Stiftung Bauhaus Dessau, Foto: Roland Zschuppe
S. 183 unten rechts: Stiftung Bauhaus Dessau, Foto: Roland Zschuppe

BILDNACHWEIS

S. 184: Stiftung Bauhaus Dessau; Foto: Tadashi Okochi © Pen Magazine, 2010
S. 186: Stiftung Bauhaus Dessau, vermutlich Arieh Sharon
S. 187: Stiftung Bauhaus Dessau, Foto: Yvonne Tenschert 2010
S. 189 oben links: Stiftung Bauhaus Dessau, Petra Natho und Martin Brück
S. 189 oben rechts: Stiftung Bauhaus Dessau, Petra Natho und Martin Brück
S. 189 Mitte links: Stiftung Bauhaus Dessau
S. 189 Mitte rechts: Stiftung Bauhaus Dessau
S. 189 unten links: Stiftung Bauhaus Dessau
S. 189 unten rechts: Stiftung Bauhaus Dessau
S. 190 oben links: Stiftung Bauhaus Dessau, Friedrich Engemann
S. 190 oben Mitte: Harald Wetzel
S. 190 oben rechts: Bauhaus Archiv Berlin
S. 190 Mitte links oben: Stiftung Bauhaus Dessau, Justus Herrenberger
S. 190 Mitte links unten: Stiftung Bauhaus Dessau
S. 190 Mitte rechts: Stiftung Bauhaus Dessau, Martin Brück
S. 190 unten links: Stiftung Bauhaus Dessau, Achim Bednorz
S. 190 unten rechts: Stiftung Bauhaus Dessau, Martin Brück
S. 191 oben: Stiftung Bauhaus Dessau, Martin Brück
S. 191 unten: Stiftung Bauhaus Dessau, Martin Brück
S. 192 oben: Stiftung Bauhaus Dessau, Sigrid Schütze-Rodemann
S. 192 Mitte: Stiftung Bauhaus Dessau, Frank-Heinrich Müller
S. 192 unten: Stiftung Bauhaus Dessau, Martin Brück
S. 193 oben: Bauhaus Archiv Berlin, Hinnerk Scheper
S. 193 unten: Stiftung Bauhaus Dessau, Mandy Kulczynski und Felix Noelke
S. 194 oben links: Stiftung Bauhaus Dessau, Restaurierungsatelier Schöne
S. 194 oben Mitte: Stiftung Bauhaus Dessau, Restaurierungsatelier Schöne
S. 194 oben rechts: Stiftung Bauhaus Dessau, Johannes Bausch
S. 194 unten: Stiftung Bauhaus Dessau, Nicole Wahl
S. 195 alle: Stiftung Bauhaus Dessau, Doreen Ritzau
S. 196: Doreen Ritzau, Dessau
S. 198: Bauhaus Archiv Berlin
S. 199: Doreen Ritzau, Dessau
S. 200 oben: Bauhaus Archiv Berlin, Foto: Lucia Moholy
S. 200 unten: Doreen Ritzau, Dessau
S. 201: Bauhaus Archiv Berlin
S. 201: Mitte und unten: Winfried Brenne Architekten, Berlin
S. 202 oben: Bauhaus Archiv Berlin, Walter Kaminski
S. 202 unten: Stadtarchiv Dessau
S. 203 links: Winfried Brenne Architekten, Berlin
S. 203 rechts: Winfried Brenne Architekten, Berlin
S. 204 oben: Thomas Wolf, Gotha
S. 204 unten: Winfried Brenne Architekten, Berlin
S. 205 links: Bauhaus Archiv Berlin
S. 205 Mitte: Thomas Wolf, Gotha
S. 205 rechts: Thomas Wolf, Gotha
S. 206: Thomas Wolf, Gotha
S. 207 oben: Thomas Wolf, Gotha
S. 207 unten: Stiftung Bauhaus Dessau, Martin Brück
S. 208: Doreen Ritzau, Dessau
S. 210 oben: Bauhaus-Archiv Berlin
S. 211: Doreen Ritzau, Dessau
S. 212 oben: Entnommen aus: Walter Gropius, bauhausbauten dessau, München 1930
S. 212 unten: Stadtarchiv Dessau
S. 213: Andreas Schwarting, Dresden

S. 214: Johannes Bausch, Berlin
S. 215 oben: Stiftung Bauhaus Dessau, Roland Zschuppe
S. 215 unten links: Doreen Ritzau, Dessau
S. 215 unten rechts: Doreen Ritzau, Dessau
S. 216 oben: Doreen Ritzau, Dessau
S. 216 unten: Doreen Ritzau, Dessau
S. 217 oben links: Doreen Ritzau, Dessau
S. 217 oben rechts: Doreen Ritzau, Dessau
S. 217 unten: Doreen Ritzau, Dessau
S. 218 oben: Doreen Ritzau, Dessau
S. 218 unten: Bauhaus Archiv Berlin
S. 219: Doreen Ritzau, Dessau
S. 220: artur/ Klaus Frahm
S. 222: Max Göllner, Archiv des Hamburger Instituts für Sozialforschung
S. 223: artur/ Klaus Frahm
S. 224 oben: Leberecht Migge, aus: Martin Elsaesser, Bauten und Entwürfe aus den Jahren 1924-1932, Berlin 1933
S. 224 unten: Helmut Riemann Architekten GmbH, Lübeck
S. 225 oben: Max Göllner, Archiv des Hamburger Instituts für Sozialforschung
S. 225 Mitte: Technische Universität München, Architekturmuseum, Nachlass Martin Elsaesser, Foto: Carl Dransfeld
S. 225 unten links: Max Göllner, Archiv des Hamburger Instituts für Sozialforschung
S. 225 unten Mitte: Max Göllner, Archiv des Hamburger Instituts für Sozialforschung
S. 225 unten rechts: Technische Universität München, Architekturmuseum, Nachlass Martin Elsaesser, Foto: Carl Dransfeld
S. 226 links: Max Göllner, Archiv des Hamburger Instituts für Sozialforschung
S. 226 rechts: Max Göllner, Archiv des Hamburger Instituts für Sozialforschung
S. 226 unten links und rechts: Helmut Riemann Architekten GmbH, Lübeck
S. 227 oben: Hans Meyer-Veden, Hamburg
S. 227 Mitte: Hamburgisches Architekturarchiv, Fotograf unbekannt
S. 227 unten links und rechts: Helmut Riemann Architekten GmbH, Lübeck
S. 228 oben: artur/ Klaus Frahm
S. 228 Mitte: artur/ Klaus Frahm
S. 228 unten: artur/ Klaus Frahm
S. 229 oben: Helmut Riemann Architekten GmbH, Lübeck
S. 229 unten links: artur/ Klaus Frahm
S. 229 unten rechts: artur/ Klaus Frahm
S. 230 oben: artur/ Klaus Frahm
S. 230 Mitte: artur/ Klaus Frahm
S. 230 unten: artur/ Klaus Frahm
S. 231 oben: artur/ Klaus Frahm
S. 231 unten: artur/ Klaus Frahm
S. 232: Pia Malmus, Kassel
S. 234: Prof. Thomas Bieling, Bieling Architekten
S. 235: Pia Malmus, Kassel
S. 236 oben: Arthur Pfau, Mannheim
S. 236 unten: Gottfried Böhm; Deutsches Architekturmuseum, Frankfurt am Main
S. 237 oben: Arthur Pfau, Mannheim
S. 237 unten links: Arthur Pfau, Mannheim
S. 237 unten rechts: Gottfried Böhm
S. 238 oben: Pia Malmus, Kassel
S. 238 unten: Prof. Thomas Bieling, Bieling Architekten

S. 239 oben: Pia Malmus, Kassel
S. 239 unten: Pia Malmus, Kassel
S. 240 oben: Pia Malmus, Kassel
S. 240 Mitte links: Landesamt für Denkmalpflege Hessen, Foto: Sven Raecke
S. 240 Mitte rechts: Landesamt für Denkmalpflege Hessen, Foto: Sven Raecke
S. 240 unten: Bischöfliches Generalvikariat, Fulda, Bauabteilung, Hermann-Josef Walk
S. 241 oben: Pia Malmus, Kassel
S. 241 unten: Pia Malmus, Kassel
S. 242 oben: Andreas Schwarting, Dresden
S. 242 unten links: Peter Machner/Universität Kassel, Amtliche Materialprüfanstalt für das Bauwesen
S. 242 unten rechts: Peter Machner/Universität Kassel, Amtliche Materialprüfanstalt für das Bauwesen
S. 243 oben: Peter Machner/Universität Kassel, Amtliche Materialprüfanstalt für das Bauwesen
S. 243 Mitte: Landesamt für Denkmalpflege Hessen, Foto: Sven Raecke
S. 243 unten: Landesamt für Denkmalpflege Hessen, Foto: Sven Raecke
S. 244: Kunstmuseen Krefeld, Volker Döhne
S. 246: VG Bild-Kunst, Bonn 2011
S. 247: Pohl + Grüssen, 2006
S. 248: Stadtarchiv Krefeld
S. 249 oben: ©Photo SCALA, Florence, The Museum of Modern Art 2010
S. 249 unten: Kunstmuseen Krefeld, Hein Engelskirchen
S. 250 oben: Kunstmuseen Krefeld, Volker Döhne
S. 250 unten: Kunstmuseen Krefeld, Volker Döhne
S. 251 oben: Kunstmuseen Krefeld, Volker Döhne
S. 251 unten: Kunstmuseen Krefeld, Volker Döhne
S. 252: Besitz Familie Lange
S. 253 oben: Stadt Krefeld, Fachbereich Grünflächen, Almuth Spelberg
S. 253 unten: Stadt Krefeld, Fachbereich Grünflächen, Almuth Spelberg
S. 255 oben links: Pohl + Grüssen, 2006
S. 255 oben rechts: Andreas Schwarting, Dresden
S. 255 unten links: Stadt Krefeld, Fachbereich Grünflächen, Almuth Spelberg
S. 255 unten rechts: Stadt Krefeld, Fachbereich Grünflächen, Almuth Spelberg
S. 256: Wolfgang Reuss, Berlin
S. 258: Familienbesitz
S. 259: Wolfgang Reuss, Berlin
S. 260 oben und unten: Pitz & Hoh Werkstatt für Architektur und Denkmalpflege GmbH, Berlin
S. 261 oben: Archiv Kürvers
S. 261 Mitte und unten: Pitz & Hoh Werkstatt für Architektur und Denkmalpflege GmbH, Berlin
S. 262: Andreas Schwarting, Dresden
S. 262 Mitte und unten: aus Peter Pfankuch (Hg.) Hans Scharoun. Bauten, Entwürfe, Texte. Schriftenreihe der Akademie der Künste Berlin, Band 10, Berlin 1974, 2. Auflage 1993, S. 62
S. 263 oben links: Stiftung Archiv der Akademie der Künste Berlin, Archiv Baukunst, Hans-Scharoun-Archiv, Foto: Alice Kerling
S. 263 oben rechts: Andreas Schwarting, Dresden
S. 263 unten links: Stiftung Archiv der Akademie der Künste Berlin, Archiv Baukunst, Hans-Scharoun-Archiv, Foto: Alice Kerling
S. 263 unten Mitte: Stiftung Archiv der Akademie der Künste

BILDNACHWEIS

Berlin, Archiv Baukunst, Hans-Scharoun-Archiv, Foto: Alice Kerling
S. 263 unten rechts: Andreas Schwarting, Dresden
S. 264 oben: Pitz & Hoh Werkstatt für Architektur und Denkmalpflege GmbH, Berlin
S. 264 unten: Wolfgang Reuss, Berlin
S. 265 oben: Wolfgang Reuss, Berlin
S. 265 unten: Klaus Graupner, Falk Lobers: Bauklimatische Aspekte, Heizungs- und Lüftungskonzeption, in: Haus Schminke, Die Geschichte einer Instandsetzung, Herausgeber Berthold Burkhardt, Karl Krämer Verlag, Stuttgart 2002
S. 266: Wolfgang Reuss, Berlin
S. 267 oben links: Andreas Schwarting, Dresden
S. 267 oben rechts: Andreas Schwarting, Dresden
S. 267 unten: Andreas Schwarting, Dresden
S. 268: Wolfgang Reuss, Berlin
S. 270: Ullstein Bild, Berlin
S. 271: Wolfgang Reuss, Berlin
S. 272 oben: Kunstbibliothek Berlin SMPK
S. 272 unten: aus: Erich Mendelsohn: Das Gesamtschaffen eines Architekten, Skizzen Entwürfe Bauten, Berlin 1930
S. 273 oben links: Bundesarchiv, Bild 146-1978-069-15A, Fotograf: unbekannt
S. 273 oben rechts: Astrophysikalisches Institut Potsdam
S. 273 unten links: Christian Borchert, Potsdam
S. 273 unten rechts: Wolfgang Reuss, Berlin
S. 274: Pitz & Hoh Werkstatt für Architektur und Denkmalpflege GmbH, Berlin
S. 275 links: aus: Erich Mendelsohn: Das Gesamtschaffen eines Architekten, Skizzen Entwürfe Bauten, Berlin 1930
S. 275 Mitte: Kunstbibliothek Berlin SMPK
S. 275 rechts: Wolfgang Reuss, Berlin
S. 276 oben: Wolfgang Reuss, Berlin
S. 276 unten: Pitz & Hoh Werkstatt für Architektur und Denkmalpflege GmbH, Berlin
S. 277 oben links: Archiv Norbert Huse
S. 277 oben rechts: Archiv Norbert Huse
S. 277 unten links: Wolfgang Reuss, Berlin
S. 277 unten rechts: Pitz & Hoh Werkstatt für Architektur und Denkmalpflege GmbH, Berlin
S. 278: Wolfgang Reuss, Berlin
S. 279 oben: Pitz & Hoh Werkstatt für Architektur und Denkmalpflege GmbH, Berlin
S. 279: Wolfgang Reuss, Berlin
S. 279: Wolfgang Reuss, Berlin
S. 280: Thomas Wolf, Gotha
S. 282: Stadtarchiv Stuttgart
S. 283: Thomas Wolf, Gotha
S. 284 oben: Strähle KG, Stuttgart
S. 284 unten: Landesmedienzentrum Baden-Württemberg, Stuttgart
S. 285: Architektur 109, Stuttgart
S. 286 oben: FLC/VG Bild-Kunst, Bonn 2011
S. 286 unten: gta archiv, ETH Zürich: Nachlass Alfred Roth
S. 287 oben: Stadt Stuttgart, Foto: Ute Schmidt-Contag
S. 287 unten: Claudia Mohn, Landesamt für Denkmalpflege im Regierungspräsidium Stuttgart
S. 288 oben: Thomas Wolf, Gotha
S. 288 unten: Thomas Wolf, Gotha
S. 289 oben: Thomas Wolf, Gotha
S. 289 unten: BfB Büro für Baukonstruktionen GmbH, Karlsruhe
S. 290 oben: Brigida Gonzalez, Stuttgart
S. 290 unten links: Brigida Gonzalez, Stuttgart
S. 290 unten rechts: Brigida Gonzalez, Stuttgart
S. 291 oben: FLC/VG Bild-Kunst, Bonn 2011
S. 292 unten: Thomas Wolf, Gotha
S. 293: Docomomo International, Andrea Canziani
S. 294: Docomomo International, Andrea Canziani
S. 295: Docomomo International, Andrea Canziani
S. 296: Docomomo International, Andrea Canziani
S. 297: Docomomo International, Andrea Canziani

AUTOREN

Monika Markgraf arbeitete nach dem Architekturstudium in Hannover in verschiedenen Architekturbüros mit dem inhaltlichen Schwerpunkt auf der Erfassung und Sanierung von denkmalgeschützten Bauten. Den Bauten der Moderne galt seit der Bearbeitung einer Ausstellung über den Architekten Otto Haesler 1988 ihr besonderes Interesse. Seit 1996 ist sie als wissenschaftliche Mitarbeiterin für Bauforschung und Denkmalpflege bei der Stiftung Bauhaus Dessau tätig. Ihre Arbeitsschwerpunkte umfassen die Planung für Sanierung und Pflege des Bauhausgebäudes in Dessau, den Aufbau eines Bauforschungsarchivs sowie die Dokumentation und Erforschung der Bauhausbauten. Neben der Mitwirkung an Ausstellungen publiziert sie ihre Arbeitsergebnisse regelmäßig und ist Mitglied bei Docomomo und ICOMOS.

Simone Oelker arbeitete nach dem Kunstgeschichtsstudium als wissenschaftliche Mitarbeiterin an verschiedenen Ausstellungen mit dem Schwerpunkt auf Architektur- und Kulturgeschichte (Das Bauhaus und die Junkers-Werke, Ausstellung „mittendrin – Sachsen-Anhalt in der Geschichte" 1998). Der Architektur der Moderne widmete sie sich mit der umfangreichen Aufarbeitung des Werkes von Otto Haesler. Promotion über den Architekten Otto Haesler, die Arbeit wurde mit dem Theodor-Fischer-Preis des Zentralinstituts für Kunstgeschichte in München ausgezeichnet. Ausstellung über den Architekten Otto Haesler anlässlich seines 125. Geburtstages, die im Jahr 2005/06 in Dessau, Celle und Berlin gezeigt wurde. Sie ist freiberuflich als Kuratorin und Autorin tätig mit Schwerpunkt auf architekturgeschichtlichen und kulturhistorischen Ausstellungen. Sie ist Mitglied bei Docomomo und Gründungsmitglied der otto haesler initiative e.V..

Andreas Schwarting bearbeitete nach dem Architekturstudium an der Universität Karlsruhe bei der Stiftung Bauhaus Dessau von 1998 bis 2002 das Projekt „Bauforschung Bauhausbauten". Als langjähriger Mitarbeiter der deutschen Ausgrabungen in Pergamon (Türkei) realisierte er bis 2004 gemeinsam mit Martin Bachmann ein museales Schutzgebäude über den Mosaiken eines antiken Peristylhauses. Seit 2002 widmet er sich an der Technischen Universität Dresden in Forschung und Lehre insbesondere der Konstruktionsgeschichte und Historiografie der Architektur des 20. Jahrhunderts und wurde dort 2008 zum Thema „Die Siedlung Dessau-Törten – Rationalität als ästhetisches Programm" zum Dr.-Ing. promoviert. Gegenwärtig nimmt er eine Gastprofessur für Baugeschichte an der BTU Cottbus wahr.

Norbert Huse war 1970 bis 1980 Professor für Kunstgeschichte an der Universität München, 1980 bis 2007 leitete er den Lehrstuhl für Kunstgeschichte an der TU München. Zu seinen wichtigsten Publikationen als Autor gehören folgende Werke: „Neues Bauen 1918–1933, Moderne Architektur in der Weimarer Republik", München 1975, „Le Corbusier in Texten und Bilddokumenten", Reinbek 1976, und „Denkmalpflege, Deutsche Texte aus drei Jahrhunderten", München 1984. Er ist zudem Herausgeber der Publikationen „Vier Berliner Großsiedlungen der zwanziger Jahre – heute", Berlin 1984, „Verloren, gefährdet, geschützt, Baudenkmale in Berlin", Berlin 1988, „Kleine Kunstgeschichte Münchens", München 1990; „Unbequeme Baudenkmale, Entsorgen? Schützen? Pflegen?" München 1997, „Mendelsohn. Der Einsteinturm, Die Geschichte einer Instandsetzung", Stuttgart 2000, „Venedig, Von der Kunst, eine Stadt im Wasser zu bauen", München 2005 sowie „Geschichte der Architektur im 20. Jahrhundert", München 2008.

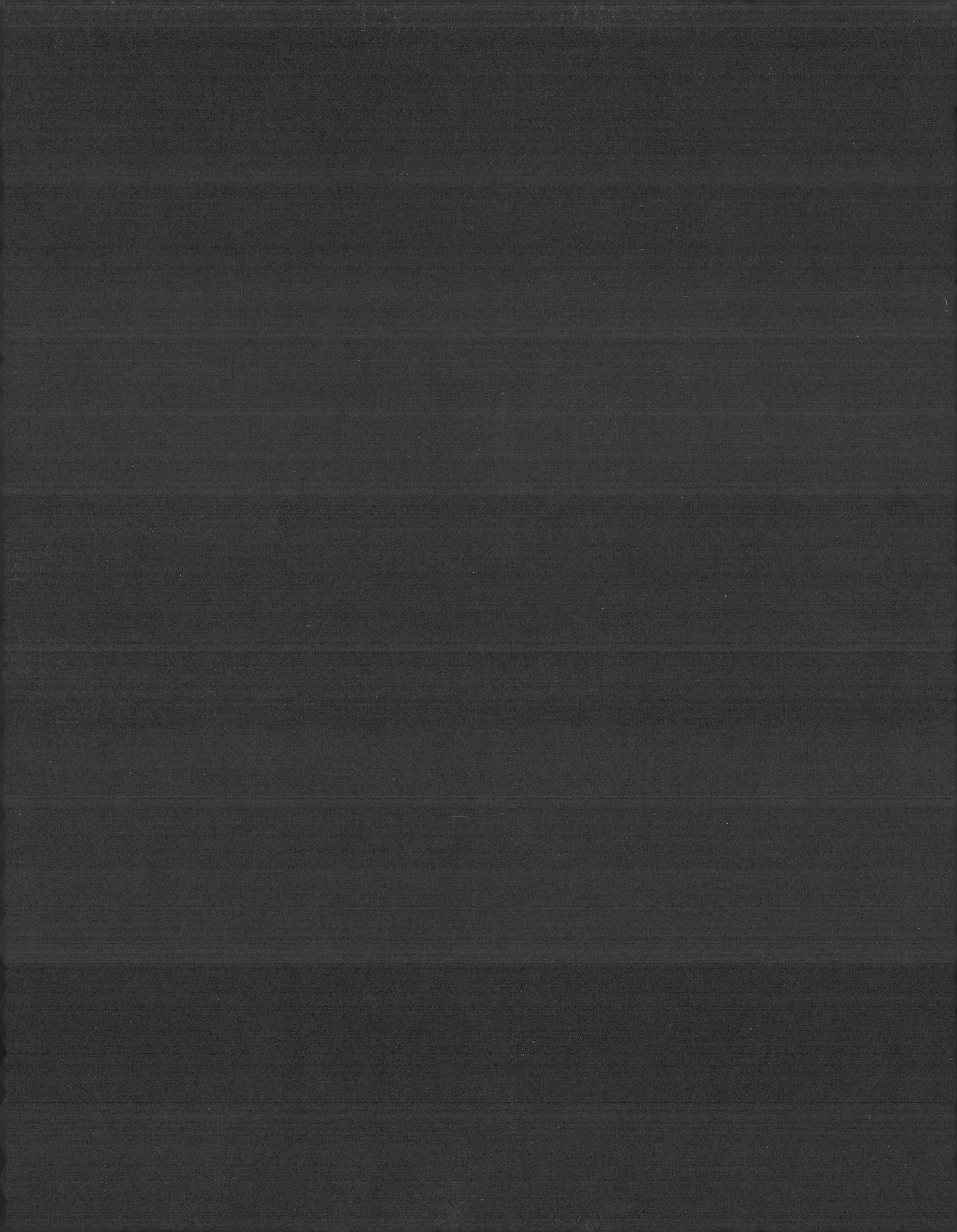